복 있는 사람

오직 여호와의 율법을 즐거워하여 그 율법을 주야로 묵상하는 자로다.
저는 시냇가에 심은 나무가 시절을 좇아 과실을 맺으며 그 잎사귀가 마르지 아니함 같으니
그 행사가 다 형통하리로다. (시편 1:2-3)

나는 달라스 윌라드를 세 번에 걸쳐 만났다. 그의 존재는 내 생애에 아주 깊고 긴 영향의 족적을 남겼다. 그는 위대한 사상가인 동시에 자상한 목자이며 친절한 영성 훈련가였다. 나와 같은 침례교 배경을 가지고 있지만 그보다 큰 하나님의 나라에 천착한 그의 생각과 글을 통해 이 시대 복음주의자들의 약점을 진지하게 성찰할 수 있었다. 이 책은 달라스의 위대한 저작인 『하나님의 모략』의 적용편이라고 할 수 있다. 그리스도의 제자로 오늘을 사는 의미와 이 시대의 영적 지도자로 하나님 나라를 살아가는 의미를 친절하게 안내하고 있다. 어쩌면 이 책은 감동보다는 더 깊은 고뇌를 우리에게 안겨 줄지 모른다. 그러나 우리가 진지하게 이 책을 붙들고 고민한다면 그만큼 주의 몸된 교회는 건강해질 것이다. 그러한 고뇌를 두려워하지 않는 모든 제자들에게 강력히 추천하고 싶은 필독서다.

이동원 지구촌교회 원로목사

달라스 윌라드는 하나님의 전령과도 같은 삶을 살았다. 하나님 나라는 문밖에서 기다리시는 주님처럼 한없이 부드럽지만, 또한 이 땅에 임한 실재적인 현실이다. 달라스는 그 나라의 도래와 계획을 전하는 제자와 학자의 역할을 충실히 수행했고, 그것이 『하나님의 모략』으로 열매 맺었다. 그 후속작인 이 책은 하나님 나라의 도래와 그분의 계획 속에서 우리가 구체적으로 어떤 삶을 살아가야 하는지에 대한 물음에 답하고 있다. 그리스도인의 사회적 역할과 부르심이 점점 잊혀져 가는 시대 속에서, 달라스 윌라드는 그 생의 마지막까지 우리를 향한 하나님의 부르심과 요청을 전해 주었다.

이규현 수영로교회 담임목사

윌라드는 조용한 선동가다. 그는 평생 복음적 지성과 영성을 개발하고 그것으로 삶을 혁신하는 길을 보이며 독자들을 일깨우고자 애썼다. 이 마지막 작품은 '하나님의 모략'이 어떻게 실행되어야 하는지에 관한 행동 지침이다. 창조와 구속의 드라마는 그리스도를 따르는 이들에 의해 하나님 나라의 확장으로 나타나야 한다. 이를 위해 다양한 공적 영역에서 복음의 변혁적 영향력을 끼칠 리더들이 일어나야만 한다. 윌라드는 자기 영역인 학문 세계에서 그 일에 매진하며 동료 그리스도인을 독려해 왔고, 이제는 독자들이 그 일을 이어 가기를 당부하며 각론적 실천 방안도 제시한다. 그의 책이 늘 그랬듯이, 깊고 예리한 통찰들은 그의 인품만큼이나 따뜻한 목회자적 감화력에 실려 읽는 이의 심장을 꿰뚫고 불을 붙여 줄 것이다.

신국원 총신대학교 신학과 교수

이 책에서 우리는 달라스 윌라드가 투병 중에 남긴 마지막 가르침을 듣는다. 이 시대를 전복시켜 하나님의 나라로 변화시키는 '하나님의 모략'의 다음 단계는, 제자도의 길을 공공 영역에 적용하는 것이다. "세상을 섬기는 리더된 예수님의 제자는 구체적으로 어떤 관점을 가지고 어떤 실천을 해야 하는가?" 저자들은 이 질문을 집요하게 파고들어 간다. 오늘날의 정치·경제의 실상에 대한 예리한 분석과, 각 분야의 전문인 신자들이 가야 할 제자의 길이 이 과정에서 제시되고 있다. 우리 시대의 가장 치명적 약점인 리더십에 대해 명확한 진단과 처방을 남기고 떠난 그에게 감사한다.

김성원 서울신학대학교 교양학부 교수

우리 시대에 복음의 능력과 깊이를 달라스보다 더 잘 풀어낼 수 있었던 사람은 없다. 우리 가운데 임한 하나님 나라의 실체에 대해 그와 게리 블랙에게서 참신한 메시지를 들을 수 있음은 예수를 따르는 모든 사람에게 매우 값진 선물이다.

존 오트버그

『하나님의 모략』은 내 당대에 집필된 기독교 영성 분야의 가장 중요한 책이다. 그래서 더욱 『하나님의 모략, 이후』의 출간을 환영한다. 게리 블랙은 달라스가 타계하기 직전까지 그와 함께 이 책을 작업했다. 우리에게 깊은 감화를 끼쳤던 주제들을 더욱 풍성하게 확장해, 전편과 똑같이 웅대한 비전을 제시하고 거기에 더하여 하나님 나라의 삶에 대한 예리한 통찰을 추가했다. 우리의 삶은 곧 생명이신 그분 자신이다. 아무쪼록 이 책이 그 삶의 성장을 열망하는 독자들에게 널리 읽히기를 바란다.

리처드 포스터

『하나님의 모략』은 아우구스티누스의 『참회록』, 로렌스 형제의 『하나님의 임재 연습』과 나란히 언급될 가치가 있는 기독교 고전이다. 오랫동안 나는 속편을 고대했다. 그런데 그리스도의 몸된 교회의 참된 보배인 달라스가 안타깝게도 세상을 떠났다. 하지만 내가 모르던 일이 벌어졌다. 게리 블랙은 달라스의 개념들을 수집하고 자신의 것을 보태, 수많은 사람들의 갈증을 채워 줄 진정한 공저를 내놓았다. 그는 달라스의 신학을 주제로 박사 논문을 썼고, 달라스의 사상을 누구보다도 잘 알고 있으며, 세상을 떠나기 전의 달라스와 많은 시간을 함께 보낸 사람이다. 『하나님의 모략, 이후』의 초점은 하나님 나라에 대한 중요한 개념들을 정치적·도덕적·문화적 리더십의 영역으로 확장하고 교육과 경제와 정치 분야로 넓히는 데 있다. 기독교 고유의 방식으로 문화에 영향을 미치기 원하는 사람들의 필독서인 이 책으로 인해 하나님께 감사드린다.

J. P. 모어랜드

사람들이 후에 21세기의 가장 영향력 있는 인물들을 회고할 때, 달라스 윌라드야말로 기독교 신앙에 중대한 영향을 미친 소수의 이름 가운데 언급될 것이다. 『하나님의 모략』은 한 세대 전체를 빚어냈다. 이제 윌라드와 블랙은 관심을 리더들에게 돌려, 그들이 제도화된 교인이 아니라 그리스도를 닮은 제자가 되어야 한다고 말한다. 더 넓고 깊은 차원에서 우리의 사고를 다시 빚는 책이다.

스캇 맥나이트

험한 인생길에서 내 곁에 영적 길잡이를 하나만 둘 수 있다면 바로 달라스 윌라드다. 달라스와 그의 제자 게리 블랙이 우리 모두에게 새로운 길잡이를 내놓았다. 『하나님의 모략』을 이어받은 이 속편은, 우리 제자들이 자신의 영향권 내에서 할 수 있고 반드시 해야 할 일을 광범위하게 보여준다. 물론 그 내용은 우리 각자의 마음속에도 그대로 적용된다. 그리스도를 따르며 현대 생활의 모든 직업과 일터에서 빛이 되고자 하는 사람이라면 누구나 읽어야 할 책이다. 저자들은 하나님 나라에서 진정 의미 있게 '지금' 살아가는 법을 우리 모두에게 말해 준다.

밥 버포드 『하프타임』 저자

달라스 윌라드는 우리 집에서 자주 들을 수 있는 이름이다. 그는 우리에게 가족과 성인(聖人) 사이의 어디쯤에 해당한다. 그만큼 우리는 그의 말과 사상에 깊은 영향을 입었다. 달라스는 게리 블랙의 친구이자 스승이었다. 달라스를 향한 존경과 사랑이 책장을 넘길 때마다 빛을 발하면서도 그의 비범한 지혜를 가로막지 않는다. 이 아름다운 책으로 인해 깊이 감사한다.

샤우나 니퀴스트 『반짝이는 날들』 저자

제자 삼는 사람인 달라스와 학자인 윌라드의 유산을 탁월하게 융합한 책이다. 그는 우리에게 진리와 정의의 본질을 깨우쳐 주었고, 서구 문화와 인간 심령 속에서 전개되는 깊은 변화를 설명해 주었다. 이 책에서 윌라드는 신학자 게리 블랙과 힘을 합해, 어떻게 리더들이 그리스도의 제자로서 결집하여 현대 세계 안에 진리와 정의를 되살릴 수 있는지를 보여준다. 이 책을 놓치지 말라.

그랙 포스터 『칼빈주의 기쁨』 저자

우리는 하나님 나라의 원리를 직업 속에 실현해야 하고, 그분을 위해 소속 기관의 구조에 긍정적인 영향을 미쳐야 한다. 그것이 이 책에서 계속되는 하나님의 모략이다. 그동안 나는 국내의 많은 경영자들이 기업 경영에 있어 하나님 나라를 실천하는 훌륭한 사례들을 보았다. 윌라드와 블랙의 말처럼 그것은 가능한 일이다. 문제는 "어떻게 시작할 것인가?"이다. 나는 그것이 교회에서 시작되어야 한다고 믿는다. 이 책에 묘사된 대로 많은 노력을 기울여 평신도 리더들에게 하나님 나라의 원리를 지도해야 한다. 나는 이 책의 가르침으로 거듭 돌아올 것이다. 하나님 나라가 임하기를 기도한다!

조셉 마차렐로 클레어몬트 경영대학원 교수

『하나님의 모략』의 깊고 설득력 있는 후속작이다. 하나님 나라에서 한 개인의 삶은 세상의 궁극적 선과 하나님의 영광을 위한 소명으로 완성된다. 윌라드와 블랙이 아주 담대한 예언적 작품을 내놓았다. 그대로 받아들이고 실천하면 '소금과 빛'의 본분을 다하는 기독교 공동체가 생겨날 수 있을 것이다. 세상에는 바로 그것이 절실히 필요하다!

키스 J. 매튜스 아주사 퍼시픽 대학교 신학대학원 학장

새로운 아이디어를 만나기란 쉽지 않은데 『하나님의 모략, 이후』는 새롭고 놀랍고 도전적인 아이디어로 가득한 책이다. 윌라드와 블랙의 도움으로 진지한 그리스도인이라면 '마음의 혁신'을 넘어 직업의 혁신과 문화의 혁신으로 나아갈 수 있게 되었다. 변호사, 의사, 교사, 목회자들이 이 책을 마음에 새긴다면 이 세상을, 장 칼뱅의 멋진 표현을 빌려 '하나님의 영광을 위한 극장'으로 만드는 데 큰 도움이 될 것이다.

로버트 F. 코크런 Jr. 페퍼다인 대학교 법학대학 교수

세상에서 하나님의 변화의 주역이 되려면 먼저 자신부터 변화를 추구하고 받아들여야 한다. 그 방법을 보여주는 위대한 걸작이자 멋진 책이 바로 『하나님의 모략, 이후』다. 하나님과 함께하는 삶만이 진정한 삶이다. 그 삶을 추구하고 받아들이도록 우리를 부르는 중요한 주제들이 페이지마다 가득하다.

게일 비비 웨스트몬트 칼리지 학장

달라스 윌라드는 "참된 사회 운동가는 일상의 관계 속에서 예수의 제자로 살아가는 사람이다"라고 말했다. 많은 사람들이 법으로 사회를 변화시키려 하지만, 윌라드와 블랙은 사회가 변화되려면 삶의 각 분야에 그리스도처럼 살아가는 리더들이 있어야 함을 예증한다.

이해브 베블라위 의학박사

윌라드와 블랙은 하나님의 리더들에게 희망의 비전을 제시하며, 이 세상의 불안정한 구조까지도 사랑과 정의와 진리의 길로 인도한다.

리처드 스웬슨 의학박사, 『과학으로 만난 하나님』 저자

하나님의 모략, 이후

Dallas Willard, Gary Black Jr.

The Divine Conspiracy Continued

: Fulfilling God's Kingdom on Earth

하 나 님 의 모 락

이 후

달라스 윌라드·게리 블랙 Jr. 지음 | 윤종석 옮김

복 있는 사람

하나님의 모략, 이후

2015년 7월 20일 초판 1쇄 발행
2023년 12월 29일 초판 3쇄 발행

지은이 달라스 윌라드·게리 블랙 Jr.
옮긴이 윤종석
펴낸이 박종현

(주) 복 있는 사람
주소 서울특별시 마포구 연남동 246-21(성미산로23길 26-6)
전화 02-723-7183, 7734(영업·마케팅) 팩스 02-723-7184
이메일 hismessage@naver.com
등록 1998년 1월 19일 제1-2280호

ISBN 979-11-7083-094-8 03230

이 도서의 국립중앙도서관 출판시도서목록(CIP)은
서지정보유통지원시스템 홈페이지(http://seoji.nl.go.kr)와 국가자료공동목록시스템(http://
www.nl.go.kr/kolisnet)에서 이용하실 수 있습니다. (CIP 제어번호: 2015017209)

The Divine Conspiracy Continued
by Dallas Willard, Gary Black Jr.

달라스는 이 책을 아내인 제인 레이크스 월라드에게 바치기 원했다.
은혜와 평강이 그녀에게 함께하기를.

차례

달라스 윌라드를 기리며

달라스 윌라드는 이 책이 출간되기 전에 췌장암으로 숨을 거두었다. 그의 죽음은 내 평생 가장 중대한 상실 가운데 하나가 되었다. 이 사별을 나는 슬퍼하는 만큼이나 감사하는 마음으로 받아들인다. 전혀 준비되어 있지 못한 상태에서 내 스승이자 길잡이이자 친구인 달라스를 잃었다. 그와의 관계와 그의 가르침이 나에게 얼마나 깊은 영향을 주었는지를 그의 죽음을 통해 깨닫게 될 줄은 미처 몰랐다.

달라스는 자신의 병을 나에게 솔직히 알렸고 나 또한 췌장암이 고치기 힘든 병임을 알았다. 하지만 죽음을 맞이하기 얼마 전까지도 우리는 그가 능히 이 작업을 끝마칠 수 있다고 낙관했다. 그래서 공동 작업에 착수할 때부터 둘 다 그의 상태가 충분히 호전되어 적어도 함께 탈고(脫稿)는 할 수 있으리라 생각했다. 그럴 만한 희망의 징후들도 보였다. 어쩌면 나는 일부러 다른 경우를 진지하게 생각하지 않았는지도 모른다. 어쨌든 그의 목숨이 며칠 남지 않았던 마지막까지도 우리는 목표를 향해 전진했다. 하지만 없었으면 했던 일이 끝내 내 앞에 닥치고 말았다. 바로 달라스가 이 책을 쓰게 된 전체적인 비전과 내가 공저자로 동참하게 된 경위를 나 스스로 설명하는 일이다.

뒤에서부터 시작할까 한다. 2013년 5월 5일 아침 9시 반쯤에 달라스의 아내 제인 윌라드(Jane Willard)에게서 전화가 왔다. 그녀는 남편의 건강이 악화되고 있다며, 내가 며칠 함께 묵으며 그의 거동을 도울 수 있겠는지 물었다. 그가 집 안을 무사히 오가는 데도 도움이 필요하다고 했다. 이미 몇 주 전에 그녀와 나는 진행 중인 이 책의 작업을 위해 내가 게스트하우스에 머물 수 있는 가능성을 의논했었다. 할머니가 췌장암으로 돌아가실 때 곁을 지켰던 나는 제인에게 어떻게든 도움이 될 수 있다면 돕겠다는 말도 했었다. 제인은 지혜나 경험이 있거든 무엇이라도 알려 달라고 했다. 달라스의 마지막이 다가옴에 따라 그들도 비슷한 상황에 부닥칠 수 있었기 때문이다. 나의 할머니처럼 달라스도 기복이 반복되었다. 기력과 사고력이 멀쩡하다가도 다시 한없이 무기력해지고는 했다. 전화를 걸어온 그 일요일 아침에도 제인은 평소처럼 조심스레 부탁했다. 우리 가정에 조금도 폐가 되어서는 안 된다고 다짐을 주었다. 나는 우리 모두 도울 수 있어 기쁘다고 말했다.

외박에 필요한 짐을 싸고 있는데 아내가 사춘기 두 딸을 불렀다. 떠나기 전 가족들이 다 함께 기도했다. 아이들에게 달라스의 상태에 대해 말하려니 힘들었다. 최악의 경우를 말하는 대목에서 감정이 북받쳤다. 큰딸이 물었다. "아빠, 그분의 어떤 점이 아빠한테 이렇게 큰 영향을 미친 거예요?" 딸의 눈을 들여다보며 내 마음은 달라스를 처음 만났던 25년 전으로 내달렸다. 본래 나는 전날 아침에 무엇을 먹었는지도 잘 기억하지 못하는 사람이다. 그런데 왠지 그와의 첫 대면은 기억에 생생히 남아 있다. 지금도 그 아련한 기억의 무게감이 내 마음을 건드릴 때마다 눈시울이 붉어지곤 한다. 나를 비롯한 수많은 사람에게 하나님은 달라스와 그의 가르침을 통해 우리의 삶을 근본적으로 변화시켜 주셨고, 예수 그리스도의 복음에 대한 이해가 깊어지게 하셨다. 또한 인류를 향한 하나님의 원대한 목적인 그분의 나라에 대한 인식도 새로워지게 하셨다. 그때는 몰랐지만 딸의 물음이 우리에게 좋은 물꼬가 될 것 같다. 거기에 답하다 보면 내가 이 작업에 동참한 부분도 설명되고, 이 책의 목표와 희망을 향한 우리의 여정도 시작될 것이다.

내가 달라스의 책을 처음 접한 것은 1991년이었다. 당시 나는 대학을 졸업한 지 2년째이자 결혼 2년 차로 아내와 함께 샌프란시스코 지역에 살고 있었다. '현실 세계'로 나가 사업을 시작하려던 참이었다. 우리 부부는 작고 답답한 아파트와 성인기의 도전에 적응하면서 근처의 한 언약교회(covenant church)에 나가기 시작했다. 거기서 키스 매튜스(Keith Matthews)라는 젊은 부목사를 만났다. 그는 곧 나를 아침식사에 초대했다. 의례적인 인사와 각자의 이력을 나눈 후에 그가 제안하기를, 아침식사 시간에 정기적으로 일대일로 만나 책을 골라 토의하자고 했다. 그때나 지금이나 키스는 예수의 제자도를 활력적으로 권하고 의지적으로 힘써 따른다. 마침 나는 대학 시절에 밤늦도록 심취했던 하나님과 삶의 의미와 목적에 대한 깊은 대화가 온통 그리워지던 차였다. 그래서 좋다고 했다.

다음 주에 키스는 나에게 달라스의 첫 책인 『하나님의 음성』 (Hearing God)을 건넸다. 대뜸 주저했던 기억이 난다.

"하나님과 **대화적** 관계를 가꾸다니요?" 내가 책의 부제(Developing a Conversational Relationship with God)를 인용하며 미심쩍게 물었다.

키스는 씩 웃기만 했다. 그는 윌라드가 남캘리포니아 대학교(USC)의 철학 교수이자 남침례교 목사라고 말했다. 나를 놀리자는 말인가? 키스는 내가 남침례교에 깊이 뿌리를 두고 있음을 알았다. 게다가 이미 그에게 말했듯이 현대 복음주의의 극단적 행태는 점점 더 나에게 불편하게 느껴졌다. 대학에서 포스트모더니즘을 잠깐 공부한 뒤로 나는 새로 출현한 인식론 사상에 익숙해져 있었는데, 그런 사상은 많은 기독교 교리를 떠받치는 전통적인 지식 개념과는 상충되는 것이었다. 아무래도 키스가 잘못 알고 있는 것 같았다.

"트로이 병사가 마스코트인 그 USC를 말하는 건 아니겠지요?" 내가 물었다.

그는 바로 그 학교라고 했다.

머리가 어지러웠다. 남침례교의 안수받은 목사가 전국 일류급에 드는 일반대학에서 철학을 가르친다지 않는가? 그 파격적 가능성이 적잖이 내 호기심을 자극했다. 그 약력과 책 제목만으로도 내 마음속에 희망과 흥분이 와락 솟구쳤다. 당시 나는 기독교의 아성(牙城)에 갇혀 있는 기분이었다. 그런데 그 아성을 깨고 밖으로 나온 사람이 정말 있다는 말인가? 우리는 그 책을 읽기로 했다.

　알고 보니 『하나님의 음성』에 나오는 영적인 삶은 내가 이전에 경험한 기독교와는 근본적으로 달랐다. 뒤이어 출판된 『영성 훈련』(The Spirit of the Disciplines)도 마찬가지였다. 그때는 몰랐지만 이 독창적인 두 책 덕분에 나는 평소에 늘 갈망하면서도 정작 알아채지 못했던 여정에 첫발을 내딛을 수 있었다. 나만 그런 것이 아니다. 자신이 고백하는 교리만큼이나 큰 실체(reality)를 찾으려는 그리스도인들이 갈수록 많아지고 있다. 일련의 교리와 실천에 대한 지적인 동의 외에 내 신앙에 무엇인가가 더 있어야 함을 나는 알았다. 그냥 알았다. 실체가 내 주변에 보이는 모든 것으로 국한되지 않음도 알았다. 죽어서 영원에 들어설 때까지 필사적으로 버티는 것 말고, 이 삶과 하나님 나라의 삶에 무언가가 더 있기를 나는 바랄 수 없는 중에 바랐다. 내 인생에도 창조세계 전체에도, 현재 실현되고 있는 것 이상의 더 큰 목적이 있어야 한다는 것을 알았다. 나는 절망 중에 옷장 속에서 나니아 왕국 같은 것을 애타게 찾던 C. S. 루이스(Lewis) 식의 공상가였다. 그런데 더 나은 세상을 향한 집요한 느낌을 버리고 내 꿈과 갈망을 한낱 어긋난 열정과 발랄한 순수 정도로 합리화하려던 바로 그때, 하나님은 달라스의 통찰과 지혜를 통해 내 마음과 생각 속에 꺼져 가던 소망의 불씨를 다시 살려 주셨다.

　하지만 그 변화가 쉽거나 빠르지는 않았다. 키스는 의지와 능력을 겸비한 길잡이였다. 목표에 도달할 때까지 책장을 더 넘기지 않다 보니 때로 고통이 뒤따랐다. 하나의 개념에서 몇 주씩이나 막혔던 적도 종종 있다. 나는 혁신적인 개념을 만날 때마다 고집스레 저항했지만 키스는 인내와 헌신을 보였다. 윌라드는 비판할 것은 과감히 비판하지만 동시에 깊은 차원의 인격적 진정성을 찾도록 독려한다. 그때나 지금이나 나에게 가장 설득력 있는 부분은 그것이다. 비판적 분석이 변화의 비전과 맞물려 있다. 당시의 대다수 기독교 작가들에게는 그것이 없었다. 윌라드의 글은 더 정확하게는 디트리히 본회퍼(Dietrich Bonhoeffer) 저작의 치밀한 문체와 통찰을 닮아 있다. 그래도 내 복음주의 전통의 뿌리 때문에 윌라드가 기술하고 사용하는 영적 훈련에 대해 약간 회의적인 마음이 있었다. 은혜를 앞세우는 나의 '개신교' 전통에서 보면 모두가 너무 '천주교'적이거나 행위 중심으로 보였다.

『영성 훈련』을 마치고 얼마 안되어 키스는 달라스를 우리 교회에 초청하면서 주말 수련회의 강의와 주일 오전의 설교를 부탁했다. 나는 그를 만날 날을 학수고대했다. 그 수련회가 내게 미친 영향은 아무리 강조해도 지나치지 않다. 나중에야 알았지만 그때 달라스가 강연한 원고가 결국 『하나님의 모략』(The Divine Conspiracy)이 되었다. 나는 그의 강연에 매료되었다. 첫 반 시간 동안 달라스는 '은혜 대 행위'의 딜레마를 풀었다. 그의 말을 듣노라니 나의 전 존재에 과부하가 걸리는 것 같았다. 머리는 알 듯 모를 듯한 개념들을 소화하느라 쥐가 났고, 마음은 감화의 수준과 정도를 따라가느라 헉헉거렸다. 몸까지 피곤했다. 관상, 묵상, 집중, 공부 등의 영적 근육을 그 정도로 구사하는 데 익숙하지 않았던 때문이다.

하지만 그 주말의 가장 위력적이고 잊지 못할 부분은 이것이었다. 하나님 나라의 본질에 대한 그의 가르침은 권위와 능력이 있어서, 내 인생을 향한 하나님의 목적에 대한 시야와 이해에 지대한 영향을 미쳤다. 체험적이고 관계적인 방식으로 예수를 알 수 있다는—그분을 정말 알고, 안다는 사실을 확신할 수 있다는—개념을 추구하도록 내게 감화를 끼친 교사나 목사는 달라스가 처음이었다.

그가 강의하는 동안 나는 첫 제자들(요한, 베드로, 예수의 형제 야고보)만큼이나 예수를 온전히 아는 사람을 만났다는 기분이 들었다. 그의 가르침에는 말하는 방식과 내용의 독특한 조합에서 우러나오는 부인할 수 없는 진정성이 있었다. 마치 방금 전까지 다른 제자들과 함께 갈릴리 바다에서 베드로의 고깃배를 젓고, 이야기를 나누고, 새로운 가르침을 듣고, 기적을 목격하고 온 사람이 예수에 대해 회고하는 것 같을 정도였다. 자신이 경험한 하나님 나라를 간증할 때는 어찌나 풋풋하던지 마치 그의 옷과 손에서 물고기 냄새가 끼쳐 올 것만 같았다. 물론 그것은 물고기가 아니라 진정한 관계의 구수한 진국이었다. 다른 어떤 인간을 아는 것과 똑같은 방식으로 예수를 실제로 알 수 있음이 그 순간 난생처음 믿어졌다. 신화나 덧없는 신기루나 역사적 유물로서가 아니라 살아서 말하고 교류하는 인격적 실체로서 말이다. 달라스 덕분에 나는 한낱 종교나 교리 고백을 훌쩍 벗어나는 더 웅대한 무엇을 발견할 수 있었다. 시시각각 내 실존의 경험 속에서 예수를 실제 있는 그대로 알고 사랑할 수 있다는 사실과 그렇게 알고 사랑할 때 누리는 유익에 처음으로 눈떴다.

그 후로 나는 달라스의 많은 집회와 수련회에 참석했다. 매번 그의 목표는 하나님 나라의 문을 열고 모든 사람을 초대하는 것이었다. 그의 강의를 처음 듣던 날 내가 아내에게 했던 말이 기억난다. 달라스는 내게 로알드 달(Roald Dahl)의 『찰리와 초콜릿 공장』 (*Charlie and the Chocolate Factory*)에 나오는 윌리 웡카를 연상시켰다. 달라스가 실없거나 별났다는 말이 아니다. 오히려 그는 정반대로 보였다. 다만 윌라드가 하나님 나라의 문턱에 서서 우리를 세상에서 가장 기막히게 맛있는 경험 속으로 초대하는 모습이 웡카와 비슷했다는 뜻이다. 그러한 희열과 흥분은 아이들의 희망과 기대를 북돋을 때만 나올 수 있다. 나는 찰리처럼 입이 떡 벌어졌다. 윌라드 때문이 아니라 그의 체험담 때문이었다. 그는 하나님의 기상천외한 성(城) 안에 들어갔고 우리 모두를 그곳으로 초대했다. 두려워할 것은 하나도 없고 온통 받을 것뿐임을 우리에게 말하고 보여주었다.

세월이 가면서 나와 비슷한 이야기들을 수없이 많이 들었다. 각계각층의 사람들에게 달라스는 '복음'을 단지 '나쁜 소식'의 반대가 아니라 정말 '기쁜 소식'으로 드러내는 첫 사람으로 느껴졌다. 그들은 대개 특정한 신앙 전통에 깊이 젖어 있던 이들이었다. 달라스는 유명하고 친숙한 성경 본문들로 전혀 다른 신학적 결론을 이끌어 내는 데 능했다. 교인들, 학생들, 박사 후보들, 목사들, 철학자들, 심리학자들이 누구나 그것을 보며 깜짝 놀라곤 했다. 나도 달라스의 그런 모습을 수시로 목격했다. 그와 같은 사람을 만난 일은 전무후무했다. 그는 하나님이 누구시고, 그분의 아들이 무엇을 왜 하셨으며, 성령께서 교회 안에서와 교회를 통해 무엇을 하시려는지에 대한 사람들의 기존 관점을 깨끗이 지워 냈다. 대신 그 자리에 끝없이 선하시고 능하신 하나님의 복음을 가져다 놓았다. 그것은 온통 마음을 빼앗고, 희망이 가득하고, 은혜로 능하고, 기쁨을 구하며, 사랑을 베푸는 복음이었다. 그러는 내내 그는 감정을 조종하거나 사람들의 의지를 꺾거나 두려움에 호소한 적이 한 번도 없었다.

그동안 나는 "언제 구원받았느냐"는 질문을 수없이 많이 받았다. 달라스를 만난 뒤로 그 질문에 몇 가지로 답할 수 있게 되었다. 우선, 예수께서 거의 날마다 나 자신으로부터 나를 구원해 주신다. 물론 여덟 살 때 구주의 필요성을 깨닫고 고백하던 그날도 답이 된다. 그런 식으로는 아주 일찍부터 구원받은 셈이다. 하지만 하나님이 나를 구원하신 때는 결코 그때만이 아니다. 처음 결단할 때 말고도 나는 살아오면서 구원받은 적이 수없이 많이 있다. 앞서 말한 수련회 중에도 그런 기적적인 구원의 사건이 벌어졌다. 하나님은 그분을 보는 나의 관점을 바로잡아 주셨다. 창을 여시고 삶의 영원한 실체를 보게 하셨다. 그것은 전부터 내가 꿈꾸던 삶이거나 때로 당연히 그래야 한다고 생각하던 삶이었다. 달라스가 확언했듯이 그러한 깊은 본능은 나의 바람이나 상상보다 훨씬 웅대하다. 나를 지으시고 그 삶 속으로 부르신 하나님은 사랑의 팔을 벌리고 서서 "원하는 사람은 누구든지 오라"고 초대하신다.

그런데 이후 10년 동안 나는 하나님과 하나님 나라에 대한 첫 비전을 서서히 잃었다. 잡초가 자라 씨앗의 기운을 막듯이, 전문직으로 성공하려는 욕심이 점차 내 마음의 우위를 점하면서 그리스도의 쉬운 멍에를 벗겨 냈다. 다행히도 바로 그 시기에 병원 대기실에서 우연히 「크리스채너티 투데이」(Christianity Today)에 실린 『하나님의 모략』에 대한 기사를 보았다. 부리나케 서점으로 달려가 책을 사서 그 주말에 다 읽었다. 덧없는 기억이 되어 버린 소망과 은혜가 다시 심중에 서서히 밀려왔다. 경이와 감격에 대한 모든 아련한 열망이 다시 부글부글 끓어올랐다. 몇 달 동안 그 책을 몇 번이고 읽고 또 읽었다. 『하나님의 모략』에 소개된 예수는 여러 모로 내 종교적 틀에 허용된 수준을 훨씬 능가했다. 달라스가 아는 예수는 내가 생각하던 예수보다 훨씬 웅대했다. 그 결과 그리스도를 사랑하고 경외하는 내 마음이 폭발적으로 증폭되었다. 재초 작업이 시작된 것이다.

하지만 습관을 깨뜨리기란 힘들고 변화는 더딜 수 있다. 나처럼 목이 곧은 사람은 특히 더하다. 내가 내 인생을 향한 하나님의 부르심에 온전히 굴복한 것은 그 후로도 거의 10년이 더 지나서였다. 나는 금융 서비스업에서 은퇴하고 신학교에 들어갔다. 키스와 달라스를 용케 다시 만난 것도 그 무렵이었다. 두 사람과의 재회는 내 인생에 얼마나 놀라운 은혜였던가.

신학교 경험을 통해 달라스의 신학을 전체 문맥 속에서 볼 수 있었다. 알고 보니 그의 통찰은 기독교 교리에 대한 또 하나의 주석, 제자도의 한 프로그램, 영성 형성의 한 계획 따위가 아니라 그 이상이었다. 달라스가 설명하고 주창하는 복음이 미국 내 주류 복음주의 기관과 전통들에서 가르치는 신학에 종종 상당히 어긋난다는 사실도 알게 되었다. 그러다 보니 달라스의 저작을 진지하게 대하는 목사들은 소수에 그쳤고 신학자들은 더 말할 것도 없었다. 다시 한 번 키스의 지도와 달라스의 격려로 나는 목양 리더십에 대한 달라스의 신학과 통찰을 신학 교육 속에 더 깊이 도입해야 할 필요성을 느꼈다. 그런 기회 역시 서서히 찾아왔다. 신학교 학위를 마친 후 나는 영국 한 대학의 박사과정에 들어가 '윌라드 신학'으로 논문을 썼다.

현 상황에 대한 통찰과 해법을 조금이나마 제시하고 싶어서였다.[1]

그 기간 동안 달라스는 내게 엄청난 지원을 베풀었다. 무수한 시간을 함께 보내며 나의 끝없는 질문을 인내로 견뎌 주었고, 각종 자료와 이메일과 전화 통화와 격려와 지혜와 기도를 베풀어 주었다. 또 내 논문과 모든 교정본을 처음부터 끝까지 꼼꼼히 읽어 주었다. 나는 그의 신학과 그 영향을 정확히 담아내려고 노력했다. 2012년 에 학위를 마친 나는 아주사 퍼시픽 대학교의 신학대학원에 교수로 부임했다.

캘리포니아 주 남부로 이사 온 덕분에 놀랍게도 달라스와 더 가까이 살게 되었다. 그의 생애 마지막 한 해 동안 우리는 이 지리적 근접성을 잘 활용했다. 내게 가장 소중했던 순간 가운데 하나는 최종 간행된 내 박사학위 논문을 달라스와 제인에게 증정한 일이다. 아울러 더 넓은 독자층에 맞게 논문을 다듬어 단행본으로 펴내기로 했다는 소식도 함께 전했다. 우리는 오후 시간을 함께 즐겁게 보내며, 20년 전에 처음 만난 뒤로 하나님께서 우리에게 행하신 모든 일을 회고했다. 정말 좋은 시절이었다.

2011년 6월에 처음으로 나는 달라스에게 『하나님의 모략』 후 속작을 써야 하지 않겠느냐고 지나가는 말로 제안했다. 논문 준비차 그의 글과 인터뷰와 강의를 두루 섭렵하다 보니 그동안 하나님 나라와 관련하여 그가 내놓은 통찰과 설명과 적용이 많이 있었다. 물론 그의 다른 간행물에서 아직 충분히 논하지 않은 내용들이었다. 『하나님의 모략』이 출간된 뒤로 그는 현대 생활의 여러 이슈와 현실을 심도 있게 다루었다. 내 생각으로는 독자들에게 큰 유익이 될 내용이었다. 이후 몇 달 동안 우리는 몇 가지 아이디어와 장별 주제를 생각해 보았다. 결국 그도 그와 같은 책이 유익할 수 있겠다는 데 동의했다. 하지만 그의 건강이 생각만큼 빠르게 호전되지 않았다. 책을 공저하자는 그의 생각은 그때 나온 것이다. 2013년 1월까지 우리는 기본 골격을 짰고, 그것이 결국 최종 작품이 되었다.

2013년 3월에도 그의 건강은 계속 악화되었다. 그때까지 우리는 각 장의 형태와 윤곽을 정하며 구체적인 사례들을 논의했고, 무엇을 넣고 무엇을 뺄지 수많은 선택을 내렸다. 그가 세상을 떠나기 전에 몇 장은 이미 완성되어 있었고, 나머지도 어떻게 끝내야 할지 내용은 확정되어 있었다. 우리는 그가 떠나기 전에 탈고하려고 부지런히 노력했다. 거의 끝까지 갔다. 나중에 보니 딱 6주가 부족했다. 마지막 장의 윤곽이 완성된 지 불과 며칠 후에 제인에게서 그 운명의 전화가 걸려 왔다. 나는 가족들과 인사하고 달라스의 곁으로 갔다. 영원을 향한 그의 마지막 여정이 시작되었다. 여섯 주만 더 연장할 수 있었다면 나는 무엇을 주어도 아깝지 않았을 것이다. 어쨌든 우리는 최선을 다했다.

월라드의 집으로 차를 몰고 가는데 이번이 마지막일 것 같은 느낌이 들었다. 어떤 면에서는 그 시간 덕분에 마음을 준비할 수 있었다. 앞으로 며칠 또는 몇 주가 정확히 어떻게 전개될지 나는 몰랐다. 다만 어려움과 슬픔이 닥치리라는 것만은 알았다. 하지만 결과적으로는 그것이 큰 복이 되리라는 것 또한 느껴졌다.

나흘 동안 제인과 일가족으로 더불어 달라스의 마지막 시간을 지켜보았다. 내 평생 소중히 간직할 아주 성스러운 시간이었다. 달라스와 나는 많은 것들에 대해 이야기했고, 지난 몇 달이나 심지어 몇 년째 나누다 말다 했던 일부 대화의 결론을 맺을 수 있었다. 그중 더러는 아주 사적이고 개인적인 것이라 밝힐 게 못된다. 하지만 달라스가 육체적인 죽음에 직면해 있다 보니 자연스럽게 화제가 사후의 삶과 소망, 천국, 영원 등의 주제로 돌아가곤 했다. 아울러 이 땅에서 계발된 우리의 성품이 영원으로 이어진다는 것과, 그 사실이 우리의 현세와 내세에 미칠 수 있는 모든 영향에 대해서도 이야기했다. 대화가 깊어지면서 달라스와 나는 이러한 대화의 열매가 다른 사람들에게도 유익이 되겠다는 생각이 들었다. 그래서 죽기 전에 그는 나에게 이런 주제들에 대해 계속 생각하고 글을 쓰라고 권했다. 나는 그러기로 약속했다. 그가 나에게 남긴 마지막 당부였다. 가까운 장래에 그것이 책으로 나오기를 바란다.[2]

세상적인 명예의 기준으로 볼 때 달라스는 흔히들 생각하는 '유명인사'는 아니었다. 물론 아주 충실하게 그를 지지하는 사람들이 있지만, 헌신된 그리스도인들 중에 달라스나 그의 개념에 대해 들어 보지 못한 사람들이 아직도 많이 있다. 나는 그의 신학을 연구하다 으레 그 사실을 접하며 놀라곤 한다.

달라스가 철학이나 영성 형성 등 일정한 분야에서 존경과 찬탄을 얻은 것은 틀림없는 사실이다. 하지만 그의 평판은 그를 사랑하고 그의 저작을 잘 아는 사람들이 흔히 생각하는 것만큼 멀리까지 이르지는 못했다. 그의 책과 개념의 대부분은 전체 기독교 독자들에게 비교적 알려지지 못한 상태다. 그래서 이 책도 달라스에 대한 사전 지식이 없는 사람들의 손에 들어갈 소지가 있다. 그들은 복음에 대한 그의 독특하고 생명력 있는 관점을 아직 잘 모를 것이다.

이 책은 『하나님의 모략』(1998)에 처음 실렸던 하나님 나라와 예수의 복음에 대한 일련의 제안과 관점을 더욱 확장한 것이다. 『하나님의 모략』은 본래 달라스가 위스콘신 대학교에서 박사과정을 할 때 일련의 교육 자료로 개발하기 시작한 것이었다. 요컨대 『하나님의 모략』은 하나님 나라 복음의 목적과 여파를 상술한 책이다. 그 복음은 예수의 산상수훈에 가장 명확하게 계시되어 있다. 달라스는 충만한 삶에 이르는 예수의 방법을 자세히 풀어냈다. 이 과정에서 그는 예수의 본래 메시지에 대한 몇 가지 중대한 변질을 해체했다. 그러한 변질은 현대 기독교의 진보와 보수 양쪽 모두에서 볼 수 있다. 동시에 그는 새로운 실존에 대한 긍정적이고 희망에 찬 비전을 재건했다. 그것은 사랑과 은혜로 충만한 하나님의 통치 아래서 인류가 본래 누리도록 지음받은 실존이다.

『하나님의 모략』이 널리 받아들여지고 인정받는 것은 그 책이 더 강건하고 진정성 있는 기독교 신앙을 찾는 많은 독자들의 심금을 깊이 울렸기 때문이다. 그래서 달라스의 저작 중 가장 지명도가 높은 애독서가 되었고, 「크리스채너티 투데이」 '올해의 책'에 선정되기도 했다. 현대 기독교의 복음주의 운동을 수십 년째 추적해 온 신약학자 스캇 맥나이트(Scot McKnight) 교수는 말하기를, 역사가들이 후에 21세기의 가장 영향력 있는 인물들을 회고할 때 달라스야말로 기독교 신앙에 중대한 영향을 미친 소수의 이름 가운데 언급될 것이라고 했다.[3] 게리 문(Gary Moon)은 웨스트몬트 대학의 '달라스 윌라드 연구소' 소장이 되기 오래전부터, 달라스의 사상과 통찰을 마르틴 루터의 그것에 상응할 정도로 혁명적인 촉매제로 여겨야 한다고 역설했다. 뛰어난 설교자이자 심리학자이며 작가인 존 오트버그(John Ortberg)는 복음의 능력과 깊이를 달라스보다 더 잘 풀어낼 수 있었던 사람은 없다고 심사숙고 끝에 말했다.

『하나님의 모략』의 성공은 다분히 인간의 개인적 삶과 집단적 삶에 대한 하나님의 의도와 목적을 달라스가 독특하고 생명력 있게 상식적으로 기술했기 때문이다. "우리는 왜 여기에 있는가? 인생을 향한 하나님의 목적은 무엇인가? 교회의 목적은 무엇인가?" 이런 철학적이고 신학적인 질문에 답하고자 달라스는 자신의 지성을 모두 쏟아부었다. 복음, 곧 '기쁜 소식'을 전하여 인간의 이와 같은 결정적이고 본질적인 물음에 답하는 것이 자신을 향한 하나님의 부르심임을 그는 알았다. 때로 그는 복음을 "참 실체에 대한 은혜로운 지식"이라고 표현했다. 『하나님의 모략』과 나중에 나온 『그리스도를 아는 지식』(Knowing Christ Today)은 하나님과 하나님 나라의 본질과 실체를 사람들이 이해하도록 돕는 데 중점을 두고 있다.

『하나님의 모략』이 그 자체로 더할 나위 없이 귀중한 혁명적 작품이기는 하지만, 꼭 그 책을 먼저 읽어야만 이 속편에 제시된 관점을 이해할 수 있는 것은 아니다. 달라스의 저작과 사역에 익숙한 사람들은 읽어 보면 알겠지만, 이 책은 그의 비전과 사상과 개념의 일관된 적용이자 연장이다. 새로운 점이라면 현대 사회의 여러 특정한 상황과 환경을 골라서 본래의 비전을 대입하고 접목했다는 것이다.

복음은 먼저 교회 **안에서** 역사한 뒤에 교회를 **통해** 역사해야 한다. 그 비전을 좀 더 폭넓게 제시하고 설명하는 것이 이 책에 대한 우리의 바람이다. 교회는 하나님이 그분의 나라를 완성하시는 수단이다. 세상 나라들이 그리스도의 나라로 바뀌는 이 변화가 가장 잘이루어지려면 그분의 제자들인 우리가 각계각층에 포진하여 정부, 교육, 경제, 무역, 법조, 의학, 종교 분야의 기관을 지도하고 시스템에 영향을 미쳐야 한다. 그렇게 될 때 달라스는 '선과 복의 나라'가점차 온 세상의 모든 생활 영역, 모든 가정, 모든 길모퉁이, 모든 동네, 모든 도시, 모든 시민 속으로 침투해 들어간다고 믿었다. 이것이달라스가 이해한 지상명령의 배후 목적이다.

달라스가 믿기로 하나님 나라가 견고히 세워지고 성장하려면예수를 따르는 사람들이 덕, 믿음, 지혜, 능력, 경건한 성품의 화신(incarnate)이 되어야 한다. '선한 뜻'이라는 만족할 줄 모르는 바이러스를 세상에 감염시키기에 충분하도록 말이다. 그것이 이 책의 기본주제다.

이 책의 각 장은 달라스가 40년 가까이 개발하고 다듬어 온 세가지 관심 영역으로 대별된다. 첫 번째 영역은 도덕적 지식과 리더십에 대한 그의 사상이다. 그의 학문적인 저서에는 이미 이러한 주제가 다루어진 바 있지만, 여기서는 그런 철학적이고 신학적인 접근의 범위를 넓혔다. 즉, 복음에 제시된 도덕적 지식은 기독교 리더십, 제자도, 영성 형성 등의 영역 속으로도 들어가야 한다. 그래야 하나님 나라가 우리의 공동체에만이 아니라 문화 전반에도 긍정적인 영향을 미칠 수 있다. 달라스는 모든 분야—일터, 사회 조직, 기업, 기관—의 그리스도인들이 하나님 나라를 위한 리더이자 빛의 사절로서 각자의 잠재력을 온전히 실현하도록 헌신적으로 도왔다. 그는 고

무적인 비전을 제시했다. 이 비전은 지역교회에서 섬기는 기독교 지도자들과 넓은 세상의 일터, 곧 정부, 교육, 기업, 서비스업, 무역, 기타 직종의 기관들에서 섬기는 기독교 지도자들 사이의 간극을 이어준다. 성(聖)과 속(俗)의 괴리를 없애는 것이 현대 사회에서 지역교회가 하나님 나라의 결정적인 교두보가 될 수 있는 주된 방법이라고 그는 믿었다. 오직 그때에만 세상 나라들이 비로소 우리 하나님과 그리스도의 나라의 유익과 복을 경험할 수 있다.

두 번째 영역은 하나님에 대한 계시된 지식이 개개인의 모든 직업에 미칠 긍정적인 영향이다. 물론 그러려면 도덕적 리더십들이 그 지식을 성실하고 용감하게 적용해야 한다. 개개인의 직업은 번영하는 사회들을 구축하고 유지하는 구심점이 된다. 여기에는 정부, 기업, 무역, 교육, 목회 등의 주요 기관도 포함되며 물론 그밖에도 많이 있다.

마지막 세 번째 영역은 처음 두 영역과 긴밀히 맞물려 있다. 달라스는 교회와 교회 지도자들이 해야 할 일에 천착했다. 그는 예수의 제자들을 무장시키고 훈련시키는 새롭고 더 좋은 방법을 끊임없이 모색했다. 예수의 제자들이 사회의 각 요직을 점하여 빛과 생명과 소망을 책임감 있게 세상에 드러낼 수 있도록 말이다. 빛과 생명과 소망은 선하시고 사랑이 많으신 하나님의 선물이다. 마지막 며칠의 대화 중에 달라스는 자신의 큰 소망이 무엇인지 분명히 밝혔다. 그것은 그리스도인들을 도와 예수께서 오늘 무엇을 하고 계시는지를 더욱 잘 이해하게 해주는 일이었다. 그는 이렇게 말했다.

게리, 예수께서는 세상 모든 통치의 전복을 주도하고 계시네. 교회가 그것을 깨닫도록 우리가 도와주어야 해. 그런 전복이 이루어지려면 복음의 능력으로 개개인이 변화되어야 하지. 그 결과로 출현하는 공동체가 바로 하나님의 모략일세. 그들은 악에 지지 않고 오히려 선으로 악을 이긴다네. 그게 관건이야. 물론 이 사명의 핵심에는 사회 각 분야의 그리스도인 리더들이 있지.

이 책에 실린 자료는 대부분 달라스의 남캘리포니아 대학교 강의안에서 온 것이다. 그는 직업윤리와 리더십에 관한 과목을 가르쳤는데 아주 인기가 좋았다. 그가 쓴 짧은 논문 한 편도 우리의 초기 대화에 많이 등장했는데, 그는 같은 내용으로 2008년에 트리니티 인터내셔널 대학교에서 강연도 했다.[4] 우리가 자주 논하고 해석한 세 번째 자원은 2013년 1월에 컨 패밀리 재단(Kern Family Foundation) 집회에서 있었던 이틀간의 시리즈 강연이었다. 이상의 수업과 논문과 강연에서 축적된 달라스의 생각과 글과 연구를 디딤돌로 삼아 우리는 더 깊이 뛰어들었다. 그는 이 내용을 기독교 리더들과 전문인들이 반드시 재고해야 할 핵심 이슈로 보았다. 그의 궁극적인 바람은 사회 각 분야의 영향력 있는 사람들에게 비전을 제시하는 것이었다. 하나님 나라의 목양을 받아 그 나라의 윤리와 능력과 지혜와 은혜에 충실할 때, 우리의 총체적 삶이 이루어 낼 수 있는 일이 무엇인지를 보여주려 했다. 그리고 지금 당신의 손에 들린 이 책이 그 모든 사유의 결정체다.

달라스는 우리 사회의 적재적소마다 박식하고 생각이 깊고 재능이 뛰어나고 유능하고 매우 헌신적이며 도덕적으로 온전한 사람들이 필요하다고 확신했다. 현대 생활의 많은 기회와 시련 속에서 그러한 사람들이 우리를 이끌어야 한다고 믿었다. 그는 USC 학부생들로 대변되는 미래 세계의 리더들에게 비전과 수완을 길러 주려고 혼신을 다했다. 하나님 나라의 리더십으로 그들이 공동의 번영과 형통과 제반 복지를 적극 추구하고 성취할 수 있도록 말이다. 마찬가지로 이 책의 주요 동기와 취지 또한 그렇게 동참할 방법과 수완에 관하여 대화와 상상과 협력과 재고를 촉진하는 것이다. 하나님 나라가 우리의 영향권 내에 **임하려면** 우리가 그리스도인 리더로서 동참해야 하기 때문이다.

우리 사회를 섬기는 각 분야 모든 직종의 남녀들—교사, 변호사, 의사, 목사, 회계사, 상인, 사업가를 막론하고—이 이 책을 함께 읽고 토의하는 것이 달라스의 더없는 바람일 것이며, 그것은 나도 마찬가지다. 이 책의 본문과 스터디 가이드는 풍성한 대화를 유발하고 촉진하기 위한 것이다. 커피숍, 거실, 제직 회의, 집회, 수련회 등 리더들이 모여 하나님께 받은 세상을 향한 사명과 비전과 소망을 논하는 곳이라면 어디서든 좋다. 물론 교회만 그런 것은 아니지만, 교회야말로 이러한 변화를 논하기에 최적의 자리다.

하지만 이 책은 분명히 '방법론' 서적은 아니다. 우리 둘의 전공 분야가 아닌 다른 전문직 종사자들에게 감히 이런 생각을 그들의 분야와 활동에 적용하는 방법으로 말해 줄 생각은 없다. 대신 우리는 외부 관찰자로서 몇 개의 전문 분야를 사례 연구로 내놓았다. 그리스도를 닮은 리더십이 상황마다 필수임을 더 잘 부각시키기 위해서다. 아울러 우리는 몇 가지 제안과 관점과 통찰을 제시했다. 우리 삶에 영향을 미치는 중요한 이슈들을 그리스도인 리더들이 재고하거나 다시 다룰 때 그것이 도움이 되기를 바라면서 말이다.

그리스도인 리더들이 세상을 변화시킬 수 있으려면 먼저 깊은 성찰과 열띤 대화를 거쳐야 한다. 하나님은 세상을 변혁시키는 일에 우리를 조력자로 부르셨다. 그분의 선하신 뜻이 하늘에서 이루어진 것같이 모든 창조세계 속에서도 이루어질 수 있도록 말이다. 그래서 예수의 제자들은 선(善)을 잘 알아야 한다. 그래야 선을 제대로 이룰 수 있다. 결국 달라스와 내가 도우려는 리더들은 이미 자신의 일상 현장 속에서 하나님 나라의 선하고 의로운 길과 복된 소식을 충실히 분별하고자 애쓰고 있는 사람들이다. 우리가 믿기로 이러한 개념들은 토의에 도움이 될 뿐만 아니라 또한 연합 의식을 높여 주고, 비전을 넓혀 주며, 상호 존중과 격려와 지원을 북돋울 것이다. 예수를 따르는 자들로서 세상에서 살아가며 사람들을 이끌기 위해서는 연합과 협력을 잃어서는 안 된다.

달라스의 삶과 사역을 통해 일하신 하나님을 찬양한다. 첫 만남의 선물로 인해 감사드린다. 혼자서 작업을 끝마치려니 달라스의 부재가 생생히 피부로 느껴진다. 그의 미소, 다정한 웃음, 자상한 지도, 우리 삶에 적극 참여하던 모습은 이제 가고 없다. 그의 영혼은 영원히 죽지 않지만 육체는 더 이상 살아 있지 않다. 남아 있는 것은 그의 방대한 저작과 지혜와 말과 사상과 믿음이다. 이 값진 선물을 우리가 잘 활용해야 한다. 이 책도 그 유산을 이어 가려는 시도의 일환이다. 우리는 지난 추억에만 연연할 수도 있고, 하나님의 더 큰 영광과 하나님 나라의 진척을 위해 달라스의 영향을 확장하고 가르칠 수도 있다. 내가 그랬듯이 유가족과 어쩌면 수백만에 달하는 사람들도 선택하기 나름이다. 달라스의 장례식에서 다음과 같은 기도가 드려졌다. 우리 모두 다시 한 번 새로운 비전을 꿈꾸며 우리의 친구이자 스승이자 길잡이인 고인의 유산을 지속하고 발전시켜 나갈 수 있게 해달라는 기도였다. 이 책이 그 방향으로 가는 한 걸음이기를 기도한다.

2013년 7월
게리 블랙 Jr.

1

리더들을 부르시는 하나님

이 복음을 위하여 그의 능력이 역사하시는 대로 내게 주신 하나님의 은혜의 선물을 따라 내가 일꾼이 되었노라. 모든 성도 중에 지극히 작은 자보다 더 작은 나에게 이 은혜를 주신 것은 측량할 수 없는 그리스도의 풍성함을 이방인에게 전하게 하시고 영원부터 만물을 창조하신 하나님 속에 감추어졌던 비밀의 경륜이 어떠한 것을 드러내게 하려 하심이라. 이는 이제 교회로 말미암아 하늘에 있는 통치자들과 권세들에게 하나님의 각종 지혜를 알게 하려 하심이니 곧 영원부터 우리 주 그리스도 예수 안에서 예정하신 뜻대로 하신 것이라. 우리가 그 안에서 그를 믿음으로 말미암아 담대함과 확신을 가지고 하나님께 나아감을 얻느니라. 그러므로 너희에게 구하노니 너희를 위한 나의 여러 환난에 대하여 낙심하지 말라. 이는 너희의 영광이니라.

이러므로 내가 하늘과 땅에 있는 각 족속에게 이름을 주신 아버지 앞에 무릎을 꿇고 비노니 그의 영광의 풍성함을 따라 그의 성령으로 말미암아 너희 속사람을 능력으로 강건하게 하시오며 믿음으로 말미암아 그리스도께서 너희 마음에 계시게 하시옵고 너희가 사랑 가운데서 뿌리가 박히고 터가 굳어져서 능히 모든 성도와 함께 지식에 넘치는 그리스도의 사랑을 알고 그 너비와 길이와 높이와 깊이가 어떠함을 깨달아 하나님의 모든 충만하신 것으로 너희에게 충만하게 하시기를 구하노라. 우리 가운데서 역사하시는 능력대로 우리가 구하거나 생각하는 모든 것에 더 넘치도록 능히 하실 이에게 교회 안에서와 그리스도 예수 안에서 영광이 대대로 영원무궁하기를 원하노라. 아멘.

에베소서 3:7-21

우선 이 책의 요점부터 최대한 명확히 밝혀 두자. '하나님의 모략'은 세상의 인간 나라들을 사랑과 정의와 진리로 정복하는 것이다. 여기에는 온 세상과 인간 사회─개인과 집단과 정부 차원─가 모두 포괄된다. "세상 나라가 우리 주와 그의 그리스도의 나라가 되어 그가 세세토록 왕 노릇 하시리로다"(계 11:15). 헨델의 오라토리오「메시아」중 유명한 '할렐루야' 합창 부분에 거듭 선포되는 내용도 바로 이것이다. 이것은 실체다. 영원한 실체라고 할 수 있다. 하나님 나라는 과연 임했다. 그것은 과거에도 있었고, 현재 우리 곁에 있으며, 끝없는 미래로 이어질 것이다. 성경에는 이 미래가 '주의 날'로 표현되어 있다. 그날은 마침내 하나님이 타석에 서시는 날이다. 그렇다면 이 책의 핵심 질문은 바로 이것이다. "우리는 어떻게 이 실체에 가장 잘 동참할 수 있는가?"

이 책에서 우리는 예수를 따르는 제자로서의 지도자, 대변인, 전문인들에게 권고할 것이다. 그들은 사회의 공적 이슈와 의제와 과정을 자신의 영향권 내에서 책임감 있게 명시적으로 거론해야 한다.

그러려면 하나님의 자비로운 통치라는 실체를 가르치고 선포하고 예시하고 드러내야 한다. 아울러 하나님의 은혜와 능력으로 말미암아 그리스도의 몸된 교회로서 함께 협력해야 한다. 이와 같은 영향은 이른바 '종교적 성격'의 분야만이 아니라 인간 활동의 모든 분야를 아우른다. 굳이 공개적으로 하거나 '기독교 용어'를 써야만 이런 대사(大使)의 직분을 제대로 감당하는 것은 아니다. 깃발을 휘날리거나 현수막을 들고 다닐 필요가 없다. 본래 모략이란 그런 것이며 하나님의 모략도 마찬가지다. 예수께서도 많은 경우에 태연자약하게 그런 전략을 쓰셨다.

그리스도의 대변인들인 우리는 지상계명(막 12:33)에 따라 하나님을 사랑하고 이웃을 자기 자신처럼 사랑해야 한다. 하나님을 영화롭게 하고 가까운 이웃은 물론 공공의 유익을 도모할 책임이 있다. 그러려면 우리는 인간의 삶과 행복에 중대한 영향을 미치는 경제적·정치적·직업적·사회적 이슈들을 다루어야 한다. 우리가 추구하는 것은 종교적 모략이 아니라 예수 그리스도께서 세우시고 이끄시고 동력을 주시는 하나님의 모략이다.

그리스도를 따르는 대변인과 지도자와 전문인들은 무엇이 선하고 무엇이 선하지 않으며, 인간이 행복을 누리려면 어떤 요건이 필요한지 알아야 한다. 나아가 자신의 직업이 무엇이든 그 직업을 통해 상대하는 대중에게도 그것을 알려야 한다. 이 책임을 아무도 혼자서 도맡을 필요는 없다. 대중매체로 모종의 행사를 지속하여 이슈나 결정마다 요란하게 떠들어 댈 필요도 없다. 물론 일부 지도자와 대변인들이 특별히 눈에 띄는 책임을 맡아야 할 때도 있다. 이것은 그들의 지위 때문일 수도 있고, 특정한 활동이나 분야에 수반되는 지식과 능력 때문일 수도 있다. 하지만 그런 경우에도 우리가 추구하는 것은 공공선과 만인의 번영이다. 우리는 특수 이익집단을 옹호하는 것도 아니고, 공적 지위나 지명도를 이용해 특정 이념이나 신학을 퍼뜨리려는 것도 아니다. 이 이슈 대신 저 이슈로 정치권력을 쌓거나 이 후보 대신 저 후보를 지지하려는 것도 아니다. 그보다 하려는 일은 하나님의 사랑과 지혜를 제시하는 것이다. 그리하여 이슈가 무엇이든, 불가항력의 빛이 되어 어둠 속을 비추려는 것이다.

지금 여기에 와 있는 하나님 나라

지난 수백 년의 서구 기독교 유산에 따르면, '하나님 나라'란 다분히 지금 여기서 누리거나 다가갈 수 없는 무엇이다. 우리의 강단에서 명시적으로 선포되는 실제 가르침도 대부분 똑같다. 그래서 기독교 공동체들은 대체로 그 본을 따르고 있다. 다행히 이런 관점에 이따금씩 아주 유익한 변화의 조짐이 나타나고 있다. 하지만 노골적으로든 암암리에든 그러한 인식은 여전히 남아 있다. 즉, 아득한 미래의 어느 날, 현 세상의 지상 모든 나라가 결국 예수 그리스도의 통치와 다스림 아래 든다는 것이다. 그때까지는 어떻게든 우리의 경건과 신앙에 악착같이 매달리는 수밖에 없다. 우리의 행복을 위협하는 삶의 많은 풍랑을 최대한 이겨 내야 한다. 오늘날 기독교의 많은 설교자들과 교사들과 대변인들에게 이것은 아주 익숙한 사상과 실천의 전통으로 남아 있다. 지난 수세기 동안도 마찬가지였다. 이런 개념과 이미지는 여간해서는 개혁하기가 힘들다 보니, 대개 그리스도인들에게 남는 것은 희미한 희망뿐이다. "오래지 않아 곧" 그날에 예수께서 다시 오셔서 이전에 하다 마신 일을 완성하여, 하늘의 왕으로만이 아니라 땅의 왕으로도 통치를 재개하신다는 것이다.

　잘 알려지거나 바르게 인식되지 못하고 있는 사실이 있다. 이와 같은 관점은 초대교회가 전통적으로 이해한 예수의 통치와 다스림이 아니라는 것이다. 예수께서도 그렇게 가르치지 않으셨다. 예수의 나라는 그분이 재림하여 최후의 심판 날에 악을 일소하실 때까지 지연된 것이 아니다. 물론 그분은 재림하실 것이고, 그때 선악 간의 심판이 있을 것이다. 하지만 그분은 그때까지 기다리시는 것이 아니다. 여기저기서 몇 사람의 생각을 변화시키시고, 여러 예배에서 개개인의 영혼을 구원하시고, 이따금씩 신비롭게 출현하시는 정도로 그분의 역할이 제한된 것이 아니다. 그렇게 하다 미래의 알 수 없는 시점에 가서야 원래의 계획을 다시 가동하시는 것이 아니다. 이런 수동적 신학과는 대조적으로 교회사의 가르침은 일관된 증언을 보여준다. 간혹 무시될 때도 있었지만 대부분의 시기에 그랬다. 예수의 통치는 그분이 시작되었다고 말씀하신 그때, 곧 '지상명령'(마 28:18)을 선포하실 때 시작되었다. 알다시피 그 일은 그분이 승천하시기 직전에 있었다. 죽음과 부활이 있고 나서 하늘의 아버지 곁으로 가시기 전이었다. 현재 그분은 권위의 자리인 '아버지의 오른편'에 능동적으로 좌정하여 계신다. 저명한 성경학자인 N. T. 라이트(Wright)나 스캇 맥나이트는 예수께서 이미 왕위에 앉아 지금 통치하고 계시며, '하늘과 땅'의 모든 권세와 통치권을 현재 보유하고 계시다고 명백히 역설했다. 다른 많은 학자들도 마찬가지다. 신학자에이머스 용(Amos Yong)이 지적했듯이 '능력의 근원'이신 성령은 이제 "모든 육체에 부어져"(욜 2:28, 행 2:17) 예수의 통치를 위해 지도하시고 이끄시고 격려하시고 지원하시며 옹호하신다. 우리의 의지와 사고와 몸을 통해 그렇게 하신다. 전인적 구속(救贖)이라는 그분의 궁극적인 목적에 기여하는 모든 기관을 통해 그렇게 하신다.

여기서 중요하게 알아야 할 것이 있다. 하나님 나라에는 '그때'나 '언제'가 없다는 것이다. 이 통치는 현재의 실재다. 지금 완성을 향해 진행되고 있다. 오늘도 예수께서 통치하신다는 뜻이다. 예수는 우주의 왕좌에 앉아 계시며 만물의 모든 권세가 그분께 주어졌다(마 25:31, 28:18). 하나님은 온 인류의 하나님이시다(렘 32:27). 오늘도 하나님은 왕이신 아들 예수를 통해 통치하신다. 그분은 그리스도인이나 종교 기관만이 아니라 만물과 만인을 다스리신다. 그분은 만왕의 왕이요 임금들의 머리가 되신다(계 1:5). 지금 이 순간에도 성령의 통치는 우주의 모든 구석구석에까지 미친다. 귀신들도 훤히 알고 있는 사실이다(막 1:24; 5:7, 약 2:19). 하나님의 나라는 이미 임했고 더 임할 것이다. 하나님께 감사를 드린다.

이 모든 사실에 함축된 의미를 잠시 생각해 보자. 전능하신 사랑의 하나님이 지금 통치하고 계신다. 그러므로 그분께는 인간의 삶을 향한 총체적 비전이 있다. 거기에는 종교 분야만이 아니라 정치, 경제, 사회 분야가 총망라될 수밖에 없다. 인간의 모든 활동을 구성하는 무수한 나라들도 예외가 아니다.

앞서 말했듯이 이것은 새로운 비전이 아니다. 이 비전은 구약성경 전체에 나와 있고, 선지자들을 통해 계시되었고, 이스라엘 백성을 통해 일부 예시되었고, 예수의 가르침을 통해 더할 나위 없이 명백해졌으며, 1세기의 사도들을 통해 진척되고 지금까지 대대로 추진되었다. 그러다 드디어 현대 교회의 문간에 내려앉았다. 그리스도를 통해 만물과 만인은 하나님의 주권적인 선한 뜻(bene-volence, 라틴어 '선'과 '의지'의 합성어)에 복종하는 과정에 있다(고전 15:28). 그 선한 뜻은 곧 그분의 **아가페**의 윤리와 삶의 태도(*ethos*)다. 그리스도를 통해 만물은 현재 새로워지고 있으며 장차 새로워질 것이다(계 21:5, 고후 5:17). 결국 모두가 예수의 이름에 무릎을 꿇고 현재의 이 실체를 입으로 시인할 것이다(빌 2:10-11). 그리스도는 온 우주의 주이시며 아버지 하나님을 영광스럽게 나타내신다. 신자들과 비신자들도 하나같이 그분에 대한 경이와 무지를 어느 정도 고백하게 될 것이다.

하나님 나라를 세우는 사람이 되라

이렇듯 오늘날 온 우주에 미치는 그리스도의 주권을 바로 인식하면, 그것이 인간 개개인과 세상 전체에 막대한 영향을 미칠 수 있다. 그런데 막상 그 영향을 상상하려면 어려울 수 있다. 현대 세계의 험하고 고달픈 현실 속에서 하나님의 영광스러운 통치와 다스림은 너무 멀고 막연할 수 있으며, 실제로 종종 그렇다. 그래서 우리는 그것을 개인적이고 사회적인 상황과 환경 속에 구현하기는커녕 생각조차 하기 힘들다. 하지만 예수께서 우리에게 원하시는 일이 바로 그것이며, 그 일을 하도록 능력도 주셨다. 우리가 하나님의 선한 뜻을 행하려 할 때 그분은 반드시 그 일에 우리와 함께하신다. 이는 우리가 직접 보고, 듣고, 경험하고, 깨달을 수 있는 매우 확실한 사실이다. 하나님은 우리를 위하시고, 우리와 함께하시며, 우리의 노력에 능력과 인도를 베푸신다. 따라서 우리는 선한 결과를 얼마든지 확신해도 된다. 하지만 그동안 우리가 이 실체에 대한 비전을 잃었을 때는 그 일이 가능하다는 소망 역시 다분히 사라졌다. 그러므로 이 실체가 일상생활에 미치는 의미를 최대한 명확히 기술하려는 노력이 더욱 중요하다. 우리와 창조세계를 향한 하나님의 웅대하고 영광스러운 계획에 대해 오리무중 같은 부질없는 회의가 더해 가고 있기 때문이다.

하나님은 성령을 통해 우리를 개인적·공동체적·사회적·정치적·경제적으로 인도하여 그분 나라의 복을 누리기에 합당하게 만들려고 하신다. 그런데 오늘 우리는 중대한 문제에 봉착해 있다. 기독교 회중들과 고등교육 기관들 안에 이에 대한 인식과 관심과 비판적 사고와 가르침이 결여되어 있다는 것이다. 우리의 교회, 일, 학교, 놀이, 가정, 사업, 건강, 경제활동 등의 현 정황을 이끌어 가는 사상들과 이미지들이 있다. 그 속에도 하나님 나라가 나타날 수 있고, 나타날 것이며, 나타나고 있다. 그런데 우리는 그것을 진지하게 깊이 생각해 본 적이 없다.

여기에 우리의 일차적인 과제가 있다. 하나님 나라의 수단과 방법에 대한 대화에 다시 불을 지피는 것이다. 그러면 그것이 자연스럽게 우리 기독교 기관들의 벽을 흘러 넘어, 하나님의 사랑과 선하심이 인간 실존의 모든 영역에 끼치는 유익과 기적적인 능력을 그리스도인과 비그리스도인에게 공히 알려줄 것이다. 물론 하나님 나라는 '우리 안에' 이루어져야 하지만, 그렇다고 그것이 인간의 심령 안에 갇히거나 그곳에 제한된다고 이해해서는 안 된다. 하나님 나라는 하나님의 전능하신 뜻의 영역만큼이나 넓다. 아무것도 그것을 막을 수 없다. 결국 막지 못한다. 지옥문조차도 그것을 막지 못한다.

당면한 상황을 감안할 때 먼저 재고해야 할 것이 있다. 어떻게 하면 우리의 노력을 가장 잘 집중하여 지금 현재하며 또한 오고 있는 이 실체를 깊이 생각할 수 있느냐는 것이다. 그리스도께서는 우리에게 그 실체를 언제라도 누릴 수 있게 해주셨다. 하나님의 통치와 다스림은 말 그대로 코앞에, 손 닿는 곳에, 가까이에, 지척에, 바로 우리 앞에, 우리 가운데, 우리 삶의 현장에 있다(마 3:2, 막 1:15, 눅 17:21). 바로 그것을 모든 분야의 사람들—정치 지도자, 교육자, 전문 기업인, 남녀 전업주부들—이 자신의 일터와 삶의 현장에 적용하도록 부름받았다. 우리는 손을 내밀어 즐겁고 힘차게 '천국'('하나님 나라'를 지칭하는 마태의 표현)의 목덜미를 잡아야 한다(마 11:12). 기꺼이 기성의 규범을 거스르고 하나님과 함께 그분의 모략을 이루어 선으로 악을 이겨야 한다.

그렇게 규범에 역행하는 사례를 우리는 가장 뜻밖의 장소에서 자주 본다. 몇 년 전 펜실베이니아 주 니켈마인즈에 사는 작은 무리의 제자들이 온 세상을 충격에 빠뜨렸다. 열 명의 어린아이에게 총을 쏘아 다섯을 죽이고 스스로 목숨을 끊은 고뇌에 찬 한 외로운 남자에게 그들은 사랑과 용서를 베풀었다. 대중매체의 요란한 보도도 없었고, '총기를 소지할 권리 대 공공 안전'에 대한 정치적 공방도 없었다. 이들 하나님 나라의 시민들은 그런 통속적인 길을 가지 않았다. 대신 구주의 방법을 믿고 실천하여 용서를 택했다. 아직 애도하며 서로 위로하는 중에도 그들은 살해범의 아내와 부모에게 사랑과 은혜와 심지어 재정 지원까지 베풀었다. 그 결과 세상은 칠흑같이 어두운 시간을 밝힌 순결한 선의 눈부신 빛을 지켜보며 숙연해졌다. 이와 같은 선은 숨겨질 수 없다. 사람들이 멈추어 바라보며 놀랄 수밖에 없다. 우리를 박해하는 자를 용서하고 원수를 사랑하는 일은 여전히 기성의 규범을 근본적으로 거스르는 개념이다.

규범에 역행하며 은혜를 베푸는 또 하나의 간단한 예를 혁신적 소액금융(microfinance) 분야에서 흔히 볼 수 있다. 이것은 가난한 저소득 고객층을 위한 금융 서비스로, 담보가 거의 혹은 전혀 없는 무소득 대출자도 융자를 받을 수 있다. 노벨 평화상 수상자 무함마드 유누스(Muhammad Yunus)의 아이디어의 산물인 소액금융 개발은 오퍼튜니티 인터내셔널, 월드 비전 등 수십 개의 기관에서 활용된 지 30년이 넘었다. 인기가 좋아져 지금은 종교 기관만 아니라 일반 기관에서도 세상의 극빈층에게 소액 융자(평균 융자액 400달러 미만)를 해주고 있다. 이러한 대출 기관들은 "대출자의 사업 수익성을 높여 주어 결과적으로 고객의 경제적·사회적 행복을 두루 증진하는" 데 중점을 둔다. 이 방법은 아주 효과가 좋아 전 세계적으로 빈곤과 싸우는 구제 기관들의 총아가 되었다. 오늘날 제도 금융권에서는 융자를 검토하기 전에 대출자에게 상환 능력의 입증부터 요구한다. 그러나 소액금융은 비록 자원은 거의 혹은 전혀 없어도 성품만은 확실한 사람에게 돈을 빌려준다. 이 발상은 그동안 소득 증대의 잠재력을 보여주었을 뿐 아니라 의료 혜택, 주택, 영양 섭취, 교육 등의 발전으로 이어지고 있다. 고객 중심의 소액금융은 우리 사회의 경제 규범을 뒤흔드는 또 하나의 개념이다.[1]

우리는 니켈마인즈의 형제자매들과 소액금융의 창의적인 혁신자들로부터 중요한 교훈을 배워야 한다. 하나님의 백성은 세상에서 '선의 사절'이 되어야 한다. 모든 사람의 유익을 위해 하나님의 방법을 개인적으로 그리고 시스템과 기관을 통해 예시해야 한다. 요한계시록에 기록된 비전의 실체를 고대 세계에 흩어져 분투하던 초대교회들이 깨닫고 드러내야 했던 것처럼, 우리도 현 세계를 향한 하나님의 참된 비전을 힘써 되찾아야 한다. 현 세계는 왕이신 예수의 통치 아래 있다.

우리의 어려움은 이 세상의 시간을 맞추어 놓은 타이머가 있다고 보는 관점에서 일부 비롯된다. 이에 따르면 타이머는 이미 폭발 시점을 향해 초읽기에 들어갔다. 멸망이 임박했다는 이런 의식은 수많은 신자들에게 뭉긋한 두려움을 유발하여 에너지와 낙관적인 태도를 고갈시킨다. 우리 인간의 삶에 하나님이 복을 주시리라는 기대도 증발된다. 하지만 분명히 하나님께는 현재도 미래도 전혀 걱정거리가 못 된다. 따라서 우리도 교계에 유행하곤 하는 종말의 시나리오에 마음을 빼앗기거나 걱정할 필요가 없다. 하지만 염려가 금물이라는 말과 실제로 염려하지 않는 것은 매우 다르다. 임박한 종말에 대한 두려움과 사회의 걷잡을 수 없는 도덕 붕괴가 오늘 우리의 설교와 가르침의 주조를 이루고 있다. 그런 설교와 가르침은 오히려 사람들을 예수께 전혀 통제권이 없는 게 아닌가 하는 생각에 빠뜨린다. 사도 요한의 메시지는 정반대였다. 저녁 뉴스에서 보고 듣는 현실에도 불구하고 부활하신 그리스도는 온전히 통치하고 계신다. 그분의 교회 안에서 모든 것이 온전하게 진행되고 있다.

하나님의 모략, 이후

참된 복

두 번째 어려움은 요즈음 만연되어 있는 이른바 '형통의 복음'이다. 이는 하나님이 소비자의 모든 욕망을 채워 줄 준비가 되어 있고 그럴 의향과 능력이 있다는 풍조를 조장했다. 아메리칸드림과 일맥상통하는 복을 그분이 내려 주어야 한다는 것이다. 심지어 하나님이 정하신 그런 형통이 우리의 당연한 권리나 특권처럼 되었기 때문에 신자들이 하나님께 정정당당히 복을 요구해야 한다고 주장하는 사람들도 있다. 이 또한 성경의 가르침을 왜곡한 처사로 역사에서 반복되는 현상이다. 사두개인들이 비슷한 신학을 견지하다가 화를 자초했다.[2] 오늘날에도 동일한 성향을 볼 수 있는데, 우리가 매혹되어 의지하는 배금주의가 우리의 성경 해석에까지 파고들고 있다.

하지만 흔히 그렇듯이 이것은 복음의 핵심 진리를 왜곡한 것이다. 반석 위에 지은 성은 두말할 것 없이 복되다. 견고하고 짱짱하여 폭풍도 견뎌 낸다. 하나님의 사랑과 보호를 확신하며 사는 온갖 부류의 사람들도 복이 있다. 특정한 삶의 조건 때문이 아니라 어떠한 조건에도 불구하고 그렇다. 우리 앞에 닥쳐오는 조건은 일시적이지만 복은 영원히 남는다. 니켈마인즈의 주민들은 최악의 상황에도 불구하고 복이 넘쳤다. 증오와 복수의 악감정을 기꺼이 버렸기 때문이다. 세상의 가장 빈곤하고 소외된 문화 속에 살며 새로운 사업에 푼돈을 투자하여 가족을 부양하는 법을 배우는 그 사람들도 복이 있다. 교육과 계획과 지혜와 리더십과 훈련을 갖춘 사람들이 의지적으로 섬기고 나눈 결과다. 예수는 한 소년의 소박한 점심인 물고기와 빵을 배가시키셨듯이 우리의 약소해 보이는 노력도 능히 경이적으로 배가시키실 수 있다. 하나님 나라는 본래 그렇다.

이처럼 은사와 재물과 은혜와 섬김과 청지기직을 잘 적용한 살아 있는 간증은 얼마든지 많이 있다. 그러한 간증에서 보듯이 어떤 것도 우리를 하나님의 사랑에서 끊을 수 없다(롬 8:39). 예수는 우리와 함께하시며 세상 끝날까지 모든 것을 다스리신다(마 28:20). 우리의 가장 큰 문제와 최악의 두려움까지도 다스리신다. 이 왕은 모독을 당해도 견디시며, 그리하여 모독하던 이들마저도 획기적인 새로운 길을 열어 세상으로 나아가게 한다. 이 왕께는 불가능이 없다(눅 1:37).

하나님은 이 세상에 하나님 나라의 빛을 비추도록 우리를 부르셨다. 이 소명 앞에서 우리가 생각해야 할 새로운 길들을 이 책에 일부나마 개괄하려 한다. 다양한 사회 구조를 살펴볼 것이다. 하나님은 우리가 그런 구조들을 변화시키기 원하신다. 감히 종합 계획을 내놓을 생각은 없다. 하나님의 목적은 워낙 웅대하게 전개되므로 그리스도의 몸된 교회 전체가 개입하고 기여해야 한다. 단지 우리는 이미 벌어지고 있는 일을 더욱 촉진하고 거기에 보태려는 것뿐이다. 그러려면 매우 명확한 사고가 필요하다. 그래야 비전을 제시하거나 그림을 그릴 때 최대한 그 웅대함을 살려 낼 수 있다. 사실은, 그래봐야 하나님 나라의 본질이자 아름다움인 풍성한 삶의 성질과 특징을 겨우 조금 부각시키는 정도일 뿐이다.

2

선한 목자를 따르라

큰 나라가 되려면, 세상에 도움을 청할 데가 하나도 없음을 깨달아야 한다.

찰스 더들리 워너

오늘날의 삶을 향한 하나님 나라의 핵심 원리와 기풍과 윤리를 생각하려면, 시편 23편에 기록된 다윗의 고백이 최고의 출발점이 될 것이다.

여호와는 나의 목자시니 내게 부족함이 없으리로다.
그가 나를 푸른 풀밭에 누이시며
쉴 만한 물가로 인도하시는도다. 내 영혼을 소생시키시고
자기 이름을 위하여 의의 길로 인도하시는도다.
내가 사망의 음침한 골짜기로 다닐지라도
해를 두려워하지 않을 것은 주께서 나와 함께하심이라.
주의 지팡이와 막대기가 나를 안위하시나이다.
주께서 내 원수의 목전에서 내게 상을 차려 주시고
기름을 내 머리에 부으셨으니 내 잔이 넘치나이다.
내 평생에 선하심과 인자하심이 반드시 나를 따르리니
내가 여호와의 집에 영원히 살리로다.

시편 23편을 암송하는 사람들이 많다. 이 시는 대개 위대한 문학으로 간주되며 호머나 셰익스피어어나 세르반테스의 작품에 비견된다. 하지만 이 시에는 얻을 것이 훨씬 많이 있다. 시편 23편은 그저 아름다운 시가 아니다. 많은 사람들이 놓치지만 이 시에는 하나님과 함께하는 삶이 무엇인지가 명확히 기술되어 있다.

여호와는 나의 목자시니

다윗이 시편 23편에 묘사한 삶은 **샬롬**(평안)에 푹 잠긴 삶이다. 샬롬은 주 여호와께서 목자이시며 따라서 공급자, 보호자, 교사, 자애로운 가장(家長)이라는 인식에서 비롯된다. '목자'는 면면히 이어져 내려온 히브리 민족의 가장 오래된 은유 가운데 하나다(창 49:24, 시 77:20; 80:1; 95:7). 다윗이 알았던 그의 인생의 길잡이는 사랑이 많으시고, 자상하시고, 늘 함께하시고, 능하시며, 목적이 분명하신 분이었다. 다윗은 그 실체를 이해하고 경험했다. 우리의 가장 큰 확신이자 영혼을 충만하게 하는 소망은 주 여호와께서 우리의 목자라는 사실이다. 이 단순하고도 끝없이 심오한 실체 때문에 우리는 세상에서 우리가 차지하는 자리와 영원히 우리의 것인 기쁨을 조금이나마 알 수 있다.

지금은 목자라는 직업이 거의 실종되었다. 본래 목양에는 친밀함이 있다. 목자는 자신의 양을 안다. 몇 주씩 외진 곳에서 온종일 양과 함께 있기 때문이다. 목자는 끊임없는 관찰을 통해 양떼의 행동과 습성과 취향을 파악한다. 계속 양을 보호하고 먹이고 인도하고 바로잡아 준다. 그러다 보면 유대가 싹터 양들을 사랑하게 된다.

예수는 "선한 목자는 양들을 위하여 목숨을 버린다"고 말씀하신다 (요 10:11). 다윗도 그것이 자신의 책임의 일부라는 것을 알았다(삼상 17:34-35). 그 결과 양은 반응을 보이고 유익을 누린다. 목자가 없으면 양은 길을 잃고, 위험에 빠지며, 험한 현실을 견뎌 낼 수 없다. 하나님은 인류라는 양떼를 사랑으로 돌보신다. 여호와께서 목자라는 고백은, 지극히 인격적이고 자상하며 위로와 공급을 베푸시는 그 사랑을 우리가 안다는 뜻이다.

시편 23편 같은 삶의 여정에 오르려면 우선 고백할 것이 있다. 우리가 선한 목자를 신뢰하지 않고(곧 믿음이 없이) 저항하는 것은 다분히 위기나 절망의 시기에 우리에게 공급하실 능력이나 의향이 그분께 없다는 두려움에서 비롯된다. 그러한 저항은 하나님이 결코 선하지 않다거나 적어도 '이력'으로 보아 그분의 성품이 의심스럽다는 생각에서 싹튼다. 흔히 이것은 심각한 트라우마의 비참한 결과이며 잘못된 신학에서 기인한다. 하지만 결코 정당화될 수 없다. 사실 시편 23편의 고백은 그런 암울한 신학과 정반대다. 하나님을 절대적으로 선하신 분 이외의 다른 존재로 보는 것은 전혀 터무니없는 언어도단이다. 많은 종교국가를 포함하여 세상 나라들의 동력은 교조적 두려움이지만, 하나님 나라의 동력은 은혜다. 온전한 사랑은 두려움을 내쫓으며, 선한 목자의 사랑도 마찬가지다. 예수는 선한 목자로 자처하셨다. 그분의 이미지는 충혈된 눈으로 분노와 복수심에 차 있는 제우스 같은 신과는 거리가 멀다(그런데도 일각에서는 그런 신들이 인기가 있다). 명백히 하나님을 무엇 하나라도 나쁘게 볼 이유는 전혀 없다.

내게 부족함이 없으리로다

양떼는 평안하며 부족함이 없다. 좋은 것이 하나도 모자라지 않다. 왜 그런가? 모든 필요를 채워 줄 목자를 신뢰할 수 있기 때문이다. 두려움은 사라지고 필요가 채워지니 평안이 넘친다.

소비자 중심의 사회에서 날로 영악해지는 광고주들과 사업자들은 더 큰 욕심을 자꾸만 새로 부추겨 놓고는 다시 그것을 채워 준다. 하지만 그 같은 피상적 필요가 전혀 없다면 개인과 사회의 삶은 어떻게 달라질까? 이럴 때일수록 우리가 깊이 생각해야 할 문제이며, 자신의 영혼에도 이로울 뿐 아니라 은연중에 우리 사회에 엄청난 유익이 될 것이다. 우리는 부족함이 없는 상태를 상상할 수 있는가? "얼마나 많아야 충분한가?"라는 질문이 "조금만 더"라는 대답만큼이나 어처구니없게 여기지는 곳, 그런 곳을 생각할 수 있는가?

선한 목자가 공급해 주시는 것들은 더없이 귀하고 영원하다. 좀과 동록이 그 가치를 훼손할 수 없다(마 6:19). 선한 목자는 무엇이 본질이고 무엇이 지엽이며, 진정한 필요와 거짓된 욕망이 어떻게 다른지 깨우쳐 주신다. 본질적인 필요에 먼저 집중한다면 오늘 우리의 경제는 어떻게 될까? 그리스도 안에서 우리가 충족하고 풍성한 것을 깨닫는다면 과연 빚을 얼마나 지게 될까? 이는 시편 23편이 내놓는 핵심 질문 중 몇 가지에 지나지 않는다.

그가 나를 푸른 풀밭에 누이시며

쉴 만한 물가로 인도하시는도다. 내 영혼을 소생시키시고 이 목자의 보호 아래 살면 안식, 곧 **샬롬**을 얻는다. 샬롬은 풍요를 내포하며 삶의 깊은 수원(水源)을 회복시켜 준다. 이 풍족하고 영속적인 안식은 우리의 전 존재와 영혼을 충만하게 한다. 선한 목자는 본래 선하며 자기 양떼를 선한 길로 인도한다. 거기서 우리는 선을 보고 경험하며, 그를 본받고 드러낼 수 있다. 이것이 옳은 길이요 참된 의의 길이다.

해를 두려워하지 않을 것은

> 내가 사망의 음침한 골짜기로 다닐지라도
> 해를 두려워하지 않을 것은 주께서 나와 함께하심이라.
> 주의 지팡이와 막대기가 나를 안위하시나이다.

목자와 함께하는 삶이 이처럼 선, 공급, 보호, 영혼의 돌봄, 회복, 의, 형통을 가져다주기에 우리는 삶을 위협하는 음침한 위험과 불안한 현실에 당당히 맞설 수 있다. 두려움 없이 살아갈 수 있다. 사실 두려움이 없는 삶은 부족함이 없는 삶과 동일한 '실존'이다.

천하의 그 무엇도 우리 마음에 두려움이 스며들게 할 수 없다. 그 정도로 자유로운 삶을 우리는 상상할 수 있는가? 염려와 불안과 두려움의 재앙으로부터 해방된 삶이 세상에 무엇을 보여줄지 가히 짐작이 되는가? 온갖 대중매체가 우리 사회에 밤낮으로 열심히 공포와 불안을 조성하고 있는 이때에 말이다.

우리 삶과 문화에서 두려움의 역할은 왜 이렇게 과중한가? 우리는 정확히 무엇이 두려운 것인가? 그야 얼마든지 많이 있다. 우리는 행복하지 못할까 봐 두렵고 형통하지 못할까 봐 두렵다. 그래서 적절한 공격과 방어 자세를 취하여 자신을 보호하고, 실제 생존에 필요한 것들만이 아니라 주관적인 욕심까지 죄다 채우려 든다. 하지만 아무리 안전과 만족을 얻으려 해도 밑 빠진 독에 물 붓기처럼 끝이 없다. 인간의 문제를 인간의 능력으로 해결하려는 것 자체가 본래 허사이기 때문이다. 예컨대 대출 신청서를 사실대로 작성하면 나에게 불리하다고 하자. 가족이나 이웃의 잘못을 용서하거나 어느 기관에 내 시간이나 돈이나 비축된 자원을 기부하면 내가 추구하는 아메리칸드림에 차질이 생긴다고 하자. 그렇게 느껴지면 우리는 도덕의 나침반을 조정하여 자신의 욕구 충족이나 쾌락이나 안전을 정당화한다. 그 결과 흐르는 모래 위에 삶의 벽돌을 한 장 더 쌓는다.

그러한 삶과 문명이 내부에서 붕괴할 것은 기정사실이다. 단지 시간문제일 뿐이다. 우리는 통제 불능인 것을 통제하고 조금이나마 안전을 지키려고 정신적·정서적 에너지를 바쳐 종종걸음을 친다. 하지만 그래 보아야 맥을 잃고 진만 빠지는 헛수고일 뿐이다. 그런데도 그런 수고를 하는 이유는 우리의 목자와 그분의 성품, 하나님이 지으신 우주의 구조, 그분 나라의 순리를 전혀 모르기 때문이다. 이러한 비전이 없이는 전인적인 행복을 막연히 보장받으려는 절박한 몸부림이 대대로 계속될 것이다. 또한 무능한 사회와 정부는 무산된 욕망에 대한 분노와 수치심을 계속 부채질할 것이다. 그리하여 우리의 병원과 감옥과 영안실에는 기구한 슬픔과 비참한 절망의 사연들이 넘쳐 날 것이다. 한 사회학자는 오늘날의 성인 세대야말로

미국 역사상 무기력과 비만과 중독과 투약과 빚이 가장 많은 세대라고 지적했다.[1]

　인간의 문제에 대한 인간의 해답은 없다. 인간이 문제의 원인이기 때문이다. 우리에게는 선한 목자가 필요하다.

선하심과 인자하심이 반드시 나를 따르리니

　　주께서 내 원수의 목전에서 내게 상을 차려 주시고
　　기름을 내 머리에 부으셨으니 내 잔이 넘치나이다.
　　내 평생에 선하심과 인자하심이 반드시 나를 따르리니
　　내가 여호와의 집에 영원히 살리로다.

　선한 목자는 수고하고 무거운 짐을 진 자들에게 오셔서 귓속에 희망을 속삭여 주신다. "내 사랑하는 어린 자녀들아, 참으로 서로 사랑하여라. 그게 관건이다. 정말로 서로 사랑하면 너희의 가장 깊은 의문들이 모두 풀리고 가장 큰 문제들이 해결될 것이다. 내가 그렇게 되게 해놓았다"(요일 3:18-20, 저자 사역). 우리가 붕괴하는 그 지점이 곧 새로운 삶의 돌파구가 될 수 있다. 이제부터라도 우리는 새로운 존재 방식을 상상해야 한다. 푸른 풀밭, 잔잔한 물, 회복, 안전, 보호, 공급—이것은 우리 모두가 열망하고 갈구하는 삶이다. 예수는 바로 그것을 주러 오셨다. 선한 목자는 우리 인생관의 모든 결함을 바로잡아 주시고, 하나님의 공급에 대한 이해의 공백을 메워 주신다. 하나님의 공급은 바로 지금, 일상생활의 치열한 현장 속에서 이루어진다.

선지자 하박국도 시점만 다를 뿐 동일한 역설을 선포한다. 그가 하나님의 충족성에 대해 기록한 때는 정확히 이스라엘 나라가 적에게 침략당한 후였다. 기원전 7세기 말에 벌어진 이 격동의 사건은 수많은 이스라엘 사람들의 삶을 망쳐 놓았다. 우리가 지난 세기 동안 자주 목격한 중동의 분쟁 장면들과 다르지 않게 하박국도 정치적 격변, 사회적 혼란, 살벌한 전쟁, 끝없는 반란 등으로 인한 대참사를 목격했다.[2] 이런 분쟁의 불협화음 속에서 그는 백성에게 그들의 희망이 어디에서 오는지를 상기시킨다.

> 비록 무화과나무가 무성하지 못하며
> 포도나무에 열매가 없으며
> 감람나무에 소출이 없으며
> 밭에 먹을 것이 없으며
> 우리에 양이 없으며
> 외양간에 소가 없을지라도
> 나는 여호와로 말미암아 즐거워하며
> 나의 구원의 하나님으로 말미암아 기뻐하리로다.
> 주 여호와는 나의 힘이시라.
> 나의 발을 사슴과 같게 하사
> 나를 나의 높은 곳으로 다니게 하시리로다(합 3:17-19).

상황은 암담하기 짝이 없었지만 하나님의 충족성 덕분에 그는

하나님의 모략, 이후

기쁨과 즐거움과 힘을 계속 누릴 수 있었다. 죽음의 두려움이나 어떤 질병, 위험이나 배고픔이나 고통, 사람이나 피조물이나 상황이나 상실도 목자의 능력과 사랑과 보호 아래 있는 삶을 결코 방해하거나 이길 수 없다(롬 8:35-39).

예수가 아셨던 하나님을 알아 가라

시편 23편과 하박국 3장은 새로운 존재 양식을 내면화한 결과다. 이 존재 양식의 궁극 목표는 모든 창조세계 속에 하나님의 모략을 온전히 이루는 것이다. 시편 23편은 하나님의 감화를 받아 하나님과 함께하는 삶이다. 이 삶은 이미 시작되었으며 지금도 그분의 헌신된 제자들의 삶과 공동체 속에 실현되고 있다. 또한 그들을 통해 확장되고 있다. 우리는 늘 성령의 권고를 들으며 예수의 발자취를 따르는 그분의 제자들이다. 그분의 제자로서 우리는 겸손하고 평화롭고 지혜로운 사랑과 선의의 축제를 추진하고 이끌어야 한다. 그 결과 모든 경쟁하는 의제(議題)와 무서운 계략은 무너지고 만다. 인간의 두려움이나 교만이라는, 흐르는 모래 위에 세워진 모든 필사적인 계획도 마찬가지다. 이것은 사랑의 혁명이다.

역사를 보면 하나님과 그분의 방법에—노골적으로든 은연중에든, 의식적으로든 무의식중에든, 개인적으로든 공동체적으로든—거역하고 저항하는 사람들은 대개 귀가 먹어 선한 목자가 주시는 풍요의 음악을 듣지 못한다. 그들은 눈이 멀어 "나는 스스로 있는 자이니라"고 하신 위대한 만유의 주 여호와의 아름다움을 보지 못한다. 그분이 선으로 상을 차려 우리 몸과 영혼, 가정, 민족, 도시, 나라에 넘치도록 먹여 주시는데도 말이다. 하나님은 모든 피조물에게 한없는 복을 베푸신다.

우리의 사고와 행동에 혁신이 이루어지려면 먼저 선행되어야 할 중요한 변화가 있다. 즉, 우리는 왕을 대면해야 한다. 그래야 그왕의 나라를 힘써 확장할 수 있다. 예수께서 아셨던 하나님은 현대 세계에 회자되는 하나님과는 크게 다를 것이다. 예수께서 완벽하게 아시고 증언하신 하나님은 스스로 충족하시고 만유를 포괄하시는 존재다. 그분은 무형이시고 지성적이시며 자유로우시다. 삼위일체의 인격이시고 선과 지혜와 능력이 완전하시다. 우주를 창조하셨으며 지금도 섭리로 우주를 지탱하시고 다스리시고 운행하신다. 하나님의 도덕적 속성인 사랑과 자비와 관용은 그분의 풍요로운 존재에서 흘러나온다. 그래서 우리는 아무것도 두려워할 게 없다. 하나님의 선한 목적과 계획에 순종하고 따르는 사람은 정말 넉넉히 이긴다(롬 8:37).

왕 예수의 계속되는 일에 힘쓰라

우리가 중요하게 인식하고 즐거워해야 할 사실이 또 있다. 하나님의 모략을 성취하여 전 세계에 그분의 교회를 세우는 일에 예수께서 이미 놀랍고 영광스러운 진척을 이루셨다. 물론 할 일이 더 남아 있지만 우리는 인생과 가정과 도시와 나라들에 빛과 생명을 가져다주신 예수의 놀라운 성취에 놀랄 수 있고 마땅히 놀라야 한다. 우리 눈앞에서 벌어진 기적 같은 초자연적 실체를 다 말하자면 끝이 없을 것이다. 그것이 상기시키고 증언해 주듯이 하나님은 이 세상 속에 쉼 없이 역사하여 사람들의 마음과 생각을 그분의 끝없고 무한한 위엄 쪽으로 돌리고 계신다. 참으로 "그의 영광이 온 땅에 충만하다"(사 6:3).

그동안 이루어 낸 교회 전반의 진척에서 매우 흡족한 여러 가지 발전을 볼 수 있다. 예컨대 교회는 지난 두 세기가 넘도록 끌어온 다수의 소모적 변론과 갈등을 해결했다. 그중 특히 잘 알려진 것을 몇 가지만 꼽자면 인종 간의 화해와 양성평등, 교단 횡포의 감소, 교리나 문화를 초월한 상호 존중과 인식과 대화와 협력과 구제 활동의 증가 등이 있다. 아직 논쟁이 격한 부분들도 있지만 그래도 많은 진전이 이루어졌다. 우리는 이러한 발전을 즐거워해야 한다.

하지만 예수께서 우리에게 원하실 일의 종류에 대해서는 여전히 매우 신중한 분별이 필요하다. 그분은 자신의 제자들이 모여서 어떤 일을 하기를 원하실까? 예수의 제자들이 더 확실히 알아야 할 사실이 있다. 우리는 하나님의 능력과 은혜의 수동적인 수혜자만이 아니라 또한 협력자다. 그렇다면 우리가 할 일은 무엇인가? 하나님은 우리가 무엇을 하기를 원하시는가? 하나님이 그리고 계신 큰 그림은 무엇이며 거기서 우리의 자리는 어디인가? 하나님이 세상 속에서 자신의 교회에 맡기신 궁극적인 사명은 무엇인가? 이것은 중대한 질문이며, 다음 사실을 알고 나면 거기에 내포된 가능성이 한결 커진다. 이런 물음의 답은 그리스도를 따르는 사람에게만이 아니라 어떤 인간에게나 중요한 의미를 지닌다는 것 말이다. 그것은 이 모든 질문이 다음의 한 가지 핵심 질문에서 비롯되기 때문이다. "인간 실존의 근본 목표와 목적은 무엇인가?"

지금까지 인류는 많은 선을 이루었다. 원자를 분열시켰고, 비행기를 만들었고, 우주를 여행했고, 지구의 구석구석을 탐험했고, 무수한 병의 치료법을 개발했고, 마법처럼 신기하고 놀라운 첨단 기술을 발명했으며, 물질계의 기본 요소와 우주에 대한 이해가 점점 깊어졌다. 물론 앞으로도 할 일이 무궁무진하겠지만 인류가 놀라운 진척을 이룬 것만은 확실하다. 하나님은 늘 우리와 함께하셨고 때로는 우리도 모르게 그리하셨다. 그분은 우리에게 은총을 베푸셨고, 수많은 분야에서 다양한 수단과 방법을 통해 성공하도록 도우셨다. 이런 발전의 대다수는 엄격히 말해서 우리가 이해하는 의미의 '기독교적'인 것은 아니다. 예컨대 전기(電氣)는 기독교적인 발견물로 간주되지 않으며, 그러기를 바라서도 안 된다. 하지만 전기 덕분에 세상은 훨씬 좋아졌다. 하나님은 만인을 똑같이 사랑하시며, 우리 모두의 유익을 위해서라면 누구라도 마음대로 쓰실 수 있고 실제로 그렇게 하신다. 이는 하나님의 자비와 은혜의 가장 놀라운 특징 가운데 하나다. 정말 온갖 좋은 은사와 온전한 선물이 하나님께로부터 내려온다. 여태까지 그분은 인류에게 많은 선물을 주셨고 지금도 계속 주고 계신다. 하지만 오늘의 세상 속에 **임하는** 하나님 나라를 나타내려면 아직도 할 일이 많이 남아 있다. 어둠은 여전히 빛을 대적한다. 이 말에 이의를 제기할 사람은 가장 열렬한 무신론자들뿐일 것이다.

문명이 시작된 이래로 지금까지 인류는 행복의 요건과 척도, 행복을 얻는 최선의 길을 알아내려 씨름해 왔다. 역사를 보면 최선의 가정, 공동체, 도시, 국가를 만들려는 실험이 늘 끊이지 않았다. 각각

하나님의 모략, 이후

의 실험은 철학적·이념적·종교적·정치적·도덕적·법률적·상업적·경제적·관계적 기초의 다양한 조합에 입각했다. 이것은 앞으로도 달라지지 않을 것이다. 수천 년 동안 이런 노력을 촉발한 핵심 질문들도 달라지지 않을 것이다. 우리는 왜 여기에 있는가? 우리가 원하는 것은 무엇인가? 우리는 어떻게 살아갈 것인가? 나의 이웃은 누구이며 이웃을 향한 나의 책임은 무엇인가?

이러한 질문에 우리 사회가 내놓는 해법들은 계속 우리를 기만한다. 그래서 우리는 지치고 좌절할 수 있다. 록그룹 U2의 멤버인 보노(Bono)의 말을 풀어쓰자면, 인류는 자기가 찾고 있는 것을 여태발견하지 못했다. 그렇지만 뒤를 잇는 각 세대마다 나름대로 답을 내놓을 책임이 있다.

수많은 세상 복음들이 이와 같은 질문에 답하고자 우리의 고등교육 기관, 정치 담론, 방송을 장악하고 있다. 그것은 단순히 이런 이슈가 모든 인간의 근본적인 욕구와 맞닿아 있기 때문이다. 따라서 번영의 확실한 수단을 모색하는 일은 사회 기관을 이끌고 감독하는 이들에게 늘 고민거리가 되고 있다. 그러므로 선한 목자와 그분의 방법을 친밀하게 아는 사회 각계각층의 그리스도인들은 잘 준비되어 있어야 한다. 일련의 교리를 외워서 내놓는 정도로는 안 된다. 이런 질문에 대한 예수의 답이 왜 좋고 어떻게 최선인지를 탄탄한 실력과 의지로 검토하여 예증해야 한다. 모범을 보여 검증해야 한다.

인간의 필요와 인간의 지식이 교차하는 바로 그 지점에서 기독교 세계관은 희망과 지도(指導)와 교정과 진리를 내놓아야 한다. 그래야 명실상부한 기독교 세계관이 된다. 지금부터 우리는 『하나님의 모략』에서 처음 제시된 개념들과 거기에 함축된 의미를 디딤돌로 삼아 더 큰 조직적 이슈들로 도약하고자 한다. 오늘의 세상을 살려면 반드시 직면해야 하는 이슈들 말이다.

3

선한 목자를 따르는 리더들

영원한 즐거움은 우리를 위로 끌어올리고 일시적인 쾌락과 재물은 우리를 아래로 잡아당긴다면, 영혼의 갈망이 어느 한쪽으로 일편단심일 수는 없다. 진리 때문에 영원을 더 좋아하면서도 타성 때문에 일시적인 것을 버리지 못하는 영혼은 중간에 끼어 괴로울 수밖에 없다.

히포의 아우구스티누스

20세기 말에 미국의 저명한 사회학자 탈콧 파슨스(Talcott Parsons)는 사회 지도자들이 "현대 사회 구조에서 단연 가장 중요한 요소가 되었다"고 진단했다.[1] 지금은 이 말이 그때보다 더 사실일 것이다. 도덕적 리더십이 절대적으로 필요한 사례를 방송과 인터넷에서 다반사로 볼 수 있다. 2010년, 석유시추선 '딥워터 호라이즌'의 폭발과 침몰로 기름이 유출된 사건을 생각해 보라. 이는 인간의 삶에나 환경에나 끔찍한 재앙이었다. 누가 언제 무엇을 알고 있었는지는 끝내 미궁으로 남을 수도 있다. 하지만 조사와 소송이 뒤따르고 있는 지금, 숙고할 만한 문제가 있다. 용감하고 헌신적인 사람이 단 한 명만 있었어도 이런 재앙을 면하는 데 큰 영향을 미쳤으리라는 것이다. 용감하고 도덕적인 리더가 참극을 예방하려면 많은 요인이 갖추어져 있어야 했겠지만, 그 부분은 심층 분석은커녕 아예 거론되지도 않을 것이다.

내부 고발자를 보호하는 법이 미국에 존재한다. 실효성에는 의문이 있을 수 있지만 어쨌든 존재한다. 하지만 내부 고발자를 보호하는 법이 있다고 해서 애초에 내부 고발에 필요한 성품이 길러지는 것은 아니다. 진실을 증언하려면 책임을 회피하거나 합리화하지 않는 성실성, 이익보다 안전을 우선으로 삼는 가치관, 상사와 동료들로부터의 '신상털이'는 물론 경멸까지도 감수할 수 있는 자존감, 직책이나 직장을 잃을 위험을 무릅쓰는 용기가 필요하다.

이와 같은 특성이 하나나 그 이상 부재하면 자신의 두려움과 욕구에 영합하려는 유혹이 도덕적 진실과 모든 관련자의 유익을 넘어선다. 반대로 도덕적 리더십과 용기가 이기면 많은 인명과 생계가 보호되고, 막대한 재앙이 예방되며, 거액의 자원이 절감된다. 요컨대 지도자들이 잘 이끌 때 세상은 더 좋은 곳이 된다. 예수를 따르는 사람들은 바로 그런 사고방식을 품고 아침마다 일터에 나가 업무에 임해야 한다.

영국에서 구글의 한 영업직 평사원의 삶에 바로 그러한 일이 있었다. 「가디언」(The Guardian)에 따르면, 구글은 영국 내에서 체결된 거래가 없으므로 영국에 세금을 낼 의무가 없다고 주장했다. 이때 바니 존스(Barney Jones)가 나서서 반대되는 증거를 내놓았다. 무슨 재정적 인센티브가 있었던 것도 아니고 오히려 자신의 고용 기회가 줄어들 수도 있었다. 그런데도 회사 측의 발표를 듣고 그는 아일랜드 더블린에서 보고된 거래가 사실은 런던에서 체결되었다는 증거를 국회 결산위원회에 제출했다. 왜 이런 고생을 사서 하는가? 존스에 따르면, 그가 항거한 이유는 헌신된 그리스도인으로서 자신이 선을 추구하고 이루어야 할 책임이 있다는 믿음 때문이었다. 그래서 그는 차마 "내 영향권 안에서 저질러지는 불의를 가만히 보고 있을" 수 없었다.[2] 과시도 없었고 메달도 없었으며 보상도 없었다. 한 평범한 시민이 비범한 용기로 자신의 본분을 다했을 뿐이다.

현대 생활이 갈수록 더 복잡해지다 보니 개인도 사회도 주변에서 벌어지는 일을 모두 알기가 더욱 어렵다. 따라서 우리의 필요와 최선의 길을 분별하기도 어렵다. '딥워터 호라이즌' 사건이 좋은 예다. 어부들, 호텔업자들, 해변의 주택 소유주들, 식당업자들은 다량의 기름 유출을 유발한 사건으로부터 자신을 보호할 길이 전혀 없었다. 현대 생활의 복잡성은 전국적인 금융 위기와 그에 따른 경제 불황에도 중대한 역할을 했다. 배후의 투자가 세계 경제를 붕괴시키려 위협하는데도 그런 투자의 성질과 영향을 아는 사람은 거의 없었다. 대개는 그 같은 정보를 접할 특권조차 없었다. 오늘날 생각보다 더욱 절실히 필요한 것은 바니 존스의 정직성과 용기를 갖춘 지도자, 전문직 종사자, 전문가들이다. 그런 사람들이 지난 몇 세기 동안 인식되어 온 '공공복지'를 부지런히 분별하고 추구해야 한다. 그렇다면 공공선에 희생적으로 헌신된 성품은 누가 어디서 어떻게 빚어낼 것인가?

하나님의 모략

이 책은 공저이기는 하지만, 달라스의 이전 저작들을 기초로 하여 자연스럽게 진행된다. 『하나님의 모략』은 시리즈의 제3권이다. 제1권인 『하나님의 음성』에서 보듯이 하나님 나라의 삶에는 하나님과의 친밀한 대화적 관계가 약속되어 있다. 선한 나라의 왕은 우리 삶에 대해서 우리와 대화하기 원하신다. 이 실체를 경험할 수 있는 방법이 그 책에 설명되어 있다.

제2권인 『영성 훈련』에서는 하나님과의 친밀한 관계의 또 다른 측면이 기술된다. 성령을 통해 하나님과의 대화적 관계를 가꾸다 보면 우리는 예수의 도제가 된다. 숙련된 장인에게 지도받고 배우는 신출내기와 같다. 그런데 이 장인이 가르치는 내용은 그분과 같은 성품을 지녀 하나님의 선하심을 구현하는 방법이다. 영적 변화를 촉진하는 많은 훈련과 도구가 그 책에 설명되어 있다.

다음으로 『하나님의 모략』은 예수의 도제가 된 이 친밀한 관계에 방향과 목표가 있음을 보여준다. 기쁜 소식이란 하나님 나라에서 **지금** 누릴 수 있는 선한 삶이라는 것을 산상수훈을 통해 자세히 설명한다. 그 다음은 『마음의 혁신』(*Renovation of the Heart*)이다. 하나님은 우리 삶, 관계, 몸, 생각, 감정, 갈망 등 자질구레한 일상 속에 역사하여 우리에게 예수께서 내 구체적인 정황 속에서 살아가실 그 삶을 가르치신다. 그러한 내용이 그 책에 다루어져 있다. 에세이집 『잊혀진 제자도』(*The Great Omission*)에는 오늘의 교회 앞에 놓여 있는 엄청난 기회가 논의된다. 교회들은 제자를 삼을 수 있고, 사람들을 예수의 생명력 있는 실체와 그 나라의 방법 속으로 인도할 수 있다. 하지만 이 기회를 날려 버릴 때 벌어질 엄청난 비극 또한 그 책에 함께 제시된다.

이전의 저작들은 개인의 변화에 대한 비전을 제시했다. 그리스도인의 삶에서 우리가 힘써야 할 일들의 이유와 방법을 보여주었다. 이제 이 책에서는 그 비전을 더 넓히고자 한다. 하나님이 우리 개인의 삶 속에 하고 계신 일의 궁극 목표를 하나님 나라의 관점에서 들여다보고, 아울러 세상을 향한 그분의 포괄적인 목표도 더 잘 보려고 한다. 하나님 나라에서 우리의 관심은 개인적인 변화에만 있는 것이 아니다(그뿐이라면 영적 자아도취가 될 것이다). 우리는 더 큰 변화의 작업에도 관심이 있다. 바로 만물을 자기와 화목하게 하시는 하나님의 일에 우리가 어떻게 일익을 담당할 것이냐의 문제다. 하나님은 그 일을 우리 안에서만 아니라 우리를 통해서도 이루기 원하신다.

예수께서 피로 사신 새 언약 안에서 우리는 만유의 참된 실체에 눈뜬다. 나아가 그리스도의 영을 통해 그 실체를 누릴 수 있다. 그리하여 우리 삶과 닿아 있는 모든 영역—일, 사역, 가정, 사회, 문화, 정부, 기관, 예술, 놀이, 연구, 종교—에서 이 목자의 선하심과 공급을 알 수 있다. 그분은 완전히 충족하시고, 부족함을 없애시며, 두려움을 뿌리 뽑으시고, 평화를 사랑하신다. 이것은 돈으로 살 수 없는 값진 선물이며, 우리 사회에서 거래 수단도 될 수 없다.

하나님은 모든 리더를 불러 각자 몸담고 있는 분야 속으로 하나님 나라를 확장하게 하신다. 물론 이와 같은 개념에 맹렬히 반대하는 사람들이 많이 있다. 그중에는 교회, 곧 그리스도인 전반에게는 그러한 일을 감당할 만한 전문성과 능력과 책임감이 부족하다고 주장하는 이들도 있다. 이런 입장을 견지하는 사람들이 흔히 내놓는 수많은 역사적 사례가 있다. 개인이나 단체나 사회가 모든 분야에 대한 기독교의 주권을 주장했을 때 거기서 초래된 온갖 악영향이다. 이단의 성행, 근본주의적 분리주의, 종교적 엘리트주의, 교리적 배타주의 등의 처참한 사례는 얼마든지 많이 있다. 이른바 새로운 무신론자들(New Atheists)은 기독교 역사를 더럽힌 비참한 망령들을 글로 소개해 톡톡한 재미를 보고 있다. 그런가 하면 반대쪽 극단을 주장하는 사람들도 있다. 그리스도인들이 현대의 문화 전쟁터에서 정치적 세력 싸움을 무기와 전술로 기용해야 한다는 것이다. 무리한 압력 행사, 밀실의 거래, 수십억 달러 규모의 정치활동 위원회 따위를 당연히 써먹어야 한다는 것이다.

양쪽 모두의 관점과 관련하여 단순한 사실이 하나 있다. 어떤 활동이나 이념이 그리스도를 닮았거나 기독교적 관점의 산물이라는 주장은 사실과 다를 수 있다. 오히려 전혀 그리스도를 닮지 않고 비기독교적일 수 있다. 광고와 실물은 아주 다를 때가 많다. 물론 해석상의 문제도 있지만 그것이 전부는 아니다. 예수나 기독교 세계관으로부터 비롯되었다는 활동과 동기가 많이 있지만, 확인해 보면 주장과는 반대로 그리스도를 잘못 대변하고 있다. 이런 차이를 분별하는 방법 하나를 예수께서 친히 주셨다. 세례 요한은 예수께 그분이 정말 메시아이신지 물었다. 그러자 예수는 다음과 같은 구체적인 답변을 내놓으셨다. "가서 듣고 보는 것을 요한에게 알리되 맹인이 보며 못 걷는 사람이 걸으며 나병환자가 깨끗함을 받으며 못 듣는 자가 들으며 죽은 자가 살아나며 가난한 자에게 복음이 전파된다 하라"(마 11:4-5). 인기 좋은 '형통의 복음'과는 반대로 예수는 자신이 제시하시는 삶이 다른 대안들보다 영적으로나 육적으로나 본질상 더 질이 좋다고 말씀하신다. 우리도 아주 힘들 때면 세례 요한처럼 이 말씀을 깊이 생각해 보는 것이 좋다.

요한의 질문에 깔려 있는 근본적인 의문은 오늘의 우리에게도 여전히 중요하다. 예수께서 제시하시는 삶은 정말 더 좋은 것인가?

아니면 우리는 다른 것을 추구해야 하는가? 만일 1세기의 로마 군인이나 유대인 종교 지도자나 부정직한 환전상에게 그리스도인이 되는 것이 자신의 삶에 더 좋겠느냐고 물었다면, 그들은 솔직히 "전혀 그렇지 않다!"라고 답했을 수 있다. 마찬가지로 오늘날에도 어떤 사람들은 무엇이 우리에게 좋은 것이며 그것을 개인적·사회적 정황 속에서 어떻게 분별할 것인지에 대한 예수의 이해와 계시를 맹렬히 반박한다. 하지만 그리스도의 삶과 가르침으로 나타난 도덕 지식에 필적하거나 그것을 능가하는 다른 윤리 철학은 여태 발견된 바 없고 창시된 바도 없다. 여전히 예수의 가르침은 인간 실존에 순환되는 난감한 위기들을 없애 주는 유일한 희망의 등불이다. 그분의 가르침이 결정적 첫걸음이 되어 우리 인류를 두려움과 부족함이 없는 삶, 절박하게 추구해 온 행복을 실현하는 삶으로 이끌어 준다.

우리 하나님의 도시

이 책의 취지는 새로운 형태의 '사회 복음'을 옹호하거나 '형통의 복음'을 더 충분히 설명하려는 것이 아니다. 심지어 윤리 덕목의 새롭고 더 좋은 개혁된 강령에 입각하여 '공공복지'나 '전인적 형통'을 추구하려는 것도 아니다. 행여 그렇게 생각하는 사람이 있을까 봐 무엇보다 그런 주장들을 불식시키고자 한다. 단지 우리는 신구약 성경이 공히 갈구하고 설명하고 교훈하는 **샬롬**이라는, 아주 오래되고 잘 잡히지 않는 실체를 사람들에게 상기시켜 되살리고 추구하려는 것뿐이다. 샬롬이란 평온하고 안전하며 전인적인 행복에 대한 영원하고 포괄적인 경험이자 기대다. 인류 역사를 통틀어 모든 개인과 문화는 그것을 찾아내거나 만들어 내서 유지하려고 애썼다. 샬롬은 여호와께서 아브라함에게 주겠다고 약속하신 것이자 또한 그를 통해 다른 모든 나라로 흘러 나갈 하나님의 복이다(창 12:2, 15:5).

마찬가지로 중요한 사실이 있다. 하나님의 이름으로 일컫는 사람들의 삶 속에 그분의 충족성과 풍성함이 드러나고 경험되어야 한다. 그리스도인들부터 자신의 행동에 책임지고, 자신의 가르침을 실천하며, 자신의 개념들을 이해해야 한다. 심판은 하나님의 집에서 시작된다(벧전 4:17). 리더들을 축복하고 준비시키고 감화하고 격려한다는 이 책의 최종 희망 역시 그것의 일환이다. 그들은 헌신적으로 예수와 협력하여 우리 사회의 모든 핵심 기관과 구조 안에 하나님 나라의 대의를 진척시킬 사람들이다. 구원에 능한 복음이라면 반드시 우리를 악에서 건지기에도 능해야 한다. 지역교회는 가까이 온 하나님 나라의 삶에 대한 **이해**를 높이거나 믿음을 **고백**하는 차원에서 벗어나, 복음을 사회 현실의 굵직한 문제들에 직접 접목시킬 때 이루어질 거시적인 결과를 **예증**하고 나타내야 한다. 그런 문제들은 아주 중요하고도 영원하다. 우리 가정과 이웃과 사회, 결국 온 세상 속에 있는 개개인의 영원한 영혼을 다루기 때문이다.

교회 강단에 서는 사람이나 모종의 성의(聖衣)를 입는 사람은 극소수에 달한다. 교회의 실제 리더 명단은 기업, 법조, 의학, 교육, 예술, 과학, 정부, 종교 등 모든 분야에서 섬기는 제자들로 이루어진다. 예수의 교회 성장 전략을 보면 목표는 단 하나의 거대한 사회 기관과 제한된 숫자의 안수받은 지도자들을 세우시는 것이 아니다. 대신 그분은 모든 육체에 자신의 영을 부어 모든 나라와 세계관과 사회 기관 속으로 영향력의 기반을 넓히시고 심화시키신다.

샬롬은 우리 자신을 위한 복이자 또한 다른 사람들을 위한 복이다. 오늘날 우리도 그리스도의 제자로서 똑같이 샬롬을 누리고 드러낼 기회와 책임이 있다. 이것이 '세상의 빛'에 함축된 의미의 중요한 일면이다(마 5:14). 모든 말과 행실, 예배와 일, 정치와 놀이—종교적인 면에서만이 아니라 정말 모든 면—에서 우리는 주변 사람들을 축복하고 샬롬으로 인도하는 복된 존재들이다. 그 일이 이루어질 때까지 세상은 정말 그러한 실체가 나타나기만을 기다리며 탄식한다(롬 8:18-23). 바로 이러한 리더들이 하나님의 진리와 선하심을 예시하고 증언하여 모두의 유익을 위해 샬롬을 증진하고 확립하며 지속시킨다. 그들은 놀랍도록 풍성하고 강건한 모범이 되어 정직한 성품을 드러내고 유지한다. 그리하여 명예로운 직분을 다한다. 이른바 영성 형성(spiritual formation) 운동에 다음 단계가 있다면 바로 그것이 되어야 한다.

하나님은 이렇게 말씀하신다.

내 이름으로 일컫는 내 백성이 그들의 악한 길에서 떠나 스스로 낮추고 기도하여 내 얼굴을 찾으면 내가 하늘에서 듣고 그들의 죄를 사하고 그들의 땅을 고칠지라(대하 7:14).

역대하 기자가 밝히듯이 하나님의 백성이 의를 구하면 의미심장한 결과가 나타난다. 땅이 고침을 받는다. 태평양에서부터 대서양까지 그야말로 온 땅이다. 신자들만이 아니다. 하나님의 성도들만이 아니다. 자기 백성을 신실하게 대하시는 하나님의 혜택을 온 땅의 모든 사람이 누린다.

전작들과 이 책의 차이는 바로 그 복의 범위에 있다. 전작들은 하나님과 함께하는 개인적 실체에 필연적으로 초점을 맞추었고, 그것은 예수의 산상수훈에 중점적으로 묘사되어 있다. 반면에 이 책의 초점은 공동체적 삶 고유의 책임과 기회에 있다. 산상수훈이 일단 적용되면 그러한 공동체적인 삶이 표면화되게 마련이다. 이 새로운 삶은 본질적으로 이웃 및 지역사회와의 관계, 그 연장으로 지구촌과의 관계와 맞물려 있다. 한마디로 모든 타인과 민족과 나라다. 사회 각계각층과 모든 민족 집단의 사람들이 하나님이 가능하게 하신 수단과 방법을 통해 삶의 영원한 질과 양을 맛보아 알 수 있으며 마땅히 그래야 한다. 그렇게 하나님의 선하심을 눈으로 보고 피부로 느낄 때 사람들은 그 아름다움에 매혹되어 기꺼이 순종하도록 되어 있다. 예수는 모든 조건에 처한 모든 시대의 모든 사람에게 복을 주시기 원하신다. 선한 목자는 본래 그런 분이다.

하나님 나라의 원리가 적용되면 그 혜택과 보상이 모두에게 돌아간다. 꼭 신앙 고백이 필요하거나 이 복이 존재하는 이유나 방식을 알아야 되는 것은 아니다. 세상이 하나님을 알든 모르든, 인정하든 그렇지 않든 관계없이 그분은 세상을 사랑하신다. 하지만 사회 전반의 그리스도인 리더들이 예수께서 주시는 선한 삶을 드러내는 책임을 다하려면 먼저 우리가 제자로서 어떤 존재로 부름받았고 어떤 모습이 되어야 하는지에 대한 분명한 인식이 필요하다. 이것은 개인의 성품을 형성하는 문제다. 선한 삶의 나머지 모든 활동은 거기서 나오게 되어 있다. 처음에 개인으로 시작되어 공동체 안을 거쳐서 다시 공동체를 통해 밖으로 나간다.

의미와 비전을 발견하라

우리의 세상은 실존적 무능이라는 감당 못할 고질적인 전염병에 부닥쳐 있다. 이 병의 원인은 똑같이 전면적인 악(惡)일 수밖에 없다. 문제—우리의 문제—는 인간의 어두운 마음속에 있다. 인간의 마음이 하나님의 주권적인 선하심을 흡수하고 발산하지 않는 한 우리 사회가 추구하는 번영은 요원할 것이다. 형통을 얻으려는 수단 자체가 결국 우리의 멸망을 재촉할 것이다. 잠언 기자가 예견했듯이 우리는 자신이 토해 낸 여러 수법에 도로 돌아가기를 계속 반복할 것이다(잠 26:11, 벧후 2:22). 도덕적 상대주의의 악순환은 인류 구원을 위한 계획의 대용품들을 만들어 낸다. 누가 어디서 어떻게든 그 악순환을 끊고 대신 하나님이 주신 비전의 답을 적용해야 한다. 그 일이 이미 일어났다는 생각이 널리 퍼져 있지만, 이는 오히려 그리스도인 리더들이 용감히 맞서야 할 문제의 깊이를 여실히 보여주는 것이다.

이 책은 일반 대중의 공공복지와 행복을 위해 기꺼이 애쓸 각오가 되어 있는 사람들에게 방향과 틀을 제시할 것이다. 그러기 위해 우리는 그리스도인 리더들이 관심을 기울여야 할 사회 분야에 이 책의 중점을 두었다. 그런 분야들에서 영향력을 미쳐야 그리스도인은 하나님이 모든 사람에게 주시려는 행복을 드러낼 수 있다. 정부 기관, 교육, 기업이나 무역, 전문직, 윤리 등이 거기에 해당한다.

이 분야들과 그곳의 지도자들이 하나님의 영향력과 인도하심 아래 놓일 때 우리는 인류가 추구해 온 치유와 행복을 경험할 수 있으며 실제로 경험할 것이다. 그동안 인류는 그것을 일구고 누리려는 열망에 죽음도 마다하지 않았다. 지도자와 대변인과 전문인들(대개 동의어이지만 때로 특정한 취지상 구분되며 그 내용은 뒤에서 다룰 것이다)이 우리 사회의 핵심 기관 안에서 결집하여 공공선을 위해 현대 생활에 최대한 긍정적인 영향을 미쳐야 한다. 그럴 때 물이 바다를 덮음 같이 복과 선과 은혜가 온 땅에 가득해질 것이다(합 2:14).

우리는 이 책에서 아주 중요한 비전과 시각을 제시할 것이다. 그것은 우리 자신과 사랑하는 이들을 위해 가치 있는 삶을 추구하고 얻으려는 다른 모든 노력의 구심점이 된다. 우리는 새로운 복음을 개괄하려는 것이 아니라 예수께서 이 땅에 들여오신 본래의 기쁜 소식이 사회 전반에 미칠 근본적인 영향을 드러내려는 것이다. 예수께서 선포하신 복음은 우리 사회를 변화시키고 영향을 미쳐 샬롬으로 이끌 수 있다. 그 방법에 대한 시각을 지도자들과 시민들에게 제시하고 싶다. 이것은 결과만 좋다면 어떤 수단도 불사하는 노력이 아니다. 한 번에 한 심령, 한 지도자, 한 가정, 한 동네, 한 기관씩 이루어져 나가는 혁명이다.

중세기의 다음과 같은 우화가 있다. 한 나그네가 먼 고을의 친척 집에 가는 길에 어느 마을을 지나게 되었다. 아침나절에 마을 입구에 들어서자마자 석수장이를 만났다. 그는 새로 깎아 낸 아주 큰 돌을 힘들여 수레에 싣고 있었다. 나그네가 일꾼에게 물었다. "무엇을 하고 계십니까?" 일에 치여 기운이 빠진 석수장이는 나그네에게

투덜거렸다. "먹고살려고 일하고 있습니다." 마을을 지나다 보니 다른 석수장이가 정과 망치로 큰 돌을 깎고 있었다. 나그네가 다시 물었다. "무엇을 하고 계십니까?" 일꾼은 "석수 일을 숙달 중인 도제입니다"라고 대답했다. 이윽고 마을 끝에 이르니 다른 석수장이가 서서 새로 깎은 돌을 다듬고 있었다. 나그네는 이 일꾼에게도 똑같이 물었다. "무엇을 하고 계십니까?" 그러자 일꾼은 얼굴에 땀을 흘리며 자랑스럽게 대답했다. "성당을 짓는 중입니다." 우리가 짓는 것은 성당 정도가 아니다. 우리는 바로 하나님 나라를 건축하고 있다.

『하나님의 모략』에서는 과거에 알던 삶과 생활을 회개해야 하는 **이유**를 직접 다루었다. 하지만 이유에서 멈출 수 없다. 우리는 예수께서 지금 행하고 계시며 앞으로 행하실 일의 **내용**으로 들어가야 한다. 그분은 선으로 악을 이기심과 동시에 현대 세계의 개개인과 집단과 나라들을 우리 하나님과 그리스도의 나라로 변화시키신다. 그분의 통치는 영원하다. 하나님 나라의 삶은 능하신 길잡이요 친구이신 예수께서 메어 주시는 쉽고 가벼운 멍에다. 이 사실을 깨달으면 그 삶의 내용은 감당 못할 짐이 아니며 초점이 더욱 뚜렷해진다. 우리는 선한 목자의 샬롬 안에 살고 움직이며 존재하는 법을 알 수 있다. 예수께서 우리를 그 실체 속으로 데려가신다. 그분이 증명하시듯이 우리 개개인과 공동체는 행복의 소망과 능력이 어디에 있는지를 알 수 있다. 그분이 우리를 해방시켜 주시므로 우리는 그동안 찾던 것을 정말 얻을 수 있다. 원한다면 지금 여기서 얻을 수 있다.

이제 **내용**에 집중해야 할 때다. 예수께서 설명하시고 우리 가운데 나타내 주시는 삶과 생활이 있다. 그리고 그 삶의 기초를 다지려면 우리가 해야 할 일이 있다. 하나님과 함께하는 공동체적 삶이라는 주제는 결국 영원토록 우리의 삶을 지배할 것이다. 이 주제를 다룰 준비가 된 사람들은 지금부터 영원 속으로 한 걸음 들어가 보자.

4

섬기는 리더십

또 그들 사이에 그중 누가 크냐 하는 다툼이 난지라. 예수께서 이르시되 이방인의 임금들은 그들을 주관하며 그 집권자들은 은인이라 칭함을 받으나 너희는 그렇지 않을지니 너희 중에 큰 자는 젊은 자와 같고 다스리는 자는 섬기는 자와 같을지니라. 앉아서 먹는 자가 크냐, 섬기는 자가 크냐. 앉아서 먹는 자가 아니냐. 그러나 나는 섬기는 자로 너희 중에 있노라.

누가복음 22:24-27

오늘날 세상 나라들이 왕 되신 그리스도의 은혜와 진리와 정의와 자비를 드러내는 나라로 변화되려면, 그리스도를 닮은 자질과 용기를 보여줄 의향과 능력을 갖춘 리더들이 필요하다. 그들이 현대 사회의 권력 구조에 영향을 미쳐야 한다. 오늘날에 지도자의 역할과 책임을 과소평가해서는 안 된다. 대중매체의 속성(速成) 문화가 온 세상에 두루 퍼져 있는 지금, 반드시 국제적으로 알려진 인물이 아니어도 지도자의 말과 행동은 즉시 국제적인 영향을 미친다. 따라서 영향과 인도와 지도를 베푸는 지도자의 능력이 여러모로 이처럼 위력적이었던 때는 없었다.

그러나 무능하고 헛되고 비뚤어진 리더십 또한 그 정도가 더해 가는 것 같다. 그 증거를 선출직 관리들과 그들이 만들어 내는 정치적 수렁과 교착 상태에서 볼 수 있다. 그뿐 아니라 우리의 교육 제도, 금융 기관, 의료 시설, 법적 절차, 종교 단체를 책임지는 지도자들에게서도 볼 수 있다. 그러므로 우리는 지도자의 궁극적인 소명과 사명을 반드시 다시 생각해야 한다. 그래야 샬롬과 행복을 꽃피우기에 가장 유익한 환경을 조성할 수 있다.

기본적으로 지도자(리더)란 능력이나 전문성이나 지식을 갖추고 있어 사람들이 따르거나 본받는 대상이다. 사람들이 추구하거나 중시하거나 요구하는 목표를 성취하려면 지도자에게 그러한 자질이 필요하다. 따라서 지도자는 특정한 결과나 목표에 필요한 지도와 인도를 베풂으로써 사람들을 섬기는 위치에 있다. 지도자는 따르는 이들을 설득하거나 영향을 미쳐 특정한 목표를 지향하여 노력하게 한다. 그렇다면 지도자는 이와 같은 과제를 어떻게 성취하는가? 그리고 어떤 목표를 추구하는가? 왜 그러한가?

역사를 보면 하나님께서 지도자들을 기르시고 쓰신 다양한 방식을 추적할 수 있다. 그들을 통해 그분은 세상을 사랑의 길로 인도하려 하셨다. 그리스도 예수의 모본을 통해 우리에게 임한 하나님 나라의 삶은 매우 아름답고 역동적인 이야기다. 그 이야기는 인류 역사 안에서 또한 이를 통해 하나님이 운행하시는 것이다. 그 이야기는 만물을 지으신 창조주 하나님으로부터 시작된다. 그분은 또한 물이 바다를 덮음 같이 의와 기쁨이 온 땅에 가득하게 하려고 직접 일하신다. 그분의 도덕적인 속성을 우리는 그분의 로고스이자 우주적 그리스도로서 인류를 하나님과 화목하게 하시는 나사렛 예수를 통해 보고 경험할 수 있다.[1] 하나님의 이야기의 목표는 사랑의 사람들로 구성되는 포괄적 공동체를 세우는 것이다. 하나님은 그 공동체의 일원 정도가 아니라 그것을 지탱시키는 최고의 통치자이시며 가장 영광스러운 거주자이시다.[2]

인류 역사가 예증해 주듯이 이 이야기의 핵심이야말로 지금도 세계적인 변혁의 촉매제로 남아 있다. 사실 그것이 이 이야기의 목표다. 모든 문명의 종교 및 문화 지도자들은 각기 독특한 방식으로 비슷한 이야기를 제시하려 했다. 그리하여 삶의 이유와 방법에 대한 의문에 답하도록 사람들을 이끌려 했다. 세계의 종교들을 대략 훑어만 보아도 그 사실을 알 수 있다. 모든 사회와 문화 집단에는 엄격한 제사, 의식, 속죄, 기타 관행을 권장하는 지도자들이 있다. 이런 것들은 의미, 실존적 목표, 보편적 행복에 대한 사회 구성원들의 집요한 갈증을 채워 주는 수단으로서 중요한 역할을 한다. 하지만 무수한 종교 및 정치 운동의 지도자들과 관행들은 결국 제각기 정도의 차이만 있을 뿐 허다한 인류의 궁극적인 추구를 채워 주지 못했다. 그렇다고 해서 사회 및 종교 운동이나 그 지도자들을 무조건 비판하려는 것은 아니다. 다만 여태껏 다양한 세계관이 인류 역사의 노선에 미친 광범위한 영향을 보면 그런 관측이 나온다.

지도자들이 의미와 목적과 행복을 종교의 길을 통해서만 추구한 것은 아니다. 고대 철학자들도 기본적인 네 가지 의문으로 씨름했다. 그들은 그것이 인간의 모든 문제의 기초를 이룬다고 보았다. 고대 철학자들은 이 의문들만 해결되면 사회가 번영을 이루고 지속할 수 있다고 믿었다. 네 가지 의문은 인간의 네 가지 근본 문제와 상응하며 각각 실체, 행복, 덕, 성품 계발과 관련된다.[3] 네 가지 질문을 일상용어로 쉽게 풀어쓰면 다음과 같다.

- 무엇이 진짜인가?
- 무엇이 선한 삶인가?

- 누가 선한 사람인가?
- 어떻게 진짜 선한 사람이 될 수 있는가?

질문마다 표현은 다르지만 핵심은 모두 하나다. 첫 세 질문의 답이 당연히 마지막 질문의 단초가 되는 까닭도 거기에 있다. 네 질문의 답을 모두 합하면 많은 세계관의 꽤 견고한 기초와 골격이 나온다. 힌두교 경전 우파니샤드를 만든 사람들로부터 고대 이스라엘 백성과 카를 마르크스(Karl Marx)에 이르기까지, 그동안 역사 속의 정치 및 종교 지도자들과 사상가들은 이런 핵심 질문에 갖가지 답을 내놓았다. 각 사회는 그 답을 취하여 해석하고 재해석하며 그 이상의 답을 구했다. 그런 과정은 다시 그 사회의 진화를 빚어내고 이끌었다.

잡힐 듯 잡히지 않는 이 네 가지 의문과 씨름해 온 결과로 많은 이론과 전략과 철학과 종교와 세계관이 생겨났다. 지금도 그런 것들이 우리 세상에 때로는 복이 되고 때로는 해가 된다. 각 시도마다 때로는 넓고 때로는 좁게 다양한 영향과 결과를 흔적으로 남겼다. 다행히 우리에게 인도와 지혜를 베풀어 주는 역사상의 큰 복이 하나 있으니, 이런 질문에 대한 현재와 미래의 답이 그 속에 들어 있다.

역사를 통해 보듯이 인류의 큰 해악 중 하나는 권력으로 남을 지배하려는 지도자들의 고질적인 성향 속에 도사리고 있다. 그런 유혹이 병적 흥분에 도달하면 우리는 순전히 변변치 못한 힘과 인간적 의지와 지혜로 건축물을 지어 인간의 성취를 부각시키고 미화하는 경향이 있다. 히브리 성경에도 그와 같은 건축 사업이 꽤 나온다.

여러 망대와 신전과 도시와 나라가 있는데, 그중에는 여호와께서 개입하신 경우도 있고 그렇지 않은 경우도 있다. 물론 건축의 욕구에는 선(善)도 섞여 있다. 본래 지도자들은 하나님과 협력하여 선을 행하도록 되어 있다. 하지만 인간의 리더십에는 상상력과 효율성이 둘 다 심각하게 결여되어 있다. 타고난 능력만으로 이룰 수 있는 일이 제한되어 있는 것과 마찬가지다. 어쨌든 인류의 고질적인 문제는 인간 문제들의 답이 인간에게 없다는 사실이다. 지상낙원을 지으려는 사회, 정치, 종교 기관들과 건축물의 거창한 추구는 모두 그 단순한 사실을 인식하고 깨닫지 못한 데서 비롯된다.

하나님을 떠나서 유토피아 사회를 이루려는 문화 지도자들은 동시에 자신의 운동에서 은혜와 사랑과 진리를 일부러 제외시키는 셈이다. 그러한 덕목들은 인간 사회를 세우는 데 당장 무익하고 불편하게 느껴진다. 하지만 인간의 통치나 지배는 모종의 반란과 그에 따른 혼돈으로 늘 악화되는 것 같다. 어떤 형태의 통치가 강요되거나 세습되거나 선택되더라도 마찬가지다. 그간의 많은 사회 구조와 관계 역동에서 분명히 보듯이, 인간이 고안해 낸 사회개조 사업들은 으레 하나님과 그분의 창의적인 구속 이야기를 제외시킨다. 중국 명 왕조의 해외 원정, 이집트의 치수(治水), 로마의 군사력, 아테네의 민주주의 같은 거대한 사업도 그렇고, 유치원 교실 같은 평범한 사업도 그렇다. 간혹 더 가까울 때도 있지만 그래도 결국 우리는 자신이 갈망하는 푸른 풀밭과 잔잔한 물가로부터 멀어진다. 물론 하나님의 선하신 목양을 남달리 염두에 둔 지도자나 사회나 사회개발 시대도 있었다. 그 사실을 알면 우리 마음속에 본능적으로 희망이 솟는다.

그만큼 우리 삶에 원초적인 열망이 있다는 증거다. 지금부터 영원까지 그 열망을 채워 주시는 것이 하나님의 바람이고 뜻이다. 하지만 우리의 과거를 보건대 온 세상에 목자가 반드시 필요하다. 어느 때 못지않게 지금 선한 목자가 절실히 필요하다. 그분이 우리를 평안과 안전으로 이끌어 주셔야 한다. 우리가 구하는 샬롬은 경건히 섬기는 리더십을 통해 비로소 드러난다.

하나님과 겨룬 이스라엘 지도자들

성경에 묘사된 이스라엘 나라와 그 백성은 하나님이 세상에 주시려는 목양 리더십의 생생한 예다. 하나님은 빈곤한 노예의 무리를 택하여 자신의 영광을 드러내셨다. 심령이 변화되어 목자의 길을 따를 때 한 백성이 어떻게 달라지는지를 보여주셨다. 아브라함의 자손(유대 민족)은 하나님의 계획 가운데 그분의 백성으로 뽑혔다. 하나님은 이 공동체에게 자신을 계시하셨고, 이 공동체를 통해 지상의 모든 민족 집단을 실존적 의미와 두려움 없는 삶과 번영으로 인도하려 하셨다(마 28:19).[4]

안타깝게도 목이 곧은 이스라엘 백성은 그 목표를 이루시려는 하나님과 겨루고 대들고 저항하고 싸웠다.[5] 그들의 첫 실패이자 궁극적인 실패는 하나님 한 분만의 인도를 일관되게 받지 않고 그것을 거부한 데서 비롯되었다. 대신 그들은 중재자를 원했고(출 20:18-21) 나중에는 인간 왕과 각종 의식(儀式)을 원했다(삼상 8:5-22). 이런 변질에 대한 선지자들의 반응을 이사야 1:11-17과 예레미야 6:20에서 볼 수 있다. 하나님이 바라신 것은 제사나 제사장이나 왕이 아니다. 그보다 그분은 인류와 동거하며 함께 지내는 것을 기뻐하셨다. 그래서 그들을 자신의 언약적 사랑을 아는 체험적인 지식으로 인도하셨다. 하지만 이스라엘은 그 언약 관계에 시종 충실하지 못했고 그리하여 결국 멸망을 자초했다.

하지만 그런 어려움 속에서도 이스라엘은 사회 기반을 이루는 일을 톡톡히 해냈고, 그것이 1세기에 예수의 복음의 디딤돌이 되었다. 성경 저자들은 그것을 "때가 차매"라고 표현한다(갈 4:4). 역사의 그 순간부터 하나님의 계시가 충분히 수용되고 하나님 나라가 진척될 수 있게 되었다.[6] 메시아가 세상에 알려지고 소개된 그때부터 하나님 나라와 세상 나라들의 극명한 차이가 망국 이스라엘의 잿더미에서 피어올랐다.[7] 제2성전이 서 있던 유대교 말기에 하나님은 포괄적인 원리이자 이상인 평안을 **아가페**의 형태로 이 땅에 다시 들여놓으셨다. 이와 같은 개념은 인간의 철학, 심리학, 종교, 정부, 법률을 기초부터 흔들어 놓았다. 그 무엇도 거기에 필적하거나 그것을 뒤집지 못했다. 하나님이 보내신 하늘의 사자들은 온 우주에 도래한 새로운 실체를 선포할 때 제의상 부정한 목자들에게 제일 먼저 계시했다(눅 2:8-14). 그들은 들에서 찬 이슬을 맞으며 살아가던 사회의 소외층이었다.

태어나면서부터 예수는 하나님이 이루시려는 평안과 선한 뜻에 대한 중대한 장애물에 부딪치셨다. 그런 장벽 가운데 다수는 오늘날에도 그대로 남아 있으며, 세월이 가면서 오히려 더 넓어지고 깊어졌다. 이 장애물의 주된 근원은 누구에게나 있고 누구나 경험하는 교만과 두려움이다. 교만과 두려움은 둘 다 각 개인과 특정 집단,

문화, 정황과의 관계를 통해 더 악화되고 부각된다. 여기서 중요하게 알아야 할 것이 있다. 복음의 선포는 최초의 청중에게도 큰 두려움을 자아냈다. 밤중에 양을 지키던 크리스마스의 목자들은 빛나는 '주의 영광'을 보고 겁에 질렸다. 헤롯도 왕권에 위협을 느꼈다. 이는 충분히 근거가 있는 공포였고 지금도 마찬가지다. 선지자 시므온은 아기 예수가 "이스라엘 중 많은 사람을 패하거나 흥하게 하며 비방을 받는 표적이 되기 위하여 세움을 받았고……여러 사람의 마음의 생각을 드러낼" 것이라고 예언했다(눅 2:34-35). 속마음이 드러나고 진짜 동기가 밝혀진다. 나라들은 흥망하며 변화에 저항한다. 이는 세상의 변혁을 암시하는 예언이다. 두려움과 공포는 지도자의 변화에 서막이 될 때가 많다. 좋은 변화라도 마찬가지다.

시므온이 예언한 대로 예수의 리더십 패러다임이라는 새 포도주는 유대교라는 낡은 가죽 부대를 터뜨렸다(눅 5:37). 그 후로 인간 대리자들을 통한 복음의 여정에는 언제나 두려움이 끼어들었다. 교만과 두려움이 인간 사회의 구조와 기관의 특징이자 동력일 때가 너무 많았다. 하지만 그리스도께서 이끄시는 하나님 나라는 교만과 두려움 속에 거하지 않는다. 세상을 하나님 나라의 풍성함으로 도로 이끄시려는 그분의 계획은 온통 역설투성이다. 그 일은 한 완전하신 인간의 출생과 죽음을 통해 이루어지는데, 하나님 자신의 선민이 당대 최고의 문명 권력과 결탁하여 그분을 처형한다. 최고 수준의 도덕법이 그분께 가장 극악한 사형 방법을 선고한다. 이 모든 일이 '평화의 도시'인 예루살렘에서 벌어진다. 이런 위선은 두려움이 인간의 가장 선한 의도와 능력까지도 교란시켜 결국 파멸에 떨어뜨림을 보여준다. 두려움은 반드시 없애야 한다. 특히 선한 목자로서 이끌고자 노력하는 사람들 속에는 두려움이 없어야 한다.

1세기의 많은 유대교 지도자들이 율법에 집착하며 자신의 의를 내세웠지만 그런 종교는 예수의 부활을 기점으로 끝났다.[8] 대신 교회가 새로운 영적 공동체가 되었다. 아브라함에게 주신 하나님의 약속은 유대교 안에서 태동한 교회를 통해 계속 성취된다. 사도행전에 이 새로운 운동의 주요 지도자인 베드로와 바울의 활동이 기록되어 있다. 둘 다 유대인으로 하나님의 새로운 공동체를 전 세계로 확장하는 데 일익을 담당했다. 이 공동체에 맡겨진 궁극 목표는 이전에 이스라엘에게만 주어졌던 목표와 동일하다. 유대교 신앙을 통해서만 하나님 나라에 들어가던 시대는 끝났다. 이 놀랄 만한 새로운 존재방식과 생활방식을 이제 만인이 누릴 수 있다. 누구든지 오면 된다.

누구나 새로 지으심을 받을 수 있다는 이 교훈(갈 6:14-15)을 우리는 안타깝게도 아직도 배워야 한다. 알다시피 초대 기독교 공동체는 유대교의 문화적·지식적 포로 상태에서 완전히 탈피하지 못했다. 시간이 흐른 뒤에는 유대교 대신 로마의 사회정치 제도가 사람들을 속박했고, 나중에는 이른바 '기독교 사회정치 체계'가 그 자리를 대신했다. 결국 유대인도 주변의 이방인만큼이나 경멸의 대상이 되었다. 이처럼 교회의 초기 지도자들은 문화나 종교를 넘나드는 통합을 힘들어했다.

현대 기독교는 우리를 어디로 데려가고 있는가?

지난 2,000년 동안 많은 진보와 일부 퇴보가 있었지만, 이상의 요약은 대략 우리 시대의 지도자들을 위한 핵심 질문으로 귀결된다. "기독교와 그리스도인 리더들은 현대 사회에서 어떤 역할을 할 것인가?"

서구 기독교가 극복하려 애쓰는 장벽들을 『하나님의 모략』에서 살펴본 바 있다. 그런 모든 변질은 하나의 위압적인 장애물로 수렴된다. 예수의 메시지가 명목상의 종교나 문화적 종교로 화석화되었다는 것이다. 이러한 현상은 맨 처음부터 서구 세계에 반복되어 왔다. 근대 미국의 정황에서 조나단 에드워즈, 조지 윗필드, 존 웨슬리 등의 기독교 지도자들은 점점 만연해 가는 명목상의 종교에 저항하여 주변의 죽어 가는 신앙을 다시 살리려(부흥시키려) 했다. 그 결과로 이른바 '대각성 운동'이 몇 차례 있었다. 그 이전에나 이후에도 서구 문명은 미지근한 기독교에서 벗어나려고 애썼다. 미지근한 기독교는 마음과 삶과 공동체의 변화보다 신조의 고백이나 외형적인 경건 행위를 더 중시한다.

바로 이런 핵심 이슈들의 괴리와 환영(幻影) 속에서 우리는 예수의 복음을 이해하고 논의해야 한다. 그리하여 결국 복음이 오늘의 섬기는 지도자, 전문인, 대변인, 목사들의 삶 속에 분명히 나타나야 한다. 이 책이 『하나님의 모략』의 속편인 이유가 바로 여기에 있다. 『하나님의 모략』에서 이유와 경위를 살펴보았듯이, 이전 세대가 타성에 젖어 예수의 핵심 메시지와 목표를 주변으로 밀어내거나 난해하게 만든 것은 바로 우리의 기독교 문화 때문일 수 있다. 이것이 그 책의 중요한 관측이다. 그러한 현실이 좌익의 복음(사회적이고 구조적인 악의 제거에 중점을 둔다)과 우익의 복음(개인의 죄 사함에 중점을 둔다)의 배후를 이룬다.[9]

『하나님의 모략』이 출간된 이후로 또 다른 복음이 출현했다. 결과는 비슷하지만 원인은 다른 이 제3의 복음을 **교회의 복음** 또는 **교인됨의 복음**이라고 할 수 있겠다.[10] 여기서는 교회—더 구체적으로 말해서 종교적인 틀과 우선순위에 헌신한 정식 교인 자격—가 곧 선한 삶 내지 구원을 얻는 방편으로 통한다. 물론 지역교회에 등록하고 헌신하면 그 자체로 놀랍고 유익한 면이 많이 있다. 하지만 예수의 복음과 신약 전체의 증언은 일체의 종교적 전통에 맹종하는 것을 반대한다. 삶과 생활을 위한 진리를 얻으려면 전적으로 하나님을 믿어야지, 그것을 종교 생활로 대신해서는 안 된다(요 14:6).

교회는 신기하고 아름다운 살아 있는 실체다. 예수께서 반드시 교회를 세우시고 완성하신다. 하지만 복음은 교회와 같지 않으며, 교회도 하나님 나라와 동일하지 않다. 앞서 말했듯이 지역교회는 제자도를 위해 존재하고 제자는 세상을 위해 존재한다.[11] 그래서 이 책의 초점은 바로 예수 그리스도의 제자인 우리 모두 곧 지도자, 대변인, 전문인들이 성령의 온전한 능력으로 세상 속에 들어갈 수 있고 마땅히 들어가야 하는 이유에 있다. 그들은 공공선을 대변하고 추구하는 책임과 의무를 다해야 하며, 그러려면 접하는 모든 사람들과 신실한 신용 관계를 유지해야 한다. 이런 대변자라면 의지적으로 하나님 나라에 합당한 대사(大使)로 처신하게 마련이다. 그 나라의 왕은 정의와 자비와 능력과 사랑이 무궁하신 분이다. 그들은 바로 그분께 궁극적인 충성을 바친다. 가장 좋은 길, 가장 확실한 진리, 가장 충만한 삶을 얻으려면 사생활에나 공적 이슈에나 그리스도의 모범을 적용해야 한다. 이런 사람들은 정확히 그 방법과 이유를 모든 관련자에게 능히 일관되게 증언하고 예시할 수 있다.

섬기는 리더십을 논하면서 깨달아야 할 요점은 바로 **모범**을 보이는 본분이다. 이스라엘의 역사적 역할이 그러했고, 하나님 나라의 원리를 드러내는 그리스도를 닮은 제자들의 대사로서의 역할도 그렇다. 지도자들은 이 본분을 받아들여 모든 사회 구조 속에 그것이 뿌리내리게 해야 한다. 리더가 사람들을 가장 잘 섬기려면 참된 지식과 그 유익한 결과를 솔선해 보여야 한다. 즉, 자신이 먼저 그 삶을 경험한 뒤 그것이 훌륭하고 바람직한 삶임을 한결같이 말과 행실로 다른 사람들에게 고백하는 것이다. 본래 이스라엘은 하나님과 함께하는 생활방식의 본보기와 등불로 행동해야 했다. 나중에 그리스도의 첫 제자들 역시 기쁜 소식을 그런 식으로 전해야 했다. 그 일이 잘되면—개인들이 협력하여 헌신과 사랑과 희생으로 하나님과 그분의 나라를 섬기면—그들의 노력이 빛을 발하여 만인이 혜택을 보게 되어 있다. 결과를 숨기기란 불가능하다. 지도자들이 하나님의 방식을 모범으로 보이면 그 유익이 모든 사회 구성원에게 돌아간다. 이것이 성경에 나오는 섬기는 지도자의 신성한 소명이다.

노동의 분업화와 리더십의 개발

성경의 역사 내내 하나님은 특정한 목적을 위해 지도자들을 쓰시고 인도하셨다. 이를 바탕으로 우리는 리더십의 역할을 더욱 정확히 숙고할 수 있다. 지도자가 왜 그렇게 중요하며 선악 간의 잠재력을 지니고 있는지에 대해서도 마찬가지다. 물론 사람들을 선하고 평화롭고 정의로운 삶으로 이끌려는 추구는 유대-기독교의 관점이나 유

하나님의 모략, 이후

신론적 관점—역사적 의미이든 현대적 의미이든—에만 있는 것은 아니다. 대표적인 예가 플라톤의 『국가론』(Politeia)이다. 거기서 그는 불의보다 정의를 추구해야 할 합리적인 원인을 진지하게 모색한다. 포스트모던한 귀에는 이상하게 들리겠지만, 플라톤은 불의를 영혼의 가장 큰 악으로 보고 정의를 영혼의 가장 큰 선으로 보았다.[12]

플라톤에게 더 큰 선은 정의로 규정된다. 이것은 이론적인 말이 아니다. 그는 정의란 순전히 결과를 통해 드러나고 이해되어야 한다고 믿었다. 정의에 내재하는 선의 실체를 조명하고자 그는 도시에 필요한 일종의 사회정의를 예로 들었다. 개인의 삶에 전개되는 작은 규모의 정의를 그런 식으로 더 잘 이해하려 한 것이다.

논증의 출발점으로 플라톤은 도시 생활에 노동의 분업화가 필요하다는 소크라테스의 중요한 진술을 강조했다. 도시가 생겨나는 이유는 개인의 삶에 자급자족이 어렵기 때문이다. 시골의 농부나 목자는 팔방미인이 되어 모든 필요를 스스로 해결해야 한다. 그러려면 시간도 많이 걸리고 다재다능해야 한다. 반면 도시 생활에는 노동이나 서비스의 분업화가 자연스럽게 이루어진다. 개개인이 협력하여 공동 이익을 위해 각자의 재능을 나누고 교환한다. 소크라테스에 따르면, 사람이 부득이 개인의 필요에만 집중한다면 삶의 번영이 불가능하다. 대신 일이 전문화되면 효율성과 능률이 향상된다. 개개인이 "다른 일에서 벗어나 자기가 천성적으로 잘하는 한 가지 일만 때에 맞추어 하니 더 많은 업무가 더 쉽게 더 잘 처리되기" 때문이다.[13]

도시가 형성되면 도시국가가 뒤를 잇는다. '국가'란 개인들이 모여서 된 공동체인데, 개인들이 특정한 활동과 사건의 결과에 워낙 영향을 크게 받기 때문에 그러한 행동과 사건의 잠재적인 결과를 돌보고 관리하고 감시하는 선한 일이 필요해진다. 직접 영향을 받는 사람들은 대개 행동과 사건이 벌어진 곳에서 지리적으로 가까이 있지 않다. 그래서 따로 사람들을 대표로 지명하거나 선출할 필요성이 생겨난다. 최선을 다해 '국민'의 이익을 지키고 보호하는 것이 그들의 특수한 임무다. 이렇듯 '관리직'이라는 지도자의 자리는 노동의 분업화에 따른 자연스러운 결과다. 그들은 자기가 대변하는 사람들의 전반적인 안녕과 복지에 관련된 부분을 특별히 감독해야 한다.

앞서 인류의 네 가지 기본 문제를 언급했는데, 철학자들은 그런 문제의 본질과 다양한 굴곡을 탐구했을 뿐 아니라 그 질문의 영향이 개인의 삶에 국한되지 않는다는 것 또한 알았다. 거의 모든 잠재적인 답이 사회에도 중대한 영향을 미친다. 인간의 행복을 이해하고 적절한 행동에 대한 지식을 얻으려면 사회성의 요소—개개인이 삶의 각 영역에서 서로 관계 맺는 방식—를 반드시 참작해야 한다. 이른바 개방형 사회에서는 특히 더하다. 현대의 자유민주주의도 그런 사회에 해당한다. 열린 사회에서는 사람들이 문제에 대한 선택권이 있고 선택을 중시한다. 그러나 닫힌 사회에서는 공공선을 분별하고 지식 자체에 접근할 수 있는 능력이 대개 심히 제한된다. 그러므로 열린 체제에서 중요한 질문은 이것이다. "누가 어떻게 선택을 내리는가?"

공공 리더십의 형태는 다양하지만 그 기원은 단순히 역사적인 산물이다. 공동체의 번영을 이룩할 선하고 유익한 방법을 찾다 보니 노동 분업의 필요성을 인식하게 되었고, 그 결과로 생겨난 것이 바로 공공 리더십이다. 따라서 정부, 법조, 의료, 기업, 교육, 성직 등의 관리들은 인도자요 대변인이요 길잡이다. 그들의 본분은 공동체 생활의 각 해당 분야에서 최대한 공공의 이익을 지키고 보호하는 것이다. 이러한 리더들은 각양각색의 직업 분야에서 봉사하기 때문에 저마다 전문성과 구체적인 지식과 기술이 필요하다. 이것을 '전문지식'이라고도 한다.[14]

현대 사회와 문화와 경제는 우리 개개인의 삶만큼이나 복잡하고 광범위하다. 사회 체제라는 것이 사실 살아 있기 때문이다. 우리는 그 속에 살면서 그것을 통해 잘되기도 하고 어려움을 겪기도 한다. 그 결과 현대 민주사회에 특히 중대하게 부상하는 이슈는 이것이다. 누가 지식과 전문성을 가지고 있는가? 누가 성품을 갖추고 있는가? 누가 이후의 세대들을 가르칠 수 있는가? 누가 우리 사회를 보호하고 인도할 수 있는가? 누가 공공 기관을 이끌어 우리 사회를 성공에 이르게 할 수 있는가? 이런 부류의 사람들을 어디서 찾을 것인가?

누가 우리를 이끌 것인가?

다음은 몇 가지 관련 질문이다. 그리스도인 지도자, 전문인, 대변인들은 사회 전반에 관련된 사회적·경제적·정치적 이슈들을 거론할 책임이 있는가? 그러할 권리가 있는가? 아니면 그것은 그들이 상관할 바가 아닌가? 기독교 교육 전반을 포함하여 우리의 고등교육 기관은 특히 사람들을 준비시키는 일을 잘 감당하고 있는가? 그리하여 장차 그 사람들이 다양한 방식으로 일하여—강단에서만이 아니라 교실, 사무실, 중역실, 법정, 일선 창구, 병원, 의사당 등에서 봉사하여—공공복지에 유익을 끼칠 것인가? 사회 전반에서 예리한 깊이와 성품과 지혜를 갖추어 말하고 글을 쓰고 이끌 수 있는 남녀들을 우리의 대학들에서 일관되게 길러 내고 있는가? 아니면 그러다 말다 하는가? 우리는 누구를 따르고 있는가? 우리를 이끌고 지도하는 일을 누구에게 맡기고 있는가? 왜 그런가?

하지만 이와 같은 질문에는 더 깊고 어려운 이슈들이 얽혀 있다. 전반적으로 그리스도를 위한 대변인과 지도자들은 고유의 필수 **지식**을 소유하고 있는가? 그 지식을 인간 세계 전체에 적용하고 있는가? 아니면 그들은 그저 일정한 전통적 견해 내지 신념—심지어 교리 내지 독단—의 옹호자에 불과한가? 사람들을 설득하여 특정한 종교적 관점을 받아들이게 만들려는 것뿐인가? 특히 그리스도인 지도자들은 **도덕적** 지식과 진리를 인간의 삶에 접목시키고 있는가? 그러한 도덕적 입장과 태도('지식'의 수준에 이르든 그렇지 않든)는 사회, 정치, 경제를 보는 시각과 유관한가? 용인되는 사회 관행들과도 유관한가?

다행히 나사렛 예수의 복음, 곧 '기쁜 메시지'는 특히 맞춤형으로 바로 이러한 주제들을 논의하고 조명한다. 그분은 선의 추구에만 초점을 맞추신 것이 아니라 또한 당대의 철학적인 기본 질문들도 다루셨다. 위에서 말한 난제들이 그 중심을 이룬다.

요컨대 우리가 여기서 논증할 내용은 이것이다. 하나님 나라의 생생한 실체 안에 있는 윤리와 삶의 태도는 바로 대다수의 인간—전부는 아니다—이 영혼 깊숙이 원하는 바다. 물론 많은 사람들이 자신의 참된 갈망을 온전히 인식하지 못할 수 있다. 사람이란 실제로 무언가를 알면서도 그 지식을 인식하지 못할 수 있다. 자신이 사랑받고 싶고 기쁨으로 충만해지고 싶다는 것을 알지만 그런 자신의 실체가 하나님의 성품과 불가분의 관계임을 모를 수 있다. 사랑을 원하면서도 하나님이 사랑이심을 모를 수 있다. 그래서 보노의 탄식에 대한 해답은 우리가 찾고 있는 것을 하나님과 그분 나라의 영원하고 아름다운 실체 안에서 발견하는 것이다. 이스라엘을 향한 하나님의 본래 계획은 인류가 찾고 있는 그것을 예시하시는 일이었다. 예수의 가르침도 그것을 가리키고 나타내 보였다. 성경 전체도 그것을 권면하고 증언한다. 교회 역시 이를 더욱 지향하고 의도하던 시대에는 그것을 추구하고 산출했다. 그리스도를 닮은 리더들은 하나님 나라가 무엇이며 그 나라가 오늘 우리의 삶과 사회 속에서—지금 여기에서—무엇을 할 수 있는지에 대해 지속적으로 비전을 새롭게 제시해야 한다. 완성의 문제는 나중으로 넘겨도 된다.

오늘날 자신이 찾는 것을 이미 발견했거나 발견하고 있다고 주장하는 그리스도인들이 많이 있다. 그렇다면 거기에 따라 나와야 할 자연스러운 결과가 있다. 가까운 주변 사람들이 사랑, 진리, 아름다움 등의 유익과 복을 받고 있어야 한다. 그 그리스도인들이 경험하고 나누는 풍성한 삶에서 그러한 것들이 흘러나올 테니 말이다. 이것이 예수께서 말씀하신 생수 같은 삶이다(요 7:38). 물이 튀길 만큼 가까이 있는 사람이면 누구나 우물에서 넘쳐 나는 생수로 생기를 얻는다. 이런 복된 사람들은 모든 면에서 서로의 삶을 모으고, 나누고, 키우고, 투자하고, 세우고, 창조하고, 지원하고, 풍성하게 한다. 그 결과 모든 관련자에게 행복과 공공선과 평화가 이루어진다.

이것이 영원토록 인류를 향한 하나님의 사명이며, 지금도 그분의 이름으로 일컫는 백성의 궁극 목표다. 그렇다면 우리가 촉진해야 할 논의가 있다. 현대 생활의 모든 면에서 그것을 추구하는 리더와 목자들에게 그 실체는 어떤 모습이 되어야 하는가? 하나님 나라가 우리의 가정, 공동체, 동네, 회사, 기관—모두 합해 우리의 세상 나라들이 되는—에서 어떤 모습인지를 우리는 아주 구체적으로 생각해야 한다. 이런 문제들에 대한 논의가 최근에 더 수시로 이루어지면서 좋은 결과를 내고 있다. 우리 가운데 나타나는 하나님 나라의 구체적 현현에 새로운 관심과 초점이 모아지고 있다. 선교적 교회 운동과 그 다양한 지류는 빛나는 예의 하나일 뿐이다. 하지만 지도자들의 도덕성에 대한 엄격한 분석 또한 그 논의에 포함되어야 한다.

「크리스채너티 투데이」의 한 흥미로운 기사에 다음과 같은 질문이 나온다. 교회를 개척하는 목사들의 삶 속에 과도한 교만과 조급증이 보이느냐는 것이다.[15] 이것이야말로 교회를 개척하려는 목사들에 대해서만이 아니라 사회 각 분야의 모든 리더들에 대해 우리가 던져야 할 까다로운 심층 질문이다. 모든 리더—은행가, 정치가, 기술자, 목사, 교사, 무역상, 상인(정육점 주인, 빵집 주인, 양초 제조업자)—는 권력 내지 특권의 균형을 유지해야 하는 종종 위험한 위치에 있다. 그런 현실을 부인하거나 회피할 길은 없다. 그러므로 우리에게 요구되는 리더는 무엇이 선하고 옳은지 알 뿐 아니라 만인이 그토록 갈구하는 공동의 번영을 이룰 수단까지 갖추고 있어야 한다. 수단이라면, 지위상의 실무적인 권한뿐 아니라 용감한 성품도 포함된다. 그래서 이번에는 도덕적 리더십이라는 주제를 살펴보고자 한다.

5

도덕적 리더십

지도자의 첫 책임은 목표를 설정하는 일이고 마지막 책임은 감사를 표현하는 일이다. 그 중간에서 지도자는 종이다.

맥스 디프리

역경은 거의 누구나 견뎌 낼 수 있다. 그러나 사람의 성품을 시험해 보고 싶거든 그에게 권력을 주어 보라.

에이브러햄 링컨

사회 체제를 변화시키려면 사회의 지도자들이 주도적으로 책임감 있게 본인의 정직성은 물론 해당 전문 분야의 통전성(integrity)을 확보해야 한다. 우리의 사회적·정치적 삶을 보면 높은 수준의 지식과 기술이 요구되는 분야가 점점 더 많아지고 있다. 우리 중에 그런 수준의 지식과 기술을 모두 보유한 사람은 거의 없으며, 거기에 도달할 수 있는 사람은 더더욱 없다. 이런 시대일수록 지도자들과 전문가들을 믿는 일이 꼭 필요하면서도 갈수록 위험해진다.

다른 사람의 선한 결정에 대한 의존도가 높아질수록 우리는 그만큼 취약해진다. 그럴수록 중요하게 확인해야 할 것이 있다. 우리의 지도자들이 개인의 권력과 특권보다 공동의 번영을 추구하는 데 더 헌신되어 있어야 한다는 것이다. 따라서 지도자의 지위와 자격에 관한 우리의 논의에는 도덕적 리더십의 자질과 특성에 대한 엄격한 심사가 수반되어야 한다.

이번 장에서 우리는 도덕적 리더십의 핵심 속성, 현대 사회에서 불가피하게 높아진 지도자의 독특한 위상, 책임과 감시의 병합 등을 논할 것이다. 이어 민주정부 내에서 그리스도를 닮은 지도자들에게 주어지는 몇 가지 독특한 기회, 영웅의 두드러진 역할, 모범적 도덕성의 정립에서 영웅적인 자질이 차지하는 중요성 등도 살펴볼 것이다.

충실한 리더

평등의 개념은 아주 값진 것이다. 특히 만인 고유의 가치와 존엄성을 생각하면 더욱 그렇다. 하지만 책임에 관한 한 실제로 평등한 사람은 별로 없다. 이 사실은 지도자, 대변인, 전문인들과 관련하여 가장 극명하게 드러난다. 그들은 기업, 법조, 의료, 정부, 종교, 교육 등을 전담하는 단체와 기관들을 감독한다. 그리스도인 지도자와 일반 지도자 할 것 없이 많은 지도자들이 명성의 매혹에 에워싸여 있다. 이는 주관적인 불평등을 가중시킬 뿐 아니라 자주 개인과 기관에 큰 해를 초래했다. 지도층 전문인들의 능력과 신망이 전반적으로 쇠퇴하면서, 민주적 생활방식을 구성하는 평등주의의 이상을 위협해 왔다. 따라서 사회에 대한 철학이 새로워지려면—현대 생활을 떠받칠 수 있을 만큼 강건해지려면—우리 사회의 리더십 하부구조들이 어떻게 돌아가는지에 대한 이해도 똑같이 새로워져야 한다. 그래야 지도자들이 공익을 가장 잘 보호할 수 있다. 그들의 지위는 그 일을 하라고 주어진 것이다.

여기서 리더십을 논할 때 우리는 단지 몇 가지 분야에 머물지 않고 그 반경 밖으로 넘어갈 것이다. '신용' 관계, 곧 충실한 믿음의 관계에 들어가 있는 사람과 단체라면 누구나 여기에 포함된다. 사실 조금만 생각해 보아도 알 수 있듯이, 현대 생활에는 신용 관계가 발생하고 예상되는 분야가 수없이 많이 있다. 우리가 그것을 여간해서 확연히 인식하지 못할 뿐이다. 신용 관계는 한쪽의 동의만으로도 성립된다. 한 개인이 결과나 상황과 무관하게 다른 개인의 최선의 유익을 도모하기로 전심으로 결심하고 헌신하면, 그때부터 신용 관계가 시작될 수 있다.

도덕적 리더십과 신용의 책임을 더 잘 정의하려면 또한 인정해야 할 것이 있다. 모든 직업이 전문직은 아니고, 모든 역할이 지도자 역할은 아니며, 모든 일이 직업은 아니라는 사실이다. 모든 일이 직업이요 모든 사람이 지도자라고 말한다면 이는 우리 사회의 지도자들과 전문인들만이 감당할 수 있는 특별한 기능을 오해하는 것이다. 전문직과 비전문직의 구별을 생각할 때 아마도 많은 사람들에게 가장 힘든 부분은 전문직이 대체로 비전문적보다 '더 낫고' 리더가 추종자보다 '더 낫다'는 생각일 것이다. 이것은 천만부당한 개념이다.

예컨대 기업 변호사와 방과 후에 축구를 가르치는 자원봉사자는 둘 다 신용 관계(충실한 믿음의 관계)에 들어가 있다. 전자의 계약은 기업 간부들과 법정 사이에 공식적으로 체결되고, 후자의 계약은 부모가 자녀를 연습장에 데리고 올 때마다 체결된다. 둘 다 전문직 종사자인가? 아니다. 둘 다 지도자인가? 그렇다. 둘 다 가치 있는 활동을 하고 있는가? 물론이다. 둘 다 각자의 책임 범위에 걸맞는 도덕성이 요구되는가? 두말할 것도 없다.

그래도 미심쩍다면 펜실베이니아 주립대학의 미식축구 코치였던 제리 샌더스키(Jerry Sandusky)가 재판을 거쳐 유죄 판결을 받는 동안 들끓었던 국제적인 공분을 생각해 보라(그는 십대 아동 열 명을 15

년간 성폭행한 혐의로 30-60년의 징역형을 선고받았다 - 옮긴이). 역사적으로 코칭 분야는 전형적인 전문직으로 규정되지 않았다(요즘은 전문직으로 보는 사람들이 많이 있다). 하지만 코치들은 역할 모델이자 교사로서 엄청난 리더십의 책임을 안고 있다. 그들은 우리 아이들과 청소년들의 발달을 지도하고 있으며, 당연히 이는 공공복지에 중대하고 영속적인 영향을 미친다. 이렇듯 공동의 번영이란, 수많은 분야가 서로 맞물려 이루어진다. 그래서 도덕적 리더십의 필요성과 그 자질과 책임에 대한 연구와 논의가 반드시 필요하다. 그리스도인 남녀들은 그와 같은 리더십으로 사회와 세상을 섬겨야 한다.

그러나 지도자와 전문직에는 비전문직에 비해 독특한 역할이 있다. 이를 인정하지 않으면 우리의 공동체들은 지도자와 전문직이 고수해야 할 윤리적·도덕적 요건을 더 직접적으로 다룰 수 없다. 당연히 지도자의 자리에는 특권이 수반되며, 특권을 받은 사람들은 감시도 함께 받아야 한다. 어떤 지도자들은 윤리적·도덕적 품행을 직분과 별개로 생각하고, 어떤 지도자들은 '공공재'를 유용하는데도 감시 장치가 없다. 그럴 때마다 큰 문제가 발생하곤 한다. 이는 지도자의 자질과 그에 따른 의무 및 윤리적 책임 사이의 경계가 계속 흐려진 데 일부 원인이 있다.

리더의 성품

도덕적 리더십에 관한 모든 대화에는 '성품'이라는 주제도 포함되어야 한다. 이 주제와 관련하여 흥미롭게 생각해 볼 질문이 있다. 선한 사람이 악한 사람보다 리더의 본분을 더 잘 수행할 소지가 높은

가? 우리의 경험상, 직업상의 직무를 잘하는 사람은 그만큼 선한 사람이기도 한가? 일이나 직업이나 소명을 수행하는 능력과 그 사람의 도덕성 사이에 조금이라도 연관성이 있는가? 선한 사람일수록 더 좋은 부모, 배우자, 시민, 이웃이 되는가?

전문직을 위해 특별히 만들어진 대다수의 윤리 규범 및 기준에 따르면 답은 완전히 '그렇다'이다. 그렇다, 성품은 리더십의 직무와 책임을 수행하는 데 중요하다. 그렇다, 선한 사람일수록 선한 의사, 코치, 변호사도 된다. 그렇다, 선한 사람일수록 선한 부모, 배우자, 시민, 이웃도 된다.

이미 꽤 분명해졌겠지만, 섬기는 리더십의 직무에는 남다른 윤리적 차원이 내포된다. 다른 사람들의 행동을 지도하는 일에는 본래 권력이 수반되기 때문이다. 이와 같은 윤리적 차원은 리더십의 본질과 역할의 근간을 이룬다. 지도자가 공공선을 도모하려면 **반드시** 평소에 늘 자기 분야의 공공선을 최고로 증진하는 쪽으로 행동해야 한다. 각 지도자의 특정 지위는 그것을 위해 존재한다. 나아가 지도자가 긍정적인 영향을 미치려면 **반드시** 공공선을 위해 금전을 비롯한 모든 사적 이익을 희생할 각오가 되어 있어야 한다. 끝으로, 지도자가 공공선을 이루려면 **반드시** 최선의 노력을 기울여 소속 공동체의 구성원들로 하여금 희생을 무릅쓰고라도 이런 도덕적 이상(理想)에 다분히 따르게 해야 한다. 이러한 조건이 채워진다면, 지도자나 전문인의 탁월성은 단지 전문 기술이나 재능의 문제가 아니다. 특정한 높은 지위를 얻는 일 또한 개인적인 성공의 문제가 아니다. 기량과 평판과 보수가 좋은 사람도 리더로서는 실패할 수 있다. 따라서 우리 사회의 지도자 직위에는 도덕성을 기르는 자원과 생산성을 높이는 자원이 함께 제공되어야 한다. 어느 한쪽만이 아니라 양쪽 모두를 똑같이 중요한 목표로 추구해야 한다. 우리가 길러 내야 할 리더들은 유능할 뿐 아니라 그만큼 도덕적이어야 한다. 한쪽이 다른 한쪽을 대신할 수 없다.

오늘날 우리가 다시 생각해야 할 문제가 있다. 도덕적·윤리적 품행 기준과 지침을 바로 정하고 그에 따라 도덕적인 자아실현을 이루어야 한다는 것이다. 사회의 지도자들이나 큰 책임을 맡은 사람들이 도덕적으로나 윤리적으로 실패할 때 우리는 어떻게 반응해야 하는가? 불행히도 우리의 지도자들이 도덕적으로 실패한 사례는 얼마든지 많이 있다. 굳이 인정하고 싶지 않을 정도로 많다. 뉴스마다 공인들의 도덕적 과실을 하루 종일 알려 준다. 하지만 우리 사회는 이런 문제를 어떻게 처리하는가? 이제 '위기관리' 전문가라는 업종까지 생겨나 그들이 이런 상황 속에 뛰어들어 '피해 대책'을 세우거나 '후유증'을 관리해 준다. 그들이 고객에게 권하는 표준 방침은 대개 똑같다. 요컨대 전국적인 방송이나 간행물의 인터뷰를 통해 잘못을 고백하고 용서를 구한 뒤 앞으로 넘어가라는 것이다.

진정한 고백이란, 상황의 진상을 시인하고 수긍하는 일이다. 사건의 실태에 자신을 맞추는 일이다. 책임감 있는 고백은 종종 모든 오판과 위반에 대한 올바른 반응이다. 고백의 **방법**에는 진실한 반성과 지혜가 요구된다. 고백의 **이유**는 더 복잡한 문제이며, 공인이 개입된 경우에는 특히 더하다. 흔히 공적 고백은 그저 시끄러운 언론에 '물 타기'를 하려는 시도로 보이며, 그것 하나로 가해자는 지위와 권한의 복권을 고대하게 된다. 이런 상황에서 좀처럼 다루어지지 않는 질문이 있다. 그 사람을 어떻게 다시 믿을 수 있는가? 어떤 조건하에서 다시 신뢰가 가능한가? 이 질문은 다음과 같은 개념에서 비롯된다. 지도자의 사회 활동은 권위가 있어야 가능한데, 권위란 그 사람이 여태까지 보여준 도덕적인 판단과 선한 행동에서 나온다는 것이다. 지도자가 도덕적 지식과 바른 행동을 보여주지 않는다면, 그런 사람이 달리 어떻게 사람들의 활동을 감독하여 공공선을 지향할 수 있겠는가? 명성만으로는 부족하다.

이와 같은 난제의 간략한 예를 하나 살펴보면 우리가 말하려는 요점의 중요성이 더 잘 이해될 것이다. 기억하지 못하거나 굳이 떠올리고 싶지 않은 사람들도 있겠지만, 클린턴 전 미국 대통령이 부적절한 성관계를 맺고 이에 대해 거짓말한 사실이 밝혀진 뒤로 중요한 논란이 불거졌다. 국가 지도자로서의 그의 능력이 회복 불능의 손상을 입었는가 하는 문제였다. 이 스캔들에 대한 갖가지 의견과 입장, 조사 과정과 그 여파 따위는 여기서 우리의 관심사가 아니다. 중요한 것은 대중의 의식 속에 발생한 것으로 보이는 다음과 같은 변화다. '공적'인 지도 역량과 '사적'인 인간 성품 사이에 분리대가 세워졌다는 것이다.

일각의 제의에 따라 클린턴의 삶은 구획으로 나뉘었다. 사생활의 물의와 공직의 책임을 분리시킨 것이다. 대부분의 미국 시민과 선출직 상원의원들도 이 제의에 어느 정도 동의했다. 그 결과 대다수 미국인의 사회의식 속에서 인간의 '성품'은 주변으로 밀려났거나 지도자의 직무와 다분히 분리되었다. 이제 공적으로 일을 해낼 수만 있다면 사적으로 어떤 부류의 사람인지는 별로 중요하지 않다.

이것은 비교적 새로 생겨난 해로운 변화다. 이 개념이 해로운 주된 이유는 그것이 뻔한 거짓된 가정에서 비롯되었기 때문이다. 우리가 클린턴 사건에서 배운 사실이 있다. 그전의 닉슨 사건이나 기타 덜 극적인 수많은 유사 사례를 통해서도 마찬가지다. 우리의 지도자들이 실존적·도덕적·심리적·종교적 측면에서 사적으로 **어떤** 사람이냐에 따라 그들이 공적 직무를 처리하는 방식에 직접적으로 영향을 미친다는 사실이다. 반대라고 우긴다면 이는 고의로 사실을 무시하는 처사다. 클린턴과 닉슨의 사적인 성품과 행동은 공적인 통치력에 분명히 영향을 미쳤다. 지도자의 직무에 요구되는 도덕성을 개인의 정직한 성품과 완전히 구분하고 분리할 수 있다고 믿는다면 이는 환상에 지나지 않는다. 본래 인간은 결코 분열된 인격체로 기능하도록 지음받지 않았다. 도덕적 리더십과 사적인 성품은 서로 맞물려 있다. 그만한 이유가 있다. 둘을 갈라놓으면 사적으로나 공적으로나 재앙을 자초하게 된다.

기업윤리?

이렇듯 지도자의 사회적인 역할에는 도덕적 의무도 포함되는데, 존 맥스웰(John Maxwell)의 책 『기업윤리는 없다』(*There Is No Such Thing as "Business" Ethics*)를 살펴보는 것도 이 문제에 접근하는 또 다른 방법이다.[1] 이 책의 제목은 무슨 뜻인가? 맥스웰은 이 개념을 몇 가지로 풀어낸다. 첫째로, 그에 따르면 기업의 윤리적 행실에 정말 중요한 유일한 원칙은 기업(또는 다른 어느 전문직이나 직업) 특유의 규범이 아니라 '황금률'이다.[2] 즉, 남에게 대접받고자 하는 대로 남을 대접하는 것이다. 둘째로, 맥스웰은 이 윤리 기준에 미달하는 것은 무엇이든 충분한 도덕성을 제시하지 못하며 그럴 수도 없다고 보았다. 특정 전문직에 한정된 특유의 규범일수록 더욱 그렇다. 그 정도로는 사람들이 직업상의 실무에서 실제로 "옳은 길을 가기에" 부족하다. 맥스웰이 거듭 강조하는 요점이 있다. 우리는 다른 사람들을 이타적인 사랑으로 대할 수 있는 그런 부류의 사람이 되어야 한다. 그래야만 황금률이 자연스럽게 삶으로 흘러나올 수 있다. 황금률은 정책 안에 법제화될 수 없으며 사람 안에 성육신되어야 한다.

하지만 이런 식의 도덕적 성품은 대개 우리의 지도자들과 전문인들에게 요구되거나 개발되지 않는다. 그래서 업계에서 '직업윤리'라는 것을 대신 만들어 냈다. 이것은 현대의 정황 속에서 특수한 상황과 환경을 처리하기 위해 개발된 방침일 뿐, 실제로 윤리적인 사람이 '되는' 것과는 거의 무관하다. 직업윤리나 기업윤리는 사람들에게 실정법, 동료 전문인, 고객을 상대로 말썽을 일으키지 않는 방법을 교육시킬 뿐이다. 이제 윤리는 적법한 행동이나 관행으로만 규정된다. 지도자들은 보편적인 행복과 공공복지를 추구하고 성취하는 일을 맡은 도덕적 행위자들이건만, 이제 그들 성품의 자질은 더 이상 윤리에 해당되지 않는다.

'기술 거품' 시기에 그러한 사례가 있었다. 미국 증권거래위원회(SEC)는 잘못된 투자 상담으로 고객들을 오도한 월가의 몇몇 증권사에 거액의 벌금을 부과했다. 그런데 그로부터 5년 전에 SEC는 임금에 대한 연구를 위탁하여, 투자 브로커들을 대상으로 전면적인

'윤리 교육'을 실시하도록 규정한 바 있다.[3] 이런 규범을 정한 사람들은 정말 '윤리 교육'으로 신용 책임의 위반과 비윤리적 고객 대우를 예방할 수 있다고 믿은 것일까? 윤리에 어긋나는 남용의 물줄기를 지식만으로 막아 낼 수 있을까?

사실 윤리 교육이 마땅히 내놓아야 할 실제적인 결과를 SEC나 다른 어떤 관할 기관도 이루어 낼 능력이 없다. 우리의 모든 윤리 교육 과정이 하지 못하는 일이 있다. 도덕적인 행위자들을 길러 내지 못한다는 것이다. 종교도 이 부분에서 실패하기는 마찬가지다. 원칙적으로 모든 윤리 강좌의 결과는 윤리적 결정에 필요한 **지식**과 적절한 행동을 취할 **성품**, 양쪽 모두여야 한다. 단순히 말썽을 일으키지 않는다는 지침만으로는 올바른 행동이 자연스럽게 흘러나오는 도덕적인 사람이 될 수 없다. 마지못해 규범에 동조하는 사람들은 거의 언제나 '법망을 피할' 길을 찾는다. 그 결과를 비윤리적 거래의 유명한 사례들에서 목격할 수 있다.[4] 게다가 기업윤리를 이 수준에서 논의하면 윤리가 행동으로만 제한된다. 기업 '생활'의 관건이 무엇이고 상인이나 판매원이나 관리인이 실제로 어떤 부류의 사람인지는 다루어지지 않는다.

감시

리더의 성품 계발과 윤리적 행동 기준이 변하려면 그러한 자질과 행동에 실제로 감시가 뒤따라야만 한다. 흔히 영화와 텔레비전을 보면 선출직 관리, 전문인, 지도자가 자신의 고유한 지위와 특권을 이용하여 이기적인 목적으로 사실을 제멋대로 왜곡하고도 아무런 감시를 당하지 않는 극적인 예가 즐비하다.[5] 아예 오늘날의 권력과 권위는 감시망을 벗어나는 능력과 동의어가 아닌지 의문이 들 정도다.

텔레비전을 따라하기라도 하듯, 미국 국회와 오바마 대통령은 특정 임명직 및 선출직 관리들을 대상으로 시행되던 내부거래법(STOCK Act, 의회정보 주식거래 금지법)에 대한 입장을 번복했다.[6] 따라서 정치가들이 의정 활동의 직접적인 결과로 얻어진 정보를 바탕으로 투자를 결정하는 일이 이제 합법이 되었다. 하지만 다른 모든 시민에게는 그것이 불법이고 비윤리적인 일이다.

중요하게 눈여겨보아야 할 비슷한 사례가 또 있다. 2008년의 금융 붕괴로 인한 경제 위기로 국가 경제가 파탄에 이를 뻔했지만 지금까지 그로 인해 기소된 사람은 거의 없다. 아마도 이는 그 위기를 초래한 많은 관행이 극히 비윤리적인데도 '합법'으로 통했기 때문일 것이다. 우리의 경제 구조를 윤리적으로 관리해야 할 현대의 전문 기업인들과 선출직 관리들의 권력과 책임이 이 재앙을 통해 적나라하게 드러났다. 이 경제 불황으로 입증된 사실이 또 있다. 기회와 번영의 과도한 팽창—한때 미국이 현대 세계의 경제 신화를 이룬 것은 그 때문이다—은 거시경제를 감독하는 전문직 내부에 치명적인 특권 의식과 엘리트주의를 조장할 수 있다는 것이다. 관련 전문인들 중 다수는 자기들이 비극을 초래해 놓고도 별로 상처를 입거나 잘못을 뉘우치지 않았다. 이는 지도자들이 요직을 장악하여 권력을 휘두른다는 증거다. '구제금융'(사법적 의미가 담긴 흥미로운 용어)은 진지한 논의를 거치지 않고 그냥 당연시되었다. 왜 그런가? 문제를 일으킨 해당 전문가들에게 다시 문제의 해결이 맡겨졌기 때문이다. 달리 누가 할 수 있겠는가?

경제 이론에서 '도덕적 해이'(moral hazard)란 어떤 결정의 재정적 결과가 결정 당사자에게 미치지 않는 상황을 말한다. 재정적인 감시가 없다는 뜻이다. 금융 위기 직후에 드러났듯이 미국 경제의 금융 부문은 총체적으로 도덕적 해이에 빠져 있었다. 하지만 그런 일이 어떻게 왜 가능했는가? 가장 요긴할 때 감시와 단속은 어디로 갔는가? 경제 기관에 대한 이런 부실 관리는 윤리적 리더십이 실패한 또 다른 사례다. 전문직의 특권 남용을 견제하고 예방하려면 윤리적 리더십이 필요하다.

적절한 감시와 도덕적 책임에 대한 논의에 빠져서는 안될 다른 이슈들이 있다. 경제 정책과 경제 철학의 실제적인 응용과 관련되는 부분이다. 자본주의나 '시장'은 결코 만능의 윤리 철학이 아니다. 그런데도 자본주의나 시장이 능히 도덕적인 행동을 이끌어 낼 수 있다고 기대하는 사람들이 있는 것 같다. 물론 자본주의라는 경제 철학에는 유익하고 건설적인 장점이 많이 있다. 나아가 우리가 원하고 필요로 하는 수준의 사회경제적 번영을 이루려면 적절한 도구가 필요한데, 자본주의와 자유시장 경제야말로 현재까지 알려진 최고의 도구일 것이다. 하지만 모든 경제적·사회적·정치적·종교적 제도와 마찬가지로 자본주의도 불완전하다. 자본주의를 견고한 도덕적 틀 안에 지키지 않고 내버려 두면 악한 쪽으로 변질될 수 있다. 전인적인 윤리 생활을 하도록 우리 자신과 사회를 감시하려면 그러한 틀이 필요하다. 단적인 예로 자본주의는 '용서'를 말하지 않는다. 자본주의만 그런 것은 아니다. 어떤 경제 정책이나 경제 철학도 인간 삶의 모든 영역에 일방적으로 응용될 수는 없다. 그런데 불행히도 오늘날 경영학과 경제학에서 이 단순해 보이는 사실이 빠져 있을 때가 너무 많다. 두 학문을 가르치는 많은 학교에서 이제 윤리와 덕의 자리는 경쟁 시장의 이점에 대한 이상주의적 신념에 밀려났다. 일반 소비자의 장바구니에서 '불량품'을 없애려면 확실히 믿을 것은 경쟁밖에 없다는 것이다. 이는 일관되게 검증된 바 없는 도매금식 가정이다. 경쟁에는 나만 잘되면 된다는 식의 탐욕과 이기적 욕심 같은 부정적인 요소들도 개입된다. 개인의 영달과 권력을 쟁취하려는 경쟁 욕구에는 으레 그런 요소들이 내재되어 있다.

이와 같은 살벌한 경쟁 속에 하나님의 복이 어디 있는가? 이 같은 경쟁이 지독한 탐욕과 몰인정과 경멸을 낳은 결과로 세계 경제 전체가 기우뚱거리고 있다. 이제 우리에게 박식하고 조예가 깊으며 도덕적이고 윤리적인 그리스도인 경제학자들이 필요하다. 그들이 시장의 협력적 성격을 살려 시장을 건강하고 진취적이고 혁신적이고 공정하게 이끌고 지도해야 한다. 서로에게 이로운 관계라는 대원리 속에서 경쟁이 이루어지면, 경쟁을 통해 협력이 나타나 탁월성의 수준이 점점 높아질 수 있다. 다시 말하지만 경쟁과 자본주의와 자유시장 경제는 모두 공공복지, 공동의 번영, 도덕적 용기라는 상위 윤리에 종속되어야 한다. 이론과 정책보다 윤리가 먼저다. 리더는 목자처럼 우리를 시편 23편의 삶으로 인도해야 한다. 부족함과 결핍이 없는 삶에 이르려면 현대의 잘못된 가정들과 거기에 광범위하게 얽혀 있는 정치적·경제적 도그마들을 재고해야 한다. 그것들이 성역처럼 되어 버려 우리가 그 여파를 다 보지 못하는 경향이 있다.

공동의 책임

2008년의 경제 위기 같은 상황이 발생하면 이제 우리는 수많은 전문가들의 끝없는 방어적 '꼼수'에 의존해야 하는 지경이 되었다. 그들은 여러 가지 행동이 "불가피했다"고 정당화하려 한다. 하지만 그때마다 대중이 거의 본능적으로 지각하는 사실이 있다. 전문가들이 내놓는 그런 합리화의 내용이 인간 삶의 다른 모든 '정상적'인 영역에서는 상식으로 전혀 통하지 않는다는 것이다. 사실 우리 눈에 보이는 그들은 자신들의 행동과 동기에 대해 복잡하고 애매하고 아리송한 설명을 주저리주저리 늘어놓을 뿐이다. 그런 식으로 책임을 회피하려는 것이다. 저녁 뉴스에 그러한 예가 자주 부각된다. 이제는 아주 익숙한 장면이 되었지만, 어떤 '전문가'가 기다란 회의 탁자의 마이크 앞에 앉아 국회 조사단이나 감독 위원회를 상대로 순진한 듯이 증언한다. 우리는 말뜻을 이해하려고 그 짤막한 장면에 귀를 바짝 기울여 보지만 허사다. 그래서 그냥 텔레비전을 끄고 어깻짓과 함께 고개를 내저을 때가 비일비재하다. 분명히 알거니와 삶의 다른 모든 '비전문' 영역에서는 그런 '허튼 소리'가 유해하거나 명백한 부도덕이며 법적 처벌도 가능하다.

그와 같은 상황에서 좀처럼 다루어지지 않는 질문이 있다. 해명을 요구받는 사람의 멘토들—경제학 교수, 대학의 미식축구 코치, 고등학교 교장, 부모, 삼촌, 동업자, 목사 등—도 그 사람의 행동에 책임이 있는데, 왜 그들에게는 책임을 추궁하지 않느냐는 것이다. 흔히들 잘 인정하지 않지만, 여러 지도자들의 일련의 실패가 한 개인을—어쩌면 그 개인을 통해 국가까지도—절망과 파멸의 길로 이끈다. 누군가의 총체적 실패에 한몫씩 한 사람들이 모두 국회 청문회에 모여 각자의 역할과 관계와 직무에 대해 증언할 때, "순전히 당신 책임"으로 돌리는 게 상상이 되는가? 아무런 책임도 없는 사람은 당연히 없다. 그런데도 우리는 한 사람의 단독 책임으로 덮어씌우기 일쑤다. 감시망에서 벗어나거나 적어도 자신의 책임 부담을 줄이려는 것이다. 하지만 우리 사회의 리더들은 각자의 영향권과 도덕성에 대해 전원 책임을 져야 한다. 이를 통해서만 사회는 공동으로 번영하기도 하고 실패하기도 한다. 함량 미달의 리더들은 언제나 우리를 실패로 몰아간다. 그냥 무시한다고 해서 그러한 현실이 없어지는 것은 아니다.

　그리스도인 지도자와 대변인과 전문인들의 경우, 감시의 성격과 초점은 선한 목자처럼 전적으로 교정과 방향 조정에 있다. 지팡이와 막대기는 길 잃은 사람을 안위하여 생명과 양식이 있는 푸른 풀밭과 시원한 물가로 도로 데려간다. 마찬가지로 감시도 주로 처벌이나 치욕을 가하는 문제가 아니다. 그보다 감시는 자기 수하에 맡겨진 사람들을 적절한 방식으로 보호하고 지키려는 선한 지도자의 자연스러운 반응이다. 사랑의 하나님도 그렇게 하신다. 앞서 언급한 상황들 속에서 법적·도덕적 감시를 거부한다면 리더십과 프로페셔널리즘은 직권 남용의 면허증이 되고 만다. 이는 공공복지와 공동의 이익을 보호할 필요성을 저버리는 행위다. 이처럼 리더십의 변질된 기능과 그것이 공동의 번영에 미치는 영향은 다방면에 걸친 현상으로, 어느 사회에서나 삶의 질에 중대한 결과를 초래한다. 그 결과의 무게가 특정한 도덕 문제를 훨씬 앞지른다. 현대의 어느 한 사회가 정확히 무엇이며 어떻게 제대로 또는 형편없이 돌아가는지를 알려면, 이것이야말로 반드시 이해해야 할 주요한 이슈다.

요컨대 오늘날 '황금률'의 성품을 갖춘 사회 지도자의 수는 '직업윤리'밖에 모르는 지도자보다 현저히 적다. 지도자의 기술과 지식에 필히 따라오는 권력을 구사하려면 성품을 충분히 갖추어야 한다. 정치나 법에 명백한 이중 잣대가 있으면 사생활과 공생활의 모든 중요한 영역에서 지도자의 신임과 권위와 소신이 떨어질 수밖에 없다. 이것은 달라져야 하며 달라질 수 있다. 여태까지 말한 내용에 비추어 우리가 던져야 할 질문이 있다. 직업윤리는 비양심적인 지도자들의 부적절한 행동으로부터 대중을 제대로 보호할 수 없는데, 그래도 우리는 직업윤리의 이런 한계에 만족할 것인가? 지도자가 "돈으로 고용되는 일"이 완전히 사라져야 하는 이유도 어쩌면 그래서다. 이 주제는 뒤에서 더 자세히 살펴볼 것이다.

다른 길, 다른 삶

앞서 살펴본 난관에도 불구하고, 윤리라는 주제에 대한 다음과 같은 접근은 가능할 뿐 아니라 훌륭한 일이다. 즉, 리더십의 역할과 책임을 전적으로 공동체 전체의 선한 뜻과 번영을 추구하고 성취하기 위한 기회로 보는 것이다. 맥스웰이 역설하는 전체 개념은 이것이다. '황금률'의 사람이 되면 모든 관련자에게 이로운 윤리적인 일을 실제로 원하고 능히 이룰 수 있다는 것이다. 그에 따르면 바로 그러한 입장을 취할 때 모든 직업이나 전문직, 특히 기업에서 성공할 가망성이 가장 높아진다. 물론 황금률을 적절히 실행하는 방법에 대해서는 상황에 따라 특수한 고민이 따를 수 있다. 하지만 상황이나 형편 때문에 황금률의 요구를 내팽개쳐야만 하는 일은 있을 수 없다. '황금률'대로 섬기는 리더십을 실천하려면 선한 사람이 되어 자신과 타인을 위한 선한 목적을 추구해야 한다. 자신의 분야에 대한 헌신은 그것의 한 방편일 뿐이다. 바로 이것이 예수께서 생각하신 각 분야의 리더들의 모습이다. 하지만 이런 개념대로 산다고 해서 꼭 종교를 공식적으로 밝힐 필요는 없다.

요컨대 모든 자유사회의 복지와 공공선과 번영은 도덕적인 지도자들의 손과 머리와 마음에 달려 있다. 공동의 번영에 요구되는 전문성과 지식은 다분히 우리 사회의 핵심 지도자들의 자리에 있다. 각계각층의 그리스도인 리더들은 성령의 열매로 묘사된 이상(理想)이 어떻게 자신이 이끄는 기관 속에 침투할 수 있고 침투해야 하는지 이제부터 고민해야 한다. 사업의 기본 원칙 중 하나는 "평가가 있어야 성과도 있다"는 것이다. 많은 경영 지도자들이 예산안을 도덕적 문건으로 보는 것도 그래서다. 그렇다면 회사는 어떻게 결산을 단지 손익으로만 계산하지 않고 또한 평화와 친절과 인내가 증대되는 정도로 평가할 것인가? 인사부는 어떻게 직원 보호 전략을 실시하여 직원들의 작업 만족도에서 기쁨의 수위를 높여 줄 것인가? 이런 강령에는 고객도 포함되어야 한다. 기업체는 어떻게 책임지고 고객들의 전인적인 행복을 최대한 잘 돌볼 것인가? 사랑이 실제로 회사나 기관의 가치관이 되는 것은 상상할 수 없는 일인가? 비전이나 가치의 선언문에 이웃 사랑(더 차갑고 거리감 있는 표현인 '상호 존중과 이해' 대신)을 천명하지 못하게 막는 법이라도 있는가? 실제로 사랑을 직원과 고객 모두를 위한 측정 가능한 목표로 명시한다면 어떤 결과가 나타날까? 사랑은 종교적인 신조나 세계관의 전유물이 아니다. 대부분의 사람들은 사랑을 실제로 경험하든 그렇지 못하든 사랑에 '찬성'한다.

정치적 영향력

끝으로, 우리 사회에 용감한 도덕적 리더십과 감시를 되살려야 할 부분은 기업 분야만이 아니다. 그리스도인 정치 지도자들의 역할과 책임에 대한 한 가지 중요한 오해 또한 여기서 짚고 넘어가야 한다. 그들은 다른 방식의 삶과 생활을 제시하고 솔선하는 사람들이다. 이 오해란 곧 다음과 같은 개념이다. 그리스도인의 덕과 성품은 대중에게 보이지 않게 가려질 수 있거나 가려져야 하며, 세상이 돌아가는 방식에 아무런 영향을 미치지 못한다는 것이다. 이런 관점에 따르면, 정확히 하나님이 뜻하신 부류의 사람도 사회 문제에 전혀 변화나 영향을 끼치지 못할 수 있다. 물론 다른 많은 부분과 함께 정치 행위도 거기에 포함된다. 하지만 이보다 더 진실과 거리가 먼 말은 별로 없다. 성경과 기독교 역사와 세심한 관찰이 공히 증언해 주듯이, 기독교 운동 전반과 특히 1세기의 운동은 의도적으로 세상을 철저히 바꾸어 놓았다. 그런데 많은 연구 결과에서 보듯이, 오늘날 북미의 평범한 그리스도인들의 성품과 생활방식은 비그리스도인들과 크게 다를 바 없다. 그리스도인과 비그리스도인의 생활방식을 비교한 바나 그룹(Barna Group)의 한 연구가 「크리스채너티 투데이」에 실렸다. 연구 책임자인 데이비드 키너먼(David Kinnaman)은 다음과 같은 서글픈 분석으로 결과를 요약했다. "거듭난 그리스도인의 평판과 인내와 절제와 친절은 마땅히 사람들을 깜짝 놀라게 해야 한다. 하지만 거듭난 신자의 생활방식과 인간관계는 다른 사람들의 경우와 별로 다르지 않다."[7]

이 두렵고 비참한 사실로 보건대, 남들과 근본적으로 다른 그리스도인과 그리스도인 리더들은 이미 극소수에 그치고 있다. 그리스도를 충실히 따르는 사람들이 오히려 '괴짜'로 비쳐진다면, 그리스도인의 덕은 공생활과 공공질서에 대한 모든 진지한 논의에서 배제될 수밖에 없다. 여기서 두 가지 불행한 결과가 나온다. 이러한 현실은 사회의 번영에 방해가 되며, 하나님의 목적에 한결같이 헌신되어 있는 사람들의 사기를 떨어뜨린다.

아울러 이런 현상 때문에 일반 사회 내에 다음과 같은 통념이 굳어진다. 종교는 정부, 기업, 경제, 교육 등 모든 사회 분야와 무관하다는 것이다. 사실은 그 반대다. 예수의 성품을 '선한 삶'으로 실천하면 반드시 그것이 세상을 변화시키고 공공복지에도 영향을 미친다. 원하는 번영을 실제로 이룩한 사람들, 남들도 똑같이 하도록 지도한 사람들에게서 그 증거를 확인할 수 있다. 이를 경험하는 사람들이 대다수가 못 되거나 소수나마 점점 늘고 있지 않더라도, 그 사실 자체는 변함이 없다.

예언자적 역할

물론 예수의 제자들은 정부의 정책이나 다른 대규모 정책을 이래라저래라 지시해서는 안 된다. 그것은 부질없고도 불필요한 일이다. 기독교 신앙은 누구도 그런 자리에 올려놓지 않으며 이는 다행한 일이다. 뒤에서 다시 논하겠지만, 예수의 제자들은 특정한 양떼나 정치활동위원회의 이슈만이 아니라 모든 시민에게 영향을 미치는 공적인 이슈들을 **거론**할 수 있는 입장에 있다. 그리스도인 지도자라고 해서 누구나 다 이 중요한 일을 해야 하는 것은 아니지만, 성직자와 평신도를 떠나 지도자는 그래야 한다. 이웃들과 사랑하는 이들의 행복이 달린 문제다. 게다가 사랑한다면 최대한 진실을 말해야 한다. 최대한 광범위한 청중에게 겸손히 다가가 하나님 안에 있는 우리의 소망과 확신을 다양한 방법으로 알려야 한다. 다시 말하지만 이는 성경적인 삶의 일부로 확립된 예언자적 역할이다. 예수께서도 그 역할을 취하셨다. 물론 누구나 다 할 일은 아니지만, 이 일에 소명과 은사를 받은 사람들에게는 매우 귀중하고 꼭 필요한 일이다.

자유롭고 개방적인 민주사회에서 살려면 한 가지 피할 수 없는 일이 있다. 정부 권력이든 다른 권력이든 권력의 지위에 있는 모든 개인은 자신이 봉사하거나 동업하는 대중으로부터 어떤 형태로든지 꾸준히 감시와 감독을 받는다는 것이다. 그러므로 지혜와 사랑과 용기와 자격을 갖춘 그리스도인 리더들은 그러한 봉사와 동업의 수행 방식에 대해 자신의 관점을 제시해야 한다. 그들이 아니면 누가 그렇게 하겠는가? 그들이 아니면 누가 사랑과 기쁨과 평화를 핵심 동기로 유지하면서 그런 일을 이룰 수 있겠는가?

인간은 정부를 만들어 낸다. 그런데 정치철학자 존 듀이(John Dewey)가 정확히 보았듯이, 모든 인간은 정치 구조 안에서 이기주의 쪽으로 기우는 경향이 있다. 대개 이것은 세상과 육신의 욕망 쪽으로 끌리는 본능적인 성향 또는 인력(引力)과 일치한다. 선을 위해 완수해야 할 일은 무엇이며, 판사와 입법자와 공무원과 전문인은 선을 어떻게 분별할 것인가? 이 문제를 그들에게만 맡겨 두어서는 안 된다. 전통과 역사를 보면 최선의 취지와 목적마저도 한낱 이기주의와 집단이기주의에 짓밟히곤 했고, 그것이 아니라면 하다못해 상황의 제물이라도 되었다. 바로 이 부분에서 예언자적 목소리가 전면에 떠올라야 한다. 정치적·종교적·사회적 대화 속에 그 목소리가 들려야 한다.

많은 그리스도인 사역자와 지도자들이 범하는 안타까운 오류가 있다. 자신의 본분을 지역교회나 교단의 울타리 안에서만 수행할 수 있거나 수행해야 한다고 생각하는 것이다. 예수는 삶에 정말 중요한 모든 주제에 대해 온 세상을 향해 말씀하신다. 우리도 이 어렵고 미묘하고 중요한 일에 그분을 따르며 그분과 함께할 책임이 있다. 그러므로 하나님과 겸손히 동행하며 정의와 인자를 구하는 리더라면 누구나 그분의 진리를 진전시키도록 하나님께 부름받은 사람일 수 있다. 예언자의 역할은 안수받은 성직자에게만 국한되는 것이 아니다. 오직 하나님만이 그분의 예언자들을 택하신다. 하지만 그들의 메시지의 진실성은 하나님의 말씀과 방법을 기준으로 분별되어야 한다. 예언자는 하나님의 진리를 전하는 사람이기 때문이다.

논쟁의 여지가 있겠지만, 현대 사회에서 예언자의 역할이 특히 필요한 분야의 한 예로 정부의 지원을 들 수 있다. 이는 국민에게 '복지'를 제공하는 책임을 정부가 떠안거나 정부의 책임을 늘리려 하는 상황과 환경을 가리킨다. 물론 정부가 정도껏 지원 프로그램을 제공하는 것은 얼마든지 선하고 옳은 일이다. 하지만 '선한 삶'의 의미가 정부가 전적으로 책임을 도맡아 각종 복지 혜택을 통해 시민의 안락한 삶을 보장하는 것이라면, 이런 상태는 결국 내부에서 붕괴할 수밖에 없다. 이미 우리 세대에 그 같은 일이 벌어지고 있다. 권력의 자리에 있는 사람들이 "안 된다"고 말할 줄 모르거나 그럴 마음이 없다면, 적자 지출은 불가피하며 통제 불능이 된다.

"안 된다"는 말이 큰 고통과 피해를 야기할 필요는 없지만, 상황에 따라 일부 사람들에게는 그럴 수 있다. 그것이 많은 사람들에게 비참한 상황을 초래할 수 있음은 의심의 여지가 없다. 하지만 개인도 정부도 언제까지나 예산을 초과하며 살아갈 수는 없다. 회복에 대한 계획도 없이 적자 지출을 계속할 수는 없다. 적자 지출을 적극 옹호했던 경제학자 존 메이너드 케인스(John Maynard Keynes)는, 영국이 조만간 부채를 청산해야 한다는 지적을 자주 받았으며 그때마다 그는 "조만간 우리는 다 죽을 것이다"라고 답변했다고 한다.[8] 그야 물론 그렇지만 이는 근시안적인 사고다. 너무들 쉽게 망각하지만 누군가가 장례식 비용을 치러야 한다. 이제라도 우리는 지출의 우선순위를 정하고, 과잉 지출을 줄이고, 부채 삭감의 방도를 모색해야 한다. 그런 의식조차 내보이지 않는 것은 순전히 미친 짓이다. 이런 미친 짓의 동인은 형편이 되든 말든 당장 만족을 얻고 보자는 욕심에 있다. 뻔한 현실을 이처럼 고의로 무시하는 것은 누가 어디서 어떻게든 사태를 수습하겠지 하는 맹목적인 희망의 증거일 뿐이다.

우리는 균형을 이루고, 사리 분별을 중시하며, 우선순위를 정하고, 은혜롭고 지혜롭게 절제를 적용해야 한다. 공공 정책은 복잡다단하여 정치적·문화적 논쟁의 소지가 많지만 그래도 아주 요긴한 문제다. 의지를 품고 이 일에 뛰어들 사람이 누가 있는가? 사랑과 기쁨과 평안은 물론 똑같은 분량의 지식과 전문성과 용기를 두루 갖춘 사람이 누가 있는가? 예수의 예언자적 제자들과 도덕적 목자들이 아니면 누구란 말인가? 역사 속에 계시된 성경의 지혜는 고금의 숱한 정황과 문화 속에 다양하게 적용되어 유익한 결과를 냈다. 누가 그 지혜를 깨달아 우리 시대의 쟁점이 되는 이슈들에 능히 적용할 것인가? 예수의 제자들이 아니면 누구란 말인가? 이런 지식을 갖춘 사람이 누가 있는가? 하나님의 은혜로 오늘도 예언자적 목소리는 여전히 들려오고 있다. 다만 그 출처가 지역교회의 울타리에서 멀리 떨어진 곳일 때가 너무 많다. 세간의 통념과는 반대로 예언자의 일차적인 관심은 방탕한 죄를 지적하는 데 있지 않다. 그보다 예언자는 양떼를 돌보시는 하나님의 사랑에 이끌려 죄의 참담한 결과를 미연에 방지하려는 것이다. 예언자적 증인의 역할은 굉장히 중요한데도 잘 인정받지 못하고 종종 주변으로 밀려난다. 그러나 도덕성을 갖춘 섬기는 지도자들은 기꺼이 그 역할을 통해 은혜로 충만한 관점들을 명확히 밝혀야 한다.

멘토링

첫째로, 기독교 리더십의 지속적인 변화에는 그밖의 핵심 과제들이 있다. 이와 관련하여 여기 몇 가지 간략한 제언과 소견이 있다. 그런 일을 하려면 우선 미래의 리더들을 도제로 기르는 멘토링의 도전에 응해야 한다. 그들을 사회 각 분야의 영향력 있는 자리에 포진시키기 위해서다. 이러한 개인 지도에는 성품 계발도 포함되어야 하는데, 그래야 그들이 공적 지도자의 본분을 다하여 다른 사람들을 지혜의 방향으로 인도할 수 있다. 단순히 지위를 얻거나 특정한 지지세력의 이익을 도모하는 것이 목표가 아니다. 지도자가 추구하는 선은 모두를 이롭게 해야 한다. 그래서 '공공선'이다. 그리스도를 따르는 사람들은 최고의 종이신 그분을 본받아 섬기는 지도자가 되어야한다. 섬기는 지도자들을 통해서만 사회나 정부도 바른 자질을 갖추어 선한 삶을 확실히 이루어 낼 수 있다. 이 부분을 무시한 채 '시스템'을 꿈꾸어서는 안 된다. 시스템만 있다고 저절로 되는 것이 아니다. 그리스도인 리더들은 섬기는 리더십의 자질을 계속 강조하고 솔선해야 한다. 그래야 공생활의 모든 분야에서 그리스도를 닮은 지도자 자리로 부름받은 다른 사람들 안에도 그런 자질이 개발될 수 있다. 우리는 이것이 **거룩한** 소명임을 강조해야 한다. 이는 어떤 특정하고 귀한 섬김을 위해 구별되었거나 스스로 자신을 구별하는 소명이다.

멘티들은 장기간의 일대일 관계에서 유익을 얻을 수 있다. 그런데 풍부한 경험과 지혜를 갖춘 가장 노련하고 성공적인 그리스도인 리더들이 멘토링을 하지 않거나 멘티를 찾지 않는 경우가 너무많다. 저자이자 강사인 밥 버포드(Bob Buford)는 이 분야의 적극적인선구자로 살아왔다. 그는 자신의 멘토인 피터 드러커(Peter Drucker)를 본받아 다양한 배경과 직업의 전문인들을 꾸준히 불러 모은다. 목표는 분명하다. 그들을 도와 각자 리더로서 하나님 나라를 위해자신의 잠재력을 십분 발견하고 실현하게 하는 것이다.

멘토와 멘티의 공통된 장애물 가운데 하나는 주저함이다. 멘티 지망생은 자신이 없어 이렇게 생각할 수 있다. 멘토가 시간이나 관심이 없어서 이 관계에 투자하지 않을 것이라고 말이다. 반면에 멘토는 엄두를 못내고 머뭇거릴 수 있다. 예비 멘티가 멘토의 경험과 통찰을 중시하며 고맙게 여길 텐데도 말이다. 이렇게 양쪽 다 침묵만 지키고 있으니 관계가 성사될 리 없다. 이것은 달라져야 한다. 제자도와 멘토링은 의지적인 노력이며, 암암리의 행동이 아니라 공공연한 행동을 통해 이루어진다. 따라서 멘토와 멘티는 적절한 숙고와 기도를 거쳐 기꺼이 서로에게 '구애'할 수 있어야 한다. 그들은 하나님이 뜻하신 가정에서 피차 유익을 주고받는 형제자매 사이다. 그런 분명한 지식과 확신을 품고 정중하게 다가가면 된다. 교회는 멘토링 관계를 위한 놀라운 모임과 융화의 장이 될 수 있다. 하지만 저절로 되지는 않는다. 노력이 필요하다. 확신컨대 하나님께서 우리의 노력에 은혜를 더하실 것이다.

그리스도인 리더들에게 이런 멘토링 관계는 반드시 필요하다. 하나님의 손길이 함께 역사해야만 중요한 영향력의 자리에 있는 지도자들이 능히 살아남고 형통할 수 있기 때문이다. 우리 스스로는 결코 이룰 수 없는—또는 상상조차 할 수 없는—일을 그분의 은혜의 능력이 우리 삶 속에 그리고 우리 삶을 통해 이루신다. 실제 시민권이 하늘에 있는 사람들(빌 3:20)에게는 그것이 그저 일터의 일상이다. 우리는 그러한 삶을 당연히 실체로 받아들여야 하며, 자신이 지도자의 위치에 있다면 더욱 그러한 삶에 의지해야 한다. 제자도의 환경 속에서 우리의 길동무가 되어 주는 멘토들과 더불어 그리해야 한다. 한편 멘토로서 우리는 지도자들이 영향력의 자리를 얻고 유지하도록 최선을 다해 도와야 한다. 그런 자리에서 그들의 판단력과 모범이 변화를 낳을 수 있다. 다시 말하지만 이는 결코 세력을 쌓거나 권력을 점유하기 위해서가 아니다. 순전히 목적은 비중 있는 지위를 통해 사람들에게 실질적인 복을 끼치기 위해서다. 하나님의 경륜에서 복의 자연스러운 결과란 곧 공공선에 이로운 영향을 미치는 것이다.

지혜

둘째로, 예리한 그리스도인 리더들은 세상에서 실제로 벌어지고 있는 일들을 반드시 알아야 한다. 그러려면 그들 중 일부는 세상의 부정을 파헤치는 기자와 저널리스트의 역할을 맡아야 한다. 그들의 활동은 이 중대한 직업을 중심으로 이루어진다. 이들 메신저들은 세상 속에 들어가 지도자들을 직접 상대하여 어떻게든 사회적·정치적·종교적·경제적 현안에 정통해져야 한다. 그리스도인 학자들과 전문인들이 이 부분에서 그들을 도와야 한다. 존 듀이가 예견했듯이 민주정부 아래서 책임감 있는 시민이 되려면 반드시 적절한 교육과 지식이 필요하다.

　오늘날 그 일은 이전 어느 때보다도 더 어려워졌다. 현재의 이른바 '저널리즘'은 다분히 오락의 한 지류로 전락했다. 우리 삶에 깊은 영향을 미치는 문제들에 대해 책임감 있게 대중을 깨우려 노력하는 저널리스트는 점점 찾아보기가 힘들다. 이 역시 누구나 다 해야 할 일은 아니지만, 진실을 알리고 대중을 계몽하는 일에 헌신하여 공공복지를 위해 일할 그리스도인들이 필요하다. 그래야 우리 모두가 삶의 요긴한 상황들에 지혜롭게 참여할 수 있다. '빛'이 된다는 것은 그런 의미다. 이는 딱히 일정한 사회정치적 성향을 지닌 '기독교' 뉴스 프로그램이나 텔레비전 방송국을 만들어야 한다는 말이 아니다. 그보다 그리스도인들이 기존의 언론 기관 속에 들어가 당당히 진실을 알림으로써 세상에 지혜와 바른 관점을 제시해야 한다는 말이다.

고등교육의 가치가 떨어지고 관심이 점점 줄어드는 작금의 현상은 여러 요인이 얽힌 복잡한 문제다. 물론 교육이라고 해서 무조건 다 유익한 것은 아니다. 요즘은 교육비가 비싸져서 빚이 쌓일 수밖에 없는데, 모든 교육이 그럴 만한 가치가 있는 것도 아니다. 반대로 공식 교육 기관 바깥에도 잘 개발된 유익한 배움의 관문이 많이 있다. 이를 통해 누구나 사고력과 지적 역량을 기를 수 있다. 예컨대 도서관의 위력은 대단하다. 물론 도서관을 잘 이용할 때의 경우다. 불행히도 많은 도서관이 자금난으로 문을 닫고 있다. 하지만 무엇을 위해 지혜를 희생하는 것인지 우리는 자문해야 한다.

정보 시대일수록 날로 더 팽배해져 가는 현상이 있다. 사실로 가장한 의견의 홍수 속에서 지혜와 진실을 가려내는 분별력이 부족하다는 것이다. 예리한 리더들은 하나님과 그분의 말씀과 방식을 평생 배우되 정치, 경제, 종교, 이념, 가변적 세계관 등에 나타나는 세상의 운동들과 보조를 맞추어야 한다. 리더는 늘 익숙한 말을 하는 사람들에게만 의존할 것이 아니라 다양한 출처의 의견에 귀를 기울여야 한다. 시민대학마다 세상을 꿰뚫어 보고 있는 그리스도인 교사들과 학생들이 넘쳐 나야 한다. 과거의 반(反)지성주의는 거기서 땅에 묻혀야 한다.

영웅을 길러 내야 한다

셋째로, 현대의 지도자들은 우리 가운데 있는 도덕적·윤리적 영웅들의 삶과 행동을 충분히 강조하고 칭송해야 한다. 도덕과 윤리의 문화적 풍토는 저절로 변화되지 않는다. 슬쩍 교묘한 재주를 부려서 달라지는 것도 아니다. 의미 있는 변화는 희생과 헌신을 통해 이루어진다. 인류 역사에는 성인(聖人)들과 영웅들의 용감한 행위가 넘쳐 난다. 덕분에 우리는 도덕적인 명예와 용기가 얼마나 깊고 넓은 감화를 끼칠 수 있는지를 가늠할 수 있다. 삶의 새로운 비전을 창출하려면 희생과 헌신이 필요한데, 그들의 이야기는 희생의 수준과 진리에 헌신한 정도를 보여준다. 지금도 그것은 사회적·문화적·경제적 차이를 초월하여 온 세상 사람들의 상상과 마음과 사고를 매료한다.

성인 또는 영웅이란, 다른 사람들의 유익을 증진하기 위해 재산이나 필수품의 즐거움은 물론 어쩌면 목숨 자체까지도 버리거나 버릴 위험을 무릅쓰는 사람이다. 때로 영웅은 진리, 정의, 아름다움 같은 좀 더 추상적인 가치를 위해 희생하기도 한다. 이런 사람들은 도덕적 선의 참된 본질과 가치를 자신의 삶으로 밝히 보여준다. 그들의 삶과 선택은 별다른 감흥 없이 평범하고 무난한 차원에서 근근이 살아가는 사람들의 통상적인 활동을 뛰어넘는다.

우리는 영웅을 간절히 갈망한다. 자신도 언젠가 자격과 능력을 갖추어 그런 놀라운 위업과 성품을 이루기를 어려서부터 상상한다. 예수는 모든 영웅 중에 가장 위대하신 영웅이다. 여기에는 논쟁이 있을 수 있고 당연히 있어야 한다. 그러나 그분은 시대를 초월하여 많은 유명한 영웅들의 영웅으로 남아 있다. 더 큰 선을 위해 용감히 자신의 목숨을 희생한 사람들 가운데 예수를 자신의 영웅으로 믿고 확신한 경우가 얼마나 많은지를 우리는 진지하게 탐구해 보아야 한다. 어쩌면 경험적이고 수량적인 연구까지도 해야 한다.

독일의 신학자 디트리히 본회퍼도 그러한 영웅이다. 그가 강제 수용소에서 쓴 놀라운 서신들과 단편 작품들이 깊이 사랑받는 데는 그만한 이유가 있다. 하지만 예수의 삶과 가르침에 근거한 그의 깊은 도덕론을 간과하면 그의 영웅적인 삶의 전체 위력을 놓치고 만다. 그는 나치 정권에 당당히 맞서다가 목숨을 잃었다. 나치가 근거로 내세운 도덕론은 예수의 가르침과 거리가 멀었다. 그의 영웅적인 행위는 부활하신 그리스도 안에서 발견한 진리의 능력과 실체에서 비롯되었다. 그분의 인도하심으로 그는 어떤 무력에도 굴하지 않고 불의를 등지며 끝까지 옳은 길을 갔다.

그런데도 할로윈데이에 사탕을 얻으러 다닐 때 옷차림을 예수처럼 하는 아이들은 거의 없다. 기독교 가정의 아이들도 마찬가지다. 이것은 달라져야 한다. 왜 그런가? 사람들이 예수를 좀처럼 영웅적인 인물로 보지 않기 때문이다. 그분이 온 인류의 궁극적인 선을 위해 자원하여 용감하고 순결하게 사시고 죽으셨는데도 말이다. 이제라도 우리가 던져야 할 질문이 있다. 우리의 교육 기관—기독교 대학과 일반대학 양쪽 모두와 무엇보다 우리의 모든 지역교회와 신학교—은 왜 지금도 한사코 예수의 가르침과 거기서 파생된 전통들에 최고의 비판적 사고를 쏟아붓지 않는가? 왜 그것을 인류 역사의 도덕 지식의 한 분야로 인정하지 않는가?[9]

오늘 우리는 물어야 한다. 일상 속의 영웅이란 우리가 믿기에 선하거나 심지어 가능한 것인가? 긴급구호 요원, 전쟁터의 군인, 학내 총기사고 때 목숨을 버린 교직원 등 삶의 나머지 영역에서 말이다. 물론 그들도 우리의 존경을 받아 마땅한 영웅들이다. 하지만 역사를 보면 그것이 소수의 중요한 분야에서만이 아니라 사회적 리더십의 훨씬 많은 분야에서 절대 규범이었던 시대가 있었다. 고대 그리스나 현대 미국이나 마찬가지로 민주정부의 초창기 지도자들에게 당연히 예상되었던 규범도 어쩌면 바로 그것이었다. 그때는 희생을 민주 시민의 필수 자질로 전제하고 그것에 의지했다. 그래야 해방된 사회가 번영은 고사하고 생존이라도 할 수 있었다.

앞서 말했던 니켈마인즈의 비참한 사례에서 우리가 구하는 도덕적인 용기와 영웅적인 성품을 볼 수 있다. 피해자들 몇은 살해범의 장례식에 참석했다. 아미쉬(Amish) 공동체 내에서 돈까지 모아 그의 아내와 세 자녀에게 전달했다. 복수와 격노는 들어설 자리가 없었다. 이 비극을 정치 쟁점으로 이용하려는 시도도 없었다. 신앙심이 깊은 이 공동체가 알았듯이 용서와 자비는 악을 두둔하는 것이 아니라 희망을 향해 나아가는 데 필요한 중요한 첫걸음이다. 이 그리스도인들은 최악의 상황에서 모습을 드러낸 영웅이다. 그들은 인간이 될 수 있는 최선의 모습을 온 세상에 증언했다. 이것이 도덕적 리더십이다.

우리는 물어야 한다. 다른 비슷한 비극의 피해자들도 그러한 모범을 따를 수 있거나 따라야 하는가? 있을 수 없는 극악한 행위에 예수께서 말씀하신 용서가 적용되는 것을 상상할 수 있는가? 그리스도를 따르는 니켈마인즈의 사람들은 그렇게 했다. 그러자 온 세상이 경탄을 감추지 못했다.

이 같은 질문은 본질상 그리스도 중심이다. 사회가 그런 질문을 내놓을 때 우리의 리더들은 지도를 베풀 준비가 되어 있어야 한다. 그러면 우리의 도덕 기초가 다시 견고해져서 현대 생활의 갖은 풍랑을 견뎌 낼 수 있다. 어쩌면 그 결과로 어린아이들이 다시 예수를 닮고 싶어질 수도 있다. 현대 생활에 그러한 때가 올 것이 상상이 되는가? 소년소녀들이 이다음에 자라서 예수를 닮은 의사, 예수를 닮은 경찰관, 예수를 닮은 교사가 되고 싶어 하는 그때가 말이다. 이것은 현실적이고 실현 가능한 목표다.

사회이론가 존 러스킨(John Ruskin)이 제시한 비전이 바로 그것이다. 1860년에 쓴 훌륭한 책에서 그는 현대 지도자의 고결한 소명에 대한 자신의 이해를 밝혔다.[10] 그에 따르면 '문명 국가'의 성공에 필요한 '다섯 가지 큰 지성적 직업'은 다음과 같다.

- 군인은 국가를 수호하는 직업이다.
- 목사는 국가를 상대로 가르치는 직업이다.
- 의사는 국가를 건강하게 지키는 직업이다.
- 변호사는 국가에 정의를 시행하는 직업이다.
- 상인은 국가에 재화를 공급하는 직업이다.

이 목록에 그는 이렇게 덧붙였다. "이들 모든 사람의 본분은 필요에 따라 국가를 위해 **죽는** 것이다." 군인은 "전시에 부대를 버리느니", 목사는 "거짓을 가르치느니", 의사는 "역병이 돌 때 병원을 버리느니", 변호사는 "불의를 용납하느니" 차라리 죽음을 무릅써야 한다. 상인은 어떤가? 그것은 뒤에서 자세히 살펴볼 것이다.[11] 요지는 리더십이 도덕적 소명이라는 것이다. 이 소명에는 따르는 이들을 잘되게 하려는 윤리적 본분이 수반된다. 러스킨이 방법을 구체적으로 밝혔듯이 우리는 특정한 각 직업에 선하고 고결한 목자의 심정으로 임할 수 있고 마땅히 그래야 한다. 하나님의 선하심과 은혜는 결코 거기에 미치지 못하는 것을 내놓거나 요구하지 않는다.

단계5의 리더십

지금까지 다섯 장에 걸쳐 논한 내용은 다분히 짐 콜린스(Jim Collins)가 정의한 '단계5의 리더십' 개념으로 압축된다.[12] 콜린스의 연구에 생소한 사람들을 위해 설명하자면, 그는 1996년부터 2001년까지 22명의 연구 조수들과 함께 「포춘」(Fortune)지 선정 500대 기업에 오른 1,435개 회사에 대한 산더미 같은 자료를 자세히 분석했다. 그가 던진 핵심 질문은 하나였다. "좋은 기업은 위대한 기업이 될 수 있는가? 만일 그렇다면 그 방법은 무엇인가?"[13] 연구 결과 그에게 11개의 기업이 남았다. 이 기업들이 보여 준 일곱 가지 공통점 가운데 하나가 단계5의 리더십이다.[14] 콜린스가 정의한 단계5의 리더십이란 "능력의 위계에서 맨 위를 차지하며, 본 연구에 따르면 좋은 기관을 위대한 기관으로 변화시키는 필수 요건이다."[15]

콜린스의 리더십 피라미드에는 더 낮은 네 단계의 리더십이 있다. 단계1로 규정된 "능력이 출중한 개인은 재능과 지식과 기술과 좋은 업무 습관을 통해 생산성에 기여한다." 단계2의 리더인 "헌신적 팀원은 다른 사람들과 생산적으로 협력하여 전체 조직의 효율성을 높이고 공동의 목표를 이룬다." 단계3의 리더인 "유능한 관리자는 인력과 자원을 조직하여 기존의 목표를 효과적이고 체계적으로 추구한다." 단계4의 리더인 "효과적 경영자는 명백하고 강력한 비전에 대한 헌신과 적극적인 추구를 불러일으켜" 조직의 성과 기준을 높인다. 단계5의 리더는 리더십 개발의 모든 낮은 단계의 특성들을 깊은 인격적 겸손과 투철한 직업의식으로 능히 하나로 녹여낸다. "그들은 늘 회사의 성공을 다른 사람, 외적 요인, 행운의 덕으로 돌린다. 하지만 결과가 부실하면 자기 탓으로 돌린다. 그들은 또한 조용하고 침착하고 결연하게 행동한다. 동기를 불어넣을 때도 카리스마로 다그치는 것이 아니라 이미 공감대를 이룬 표준을 제시한다."[6]

콜린스가 계속 묘사하는 단계5의 리더는 타협 없이 탁월성을 고집하고 헌신적인 멘토링으로 뛰어난 후임자를 세운다. 그 결과 이런 리더들은 자신의 기관에는 물론이고 자신이 이끄는 사람들 안에도 "지속적으로 위대함을 이루어 낼" 수 있다. 오늘 우리 사회의 각 기관마다 바로 그런 사람들, 곧 효율성과 그리스도를 닮은 성품 둘 다에 헌신되어 있는 사람들이 리더가 되어야 한다. 그것이 기독교 교육 기관과 교회들의 주요 목표가 되어야 한다. 우리의 초점을 바꾸어 콜린스가 말한 각 단계의 리더십 자질을 개발하는 데 힘써야 한다. 그래야 우리 교회들과 대학들에서 제자로 훈련받는 사람들이 훌륭한 리더가 될 수 있다. 세상은 우리를 지켜보며 기다리고 있다.

섬기는 도덕적 리더십의 기초를 이만큼 다졌으니 이제 우리는 더 구체적인 이슈인 도덕적 사고 자체로 넘어갈 수 있다. 무엇이 선인지 분별할 수 있는 리더만이 비로소 자신과 공동체를 위해 선을 이룰 방법을 찾아낼 수 있기 때문이다. 그 다음에는 교육, 법조, 의료, 기업, 경제, 정치, 목회 등의 구체적인 분야에서 리더십과 도덕적 지식이 어떻게 서로 맞물리는지를 여러 장에 걸쳐 살펴볼 것이다.

이런 공생활의 영역들은 본래 지식의 보고(寶庫)가 되어, 지도자들과 전문인들에게 우리 사회에서 유능하다고 인정받는 데 필요한 전문성과 통찰을 가져다주어야 한다. 우리의 지도자들은 자신의 전문 분야에서 지식과 권위를 보유하고 구사해야 하며, 또한 중요한 각 사회 영역에서 자신의 직무를 사람들과의 신용 관계 내에서 명예롭게 윤리적으로 수행할 줄 알아야 한다. 이렇듯 도덕적 지식과 도덕적 성품은 필수적이고 불가피하다. 도덕적 지식이 무엇이고, 그것을 어디서 얻으며, 어떻게 사회 전반의 모든 기관과 업무에 유지하고 전수하는지에 대해 이제 다음 장에서 살펴볼 것이다.

6

도덕적 지식

여호와를 경외하는 도는 정결하여 영원까지 이르고 여호와의 법
도 진실하여 다 의로우니 금 곧 많은 순금보다 더 사모할 것이며
꿀과 송이꿀보다 더 달도다. 또 주의 종이 이것으로 경고를 받고
이것을 지킴으로 상이 크니이다.

시편 19:9~11

지금까지 살펴보았듯이 리더십은 현대 사회에 절대적으로 중요하며, 도덕적 방향성과 개인의 정직성은 리더의 삶의 결정적인 특성이다. 그렇다면 이제 무엇이 도덕성이고 무엇이 도덕성이 아닌지 더 철저히 논할 차례가 되었다. 이는 선뜻 독자들의 주의나 흥미를 끄는 주제가 아닐 수 있다. 하지만 여기서 한 가지 분명히 해둘 것이 있다. 도덕적 지식과 그 미덕을 명백히 이해하지 않는 한 우리는 개인적으로나 집단적으로나 길을 잃고 헤맬 수밖에 없다.

오늘날 일반 사회나 교육에서—종교 분야도 점점 그렇게 되어 가고 있다—도덕성을 기꺼이 논하려는 사람은 거의 없다. 학교의 전반적인 교육 요건에서 도덕과 윤리 과목은 갈수록 더 제외되고 있다. 공립이나 사립이나 다를 바 없고 초등학교부터 박사 과정까지 다 마찬가지다. 그러다 보니 우리는 기본적인 논리력을 다분히 잃었고, 도덕적 사고가 삶과 생활에 얼마나 필수인지도 깨닫지 못한다.[1] 하지만 도덕적인 구분과 결정과 평가와 판단은 평범한 인간들이 일상생활의 활동과 책임 속에서 늘 구사해야 하는 것이다. 물론 어떤 사람들은 의견이 다를 수 있고 강요당한다고 느낄 수도 있다. 하지만 그것이 두려워 인간 실존의 이런 중대한 부분에 정면으로 맞서는 일을 피할 수는 없으며 피해서도 안 된다. 분명히 그것이 목표는 아니다. 우리의 반응이 두려움에 이끌려서는 안 된다. 자신의 도덕적 입장(모든 도덕론의 시금석이다)에 대해서나 타인의 도덕적 입장(도덕성이 명료하고 확실하게 적용되지 않는다)에 대해서나 양쪽 모두 훌륭한 분별력과 겸손과 너그러움이 요구된다. 은혜와 겸손은 도덕 담론에서 근본적인 필수 요소다. 개인적으로든 집단적으로든 도덕적 행동을 분별하는 일이야말로 공동생활에서 가장 어렵고도 중대한 목표 중 하나이기 때문이다. 그것은 소크라테스로부터 시작된 도덕적 추론의 가장 오래된 전통으로 거슬러 올라간다.

그동안 우리는 도덕과 윤리에 무관심하고 부주의한 탓에 막대한 양의 시간과 재물과 재능과 목숨을 잃었다. 따라서 이제 우리는 선한(기쁜) 소식의 '선한' 측면에 다시금 생각과 마음의 초점을 맞출 수 있고 마땅히 그래야 한다. 선한 것은 또한 도덕적이기도 함을 깨달아야 한다. 지난 수천 년 동안 도덕과 윤리에 대한 많은 철학적 탐구들이 이해하고 규정하고 시행하려 한 내용은 곧 하나님이 토라에 계시하셨고 예수가 오셔서 보여주신 그것이다. 즉, 선을 누구나 누릴 수 있다는 소식이다. 우리는 도덕적인 삶을 이해하고 규정할 뿐만 아니라 그렇게 살아갈 수 있다. 진리를 추구하고 진리 안에 거할 수 있다. 우리의 의지와 사회를 개혁하여 성령과의 교제에서 오는 사랑의 열매를 마음껏 누릴 수 있다. 하지만 그러려면 먼저 이 주제에 대해 잠깐이라도 애써 주목해야 한다. 지금 우리가 하려는 일은

하나님의 모략, 이후

이런 주제에 스포트라이트를 비추는 것이며, 이는 꼭 필요한 선한 사고와 논의에 다시 불을 지피기 위한 노력이다. 우리의 주제는 선과 의와 그에 수반되는 여러 가지 덕목이다.

유리잔은 유리잔이고 망치는 망치다

현대 철학의 진행 방향, 그것이 현대 교육에 미친 영향, 그 결과로 나타난 사회 담론의 변화 등은 불행히도 도덕적 지식과 통찰을 다루는 일을 더 어렵게 만들었다(다음 장에서 그 내용을 자세히 살펴볼 것이다). 이런 현상을 보여주는 아주 단적인 예가 있다. 이제 주변의 사물과 사건에 대한 가장 단순하고 기본적인 정의에조차 좀처럼 합의를 이루기가 어려워졌다는 사실이다. 특수한 이해관계의 압력을 받거나 그저 역사의 추세와 무관심에 떠밀리면, 이제 사회의 거의 모든 '것'에 대한 정확한 묘사와 분류가 의문에 붙여질 수 있다. 미처 몰랐던 독자들도 많이 있겠지만, 도덕적 지식을 언어로 표현할 수 있다는 통념은 이제 한물갔다. 반대로 지금은 언어가 현실을 구성해내는 수단이라는 통념이 퍼져 있다. 사회적·정치적 핵심 제도들을 의문시하고 재정의하려는 지속적인 노력의 배후에 바로 그 두 가지 신념이 주요 요소로 깔려 있다. 언어 자체가 사회의식과 현실 경험을 바꾸어 놓는다는 가정은 종종 다음과 같은 의문을 거론하려는 욕구의 배후로 작용한다. 옳은 것이 존재하는가? 악이 존재하는가? 가정이란 무엇인가? 결혼이란 무엇인가? 사랑이란 무엇인가? 정의란 무엇인가? 이는 정치적·사회적 삶에서 계속 정의(定義)가 뒤바뀌고 있는 많은 개념 가운데 일부에 지나지 않는다.

인습적인 '지혜'는 조정되고 고쳐져야 할 때가 많다. 예를 들어 노예제도, 여성 참정권, 인종 차별 등의 몇 가지 영역에서 자유와 평등 같은 개념이 적절하게 재정의되었다. 이러한 변화는 굉장히 유익하다. 기존의 잘못된 정의나 이해나 묘사가 재구성되어 실체 그대로의 '새로운' 이해로 대체되거나 조정되기 때문이다. 여성의 선거권 운동이 있기 전까지만 해도 여성에게는 정치적 평등에 대한 올바른 이해가 적용되지 않았다. 그러므로 여성의 투표권이 결여되어 있는 한, 특히 남녀 간의 평등에 대한 모든 정의나 이해는 불충분하고 잘못된 것이다. 결국 이 변화를 통해 사회는 양성평등과 자유에 대한 올바른 이해와 적용 쪽으로 진일보했다.

그러나 정의가 오히려 실체로부터 멀어지는 쪽으로 바뀌면 두 가지 결과가 일어나기 쉽다. 첫째로, 실체를 대변하지 못하는 정의는 사안을 더 명료하게 하기는커녕 오히려 혼란을 빚거나 가중시킬 뿐이다. 둘째로, 혼란과 무지의 결과로 개개인과 사회 전반이 고생하게 된다. 자신들의 오류와 결핍된 지식으로 말미암아 주변 상황을 제대로 분별할 수 없기 때문이다.

굳이 시간을 들여 이런 말을 하는 데는 한 가지 중요한 목적이 있다. 주변 사물의 용어나 사회적인 정의를 고치려는 지적 운동만으로 X의 **실체**가 결정될 수는 없다. 이것은 선택이나 권력이나 대중 협약의 문제가 아니다. 말과 묘사가 "X를 X 되게 하는" 것이 아니다. 반대로 말은 X의 성질과 관계와 특성을 제대로 **묘사**할 수 있고 마땅히 그래야 한다. 우리는 X라는 실체의 모든 다양한 측면을 더 명확히 표현할 수 있다. 계속 이런 문제를 공부하고 심층연구하여 좋은 결과를 내야 한다. 요컨대 유리잔은 유리잔이고 망치는 망치다. 유리잔을 망치라 부른다고 해서 그 사실이 바뀔 수는 없다. 물론 무엇이든 X라고 부르는 것이야 우리 마음이다. 그러다가 틀리면 얼마든지 명명을 고치면 된다. 그 모두가 학습의 일부다. 하지만 우리가 결국 정의나 용어나 어휘를 무엇으로 정하든 대개 X라는 실체는 거기에 관심이 없다. X의 영향이 좋든 나쁘든 마찬가지고, 우리의 시도가 용감하든 악의적이든 마찬가지다. X는 X다. 유리잔으로 판자에 못을 박으려 해보면 금방 확인되는 사실이다.

이상해 보이겠지만, 오늘날 사람들은 X가 X라는 자명한 진술과 그 배후의 사실주의를 잘 생각하지 않는다. 특히 도덕성이라는 주제를 다룰 때 그렇다. 이제 정의와 의미와 범주는 순전히 선택이나 해석이나 권력 배치의 문제로 간주된다. 그만큼 이런 현상이 확연해지고 있다. 하지만 분명히 못 박아 말한다. X와 Y─또는 우리의 취지상 옳고 그름─의 구분과 차이는 사회적인 협약이나 심지어 순전히 선택의 문제가 아니다. 모든 것, 특히 사회 현실이 우리가 생각하거나 명명하는 대로 된다는 생각은 '구성주의'의 현실관이다. 그같은 관점에 빠지면 언어적 구성주의, 상대주의, 다원주의가 반드시 뒤를 잇게 되어 있다. 결국 그것들은 하나같이 논쟁과 대화만 무성할뿐 옳고 그름, 선과 악을 구별하는 쪽으로의 행동이나 진전은 별로 없을 때가 대부분이다. 어쩌면 그것이 궁극적인 목표인지도 모른다.

하지만 삶의 정치적 측면에서 그런 무력증은 우리를 무능하게할 뿐 아니라 치명적이기까지 하다. 지난 수십 년 동안 법정의 판결에서 누누이 보았듯이, 구성주의가 극단으로 치달으면 우리는 유리잔과 망치의 중대한 차이조차 모르는 위험한 지경에 이르게 된다. 이런 운동이 목표를 이루려면 소설이 필요하다.

바로 이러한 기류가 오늘날 우리의 대학들을 대부분 장악하고 있다. 이 문제는 잠시 후에 다시 살펴볼 것이다. 이런 이슈들에 대한 논의는 건강하고 유익하다. 단 조건이 있다. 지독한 회의론이나 냉소주의를 넘어 유익한 목적과 그것을 이루는 수단 쪽으로 나아갈 수 있다는 가능성이 있어야 한다. 우리가 성취해야 할 가장 본질적인 목표는 이른바 '진리'를 발견하는 일이다.

진리란 무엇인가?

앞서 언급한 질문들과 연관되어, 인간의 가장 오래된 질문 가운데 하나가 있다. "진리란 무엇인가?" 고학력에다 보수도 많이 받는 철학자들이나 학자들은 이 질문에 답하기가 불가능하다고 생각할지 모른다. 여기서 프랜시스 베이컨(Francis Bacon)의 제안을 생각해 봄직하다. 그가 이 주제에 대한 글의 서두에서 재치 있게 지적했듯이, 본디오 빌라도는 예수께 진리가 무어냐고 물어 놓고는 답을 들을 겨를도 없이 자리를 떴다.[2] 오늘날 우리 중에도 그런 여유가 있는 사람은 많지 않다.

첫째, 통념과 반대로 이른바 진리의 본질은 아주 명확하여 쉽게 이해할 수 있다. 진리는 수수께끼가 아니다. 우리의 문제는 진리를 한없이 철학적이고 신비롭기 짝이 없다고 생각하는 데 있다. 그런 신화를 불식시켜야 한다. 어떤 주장이나 언급이 현실을 정확히 대변하면 그 진술은 참(진리)으로 간주된다.

이것은 실제로 쉽게 예증된다. 누군가가 "나의 자동차는 흰색이다"라고 직접 주장하면 우리는 이 진술의 진위를 정확히 가리는 법을 안다. 차를 확인해 보면 된다. '흰색'이나 '자동차'의 개념에 대한 난해한 설전도 필요 없고, '나의'라는 말에 내포된 소유권에 대한 다양한 해석도 필요 없다. 굳이 그런 것이 없어도 이 진술이 참인지 금방 분간이 된다. 상대의 자동차가 흰색이라면 이 진술은 현실을 정확히 대변한 것이므로 참이 된다. 이를 통해 알 수 있는 사실이 있다. 진리는 언제 어디서 발견되든 놀랍도록 동일하며, 따라서 간접적인 방법으로도 식별할 수 있다. 그렇다고 진리가 언제나 직접 검증될 수 있다는 말은 아니다. 다만 개념을 실제 현실에 대보면 으레 진리가 드러난다.

우리는 아주 어려서부터 진리에 대해 배운다. 생존에는 물론이고 성공에도 그것이 필요하다. 새처럼 팔을 휘젓기만 하면 지붕에서 날아오를 수 있다는 말은 참이 아니다. 아이들은 그것을 일찍부터 배운다. 속는 게 얼마나 해로운 일인지 아이들이 아는 것도 주로 그래서다. 아이들은 거짓말로 주변 사람들을 조종하는 법도 금세 배운다. 거짓말하는 법을 누구에게도 가르칠 필요가 없다는 사실은 진리의 명확한 본질적 속성을 증언해 준다. 어려서부터 진리는 우리에게 필수다. 아무리 단순한 상황에 부딪쳐도 그것을 견디려면 진리가 필요하다.

둘째, 우리가 어떻게 믿거나 주장하든 관계없이 실체는 조금도 달라지지 않는다. 단지 누가 그렇게 믿는다고 해서 어떤 진술이 참이 되거나 더 참이 된 적은 일찍이 없다. 한번 시도해 보라. 우리는 심오하고 중요한 신념을 품을 수 있고 실제로 그럴 때가 많이 있다. 친구들까지 설득하여 그렇게 믿게 만들 수 있다. 정치적이거나 종교적인 운동을 시작할 수도 있다. 하지만 이상의 어떤 방법으로도 자동차의 색깔은 바뀌지 않는다. 물론 자동차의 색깔을 바꿀 수야 있지만 그 방법은 신념이 아니라 행동이다. 그냥 믿기만 해서는 실체가 달라질 수 없다. 하지만 신념은 우리가 현실을 지각하는 방식에 영향을 미친다. 그 지각이 실체와 일치하지 않을지라도 말이다. "나한테는 사실이다"와 같은 말에 깔린 사고방식이 그토록 해로운 까닭도 그래서다.

반대로 근거가 있는 신념에는 행동의 의지가 요구된다. 신념의 내용이 정말 사실인 것처럼 행동할 수 있어야 한다. 진리의 기초는 증거이며, 따라서 진리는 우리의 고백이나 명제에 굴하지 않는다. 우리가 실체를 바로 대변하든 잘못 대변하든 실체는 변함이 없다. 다수도 진리를 바꿀 수 없다. 이것은 자유민주주의에서 중요하게 알아야 할 사실이다. 다수결의 원칙은 분쟁을 해결하는 최선의 방법일 수 있다. 다수의 동의가 있으면 분명히 유익하다. 특히 정부가 오판의 대가를 치러야 하는 상황에서는 더 그렇다. 그런 상황에서 많은 사람들이 사안의 같은 편에 있으면 효율이 높아질 수 있다. 하지만 합의와 진리를 뒤섞어서는 안 된다. 진리는 다수의 의견에도 굽히지 않고 소수의 의견에도 굽히지 않는다.

진리는 하나님이 창조세계 속에 불어넣어 주신 선물이다. 덕분에 우리는 현실에 제대로 대응할 수 있다. 이러한 의미에서 진리는 총의 조준과 같다. 조준이 바르면, 곧 참이면 과녁을 맞힐 수 있다. 마찬가지로 우리의 생각과 신념이 참이면 능히 삶의 현실을 헤쳐 나갈 수 있다. 이것은 지극히 단순한 개념이라서 아주 영리한 사람들만이 우리를 혼란에 빠뜨릴 수 있다. 비참하게도 오늘날 진리는 불가해하고 인지할 수 없으며 심지어 상대적인 것으로 간주될 때가 많다. 하지만 진리를 믿지 않으면 절망과 교만이 싹튼다. 삶의 가장 중요한 일들에 부딪칠 때 절망과 교만은 오래 버틸 수 없다.

도덕 이론

요컨대 도덕성이 사회에서 하는 역할에 대한 우리의 논지는 이것이다. "현대의 상태에서는 시민과 지도자들의 삶 속에 도덕성이 제대로 인식되어야만 선한 사회가 가능해진다." 그렇다면 여기서 도덕 이론의 몇 가지 기본 원리를 제시할 필요가 있다. 인간의 선, 선의지, 선한(도덕적) 인간 등과 관련된 진리를 이해하기 위해서다. 그래서 우리는 '도덕성'이 도대체 무엇인지 명확히 밝히고자 아래에 도덕 기준의 가장 기본적인 사항을 열거했다. 도덕성에 대해 어떤 이론이든 정립할 수 있으려면, 먼저 선과 악이라는 두 범주의 특성부터 구분해야 한다. 그 다음에 우리는 선하고 도덕적인 삶의 한 추구인 직업윤리의 개념에 대해 몇 가지 의견을 제시할 것이다.

여기서 다시 고대 철학의 네 가지 기본 질문으로 돌아간다. 그중 둘은 다음과 같다. "무엇이 선한(도덕적인) 삶인가? 어떻게 선한 사람이 될 수 있는가?" 도덕적인 삶을 충분히 논하려면 첫 번째 기준으로 우선 도덕적 **행동**을 생각해야 한다. 이는 우리가 행하는 일로서, 옳거나 그르다고 구분된다. 아울러 도덕적 행동은 의무적 행동(선을 행하려면 반드시 해야 하는 일)과 칭찬받을 행동(사람들이 만인에게 유익하다고 인정하는 일)으로 구분될 수 있다. 도덕적인 삶의 두 번째 기준은 도덕적 **사람**과 관계된다. 사람이 도덕적이거나 부도덕하다고 간주되는 기준은 선한 사람과 악한 사람을 각각 구성하는 자질과 특징에 있다. 또한 도덕 이론에는 선한 사람만이 아니라 위대한 사람(성인이나 영웅)을 구성하는 자질과 특징에 대한 논의도 있다.

행동과 사람이라는 두 범주 안에서 도덕 이론가들은 도덕성이나 부도덕성이 존재하는 모든 세부 정황과 상호관계를 고려한다. 그러려면 다음과 같은 논리적 진리들을 확립해야 한다.

1. 옳은 행동은 그릇되지 않은 행동이다.
2. 선한 사람이 특정한 상황에서 으레 행할 수 있고 행할 만한 부류의 행동이라면 그 행동은 옳다.
3. 옳은 행동이라고 반드시 칭찬받을 행동은 아니다. 당신이 오늘 저녁에 완두콩을 넣은 라자냐를 먹는다면 이는 (십중팔구) 그릇되지 않고 옳은 일이다. 하지만 아주 특이한 경우가 아니고는 도덕적으로 칭찬받을 일은 아니다.
4. 그릇된 행동은 당신이 하지 말아야 할 도덕적 의무가 있는 행동이다.
5. 어떤 행동이 한 인간으로서의 당신의 선을 떨어뜨린다면 그 행동을 하지 말아야 할 도덕적 의무가 있다.
6. 어떤 행동을 하지 않는 것이 한 인간으로서의 당신의 선을 떨어뜨린다면 그 행동을 해야 할 도덕적 의무가 있다.

이상의 약술을 통해 알 수 있는 사실이 있다. 누가 도덕적으로 선한 사람이고 누가 아닌지를 분간하려면 핵심적인 도덕 기준이 반드시 필요하다는 것이다. 이는 우리의 관심을 사로잡는 질문이다. 그런 기준이 있어야만 도덕 추구가 명확해질 수 있기 때문이다. 이 모든 중요한 이슈들을 여기서 다 다룰 수는 없다. 다만 우리의 관심 사인 사회적 리더십과 공공선을 생각해서 다음 몇 가지 명제를 명확히 기술한다. 리더십 윤리에 이것이 들어 있어야만 공동체가 추구하고 성취하려는 행복과 번영을 이룰 수 있다.

1. 도덕적으로 선한 사람은 자기 영향권 내의 모든 다양한 '선'(선의 개인적 측면)을—중요도의 적절한 순서에 따라—헌신적으로 보존하고 강화하는 사람이다. 여기에는 자신의 도덕적인 선은 물론 타인의 행복을 추구하는 일도 포함된다.

2. 도덕적으로 선한 사람은 삶의 다양한 '선'에 대해 (교육을 통해) 이해력을 기르고, 그러한 선과 그것을 보존하고 강화하는 데 필요한 조건에 대해 명쾌한 사고력을 기르는 사람이다.

3. 선한 사람은 생각이 깊고 늘 배우려는 사람이며, 공공연한 감상적 의미에서는 아니지만 사랑이 원동력인 사람이다. 따라서 선한 사람이 되는 일은 언제나 일차적으로 본인의 선택이자 본인이 이루어 내는 일이다.

4. 선한 사람은 삶을 조정하여 도덕적으로 올바르게 되는 사람이며, 방법을 찾아내고 시행하여 그 상태를 유지하는 사람이다. 선한 사람이 되는 일과 그 상태를 유지하는 일은 '저절로' 되지 않는다.

5. 선한 사람은 자신과 주변 사람들을 제대로 돌보는 사람이다. 이를 '근접성의 원리'라고 한다.

6. 선한 사람은 믿을 수 있는 사람이다.

이와 같은 사람들은 도움과 지원을 받을 자격이 있고 (그들을 지원하지 않는 것이 잘못이다) 또한 본받을 만하다. 우리는 늘 자녀들에게 '그들처럼' 되라고 권하고 훈계한다. 사람들도 대개 자연스럽게 그들을 닮으려 한다. 이런 사람은 역할 모델이자 영웅이다. 우리는 지도자들이 도덕적으로 선한 사람이기를 당연히 또는 본능적으로 바란다. 아무 선거나 선거를 둘러싼 여론을 생각해 보라.

선한 사람이나 악한 사람이 되는 데 개입되는 전반적인 요인을 각각 **미덕**과 **악덕**이라고 한다. 물론 선한 사람도 약점이 있다. 예컨대 썩 지혜롭지 못하거나 게으름 같은 습관이 있을 수 있다. 마찬가지로 기본적으로 악한 사람에게도 도덕적인 장점이 있다. 예컨대 잔인한 사람이 용감할 수도 있다. 도덕적으로 선하거나 악한 '존재'란 언제나 정도의 문제다. 연속선상의 양극단에 해당하는 사람은 대개 영화나 소설 속의 인물뿐이다. 어느 쪽으로든 정말 극단적인 사람은 실제로 보기 힘들다. 그래도 철저히 선한 사람과 철저히 악한 사람은 엄연히 존재한다. 완전히 선하거나 완전히 악한 사람은 드물지만 말이다.

도덕적으로 악한 사람은 인간 삶의 다양한 '선'을 파괴할 의도로 몸과 마음을 거기에 쓴다. 또는 삶과 생활에 필요한 본질적인 '선'의 존재나 유지와 확산에 으레 무관심하다. 악한 사람은 악의적인 생각과 감정과 계획을 키우고 유지하며 당연히 그에 따라 행동하는 사람이다. 악한 사람은 인간의 본질적인 '선'을 어떻게든 축소하거나 아예 없애려 한다. 때로는 사람의 목숨까지도 말이다. 그보다는 덜 악하지만 그래도 나쁜(선하지 않은) 사람은 자신의 영향권 내에서 인간 삶의 '선'을 돌보거나 강화하지 않는 사람이다.

자신이 '착한 사람'으로—학교에서 흔히 말하는 '모범생'이나 '선생이 총애하는 학생'으로—비쳐질까 봐 심히 두려워하는 리더들이 많이 있다. 왠지 그들은 선을 행하면 너무 튀거나 어리석어 보일까 봐 걱정하는 경향이 있다. 이렇듯 우리 사회에는 착해지는 데 대한 소소한 저항이 존재한다. 하지만 그 모든 저항에도 불구하고 성인이나 영웅을 찾으려는 간절한 열망은 현대 생활의 한결같은 주제다. 프로스포츠와 연예계에 그런 언어가 넘쳐난다. 영화와 텔레비전 쇼는 '영웅'의 이야기를 끝없이 쏟아 낸다. 영웅에 대한 갈증을 채워 주려고 (닌자 거북이 같은) 만화 인물들까지 지어낼 정도다.

끝으로, 도덕적으로 선한 사람은 **생각하는 사람**이다. 도덕적인 사람들은 정신생활을 구성하는 다양한 사고의 상태를 의식한다. 인간 삶의 다양한 선과 그 선의 조건과 관계를 계속 더 알아 가려 애쓴다. 그들은 사실적 지식을 보유하고 있다. 또한 논리적 연관을 짓는 능력, 가설적 판단을 내리는 능력, 확립된 전제와 명제에 입각하여 결론을 도출하는 능력이 있다. 철학자 프리드리히 니체(Friedrich Nietzsche)의 비판과 반대로, 꼭 천재가 아니어도 그리스도인이 될 수 있다.[3] 하지만 이런 문제에 자신의 정신적인 역량과 능력을 온전히 쏟아야 한다.

요컨대 도덕적인 사람은 **성품의 사람**이다. 도덕적인 사람은 평생 선을 추구하기로 헌신하고 능히 그 원대한 헌신대로 살아간다. 사람이 도덕적으로 선해지는 것은 우연이 아니라 선택이다. 의지적인 행위가 성품 속에 녹아든 결과다. 이는 자신이 실제로 접하고 있는 삶 속에서 다양한 선을 열심히 진척시키며 살겠다는 선택이다. 도덕적으로 악한 사람은 그 반대다.

확고한 의지와 성향은 도덕적 성품의 기본 출처다. 이것은 단일한 의지적인 행위보다 깊다. 행위는 변하거나 흔들릴 수 있지만 성품은 더 일관성이 있다. 바로 이러한 의지가 삶에 속속들이 배어들 때 시간이 지나면서 도덕적 정체가 형성된다. 인간의 도덕적 정체야말로 자연주의가 설명해야 하는 주제다. 도덕적인 삶과 윤리 이론을 자연주의가 거뜬히 수용하려면 말이다.[4]

나중에 교육에 관한 장에서 더 실제적으로 살펴보겠지만 여기서 간략히 짚고 넘어갈 것이 있다. 종교와 일반을 통틀어 학계의 연구 및 훈련 프로그램들은 도덕과 윤리의 미시적 부분에 집중한다. 그런데 그런 프로그램들이 실제로 그동안 도덕적으로 더 건전하고 행실이 더 윤리적인 사람들을 길러 냈느냐는 것이다. 물론 윤리의 주변적인 효과와 측면만을 따지는 이론적·철학적 훈련에도 유익은 있다. 또한 '구명보트' 시나리오를 통해 인간이 사고하는 방식과 이해와 편견의 우선순위를 정하는 방식을 배울 수도 있다.[5] 하지만 도덕과 윤리 이론에 대한 우리의 모든 철학 훈련이 그동안 선한 의지와 선한 사람을 효과적으로 길러 냈는지는 경험적으로 여태 확인되거나 검증되지 않고 있다. '구명보트' 상황에서 사람들이 어떻게 행

하나님의 모략, 이후

동할지를 굳이 알지 못해도 우리는 그들에게 선을 추구하려는 의지가 길러져 있는지 아닌지를 분간할 수 있다. 가상 상황에서 어떻게 행동할지를 알면 깨닫는 바가 있어 도움이 될지도 모르지만, 그런 극단적인 조건이 반드시 그들의 도덕적인 판단력을 드러내 주는 것은 결코 아니다. 그들의 반응은 동정심이나 인정받으려는 마음에서 비롯될 수 있다. 심지어 다른 교묘한 방식으로 협상에 나설 수도 있다. 선한 사람이 되지 않아도 선에 대한 인식만 웬만큼 있으면 그것으로 충분하다는 생각이 학계 전체에 퍼져 있다. 굳이 선한 의지를 품고 선한 행동을 통해 선을 이룰 필요는 없다는 것이다. 우리에게 선한 사회를 이루려는 바람이 조금이라도 있다면, 이런 생각이 바뀌어야 한다.

예수께서 보시기에 선한 사람은 다른 사람들의 행복에 적절한 관심을 품고 헌신한 사람이다(막 12:31, 요 13:34-35). 악한 사람은 의도적으로 다른 사람들의 행복을 해치거나 거기에 냉담한 사람이다(마 15:18-20, 요 7:7). 옳은 행위는 다른 사람들의 행복에 헌신한 사람이 으레 일삼을 만한 행위다(눅 10:25-37). 물론 앞에 번호를 붙여 열거한 도덕 진술들에는 마땅히 더 부연 설명이 필요하다. 다만 지금의 목표는 그 도덕적 진리들 속에 예수의 가르침의 정수가 담겨 있음을 예증하는 것이다. 그래도 그것들이 그 자체 위에 기초할 수는 없다. 도덕 이론이 있는 것은 참 좋다. 하지만 그것은 선한 삶을 길러 내는 데 실제로 어떤 작용을 하는가?

7

공공선

세상에서는 그것을 관용이라고 하지만 지옥에서는 절망이라고 한다.……그것은 아무것도 믿지 않는 죄다. 아무것도 돌보지 않고, 아무것도 알려 하지 않고, 아무것에도 개입하지 않고, 아무것도 누리지 않고, 아무것도 미워하지 않고, 아무것에도 목표를 두지 않는 죄다. 아무것도 위해서 살지 않지만 그래도 살아 있다. 위해서 죽을 것이 아무것도 없기 때문이다.

도로시 L. 세이어즈

지금까지 도덕 이론을 꽤 기술적으로 묘사했으니, 이제 우리는 도덕성이 개인적인 생활과 공적인 생활의 실제 영역들 속에서 어떻게 작용하거나 또는 작용하지 않는지를 더 잘 설명하고 내다볼 수 있겠다. 도덕성은 **공공선**을 이루어 줄 수도 있고 공공선과 충돌할 수도 있다. 이 용어가 다시 우리의 사고와 대화의 초점이 된 것은 유익한 일이다. 하지만 이 용어를 다룰 때 조심할 것이 있다. '선'이라는 단어를 아주 명확하게 정의하고 싶은 강한 욕구를 조심해야 한다. 선은 본질상 논란이 많은 개념이며 정의가 불가능하다. 수천 년에 걸친 철학 탐구로도 아직 해결하지 못한 문제다. 뒤에서 더 논하겠지만 여기서 중요하게 해둘 말이 있다. 선의 중요한 일면을 대변하는 선한 행위나 사건이나 사람은 우리가 알고 경험할 수 있다. 또한 이를 바탕으로 공공선을 추구할 전략과 제도도 시행할 수 있다. 하지만 결코 **선 자체**를 온전히 이해하거나 정의할 수는 없다. 하나님을 온전히 이해하거나 정의할 수 없는 것과 마찬가지다. 모든 것을 포괄하는 완전하고 절대적인 '선'을 온전히 이해하는 일은 적어

도 이생에서는 우리의 능력 밖이다.[1]

그래도 우리는 선한 삶을 추구할 수 있고 추구해야 한다. 이는 선 자체를 대변하고 예시하며 가리켜 보이는 여러 행위와 자질이다. 선한 삶이란 고결하고 덕스러운 존재 양식과 행동 양식으로 개인 생활과 공동체 생활 모두에서 나타난다. 당연히 여기에는 기업, 경제, 정치, 법조, 의료, 종교 생활의 많은 활동과 목표도 포함된다. 선한 삶에 수반되는 존재 양식과 행위 방식은 결국 자신과 타인에게 유익을 끼친다.

선한 삶의 예를 인내, 지혜, 정직, 성실, 신임, 신망, 전문성 등의 표출에서 흔히 볼 수 있다. 이 모두는 '공공선'이다. 단순히 삶의 그러한 일면 내지 자질 속에 개인과 집단의 품위가 담겨 있기 때문이다. 따라서 공공선은 공동체 생활에서 선을 추구하고 실천하는 모든 사람에게 실질적인 유익을 끼친다. 이런 선의의 관습과 행위는 선의 실례이자 선 자체를 드러내 준다.

진리와 도덕성은 불가분의 관계가 있다. 예로부터 사회 지도자들과 사상가들이 인식해 왔듯이, 공동체의 번영이 지속되려면 논박의 여지없이 도덕적 리더십을 수호해야 한다. 한 예로 플라톤과 아리스토텔레스와 아우구스티누스의 저작에 나타나는 진리와 도덕성과 선의 중요성을 고찰해 볼 수 있다. 이들은 저마다 독특한 방식으로 깨끗한 도덕성의 필요성을 역설했으며, 도덕성의 추구 자체를 가치 있는 목표로 보았다. 토마스 아퀴나스 역시 그것을 잘 표현했다.

선은 행하여 증진하고 악은 피하라. 그것이 법의 기본 계율이다. 자연

법의 다른 모든 계율은 거기에 기초한 것이다. 따라서 현실적인 이성으로 보아 자연히 인간의 선으로 이해되는 모든 일은 자연법의 계율에 속하며, 그 계율은 행하거나 피해야 할 일의 형태로 나타난다.[2]

또는 헨리 시지윅(Henry Sidgwick) 같은 좀 더 근래의 저자를 생각해 볼 수도 있다. 빅토리아 시대 영국 최고의 윤리철학자 중 한 사람이었던 그는 사회가 왜, 어떻게 선을 추구하고 이루어야 하는지를 '공리의 원리'('선의 모토'로도 읽히는)로 어쩌면 가장 명쾌하게 이해하고 설명했다. 그에 따르면 공동체 안에서 "각 개인은 다른 모든 개인의 선을 자신의 선 못지않게 중시해야 할 도덕적인 의무가 있다. 다만 공정하게 보아 타인의 선이 덜하다고 판단되는 경우나 결코 자신이 알거나 이룰 수 없는 경우만은 예외다."[3] 나아가 시지윅은 정의와 지혜도 이 궁극적인 원리 안에 통합한다.

그럼에도 일련의 '공공선'을 도출하는 일은 여전히 복잡한 협의이며 갈수록 논쟁이 더해 가고 있다. '공공'이 무엇이고 '선'이 무엇인지에 대해 접근하는 관점도 다양하고 기대도 각기 다르다. '선의지'란 무엇인가? 그동안 이 질문에 많은 답이 제시되었고, 그 속에는 문화적 정황, 사회학적 가치관, 종교적 관점, 윤리적 기준이 반영되어 있다. 결국 시간을 두고 충분히 주의를 기울이면 거기서 하나의 철학적인 틀이 나올 것이다. 그 틀 안에서 우리는 선한 행위를 이해하고 규정할 수 있다. 그러한 패러다임이 무르익어 마침내 적용되면, 인간의 삶에서 이보다 더 촉매제가 되거나 혁명적인 부분은 별로 없다. 좋은 쪽으로든 나쁜 쪽으로든 그렇다.

관용과 이해와 은혜의 미덕

이렇게 도덕적 인간과 도덕적 행동과 도덕적 의지와 공공선을 이해하는 방식을 기술하고 나면 그제야 비로소 더 잘 인식되는 사실이 있다. 현대의 모든 세속 생활방식이 가르치고 구현하는 도덕성도—그들의 말과는 달리—어느 종교 생활방식 못지않게 엄격하고 독단적이며 어쩌면 수치심에 중심을 두고 있다는 것이다. 세속 형태의 어느 한 도덕성과 충돌해 보면 대번에 그것의 분노와 정죄를 느낄 수 있다. 예컨대 낙태 문제에서 양쪽 진영 모두 상대를 악의 화신으로 몰아가는 현상을 생각해 보라. 워싱턴 정가 바깥의 사람들은 누구나 알고 있듯이, 오늘날 우리의 정치 '담론'은 다분히 서로를 정죄하는 두 집단에 지나지 않는다. 가히 '정죄 공작'이라고 할 만하다. 정죄에 따라오는 두려움이나 비난을 통해 사람들을 조종하는 과정인 것이다.

반면에 예수의 가르침과 모범을 보면 우리는 서로 의견이 다르면서도 정죄하지 않을 수 있다. 정죄와 분별은 각기 별개의 정신적·정서적 활동이다. 도덕성은 어느 시대에나 인간 실존의 핵심이지만, 현대 생활에서 이런 이슈들을 헤쳐 나가기란 때로 극히 어렵다. 예수께서 우리에게 주시는 빛은 최선의 것을 분별할 때나 서로의 의견 차이에 대처할 때나 좋은 길잡이가 된다. 그분은 옳고 그름의 분야에서 사상 최고의 '부적격' 교사로 인류 역사 속에 들어오셨다. 그분이 주시는 진리들은 우리의 삶을 이끌기에 충분하다. 따라서 우리는 지식에 너무 굶주린 나머지 온 우주를 뒤져야 할 일이 없다. 이 진리의 샘에서 마시려면 다음 사실만 인정하면 된다. 즉, 우리가 그동안 참된 지식과 그에 따른 권위로부터 멀리 벗어나 있었다는 사실 말이다.

의견 차이와 불화에 부딪칠 때도 우리는 그리스도를 본받아 평화를 구하고, 노하기를 더디 하며, 듣기를 속히 한다. 아울러 예수의 가르침은 수용과 관용 같은 개념—종교적 의미든 그밖의 의미든—을 크게 지지한다. 이는 현대 생활에서 중요한 주제다. 세속적인 도덕성이 거세지면서 타인에 대한 관용은 상실되고 말았다. 이와 동시에 학계와 정부에서 기독교적인 덕목에 대한 부정적 태도도 더 심해졌다. 흔히들 그리스도인을 편협하고 독단적이며 관용할 줄 모르는 존재로 본다. 물론 그럴 만한 근거가 있는 경우도 있지만, 그런 부정적인 태도는 역시 큰 아이러니다. 서구 정황에서 관용이라는 전통 자체가 그리스도 중심의 세계관에서 두드러지기 때문이다. 오늘날 세상의 관용적인 사회들의 숫자만 세어 보아도 그리스도의 도덕적인 가르침을 적용할 때 나타나는 위력과 그것이 세상에 끼치는 유익을 어느 정도 알 수 있다. 자칭 그리스도인이라면서 과격한 불관용으로 일관한다면 분명히 그 사람은 그리스도의 모범이나 기독교의 전통과 가르침을 본받지 않고 있는 것이다. 대개 이런 문제에 대한 많은 말썽과 혼란은 단순히 호칭의 오용 때문일 수 있다. '그리스도인'은 대개 그리스도를 닮지 않았다. 이 서글픈 사실 때문에 예수 자신이나 관용에 대한 그분의 가르침을 비난해서는 안 된다.

그리스도를 따르는 사람들에게 관용은 이중의 개념이다. 첫 번째 측면은 진리에 대한 진정한 관심이다. 여기에는 다양한 주제에 대한 의견 차이에 부딪치려는 진정한 의지와 능력이 요구된다. 두 번째 측면은 도덕적 성품이다. 우리는 나와 의견이 다르거나 반대되는 사람들과도 유익한 관계를 가꾸고 의미 있는 대화를 유지할 수 있는 그런 부류의 사람이 되어야 한다. 상대의 견해나 선택에 내가 동의하는지의 여부를 떠나 사람을 있는 그대로 귀히 여기고 사랑할 수 있어야 한다. 무엇보다 우리는 그들의 선에 관심이 있고, 그들의 행복에 도움이 될 공공선에 관심이 있다. 주요 사안에 의견이 일치되는 사람들끼리만 모여 대화한다면 관용이 이슈가 될 일조차 없다. 관용은 불화 속에서만 작용한다. 그런데 오늘날 우리 사회에 허용되는 유일한 불관용이 있으니, 곧 불관용 입장을 품은 듯이 보이는 사람을 상대할 때다. 이렇듯 현재 우리가 정의하는 관용에는 불관용의 사람을 불관용으로 대할 수 있는 선택권이 포함되어 있다. 물론 이는 상대를 전혀 관용하지 않는다는 뜻이다.

이는 우리 문화를 지배하는 아이러니다. 특히 진보 그리스도인들과 보수 그리스도인들 사이에 그렇다. 온 세상의 무대 위에서 펼쳐지는 이 싸움은 기독교 메시지의 신빙성을 떨어뜨릴 뿐이다. 타인을 의미 있게 수용하고 관용하는 주된 근거는 우리가 하나님의 사랑과 수용을 받고 있기 때문이다. 은혜와 관용은 의견 차이로 인한 분노를 다스릴 때만 필요한 것이 아니다. 그리스도를 따르는 사람들에게 은혜와 관용은 존재 상태다. 합리적인 의견 차이는 복종 훈련을 실습할 수 있는 절호의 기회다. 그런 복종으로부터 나와 같지 않은 주변 사람들을 향한 진정한 관용, 겸손, 은혜, 인내, 인정이 싹튼다. 공공선을 기술하고 추구하려면 반드시 그러한 인정과 관용부터 먼저 길러야 한다.

하나님의 모략, 이후

선한 사회 속의 선한 사람

잠시 뒤돌아보면 이제 우리는 하나님이 추구하시는 세계의 변화에 도덕적 선이 그토록 중요한 이유를 더 잘 이해할 수 있다. 공공선의 필요성은 우리가 선한 사람의 행동과 동기의 도덕적인 자질을 어떻게 이해하고 분별하는지와 불가분으로 얽혀 있다. 어떻게 그러한지를 이해하려면 먼저 무엇이 선이고 무엇이 선이 아닌지를 알아야 한다. 우리는 어떻게 지도자들을 감시하여 공공선을 추구하게 할 것인가? 우리가 바라는 직종별 목표는 무엇인가? 이는 우리에게 굉장히 중요한 문제다. 우리는 고객, 시민, 직업상의 동료, 심지어 동료 지도자로서 늘 지도자들을 상대하며 그들에게 의존하고 있다. 우리는 서로에게 무엇을 기대하는가? 무엇을 기대할 수 있는가? 무엇을 기대해야 하는가? 우리가 바랄 수 있는 것은 무엇인가?

무엇이 필요하고 무엇이 가능하며 무엇이 용납될 수 없는지는 모두 도덕적인 질문이며, 예수의 가르침을 포함한 성경 속에는 그런 주제에 대한 고유의 명확하고 본질적인 통찰들이 들어 있다. 하지만 우리 개개인이 도덕적 지식의 책임과 기회를 둘 다 이해하는 것이 먼저다. 세상 나라들이 우리 하나님과 그리스도의 나라를 따를 때 개인적인 생활과 공적인 생활이 어떻게 될지에 대한 비전은 그 후에야 비로소 창출될 수 있다. 하나님 나라의 복음은 이와 같은 질문들에 답을 제공한다. 그 외에 무엇이 답을 주겠는가? 공산주의가 하겠는가? 사회주의가 하겠는가? 민주주의가 하겠는가? 대학, 사법제도, 군대, 재계, 심지어 종교계는 무엇이 도덕이고 선이며 최선인지에 대해 분명하고도 매력적인 설명을 평소에 내놓고 있는가? 우리 사회를 비추는 의의 등불은 어디에 있는가? 우리의 도덕 나침반에 정북을 가리켜 보일 산 위의 동네는 어디에 있는가?

물론 더 깊은 질문도 있다. 현재 다루고 있는 문제의 핵심으로 당연히 우리를 더 가까이 이끌어 줄 질문들이다. 필요한 권력과 지식을 맡길 만한 지도자들을 어디서 찾을 것인가? 그런 사람들은 어떻게 길러지며 어디서 배출되는가? 우리가 바라는 미래의 비전은 무엇인가? 우리의 지도자들은 무엇이 선하고 옳은지에 대한 비전을 어디서 개발하는가? 앞서 말했듯이 우리가 살고 있는 현실 속의 전문인들과 지도자들은 마땅히 되어야 할 모습이 아닌 때가 너무 많다. 그래서는 공공선을 추구하고 이룰 수 없다. 우리의 지도자들 중에는 단순히 잘 이끌 수조차 없는 부류의 사람들이 너무 많다. 우리는 이런 현실을 변화시킬 준비가 되어 있는가? 어디서부터 시작할 것인가? 답에 수반될 필연적인 변화에 비하면 답 자체는 아마 그만큼 복잡하지는 않을 것이다.

선의지

지금까지 우리는 도덕 이론의 관련 이슈들과 여러 형태의 공공선을 살펴보았다. 이제 우리가 직접 경험하고 부딪치는 구체적인 선을 논할 차례다. 이는 우리가 행할 수 있는 선한 일들이다. 이러한 논의를 시작하려면 개인의 '선의지'라는 개념을 추적해야 한다. 예수께서도 엄청난 양의 가르침을 이 주제에 집중하셨다. 단지 선을 안다고 해서 마음이 선해지는 것은 아님을 아셨기 때문이다. 바리새인들이 좋은 증거다. 마찬가지로 1960년대 초의 격동기에 시작된 윤리 이론의 중대 과오도 바리새인의 논리를 따랐다. 그 결과 오늘날 대부분의 도덕 추구는 개인의 의지라는 개념 자체를 거의 전적으로 무시한다. 개인의 의지가 선이나 악을 따르도록 단련되어 있음에도 말이다. 물론 이것은 사회정치적 이슈들에 비참한 결과를 불러왔으며, 그중 다수는 주로 인간의 선과 관계된다. 이렇듯 정치적 또는 공동체적 관심사와 기원에만 초점을 둔다면 현대의 도덕 이론은 명쾌한 설명을 내놓을 수 없다. 사회 이슈와 개인의 도덕적 헌신은 긴밀하게 맞물려 있다. 그것을 아셨기에 예수는 변화를 추구하는 모든 운동의 본질적인 관심은 도덕적 행실의 진원지인 인간 개인의 의지에서 시작되어야 한다고 가르치셨다.[4] 물론 거기가 끝은 아니지만 말이다.

의지란 비현실적인 덕목이나 자기중심적 만족 따위에만 매달리는 몽상 같은 것이 아니다. 이런 개념에 대한 우리의 말과 생각이 막연히 추상적인 차원에 머물러 있으면, 대체로 우리의 대의는 거의 언제나 무너지게 되어 있다. 영국의 철학자 F. H. 브래들리(Bradley)가 「나의 위치와 의무」(My Station and Its Duties)라는 논문에 분명히 밝혔듯이, 지도자들과 전문인들은 완전히는 아니어도 거의 언제나 도덕 풍조 전체에 의지적으로 관심을 가지며 그 안에서 일개 개인으로나마 중요한 역할을 한다.[5] 인간의 선(인류의 번영을 가능하게 하는 이로운 것)의 배후에는 이렇듯 의지가 선한 사람들이 있다.

선한 의지의 특징은 구체적 선에 대한 적극적인 애정과 관심이며, 그것이 말과 행동으로 표현된다. 자신은 물론 타인의 선을 추구하는 계획과 활동이 선한 의지의 중심을 이룬다. 따라서 선한 의지

자체도 인간의 선이다. 선한 의지를 품는 선한 사람은 모든 사람 전반에게 선하다. 이것이 철학자 임마누엘 칸트(Immanuel Kant)가 말한 자아의 도덕적 '완성'이다.[6] 깨끗한 식수, 안전한 생활환경과 작업환경, 배우고 놀고 일할 수 있는 기회, 헌신적인 가정, 공동체의 대화 등은 모두 인간의 구체적인 선에 해당한다. 하지만 이런 선 하나하나는 특정인의 의지가 선한 일을 결심하고 추구할 때 나타나는 결과다.

의지란 인간의 개인적 및 집단적 실존의 선을 증진시키려는 갈망 또는 의욕이다. 의지는 선을 행할 방법을 알아내서 그 지식을 적절히 적용하려는 의욕과 늘 연관되어 있다. 목적에 대한 의지가 있으면 수단에 대한 의지도 품게 마련이다. 따라서 선한 의지와 선한 성품을 진정으로 추구하고 이루려면, 먼저 우리가 행하는 선과 그 정황과 상호관계를 이해하는 것이 선결 요건이다. 요컨대 진리와 지식과 깊은 사고와 지혜는 그 자체로 인간의 선이며, 자체적인 유익을 위해 추구할 수 있고 마땅히 추구해야 한다.

사랑은 그리스도로부터 분리될 수 없다

선한 의지를 구성하는 특성들은 도덕적인 자아실현의 과정에 매우 중요하다. 이성은 선한 의지의 개발에 필요한 요소이지만 이성만으로는 부족하며 합리성이 목표도 아니다.[7] 그리스도인의 도덕적 삶에서 궁극적인 도달점은 '사랑'이라는 덕목이다. 여기서 사랑이란 진정한 아가페 차원에서 사람들을 수용하는 것을 말한다. 하지만 그리스도를 본받아 영원히 용서와 자비를 베풀지 않고는 그 사랑에 도달할 수 없다. 그러므로 도덕성의 기초에서 예수를 빼려는 모든 시도는 도덕적인 변화에 심각한 장벽이 된다.

그동안 도덕성의 기초를 신이신 예수의 인격에 두지 않고 무언가 이론에 두려는 노력이 대대적으로 있었다. 요즘은 일부 지역교회에서도 그런 현상을 볼 수 있다. 예수의 인격과 사역에 대한 성경의 주장에는 자칫 분란의 소지가 될 만한 부분들이 있다. 위의 교회들은 그런 부분을 일부러 버린 채 그분의 일부 가르침만으로 사회의 쇠락과 절망을 저지하기에 충분하기를 기대한다. 예컨대 공동체, 사랑, 용서, 베풂, 중생(重生) 등에 대한 그분의 가르침은 여전히 칭송받고 잘 받아들여진다. 그래서 이와 같은 주제들을 각종 사회 구조와 정치 과정을 통해 시행하려는 시도가 늘 있었다. 확언컨대 그러한 시도는 과거에나 지금이나 명백한 실패다. 부러진 바퀴살을 대충 땜질하는 것은 결코 성공이 아니다. 이웃 사랑, 자비, 관용 등의 가르침의 기초는 그리스도 자신과 분리될 수 없다. 그 기초를 다른 이론에 둔다는 것은 실현 불가능한 일이다. 요컨대 우리가 변화를 일으키지 못하는 이유는 부활하신 그리스도를 떠나서는 변화의 자원이 없기 때문이다.

도덕성의 전체 요지는 잘못되고 부적절한 욕망을 미리 막음으로써—안 된다고 말함으로써—개인과 단체를 제한하고 지도하는 것이다. 그러려면 능력과 권위의 기초가 있어야 한다. 그 기초로부터 일관되게 이러한 진술들이 인증되고 적용되어야 한다. 그렇지 않으면 사회는 개인적으로나 단체적으로나 실제로 도덕적인 삶을 영위할 의지와 능력을 갖춘 사람들을 배출하고 길러 낼 수 없다. 그럴 만한 확실한 수단이 없다. 우리는 사회가 도덕성을 법제화할 수 없다는 말을 자주 듣는다. 하지만 사실은 도덕성이야말로 법제화가 가능하고 필요한 부분이다. 법으로 통제할 수 없는 것은 인간의 의지다. 의지를 변화시키거나 통제하려면 엄청난 양의 능력이 필요하다. 지금껏 어떤 사회나 정부 형태도 그런 능력을 보이거나 구사한 적이 없지만 말이다.

우리의 도덕적 삶의 변화

도덕 이론에 대한 우리의 논의는 여기서 핵심에 이른다. 이것은 자신의 자비하신 뜻대로 사회 구조를 변화시키시려는 하나님의 사명과도 관계된다. 우리가 바라고 구하는 선을 실제로 발생시킬 수 있는 수단을 찾아내야 한다. 그래서 다음과 같은 질문이 중요해진다. 의지를 변화시키는 이 능력은 어디서 오는가? 도덕적인 용기를 어디서 불러와야 하는가? 도덕성이 지배하려면 실망과 항복과 복종과 희생이 요구될 때가 아주 많은데, 이 모두를 흡수할 만큼 크고 넓은 비전을 어디서 얻을 것인가?

그러한 능력은 선하신 하나님의 사랑과 은혜 안에서만 발견하여 구사할 수 있다. 그분은 부활하신 아들의 영으로 말미암아 자신의 백성 안에서 그리고 그들을 통하여 활동하신다. 도덕적인 용기는 인류 역사에 대한 그리스도의 역할과 목적을 알아야만 생겨난다. 두말할 것도 없이 그분은 **온 세상**에 구속과 복을 주시는 무적의 힘이시다. 그 소망은 영원한 운명을 바라보아야만 얻을 수 있다. 그 운명은 우리에게 하나님의 계획을 믿을 수 있는 충분한 여지를 주며, 그분의 계획은 결국 모든 상황 속에 궁극적인 선을 이루시는 것이다. 능력과 용기와 소망에 대한 이런 근본 이해가 없이는 기쁜 소식—하나님을 아는 도덕적 지식—이 사람들의 마음과 생각 속에 적용되기 힘들다. 그 결과 자신과 이웃과 배우자와 자녀를 능히 사랑할 사람은 극히 드물다. 상대가 경쟁자나 원수라면 더 말할 것도 없다. 세상을 변화시킬 만큼 충족한 사랑과 능력과 용기와 소망의 저수지는 오직 삼위일체 하나님과의 충족한 관계 속에만 존재한다.

평소에 우리는 용기와 신망과 사랑과 도덕과 윤리를 갖춘 개인들의 사회를 어떻게 개발하고 있는가? 우리 사회 전반에서 희생과 용기와 헌신과 정직은 어디에 있는가? 우리의 도시에서 선과 용기의 부서는 누구의 책임인가? 우리의 정부에서 자비와 정직의 분과는 어디에 있는가? 도덕적 지식과 성품을 기르는 훈련 센터와 학위 프로그램은 어디에 있는가? 지혜와 덕의 수료증은 누가 주는가? 성실의 석사학위는 어디에 있는가? 이런 자격증이 수여될 수 있으려면 각 대학 학과마다 교직원들과 교수들과 교사들이 자기부터 하나님 나라의 양식을 중시하고 숙달하여 모범을 보여야 한다. 나아가 이 지도자들은 바른 비판적 자세로 학생들을 예수의 가르침 안에 존재하는 도덕적 지식 체계 속으로 떳떳하게 이끌 수 있다. 도덕적 지식에 갈한 세상의 기근을 우리는 어떻게 덜어 줄 것인가? 먼저 우리 자신이 그 지식대로 살아야 한다. 나아가 현재와 미래 세대의 리더들에게 그것을 가르치고 본을 보여야 한다. 그러면서 도중에 우리의 진도와 기량을 평가해야 한다.

요컨대 도덕성의 기초가 현실에 있지 않고 순전히 이론에 있다면 우리 사회가 옳고 그름을 가릴 수 있기는 요원하다. 도덕원리가 효과를 내려면 현실 세계에 기초해야 한다. 우리의 일상생활과 대인관계에 맞닿아 있어야 한다. 우리의 도덕이 실생활의 사건들과 꽉 맞물려 있지 않고 사회적인 구성물과 윤리 이론으로 그친다면, 그런 이론은 행동의 변화에 필요한 권위를 결코 유지할 수 없다.

현대 세속 사회의 가장 기본적이고 독단적인 환상 가운데 하나는 이상의 기초를 현실에 두지 않고도 사람들에게 윤리를 훈련시킬 수 있다는 개념이다. 도덕성의 기초가 정치나 기타 어떤 사회제도에만 있을 수는 없다. 도덕적인 삶은 전적으로 인간의 의지에 달려 있다. 미국 민주주의의 거대한 사회적 실험을 통해 입증된 사실이 있다. 도덕적인 행동은 인간 개개인의 희생을 요구한다는 것이다. 우리가 인생을 살면서 칭송하는 진정한 도덕적 정점(頂點)들은 바로 그런 사건과 사람들을 중심으로 한다. 그들은 더 큰 선을 위해 사랑과 섬김으로 모든 것을 희생할 의지와 능력이 있다. 세상 사람들은 바로 그와 같은 부류의 영웅인 도덕적 리더들을 본받으려 애쓴다.

8

선한 삶을 조명하다

독재는 믿음 없이 통치할 수 있지만 자유는 그럴 수 없다. 정치적 구속이 느슨해질수록 도덕적 구속이 그만큼 강해지지 않는다면 사회가 어떻게 파멸을 면할 수 있겠는가? 신에게 복종하지 않고 스스로 주인이 된 민족을 어찌할 수 있겠는가?

알렉시 드 토크빌

지금까지 리더의 책임과 올바로 이끄는 데 필요한 도덕적 용기를 살펴보았으니 이제 우리는 앞서 제시한 여러 가지 명제와 입장을 일상생활의 중요한 도덕 이슈들과 연결시킬 수 있겠다. 그리스도인 리더로서 우리는 자신의 삶에는 물론 가정과 직장에서 우리의 보호와 책임에 맡겨진 사람들의 삶에 무엇이 선하고 옳은지를 알아야 한다. 그러려면 하나님의 말씀을 향한 올바른 헌신과 존중을 되찾아야 한다. 하나님의 말씀은 우리 스스로를 의롭게 여기며 사람들을 얕잡아 보는 쇠망치가 아니라 "마음을 새롭게 함으로 변화를 받아 하나님의 선하시고 기뻐하시고 온전하신 뜻이 무엇인지 분별"할 수 있는 수단이다(롬 12:2). 그리하여 우리는 하나님의 영을 따라야 한다. 그분은 우리를 인도하셔서 현대 사회의 점점 복잡해지는 도덕적인 상황들을 잘 헤쳐 나가게 하신다. 이렇게 하나님의 말씀을 되찾으려면 목사들과 성경 교사들이 자신의 수준을 높여야 한다. 오늘날 우리가 이해하거나 받고 있는 성경 교육에는 실제적 설명이 거의 없다. 대체로 현대 교인들은 일정량의 설교만을 접할 뿐이다. 교육과 설교가 동일한 직분이나 직무가 아님을 잊어서는 안 된다. 여기에 대해서는 이번 장 끝부분에서 다시 살펴볼 것이다.

하나님 나라가 진척되어 빛과 사랑과 능력으로 온 세상의 구석구석을 압도하려면 그리스도인 리더들인 우리 자신이 기독교 리더십에 대한 이해와 적용을 개혁해야 한다. 그렇다면 그리스도인 리더들이 자신의 소명을 어떻게 숙고할 수 있고 숙고해야 하는지, 여기서 몇 가지 실제적인 방안을 제시하는 것이 바람직하겠다. 그들의 소명이란 우리를 능하게 하는 하나님 나라의 빛과 생명을 각자의 영향권 안에서 본보이는 것이다. 요컨대 우리가 내놓을 방안은, '선한 삶'의 존재를 성공적으로 본보이려면 두 가지 주요 요인에 대한 시험이 필요하다는 것이다. 물론 각 요인에는 하나님의 적극적인 참여가 필요하며, 따라서 인간의 감독과 통제는 일부에 그친다.

첫 번째 요인은 일정 범위의 인구 집단 내에 도덕적 성품을 갖춘 개개인이 널리 분포되어 있어야 한다는 것이다. 두 번째 요인은 각종 사회적·정치적 제도와 관행과 기관에도 동일한 도덕 특성이 나타나야 한다는 것이다. 선한 사람들은 선한 사회의 건설에 꼭 필요한 벽돌이다. 두 가지 요건 모두에서 지도자와 전문인과 대변인들의 역할이 매우 중요하다. 예컨대 훌륭한 목적과 수단을 추구하는 정직한 기관이나 기업은 도덕적 성품을 갖춘 개개인 지도자들과 전문인들이 이끌어야 한다. 그래야 도덕적인 방향을 제시하고 실행할 수 있다. 제도적 법규나 단속만으로는 부족하다.

먼저 첫 번째 요건부터 살펴보자. 개인이든 집단이든, 선한 삶이란 인구 집단을 구성하는 개개인의 지배적인 특성과 행동에서만

하나님의 모략, 이후

비롯된다. 개개인이 주가 되는 이유는 개인만이 행동할 수 있기 때문이다. 단체와 조직과 기관의 역할은 개개인이 구사하는 의지와 활동의 직접적인 결과일 뿐이다. 따라서 평범한 상황에서 사회 각 부문의 질서나 무질서는 전적으로 개개인이 무엇을 계획하고 준비하여 수행하느냐에 달려 있다. 오늘날의 사회학자들은 흔히 이런 명제와 설명을 배척하거니와 이것은 우리가 심각하게 고민하며 풀어 나가야 할 문제다.

거꾸로 사회 구조와 과정은 다시 개개인이 무엇을 뜻하고 준비하여 행할지를 주로 결정짓는다. 개개인은 그 안에서 형성되어 왔고 지금도 거기에 푹 젖어 있다. 이것은 사람이 박식하거나 생각이 깊은지의 여부와는 관계없다. 자신의 삶 또는 자신이 따르고 배우고 지적받는 사람의 삶에 대해 스스로 비판적으로 생각할 동기가 있는지의 여부와도 관계없다. 그러므로 개인과 집단의 사고 습관과 감정 습관과 행동 습관에 도전을 가할 리더들과 교사들이 우리에게 있어야 한다. 그들이 대중의 능력을 길러 주어야 대중이 환경에 무조건 반사적으로 반응하지 않고 훨씬 더 잘 대처할 수 있다. 선한 삶을 생각할 때 우리는 늘 두 가지를 함께 고려해야 한다. 하나는 개개인의 속성이고 또 하나는 사람들의 행동에 실제로 영향을 미치는 사회 정황과 구조다.

그럼에도 주어진 정황 속에 예시되는 지혜나 미련함의 직접적인 구성 요소는 바로 개개인의 행동과 그 행동으로 표현되는 성품의 특성이다. 따라서 개인의 행복과 공공복지에 유리하게 작용하는 개개인의 속성을 여기서 간략히 살펴보지 않을 수 없다. 단언컨대 이런 근본 특성은 **모든** 괜찮은 형태의 인간 실존에 반드시 필요하다. 이 목록은 동서양을 막론하고 인류 역사의 위대한 사상가(예컨대 소크라테스나 공자)라면 거의 누구에게서나 얻을 수 있다. 이와 같은 속성이 인간의 삶에 그만큼 중요하기 때문이다. 하지만 우리는 이런 이슈에 기독교적인 관점에서 접근하여 특히 신약에서 그 목록을 취할 것이다.

성령의 열매의 윤리

도덕적인 사회는 어떤 모습일까? 사도 바울은 갈라디아 교인들에게 보낸 편지에서 '성령의 열매'의 주요 요소를 열거하면서 그것을 '육체의 일'과 대조한다. 이 열매의 목록에는 사랑과 기쁨과 평안과 인내와 자비와 아량과 성실과 온유와 절제가 포함된다. 그는—틀림없이 슬쩍 유머를 섞어—"이 같은 것을 금지할 법이 없느니라"고 말한다(갈 5:22-23). 이런 속성들은 '합법적'이다. 건강하고 유익한 대인관계를 세우는 데 저마다 근본적인 역할을 하기 때문이다. 물론 그와 같은 대인관계는 인간의 행복 전반에 기여한다.

인간의 삶에서 '선'의 핵심 요소들을 빼 보라. 그 결과로 남는 상태를 바람직하기는커녕 견딜 만하다고 여기는 사람조차 별로 없을 것이다. 여기 '육체의 일'—음행과 더러운 것과 호색과 우상 숭배와 주술과 원수 맺는 것과 분쟁과 시기와 분냄과 당 짓는 것과 분열함과 이단과 투기와 술 취함과 방탕함과 또 그와 같은 것들(갈 5:19-21)—은 성령의 열매와 정반대되는 부정적인 요소다. 확언컨대 매일 또는 매시의 뉴스만 대충 보아도 전 세계 대부분의 문화에

하나님의 모략, 이후

그런 상태가 만연해 있음을 알 수 있다. 정도의 차이가 있을 뿐이다. 아울러 그런 상태는 경솔한 우매함을 마구 부추기거나 아예 불가피하게 만들며, 그 우매함은 노골적인 악과 나쁜 짓으로 표출된다. 우리 주변의 도처에서 그 같은 악이 늘 발생하고 있다.

'육체의 일'의 목록을 한번 생각해 보라. 거기에 깔린 전제와 그것이 공생활에 낳는 결과를 상상해 보라. 이번에는 그 모습을 '성령의 열매'에 기초한 모습과 비교해 보라. 이런 비교를 통해 우리는 양쪽 결과의 극명한 차이를 더 잘 이해할 수 있다. 다시 말하지만 굳이 종교적이 되거나 그리스도인이 되지 않아도 누구나 이 두 대조적인 목록과 그에 상응하는 결과의 차이—외형과 내실 둘 다의 차이—를 이해하거나 목격하거나 경험할 수 있다. 이러한 현상을 주제로 양적 혹은 질적 연구를 수행할 수도 있다.

성령의 열매가 구심점이자 원동력인 삶은 대인관계가 건강하여 모든 관련자가 관계의 유익을 누리는 삶이다. 관계는 인간 행복의 중심을 이룬다. 그래서 성령의 열매를 '근본적' 요소라고 한다. 이 근본적인 특성 중 몇 가지만 간단히 살펴보자. 사랑과 기쁨과 평안을 전반적인 공공복지의 관점에서 생각해 보겠다.

아가페 차원의 **사랑**은 행동하는 선한 의지다. 무언가나 누군가를 사랑한다는 것은 곧 그것이나 그 사람의 유익을 위해 행동하거나 행동할 태세가 되어 있다는 뜻이다. 이웃 사랑이란, 가장 가까운 사람들에게 유익한 일을 행하려는 성향이다. 그들에게 피해가 닥쳐오면 우리가 행동하여 그 피해를 없애거나 줄여 준다. 그들에게 뭔가 좋은 것이 필요하면 힘닿는 한 그것을 마련해 준다. 사회나 정부나 경제의 더 넓은 정황에서, 사랑이 원동력인 사람들은 최선을 다해 만인이나 최대 다수에게 유익이 될 제도와 관행을 세우고 유지한다. 그들은 대중에게 해로운 제도라든가 선과 유익을 제공하지 못하는 관행에 반대한다. 요컨대 사랑에 헌신된 모든 지도자와 전문인과 대변인들은 동시에 공공선에도 헌신하게 되어 있다.

그래서 모든 직업은 '소명'(calling)이다. 이런 개인과 지도자들은 무슨 조직이나 협회를 만들거나 거기에 가입할 때, 사리사욕을 채우는 데 목표를 두지 않는다. 오히려 그런 단체들은 더 차원 높은 목표로 '부름'받았다. 이를테면 각자의 직업 분야에 공헌하거나 고객과 이웃을 섬기는 것이다. 자기만 잘되려는 것이 아니다. 공적 차원에서 사랑에 이끌리는 사람들은 대중을 돌본다. 대중을 구성하는 개개인을 돌보기(사랑하기) 때문이다.

기쁨은 희망에 찬 긍정의 시각이며 그 기초는 충만하고 전반적인 안전감에 있다. 사랑처럼 기쁨에도 유쾌한 '감정'의 요소가 있지만 사랑처럼 기쁨 또한 감정이 아니다. 기쁨은 삶의 긍정적인 자세를 유지하며, 결국 선이 지지를 받아 외관상의 모든 장애물을 이겨 낼 것을 믿는다. 그래서 기쁨은 고통, 실망, 슬픔의 경험과 얼마든지 공존할 수 있다. 기쁨은 늘 상황을 더 넓게 보고 소망과 함께 역사하여 선의 승리를 내다보기 때문이다. 기쁨이 있으면 인내할 수 있고 헌신한 일에 충실할 수 있다. 당장의 만족을 유예하는 요긴한 능력도 생긴다. 기쁨이 주는 능력으로 우리는 즉각적인 욕망을 거부하거나 아주 단호하게 "아직은 아니다"라고 말할 수 있다. 두 가지 반응 모두 기쁨의 능력을 증명해 준다. 기쁜 사람은 늘 급한 일에 쫓기지 않는다. 현재의 상태가 어떠하든 그대로 기쁘기 때문이다. 기쁨과 선한 삶의 관계는 자명하다. 매사에 꾸준히 자족하며 인내하려면 기쁨이 없어서는 안 된다. 기쁨은 선이나 최선을 기다리기를 거부하는 즉각적인 만족의 요구나 유혹으로부터 우리를 해방시켜 준다. 따라서 기쁨은 무엇이든 건전한 투자를 하기에 가장 좋은 기반이다.

평안 또는 샬롬은 선한 필요가 전인적이고 보편적으로 채워지리라는 든든한 확신에서 비롯되는 일종의 안식이다. 찬송가 작사자 호레이쇼 스패포드(Horatio Spafford)가 평안의 근원과 결과를 더없이 잘 묘사했다. "내 평생에 가는 길 순탄하여 늘 잔잔한 강 같든지, 큰 풍파로 무섭고 어렵든지, 나의 영혼은 늘 편하다." 따라서 평안한 사람은 남을 공격하지 않으며, 남에게서 공격을 당할 때도 앙심을 품지 않고 침착하게 맞선다. 풍성함을 확실히 알고 경험하기 때문이다. 이러한 사람은 적의나 의심을 품지 않고 '과민하게' 상처를 받지도 않는다. 야고보서에 따르면, 위로부터 난 삶에서 솟아나는 지혜는 "첫째 성결하고 다음에 화평하고 관용하고 양순하며 긍휼과 선한 열매가 가득하고 편견과 거짓이 없나니 화평하게 하는 자들은 화평으로 심어 의의 열매를" 거둔다(약 3:17-18).

사랑과 기쁨과 평안이 공공복지에 미치는 영향

가정이나 동네나 사회나 국가나 세계가 하나님의 차고 넘치는 선한 뜻과 샬롬으로 말미암아 변화되고 혁신되면 어떤 모습이 될까? 우리는 그것을 상상할 수 있는가? 상상할 수 있어야 한다. 인간의 번영과 행복을 위한 모든 공적 추구에서 성령의 열매가 어떤 역할을 하는지가 앞의 간략한 언급을 통해 더 분명해졌기를 바란다. 바울이 성령의 열매에 열거한 요소들을 여기서 일일이 논할 필요는 없다. 이미 많은 사람들이 아주 명쾌하고 유익하게 그 일을 했고 또 계속하고 있다. 인내와 자비와 아량과 성실과 온유(또는 중용)와 절제까지 포함하여 성령의 열매를 모두 합하면, 보통 사람들과는 당연히 구별되는 전혀 다른 부류의 인간에 대한 원대한 계획이 또렷이 드러난다.

그런 지도자들은 삶의 여정 속에서 자연스럽게 다른 사람들의 번영과 복지를 증진시킨다. 조금만 생각해 보아도 분명해지듯이, 이는 그들이 관여하거나 이끌고 있는 사회적·경제적·정치적 정황에 지대한 영향을 미친다. 그들은 위에 말한 속성들이 잘 개발되어 있을 뿐 아니라 동시에 '육체의 일'을 삼간다. 그래서 어떤 상황에서도 마음이 편할 수 있고 자신과 타인을 응원할 수 있다. 반면에 삶이 사랑과 기쁨과 평안과 나머지 성령의 열매에 헌신되어 있지 않은 사람들은 (물론 예외의 경우도 있지만) 본인들 스스로 그렇게 인정하듯이 선한 삶을 누리지 못할 때가 많다.

빛과 사랑과 기쁨과 평안과 진리를 가져다주는 일은 하나님의 백성에게 새삼스러운 일이 아니다. 우리는 빛나는 "산 위에 있는 동네"(마 5:14)를 만들려는 우리의 시도에서 그동안 무엇이 잘 통했고 무엇이 통하지 않았는지 분별해야 하는데, 이때 성경의 가치는 이루 말할 수 없다. 하나님이 그분의 자녀인 우리에게 늘 바라시는 일이 있다. 우리가 완수해야 할 그 일의 핵심은 바로 하나님 나라를 그분의 백성 안에 이루고 그들을 통해 드러내는 것이다. 이것은 우리가 온 세상에 전해야 할 선물이다. 하나님의 속성과 방법에 대한 신뢰의 본을 보이는 일은 바로 그분의 백성들의 몫이다. 그분의 백성은 어디에 있든지 누구나 그 일을 해야 한다. 예수의 관점에 따르면 증인은 바로 그 일을 충실히 구현할 수 있어야 한다. 증인은 '행위'도 하지만 근본적으로 '존재' 자체다. 예수의 제자들이 할 일은 자신의 독특한 정황에 무엇이 필요한지 기도하는 마음으로 숙고한 다음, 사랑과 능력과 은혜로 충만한 하나님의 방식을 세상에 가장 잘 드러낼 수 있는 길을 그 특정한 상황을 향해 증언하는 것이다. 이것이 그리스도를 닮은 리더십의 정수다.

이것은 그리스도를 아는 특수한 지식과 그분의 성품을 제대로 숙달하고 적용하는 상태다. 지도자와 대변인과 전문인들은 그 상태의 화신이 되어 그리스도와 이웃을 향한 이중의 신용 관계로 세례를 받아야 한다. 바로 이것이 또한 하나님의 위대한 모략의 목표이자 수단이다. 그래서 다음과 같은 일은 반드시 믿을 만한 지도자들이 해야 한다. (1)우리 사회에 전반적인 복지를 시작하고 성취하는 일, (2)공공선이 무엇인지를 분명히 밝히는 일, (3)요직에 있는 지도자들의 동기와 행동의 결과로 우리 사회가 어떻게 고생하거나 번영하는지 감시하는 일 등이다.

성경에 나타난 하나님의 선하심

바로 여기서 성경은 인간의 삶과 우리가 추구하는 번영에 필수적인 촉매제가 된다. 아울러 중요하게 인정해야 할 몇 가지 가정이 더 있다. 첫째로, 굳이 그리스도인이나 심지어 오늘날 통용되는 의미의 종교적인 사람이 되지 않아도 누구나 진리와 도덕성이라는 주제를 논하여 그 유익을 누릴 수 있다. 종교나 과학이나 철학 등의 분야를 막론하고 도덕적 지식을 포함한 모든 지식의 주장이 그렇듯이, 성경에 나오는 많은 명제와 주장도 자체적인 공과에 따라 시험되고 검증될 수 있어야 한다. 진리를 발견하려는 의지와 열망을 품고 성경을 대하는 사람들이 그런 일을 해야 한다. 우리가 그리스도 중심의 세계관을 받아들여 적용하기로 정한 것도 바로 그런 이유에서다. 하나님의 계시는 자연 속에서 증명되고 경험되며, 성경 속에 설명되어 있고, 예수의 가르침 속에 가장 구체적으로 명시되어 있다. 그 계시 안에 들어 있는 지식 체계는 사실과 경험이라는 정당한 기초에 입각하여 검증될 수 있고 마땅히 검증되어야 한다.

둘째로, 성경 전체는 우리를 하나님 나라 안에서 그분과의 유익한 **관계**로 인도하고 **생명**을 구원한다.[1] 성경이 무엇이고 무엇이 아닌지에 대한 분분한 교리를 굳이 논하지 않더라도 우리는 성경이 일관되고 확실하게 그런 역할을 한다고 믿을 수 있다. 그렇다고 성경에 대한 이와 같은 주장을 꼭 믿어야만 성경에 나오는 지식을 논할 수 있는 것은 아니다. 과연 성경 속에 삶과 생활에 대한 지식과 진리가 들어 있을진대, 성경에 대한 성경 자체의 주장은 모든 지식의 주장과 마찬가지로 적절한 시험과 기준을 통과해야 한다. 그래야 상황과 환경에 대해 조금이라도 권위를 획득할 수 있고, 아울러 오늘 우리 앞의 여러 이슈들에 대한 성경의 잠재적인 해법에도 권위가 생긴다. 성경이라고 높은 기준의 신뢰성에 대해 예외가 적용될 필요는 없다. 선입견 없이 공정하게 따져 보기만 하면 된다. 특혜는 바라서도 안 되고 필요하지도 않다.

하나님의 모략, 이후

탐구적인 독자는 예컨대 시편을 지나가듯 대하기만 해도 하나님의 선하고 의로운(도덕적인) 방식에 대한 구체적인 주장을 무수히 만난다. 실생활과 연관된 신학적·도덕적 지식의 사례도 많이 나온다. 첫 시의 첫 연부터 그 점이 밝혀진다.

복 있는 사람은 악인들의 꾀를 따르지 아니하며
죄인들의 길에 서지 아니하며 오만한 자들의 자리에 앉지 아니하고
오직 여호와의 율법을 즐거워하여
그의 율법을 주야로 묵상하는도다.
그는 시냇가에 심은 나무가
철을 따라 열매를 맺으며
그 잎사귀가 마르지 아니함 같으니
그가 하는 모든 일이 다 형통하리로다(시 1:1-3).

시편 기자가 여기서 논하는 것이 도덕적인 삶이다. 그 삶의 원천은 여호와의 가르침과 지혜를 즐거워하고 꾸준히 묵상하는(염두에 두는) 데 있다.

하나님의 말씀과 진리에서 얻는 도덕적 유익은 시편 119편에 훨씬 길고 자세하게 묘사되어 있다. 이 시의 총 176절은 "여호와의 율법을 따라 행하는"(1절) 사람의 삶과 생활이 얼마나 복을 받고 잘되고 형통하는지를 증언해 준다. 그분의 규례, 증거, 법도, 계명, 판단, 말씀, 도, 법, 공의, 율례, 교훈, 지식을 실천하고 적용할 때 누리는 유익이 구구절절 칭송된다. 이 모두는 오직 하나님의 풍성하고

은혜로운 사랑과 지혜에서만 온다. 그분은 구하는 모든 사람에게 지혜를 후히 주신다(약 1:5). 그러므로 도덕성에 대한 논의는 사실 하나님의 법과 진리의 본질에 대한 논의다. 예수는 진리가 그분 자신 안에 있다는 유명한 말씀을 하셨다. "내가 곧 길이요 진리요 생명이니 나로 말미암지 않고는 아버지께로 올 자가 없느니라"(요 14:6). 토라에 해박했던 유대인 청중에게 예수께서 명백히 논박하여 밝히신 말씀은 이것이다. 즉, 토라에 강조되어 기술된 삶이 그분 안에 있고 그분을 통해 우리에게 주어진다는 것이다. 예수는 율법과 선지자가 가리키는 실체이며 하나님의 의로운 삶의 실현이다(마 5:17, 11:13, 22:40). 그러므로 우리는 예수를 도덕성의 완전한 화신으로 보아야 한다. 그분의 가르침, 특히 산상수훈이 시편 119편에 예시된 모든 이상과 완벽하게 들어맞는 것도 그래서다.

여기서 간략히 짚고 넘어갈 것이 있다. 세상에 도덕적 지식이 점점 희박해지고 있는 현상은 성경에 대한 무지와 상관이 있다. 이와 관련하여 많은 근본주의 또는 보수주의 진영 내의 지배적인 정서는 다음과 같다. 성경의 무오성과 영감에 대한 심오한 주장들이 '성경을 위한 싸움'의 주무기가 되어야 한다는 것이다. 물론 이는 중요하고 가치 있는 논의다. 인간의 자존심을 건드리는 꽤 의문시되는 성경 본문들이 인류 역사 내내 외면당해 온 경향이 있기 때문이다. 전체적으로 성경은 으레 불편한 개념들을 내세운다. 개인이나 사회나 기관이나 때로는 교회가 어떤 식으로 자기를 표현하거나 특정한 일을 우선시하려 할 때, 성경은 거기에 제동을 건다. 그러므로 보수 기독교는 하나님을 인간처럼 표현하는 신인동형의 시도에 저항한다. 또한 인간의 속성과 태도를 지닌 우상에게나 더 어울릴 역할을 하나님께 투사하는 성경 해석도 거부한다. 그 결과 보수주의자들은 우리 사회에 팽배한 부도덕을 '진보' 진영의 성경 해석 탓으로 돌리는 경향이 있다.

진보 진영에서는 문학 해체의 언어유희와 포스트모더니즘의 해석학이 보란 듯이 다음과 같은 상황을 만들어 냈다. 즉, 본문 자체가 구체적으로 지칭하는 바가 원래 없다고 믿기 때문에, 어떤 해석에나 타당성이 부여된다. 사람들은 본문이 지칭하거나 지칭하지 않는다고 믿는 대로 무엇이든 자기가 하고 싶은 말을 한다. 이런 상황에서 어떻게 교육이 가능하기나 한지 의문이다. 어차피 모든 게 '상대적'이거나 '해석하기 나름'이라면 지식이란 것이 아예 존재할 수 없을 테니 말이다.

이런 이슈에는 중요한 원인과 결과가 많이 있다. 하지만 여기서는 우리의 취지상 성경에 대한 무지—보수와 진보 양쪽 진영 모두에 날로 만연해 가고 있는—의 주된 결과 중 하나만 제시하려 한다. 하나님께서 성경을 통해 세상에 도덕적 지식의 풍성한 보고를 주셨지만 사람들이 이 사실을 모른다는 것이다. 도덕적 진리들의 배후에 있는 실체를 정말 믿는 사람들은 성경에 예시된 삶을 그대로 누릴수 있다. 진보 지성은 '도덕적 진리'에 대한 주장을 무조건 얕보며, 따라서 성경을 무시하는 경향이 있다. 보수 지성도 말로는 이런 지식을 존중한다지만 모르기는 마찬가지다. 어쨌든 양쪽 모두 성경 문맹과 도덕적 무지가 더욱 심해지고 있다.

여기서 종교적 도덕주의나 그것의 치명적인 사촌인 율법주의를 논할 생각은 없다. 어떤 사람들은 특히 남의 부도덕에 관심을 집중하는 능력, 다른 사람이나 그들의 이력을 정죄하는 능력이 있다. 그들은 도덕적 딜레마를 자기 쪽에 유리하게 해결해 준다고 생각되는 성경 구절들을 문맥과 상관없이 뽑아 그것으로 자기 입장의 근거를 삼는다. 하지만 성경에 한결같이 예시되는 가정은 이것이다. 무엇이 선하고 도덕적인지 안다면 그것이 특정한 목적에 도움이 된다는 것이다. 그 목적이란 바로 선한 사람이 되는 능력이다. 선한 사람은 으레 하나님의 능력을 받아 일상생활 속에서 선하고 의로운 일을 한다. 그런 사람들에게 도덕적 우월감과 율법주의는 거의 문제가 못 된다. 시편 119편은 도덕적 지식의 적용에 관한 묵상과 증언 이외에 다른 식으로는 이해될 수 없다. 이 지식은 하나님의 계시인 그분의 규례와 법도와 진리를 통해 얻어진다. 이 지식은 정죄의 도구가 아니라 옳고 그름, 선과 악을 구별하는 수단이다. 우리를 형통하게 하시고자 하나님께서 직접 주시는 선물이다.

실종된 직분: 도덕적 스승

도덕적 스승에 대한 논의는 여기서 시작만 하고, 다음 장에서 더 충분히 계속할 것이다. 다만 도입으로 성경 문맹에 관한 논쟁의 와중에서 흔히 증발되는 부분을 하나 지적하려 한다. 보수 진영의 사람들이 영위하는 삶도 그들이 골라내서 손가락질하는 어느 진보의 삶 못지않게 불의하다는 사실이다. 죄는 서로 다를 수 있지만, 종류만 다를 뿐이지 정도는 다르지 않다. 어쨌든 성경 지식은 보수와 진보 양쪽 진영 모두에서 쇠퇴하고 있다. 그런데도 둘 중 어느 쪽도 자기 진영 내의 그런 문제를 인식하지 못하는 것 같다. 성경 문맹과 맥을 같이하여 도덕적 지식도 점점 실종되고 있다. 보수의 경우 이전에는 성경 교육에 우선순위를 두었지만 지금은 그렇지 않다. 어린이와 성인의 주일학교 분반 공부는 이제 한물간 시대의 유물로 간주된다. 혹시 잊었을지 모르겠지만, 주일학교는 공립학교에 성경 교육이 더 이상 정치적으로 용납되지 않던 시대에 처음 생겨났다. 그래서 갈수록 세속화되어 가는 공교육 제도를 보완하려고 교회마다 '학교'를 만들어 주일에라도 성경에 집중했던 것이다. 그렇다면 가장 보수적인 '성경 중심'의 교단들에서조차 주일학교 커리큘럼과 기독교 교육 전반이 점점 인기를 잃고 있는 이때에 전반적인 성경 지식도 동반 추락하고 있는 것은 당연한 일이다. 한마디로 성경이 가르쳐지지 않고 있다.

혹자는 이렇게 주장할 수 있다. 보수 진영의 많은 '성경 교회'들이 아직도 강해 설교에 집중하고 있으며, 따라서 그들의 비전과 가치관은 여전히 성경 중심적이라고 말이다. 하지만 여기서 몇 가지 생각할 것이 있다. 첫째로, 심지어 일관된 강해 설교도 맥을 잡는 집중적인 성경 연구와는 매우 다른 활동이다. 둘째로, 성경을 연구하는 학문 분과 또한 다른 분과 못지않게 중요하고 실속이 있다. 끝으로, 교수법 자체도 설교 활동과는 매우 다른 분야이며 예상되는 결과도 다르다. 역사적으로 공교회가 그 사실을 인식했던 때가 있었지만 지금은 그러한 자질을 잃어 가고 있다. 이런 관점에서 볼 때, 성경을 적극적으로 공부하고 가르칠 준비가 되어 있거나 그 일에 힘쓰고 있는 오늘날의 지역교회는 별로 없어 보인다.

여기서 우리는 조심해야 한다. 물론 누구나 마음과 노력을 쏟으면 성경에 다가갈 수 있다. 계급 구조를 만들어 내 성직자와 평신도를 분리하는 것 또한 유익하지 못하다. 하지만 웬만큼 집중된 노력이 없이는 대개 성경의 지식과 개념을 터득할 수 없다. 역사적이고 문맥적인 해석과 통찰을 의지적으로 추구하려면 최소한의 도움으로 어느 정도 이상 교육받은 사람의 지도와 가르침이 필요하다. 요즘은 좋은 책과 온라인 교재가 많아 성경에 접근하고 이해하기가 어느 때보다도 쉬워졌고, 그래서 좋은 점도 있다. 하지만 성경을 더욱 접근하기 쉽게 만들려다가 본의 아니게 우리가 실력의 기준을 낮추었을 수도 있다. 부주의한 무지가 오히려 남을 이끌 만한 실력으로 통할 정도로 말이다. 경제학자를 데려다가 그리스 철학 과목을 가르치게 한다면 누가 봐도 어색한 일이다. 그 반대도 마찬가지다. 그런데 교회에서는 흔히들 이렇게 생각한다. 정식 교육을 거의 받지 못한 사람들도 개신교의 '만인 제사장직' 교리 덕분에 성경공부 그룹을 이끌 '권리'가 있다는 것이다. 하지만 우리는 삶의 다른 모든 유의미한 활동에서는 이러한 자격 미달을 받아들이지 않을 것이다.

소그룹 환경은 기도와 지원과 교제를 나누기에 아주 좋은 기회이며, 이런 것들은 개인의 제자도와 공동체를 가꾸는 데 중요한 요인이다. 하지만 성인 소그룹이 성경을 심층연구하는 장으로 공인된다면, 성경에 대한 전문 지식이 그룹에 아예 없어도 누가 누구를 탓할 것인가? 교육받은 박식한 성경 교사들은 무엇으로도 대체될 수 없다. 교회들이 그리스도의 몸으로써 제구실을 다하려면 우리 중에 가르침의 소명과 은사를 받은 사람들이 반드시 필요하다. 우리는 이

하나님의 모략, 이후

토록 없어서는 안될 말씀 사역자들을 양성하고 기용하는 법을 다시 생각해야 한다. 실력을 쌓으려면 교육이 필요하므로 그들의 학업을 지원해야 한다. 배워서 복을 갖추어야 사람들을 섬길 때 그 복을 흘려보낼 수 있다.

지금까지 우리는 선이란 무엇이고, 선한 사람은 누구이며, 우리가 개발하려는 선한 사회에 꼭 있어야 할 특성은 무엇인지를 논증하려 했다. 개인과 집단의 번영에 필요한 변화를 생각하려면 그와 같은 이해가 필요하다. 우리는 또 선과 악을 어떻게 분간할 수 있는지도 설명했다. 그 일은 사실과 경험이라는 정당한 기초에 입각해서 이루어진다. 그제야 비로소 우리의 지도자들과 전문인들은 전문성을 숙달하는 과정에 들어설 수 있다. 그리하여 우리를 바른 방향으로 이끌 수 있고, 제대로 책임지고 자신의 봉사와 전문성을 살려 궁극적인 복지를 성취하는 쪽으로 나아갈 수 있다. 이 중요한 일에 임하지 않는 것은 마치 정처 없이 천 리 길을 떠나는 것과 같다. 분명 어딘가에 도착하기는 하겠지만 거기가 정확히 어디인지는 아무도 모른다. 물론 우리의 삶과 사랑하는 이들과 공동체가 그렇게 되어서는 안 된다.

국가와 다양한 공동체 내의 모든 도덕 담론에 요구되는 것이 있다. 어느 특정한 도덕 기준을 제시하기 전에 도덕 이론에 대한 이해를 먼저 길러야 한다는 것이다. 세상이 다원주의, 상대주의, 구성주의, 포스트모더니즘으로 치달을수록 도덕과 윤리를 엄연한 실체로 대하는 연구는 점점 더 분열되고 외면당했다. 이런 분열의 뿌리는 다분히 우리의 대학들이 지식이라는 주제에 대해 취해 온 방향에 있다. 또한 '진리' 따위의 개념 때문에 궁지에 몰리지 않으려는 대학들의 우려도 작용했다. 좋든 싫든 우리 사회는 다음과 같은 전제 위에서 돌아간다. 즉, 진리와 실체라는 개념에 분명히 무엇인가가 있다는 것이다("우리는 이 진리를 자명한 것으로 믿는다."[미국 독립선언문의 서두에 나오는 문구 – 옮긴이]). 그러므로 최소한 우리는 진리와 실체에 정직하고 투명하게 부딪쳐야 한다.

끝으로, 앞서 말했듯이 이러한 마음가짐으로 성경을 다시 접할 때 우리는 다음과 같은 질문들을 더 잘 탐색할 수 있다. 도덕이란 무엇인가? 선이란 무엇인가? 선한 지도자의 요건은 무엇인가? 이와 같은 핵심 사항을 제대로 이해해야 어떻게 세상 나라들이 하나님과 그리스도의 나라가 될 수 있는지를 알 수 있다. 우리는 그것이 무슨 의미이며 어떻게 실현될 수 있는지 분명히 알아야 한다. 이 비전이 형성되려면 세상 나라의 리더들—경제, 금융, 교육, 법조, 의료, 기업, 정치, 과학, 예술 등 각 분야의—이 의지적으로 자신의 삶과 영향권과 관할 영역을 그리스도의 통치와 다스림과 지도와 주권 아래 놓아야만 한다. 그 결과 선하신 사랑의 하나님의 인도와 공급하에 생명과 능력의 윤리와 선이 실현된다. 이것이 오랜 세월 동안 인식되어 온 '공공선'의 추구다. 지도자가 어떻게 공공선을 추구할 수 있고 추구해야 하는지는 지도자의 본질적인 정체와 직결된다.

다음 몇 장의 사례 연구를 통해 하나님의 리더들이 부름받은 다양한 분야를 살펴볼 것이다. 그들은 지금까지 우리가 이 책에 개괄한 방식대로 행하도록 부름받았다. 특정한 참여 분야들에 대해 읽으면서 모든 리더들이 자신의 관심 영역에 대한 통찰을 얻기를 바란다.

우리가 맨 먼저 주목할 분야는 교육 제도다. 필수 기술과 지식적인 기초를 갖춘 교사는 우리 사회의 중요한 지도자이며 앞으로도 계속 그래야 한다. 한 세대에서 다음 세대로 지식을 전수하는 일은 교사의 책임이다. 과거의 지식과 우리 시대의 신지식이 후대에 유익을 끼친다면 우리 교사들의 헌신과 재능의 결과로 그리될 것이다. 교회 안에서나 밖에서나 마찬가지다. 이 중대한 책임을 맡을 교사들을 양성하고 준비시켜 임용하는 일이야말로 교육 기관의 주된 기회이자 책임이다. 그래서 우리의 공동체와 사회에서 교육자들이 담당하는 요긴한 리더의 역할을 다음 장에서 논할 것이다. 이 중요한 남녀들의 독특한 소명이 우리의 다음 주제다.

9

지식과 교육

국민을 전반적으로 계몽하라. 그러면 심신에 대한 폭정과 압제가
새벽녘의 유령처럼 사라질 것이다.

토머스 제퍼슨

아주 단순하게 지식의 보존과 확산이 주요 책임인 사회 기관이 하나 있다. 이 의무는 바로 교육 기관의 몫이다. 교육은 근본적으로 지식의 습득과 전수에 전념한다. 오늘날 교육 기관의 대다수는 지방정부나 중앙정부의 이런저런 제도에 끝없이 속박되어 있다. 이는 다분히 교육 제도에 요구되는 재정 때문이다. 하지만 정부가 교육에 관심을 두는 데는 더 근본적인 이유가 있다. 모든 사회에는 지식과 지혜의 공동 기반이 있어야 한다. 사회의 주요 기관 내부에 그것이 가동되어야 그 기관들이 모든 관련자의 선과 최선을 이해하고 추구할 수 있다. 복수의 이해 당사자들이 교육 분야를 진흙탕으로 만드는 저간의 상황에는 그와 같은 이유도 있다. 우리의 자녀들이 오늘 무엇을 배우거나 배우지 않느냐가 우리 사회의 미래를 결정짓는 주요 요인이다.

따라서 지식의 대상이 끝없이 혼란스러워 대다수의 사람들이 다가갈 수 없다면—그들은 교육 제도가 제공하는 서비스에 의존하고 있다—공식 교육과 그 혜택은 우리 사회의 우선선위 목록에서 점점 밑으로 쳐져 결국 망각 속으로 사라질 것이다. 현재 우리의 상황이 점점 그렇게 되어 가고 있다. 그러나 지식과 그 기초가 허물어져도 교육에 대한 욕구는 결코 사라지지 않는다. 우리는 늘 교육을 받고 있다. 문제는 그 교육이 무엇이며 우리가 누구에게 배우고 있느냐는 것이다.

지식에 대한 집요한 갈증의 증거를 오프라 윈프리(Oprah Winfrey) 같은 개인들의 부상과 인기에서 볼 수 있다. 그녀가 불러 모으는 많은 의사(擬似) 철학자, 사상가, 분석가, 강사, 영적 '도사'(guru)들도 마찬가지다. 물론 그녀는 많은 사람에게 도움을 주는 선의의 여성이며, 지혜를 구하는 일에 매우 헌신되어 보인다. 그녀의 '전문가'들은 분야별로 다양한 지침을 내놓고, 오프라라는 한 유명인사를 둘러싼 사업도 거기에 총력을 쏟는다. 여기서 우리가 알아야 할 것이 있다. 그들의 모든 지침은 으레 인간의 한 가지 중대한 질문에 초점이 맞추어진다. 인간으로서 우리가 어떻게 살아야 하느냐는 것이다. 그녀는 세상과 삶에 대한 지식을 일상의 현장 속에 가져다주려 하고 있다. 사람들에게 선한 삶을 영위하는 법을 가르치려는 것이다. 이것은 귀한 노력이다.

우리가 오프라와 그녀의 전문가들에게는 물론 모든 교육 제도를 상대로 던져야 할 질문이 있다. 당신이 제대로 알고서 그런 말을 하는지 우리가 어떻게 아는가? 무슨 권한으로 당신은 가장 충만한 최선의 삶을 사는 법을 안다고 주장하는가? 더 구체적으로, 당신이 누구이기에 이러한 주제로 남들을 가르칠 만한 특별한 권위가 있는가?

이와 같은 질문의 다양한 답을 조금이라도 찾아낼 수 있으려면 먼저 기초적인 것부터 알아야 한다. 우선 지식이 무엇이고 권위가 어디서 오는지에 대한 기본적인 이해가 필요하다. 그 다음에는 지식과 권위라는 개념 자체가 우리 시대에 어떻게 변했는지를 알아야 한다. 누구를 믿어야 하고 지식 자체에 대해 무엇을 믿어야 하는지를 둘러싼 혼란은 그 후에야 비로소 타개할 수 있다. 그 결과로 우리의 지도자들과 교사들의 권위가 회복되기를 바란다. 그리하여 그들이 현세대와 차세대를 가르치는 정당한 책임을 다할 수 있기를 바란다. 그들은 사회 각 분야에 공동의 번영이 이루어질 수 있도록 최선의 방법과 수단을 가지고 가르쳐야 한다.

잃어버린 지식

앞의 여러 장에서 제시한 몇 가지 질문이 있다. 필요한 권력과 지식을 맡길 만한 리더들을 어디서 찾을 것인가? 그러한 사람들은 어떻게 길러지며 어디서 배출되는가? 우리의 지도자들은 무엇이 선하고 옳은지에 대한 비전을 어디서 개발하는가? 우리가 리더십을 논하면서 지적한 서글픈 사실이 있다. 오늘 우리의 전문인과 지도자들 중에 우리에게 필요한 부류의 사람들이 너무 적다는 것이다. 그래서는 우리에게 필요한 공동의 번영과 전인적 형통을 추구하고 이룰 수 없다. 뒤이어 우리가 역설했듯이 이와 같은 현실을 변화시키려면 지식의 결핍으로 인한 장애물들을 극복해야 한다. 세상은 지식이 없어 옳고 그름을 잘 구별하지 못하고 있다. 물론 이런 결핍을 대놓고 인정할 개인이나 지도자는 오늘날 거의 없다. 지난 400년에 걸친 서구 문명의 사상사가 상세히 기록되어 있거니와, 그 진행 과정에서 리더십과 도덕성의 분야는 사실상 존립이 위태롭게 되었다. 여기서 그 역사를 다 훑을 수는 없고, 다만 그것이 현대 교육에 불러온 결과만 간략히 짚어 보려 한다.

오늘날 교육 기관에서 '지식'은 왜 존립이 위태로운 개념이 되었는가? 답을 간단히 압축하면 두 가지다. 첫째로, 우리는 옳고 그름의 차이를 모른다. 옳고 그름을 개념과 범주로 받아들이지 않는 주요 권위자들이 교육 기관에 점점 증가하고 있기 때문이다. 정작 그러한 지혜를 가르치고 전수해야 할 사람들이 말이다. 둘째로, 우리가 용인한 지식의 정의에 따라 경험적이고 수량화될 수 있는 것만이 지식으로 인정된다. 교육의 권위자들이 옳고 그름을 지식으로 가르치지 않는 주된 이유가 그것이다. 경험적 데이터란 눈과 귀와 손으로 느낄 수 있는 데이터고, 수량화될 수 있는 데이터란 체계적으로 측정되거나 계산될 수 있는 데이터다.

지식의 요건에 대한 정의가 이렇게 변한 것은 비교적 새로운 현상이다. '자연과학' 바깥에도 검증 가능한 지식 체계가 존재한다는 개념이 점차 붕괴되면서, 그때부터 모든 지식과 진리가 '상대적'이라는 생각이 싹텄다. 기존의 개념은 결국 무효화되기에 이르렀다. 그 결과 우리가 살고 있는 이 시대에는 어느 분야를 막론하고—자연과학의 일부가 아닌 한—증명되지 않은 지식의 주장은 무조건 무효로 간주된다. 따라서 비커에 담거나 현미경으로 보거나 저울로 재거나 잘게 해부할 수 없는 것은 무조건 의심의 대상이 된다. 하나님, 사랑, 은혜, 지식, 용서, 도덕, 윤리, 덕, 지혜, 기쁨, 평안, 인내 등이 거기에 해당한다. 이 모든 비경험적 실체는 인식 가능한 '자연'과

'과학'에서 분리되어 애매모호한 '주관'과 '믿음'의 영역으로 밀려났
다. 많은 과학자들에게 '믿음'은 이제 '지식'의 반대말이 되었다.

하버드 대학교의 한 철학 교수가 1901년에 한 말을 보면 불과
한 세기 전까지도 교육자들이 윤리적 지식과 심지어 종교적 지식을
어떻게 생각했는지 잘 알 수 있다.

분명히 윤리학은 삶이 충만하고 풍성해질 수 있는 길을 공부하는 학
문이다. 흔히들 생각하듯이 삶이 억제되고 빈곤해질 수 있는 길을 공
부하는 학문이 아니다. 예수의 말……자신이 온 것이 인간들로 하여금
생명을 얻게 하고 더 풍성히 얻게 하기 위해서라는 그 말이야말로 도
덕성과 종교의 목적을, 지상과 천상의 의(義)의 목적을 가장 명쾌하게
표현한 말이다.[1]

최고 명문의 일반대학 교수가 오늘날 이와 똑같이 말한다는 것
을 상상이나 할 수 있겠는가? 왜 이렇게 되었는가?

19세기 말까지만 해도 대부분의 유럽 사회에는 비과학적이고
비경험적인 지식 체계가 엄연히 존재했다. 최고 수준의 교육과 문화
에서 그것을 받아들이고 가르쳤다. 대학마다 실제로 도덕원리를 가
르치며 옳고 그름을 토론하는 과목이 개설되었고, 도덕적 주제에 대
해 옳고 그름을 가리는 내용의 시험도 출제되었다. 제2차 세계대전
이 끝나기 전까지는 미국에서도 십계명이 옳고 그름에 대한 대표적
인 지식으로 널리 용인되었다. 그래서 십계명은 으레 법정의 기둥에
조각되었고 학교 건물이나 기타 공공장소의 외부에 게시되었다. 하

나님이 모세에게 주신 지식이 구구단이나 질량-에너지 보존의 법칙($E=mc^2$)이 아닌 것이 얼마나 다행인가. 하나님이 만일 그런 지식을 계시하셨다면, 오늘날 학교에서 그것을 가르치지 않는다는 게 말이나 되는가? 하나님은 우리가 인정하는 것보다 훨씬 지혜로우신 분이다.

즉석 공학?

우리의 교육 제도에 지식의 개념 자체가 실종되었음을 보여주는 좋은 예가 있다. '과학적' 지식과 인문학 과목들에서 얻는 지식을 차별하는 것이다. 예컨대 철학과, 심리학과, 사회학과 학부생들에게 다음과 같은 과제가 비일비재하게 주어진다. 그들은 과거의 사상가들이 내놓은 도덕 및 윤리 이론을 몇 가지 골라서 살펴본 뒤 각자의 도덕 이론이나 사회 이론이나 심리 이론을 만들어 내야 한다. 그 다음에 독특하게 지어낸 그 잡탕을 어떤 가설적 주제에 응용해야 한다. 대개 이 과제에서 유일한 제한은 그 이론이 아무에게도 피해를 주어서는 안 된다는 것뿐이다.

　'자연과학'에서는 그런 활동을 생각조차 할 수 없다. 수학, 물리학, 화학, 공학 교수가 교실에 가득한 신입생들에게—모든 원소와 도구를 마음대로 써서—아무에게도 피해를 주지 않는 범위 내에서 각자의 과학 이론을 "만들어 내라"고 한다면 이는 누가 보기에도 어리석은 짓이다. 화학이나 물리학에서 인위적으로 이론을 지어내는 것은 부질없는 일이다. 주먹구구식 공학 원리에 따라 건설된 교량 위로 자동차를 몰고 싶은 사람이 누가 있겠는가? 아무리 창의적인 건축가나 기술자라 해도 검증된 기본 과학 원리에 따라 일해야 한다. 그런데 안타깝게도 많은 인문학 과목에서는 이런 기초가 전제되지 않는다.

사실을 확정짓는 수단으로 널리 인정되고 정당화되는 것들이 있다. 예컨대 숫자 5가 4보다 큰지의 여부와 그 이유를 결정할 때도 그렇다. 수천 년 동안 전 세계의 아이들은 그 지식을 습득했다. 그들에게 그것을 가르친 사람들도 다른 유식한 교사에게 그렇게 배웠다. 아주 어려서부터 아이들은 그 지식과 그것의 출처인 권위를 알고 받아들인다. 어쩌면 공식 교육이 시작되기 전부터일 수도 있다. 이런 지식은 워낙 기본이라서, 아직 숫자를 모르는 아이는 자신의 무지를 알 수조차 없다. 먼저 그 지식부터 터득하고 숙달해야 한다. 그래서 우리는 큰 노력과 엄청난 자원을 투자하여 아이들에게 그 지식을 최대한 효과적이고 신속하게 가르친다. 이런 사실적 지식이 다음 세대로 잘 전수되었는지 확인하는 시험까지도 법으로 정해져 있다.

마찬가지로 도덕성을 주먹구구로 지어내는 것도 똑같이 위험하고 어리석은 짓이다. '상대주의' 공학으로 지은 교량, '상대주의' 법학이나 의학에 의지하는 사회는 오래가지 못한다. 그러므로 지식의 기초를 허물어 버리면, 사람들이 "제멋대로 해놓고"그 결과에 책임지지 않거나 남에게 피해를 주고도 유죄를 면할 수는 있다. 하지만 결국은 비극으로 끝나게 되어 있다. 우리의 교육 제도는 최대한 부지런히 그런 주먹구구식 도덕의 비극을 예방할 의무가 있으며, 지난 수세기 동안 바로 그 일을 했다.

더 이상 옳고 그름을 가리는 표준 권위나 공인된 권위가 없다

보니 대체로 우리에게 남은 것은 인간의 감정 내지 기분의 영역이다. 무엇이 옳고 그르며 최선이고 차선인가에 대해 감정이나 강한 의견을 품는 것은 여전히 허용된다. 하지만 무엇이 옳고 그른지 **안다고**—숫자 5가 4보다 큼을 **아는** 것과 같은 의미로—주장할 수 있는 기준은 존재하지 않는다. 지리나 수학 시험에는 정답이 있지만, 문학 작품에 대한 해석의 정확성을 두고는 사람들을 평가하거나 성적을 매길 잣대가 없어졌다.

그래서 '과학'의 영역을 벗어난 다른 모든 분야에 대해서는 민간 '도사'와 유명인사들이 우리의 길잡이와 스승으로 남았다. 유명인사들이 아주 견고한 교량을 건설하거나, 원자력 발전소를 제대로 관리하거나, 심장 이식수술을 거뜬히 맡을 수 없음은 자명한 일이다. 그런데 왜 우리는 그들에게 각자의 전문 분야 이외에 다른 종류의 유익한 지식이 있다고 가정하는가? 그들에게 그런 주제로 우리를 가르치고 교육할 자격이 있다고 보는 이유가 무엇인가? 그것은 다분히 우리가 비판적인 사고력을 잃고 지혜 대신 오락에 안주했기 때문이다. 단순히 우리는 이러한 문제를 깊이 생각할 줄 모른다. 잘 생각하는 법을 배우지 못했기 때문이다. 이것이 학교의 기본 과제다. 우리 아이들에게 무엇을 생각해야 하고 세상의 각종 이슈와 주제를 어떻게 생각해야 하는지를 가르치는 일도 똑같이 중시되어야 한다. 지방과 중앙 관할청에서 실시하는 학습 평가에 그 부분의 시험도 똑같이 포함되어야 한다. 비판적인 사고력을 희생시키거나 학력고사의 좋은 점수와 맞바꾸어서는 안 된다. 그러기에는 너무 많은 것이 걸려 있다. 교육자들은 이 분명한 차이를 되찾아야 한다.

지식을 바로 알아야 한다

안타깝게도 많은 대학들은 이 문제에 도움이 되지 않는다. 우리가 살고 있는 현대 포스트모더니즘 세계가 비록 반(反)기초주의적 인식론을 온통 이념화하고 있지만, 그래도 새로운 **기초**를 찾아 그것을 기반으로 확실하게 가르치고 이끌려는 세속의 시도는 오늘도 지속되고 있다. 대체로 그 작업은 대학에 맡겨져 있다. 그런데 흔히 대학에 있는 것이라고는 얽히고설킨 이론과 변론뿐이다. 현재 대학의 윤리 강좌 등은 다분히 갖가지 관점의 개괄로 이루어지며, 적용될 수 있는—감히 말해서 마땅히 적용되어야 할—분명한 일치점은 전혀 없다.[2] 종교와 연계된 도덕적 기초는 무조건 배격되기 일쑤다. 그 결과 구체적인 실존의 도덕적 필요성은 계속 일반 대중에게 이해되지 않는다. 누구나 무엇이 선하고 옳은지를 분명히 알아야만 우리가 간절히 필요로 하고 구하는 공공선의 실체를 경험할 수 있는데도 말이다.

공동체의 형통과 번영과 선의 확산에 각급 전문 교육자들이 매우 중요한 이유가 거기에 있다. 공동체의 규모나 종류와 관계없이 세계적으로 다 마찬가지다. 지식의 확산을 촉진하려면 사회 각급의 교육자가 모두 중요하다. 모든 교육자가 중요하지만 고등교육을 전담하는 대학 교육자들은 특별한 의무가 있다. 이는 주로 두 가지 중요한 이유 때문이다. 첫째로, 오늘날 대부분의 전문인들은 고등교육기관에서 학위를 받는다. 둘째로, 각급 학교에 임용되는 교육자의 거의 전원이 무엇을 어떻게 가르쳐야 할지를 대학 교수진에게 배운다. 따라서 여기에 우리가 다루어야 할 문제가 있다. 다양한 분야와 단계의 고등교육에 몸담고 있는 리더들은 어떻게 소속 기관과 재학생들을 각자의 선과 나아가 만인의 선 쪽으로 바르게 이끌 것인가?

교육자가 이루어야 할 일은 무엇인가? 다시 말하지만 교육의 일차 관심은 지식의 효과적인 전수에 있다. 이 지식에는 이른바 '머릿속의 지식'도 포함되지만 그것만은 아니다. 물론 우리는 구구단과 역사 사건의 연대도 배워야 한다. 하지만 현재의 학교 제도를 창시한 사람들이 생각한 지식은 정보를 잔뜩 주입한 뒤 객관식 시험지에 다시 토해 내는 것과는 사뭇 달랐다. 무엇인가를 아는 것은 그것에 대해 아는 것과는 전혀 다르다. 고대 철학자들에게 지식이란, 세상을 헤쳐 나가고 그 속에서 살며 성공하는 데 꼭 필요한 힘이었다. 지식을 소유한 사람은 현실 속의 난제와 세상에 제대로 부딪칠 능력이 있었기 때문이다. 그래서 본연의 지식을 깊이 인식하고 경험하려는 간절한 욕구가 늘 있었다. 고대 철학자들과 교사들은 그러한 질과 종류의 지식을 자신도 탐구했고 학생들에게도 애써 전수했다.

고대의 전인적 앎에는 학습자가 지식의 실효성을 체험하는 일까지 포함되었다. 그러나 오늘날의 학문에서는 그 부분이 다분히 무시되며, 이론이 실천이나 응용으로 이어지는 일이 극히 드물다. 그 결과 현대 사회는 지식에 혼란을 느끼며 지식을 냉소하기까지 한다. 지식이 무엇인지에 대해 점점 무지해지고 있다. 일상생활, 인간의 본질, 세상 등에 대한 지식을 얻거나 분별하는 법은 더 말할 것도 없다.

분명히 말하지만 지식이란 "사고와 경험의 적절한 기초에 입각하여 현실을 있는 그대로 대변하는 능력"이다. 지식은 짐작으로 알아맞히는 것이 아니다. 반대로, 정확한 데이터나 증거가 쌓여 있어도 그 자체로 지식이 되는 것은 아니다. 지식이 존재하려면 두 가지

조건이 충족되어야 한다. 첫째는 정확성이다. 현실을 있는 그대로 대변해야 한다. 둘째는 적절한 사고와 경험이다. 그것에 입각하여 결론을 내려야(현실을 대변해야) 한다. 이 두 가지 요인이 갖추어져야 지식에 이를 수 있다.

아울러 지식은 책임의 기본이다. 책임감 있는 행동은 지식에 기초해야 한다. 우리가 원하고 필요로 하는 전문인과 지도자들은 자기가 하고 있는 일을 알아야 한다. 짐작으로 알아맞히는 정도로는 안 된다. 아울러 우리는 대부분의 경우에 그런 지식이 영감을 통해 오지 않음을 안다. 그런 지식을 얻으려면 적절한 방법을 배워 사고와 경험을 길러야 한다.

이번에는 '지식의 주장'에 대해 살펴보자. 주제를 잘 대변하려면 어떤 종류의 사고와 경험이 적절한가? 이것을 결정짓는 요인은 여타의 이론이 아니라 그 주제 자체여야 한다. 도덕적인 주제를 포함한 많은 주제를 우리는 명료하게 사고하고 이해할 수 있다. 도덕성을 구성하는 속성을 비록 보거나 맛보거나 냄새 맡거나 잣대나 온도계로 측정할 수 없을지라도 말이다. 우리는 그런 속성의 결과를 측정할 수 있다. 그래서 앞서 말한 지식의 정의에 오감의 지각이나 수량화는 들어 있지 않다. 사고와 경험의 정확성만이 기준으로 제시될 뿐이다. 물론 경험적 연구와 수량화라는 방법도 포함될 수 있지만 거기에 국한되지는 않는다. 우리는 과학적인 방법으로 최대한 지식을 계속 얻을 수 있고 마땅히 그래야 한다. 하지만 그것이 우리가 사용할 수 있는 유일한 방법은 결코 아니며 어떤 때는 최선의 방법도 아니다.

여기 매우 중요한 사실이 있다. 어떤 지식 이론이든 그 근거가 수량화될 수 있는 경험적 증거에만 있다면 그 이론 자체가 자가당착이다. 경험적 지식만이 세상에 대한 지식의 유일한 출처라는 주장은 그 자체가 경험적으로 입증될 수 없다. 다시 말해서 그 이론에 근거하여 생성되는 지식은 본질상 바로 그 동일한 방법으로 확증되거나 수량적으로 측정될 수 없다. 예컨대 수수하면서도 위엄이 있는 제왕나비를 생각해 보라. 우리는 이 놀라운 곤충의 성질과 특성을 대부분 경험적으로 확인하고 측정할 수 있으며 실제로 그렇게 해왔다. 물론 더 배울 부분이 있겠지만 학자들과 연구자들은 지금까지 이 주제에 대해 상당량의 지식을 축적했다.

여기서 강조해야 할 핵심 요점은 이것이다. 그 지식은 정확히 어디에 존재하는가? 그것은 '살아' 있는가? 서적이나 학술지를 구성하는 언어의 상징 속에 용케 들어 있는가? 나비에 대한 책을 읽거나 강의를 듣거나 직접 생태계의 나비를 관찰할 때, 이 지식은 정확히 어디서 와서 어디로 가는가? 어떻게 존재하는가? 이 지식은 우리의 뇌 속에 쌓여 있는가? 만일 그렇다면 뇌의 정확히 어디에 있는가? 신경연접부의 조합 속에서 짚어 낼 수 있는가? 소재지가 좌뇌인가 우뇌인가 전두엽인가? 그 지식을 보거나 듣거나 만지거나 냄새 맡거나 손으로 가리켜 보일 수 있는가? 나비에 대한 지식이 물리적으로 또는 경험적으로 어디에 존재하는지 조금이라도 증명할 수 있는가? 설령 그 지식을 찾아낸다 해도, 손에 잡히지 않는 그 작은 조각을 측정할 수 있는가? 제왕나비에 대한 지식은 수량적으로 정확히 얼마나 크고 넓고 깊은가?

하나님의 모략, 이후

사실, 이상의 어떤 질문에도 여태껏 답이 나온 바 없다. 이는 물리주의적 지식 이론으로는 지식 자체의 복잡성을 능히 이해할 수 없음을 잘 보여준다. 모든 '객관적' 과학은 지식 자체의 '주관적' 본질을 당당히(믿음으로?) 가정하지만, 결코 그것을 경험적으로 증명하지는 못한다. 이렇듯 경험주의적 지식 이론은 자체의 주장을 자체의 방법으로 확증하지 못한다.

역사학의 예

이와 같은 지식 이론의 변화가 대학의 여러 학과에 점진적으로 나타났다. 여기서 중요하게 살펴볼 한 예가 있다. 역사학 분야를 예로 들어, 일부 역사가들이 도덕적 지식의 이슈들을 어떻게 다루어 왔는지 생각해 보자. 알다시피 흔히 역사에 대해 가르치는 내용은 대부분 별로 중요하지 않아 보인다. 특정한 연도와 날짜를 달달 외우는 방식은 오히려 이 주제에 대한 흥미를 떨어뜨릴 때가 너무나 많다. 하지만 과거의 역사적인 사건 가운데 국가의 자존심이나 정체를 항시 위협하는 부분에 관심을 집중해 보면, 비로소 역사학의 매주 중대한 요소를 파악할 수 있다.

예컨대 다음의 역사 질문을 생각해 보라. 운디드니(Wounded Knee, 1890년에 미국 군대가 수 족[族] 인디언의 민간인을 학살한 사건 - 옮긴이)에서 무슨 일이 벌어졌는가? 표면적인 정보와 날짜와 인물에만 머물지 않고 이 비참한 학살 사건의 실체를 비판적으로 자세히 들여다본다면 어떻게 되겠는가? 또는 남북전쟁 때 애틀랜타가 불타 버린 일이나 정부 관리들이 윤색한 통킹만 사건(1964년에 발생한 미국과

북베트남의 교전 - 옮긴이)을 생각해 볼 수도 있겠다. 이들 각 사건은 특정한 사관(史觀)에 위협을 줄 수 있다. 이를테면 그것은 '선한' 일이었는가 '악한' 일이었는가? 결과가 선했는가 악했는가?

이런 사건이 국가의 자존심을 위협하는 이유는 우리의 개인적 정체성과 사회적 정체성에 의문을 제기하는 위력이 있기 때문이다. 여기서 관건은 이런 사건이 '우리'—미국인, 북군, 기타 우리의 소속 단체—를 선한 존재로 드러내 주느냐는 것이다. 이렇듯 역사를 보는 관점에는 도덕성이 함께 드러나게 되어 있다. 도덕 이슈는 자존심이나 정체성을 위협한다.

따라서 우리는 역사가들이 역사 사건을 분류하고 분석하는 방식을 꼭 보아야 한다. 인간 실존의 가장 깊은 필요 중 하나가 그 속에 드러나기 때문이다. 모든 인간은 인정받고 존중받으려는 욕구가 있다. 건강한 자존감이 형성되려면 나의 존재와 성취를 외부에서 적절히 인정하고 알아주어야 한다. 삼척동자도 직감으로 알 듯이 온전한 인정과 존중은 빈말이 아니라 솔직하고 정확해야 한다. 말뿐인 칭찬은 허망하게 느껴지며, 따라서 자아가 갈망하는 진정한 인정에 오히려 역효과를 낸다. 말뿐인 인정이 무용지물임을 우리는 본능적으로 안다. 그래서 우리는 칭찬받을 만한 존재가 되어야 한다. 개인이나 집단이나 마찬가지다. 존중받을 만한 사람이 되려면 나의 행동이 올바르고 훌륭하고 도덕적인지의 여부를 분간하는 일이 매우 중요하다. 이렇듯 도덕성과 윤리 기준은 인정받을 만한 사람이 되고픈 우리의 깊은 갈망과 불가분으로 얽혀 있다.

이 하나의 단순한 예에서 보듯이, 우리가 교육 기관에서 접하는 학문마다 **도덕적 지식**과 **사실적 지식**은 떼려야 뗄 수 없는 관계다. 물론 체육, 예술, 경제, 의학, 법학, 문학 등의 분야에도 다른 예가 얼마든지 많이 있다. 시어도어 루스벨트(Theodore Roosevelt)는 "인간의 지성만 교육하고 덕성을 교육하지 않으면 사회의 위험인물을 길러내는 것이다"라고 말했다.[3] 요컨대 무엇이 선이고 무엇이 선이 아닌지를 분간하려는 의지가 없는 한 도덕과 윤리 문제를 논하는 것은 불가능하다. 그런데 현대의 교육 환경에서는 그러한 기초가 점점 더 위태로워지고 있다.

종교 교육을 위한 용기

앞서 말한 지식의 정의를 현재의 교육 풍토에 대입하려고 하면 상당한 불안이 야기될 수밖에 없다. 이는 오늘의 거의 모든 교육 기관에 지식의 이분법과 더불어 도덕적 지식의 쇠퇴가 만연해 있기 때문이다. 따라서 현대의 교사들은 도덕 지식 하나를 단언하는 데만도 강인한 성품과 용기가 상당히 필요하다. 많은 그리스도인 교사들은 특히 더하다.

　　대체로 말해서 지난 여러 세기 동안 기독교 교회는 지식을 주장할 신임과 권위를 잃었다. 교회의 주장 가운데 일부가 정말 틀렸기 때문이다. 예컨대 지구가 평평하다든가, 지구가 우주의 중심이라는 주장이 그런 경우다. 한편 경험과 수량화에 의존하는 과학 지식은 해석이 틀릴 수 있음에도 불구하고 급속한 진보를 이루었다. 결국 성경과 교회의 권위 대신 과학 연구가 실체를 기술하게 되었다. 물론 다른 원인도 많이 있으며 그중 일부는 다른 책에 논한 바 있다.[4] 여기서는 이런 현상의 결과만 살펴보고자 한다.

아마도 가장 두드러진 결과는 하나님의 말씀이나 하나님의 도덕적 권위가 모종의 세속 지식으로 대체되었다는 세간의 통념이다. 기독교에서 말하는 지식의 기초는 변명의 여지없이 종교적 하부문화로 전락하고 말았다. 점점 더 기독교를 등지고 세속주의로 치닫는 사회에서 그 사실은 교육자들에게 날개를 달아 주었다. 그들은 인간 의지의 무한 해방에 반대하는 기독교의 도덕을 비판적으로 해체하려고 한다. 이 문제를 더 복잡하게 만드는 요인이 있다. 세속주의 교육자들이 지식의 권위나 분야를 일관성 없게 정해 놓고는 그것을 비판의 기준으로 삼는다는 것이다. 예컨대 수학은 명백한 지식 체계로 간주되지만 신학과 종교는 지식 체계로 인정되지 않는다. 우리가 그것을 조금이라도 달라지게 하려면 왜 그런지를 알아야 한다.

종교와 특히 기독교가 지식 체계를 내놓거나 대변한다고 간주되지 않는 이유는 주로 두 가지다. 첫째로, 대학에서 종교는 주로 하나의 사회학적인 현상으로 연구된다. 따라서 연구자들이 고찰할 수 있는 내용은 사람들이 종교를 갖는 이유, 사람들이 말하는 종교, 사람들이 종교 활동을 통해 받았다고 주장하는 것, 사람들이 보기에 종교가 유익한 이유, 사람들이 종교에 감화되어 취하는 행동 등이다.

그렇다면 세속 사회과학의 관점에서 당연히 뒤따르는 결과가 있다. 예컨대 '사도신경' 같은 진술을 고찰할 때 연구자들은 많은 그리스도인들이 그것을 꾸준히 암송한다는 사실을 지적할 수 있다. 사도신경의 역사적 의의와 신자들이 말하는 중요성을 논할 수도 있다. 하지만 사도신경이 실제로 사실인지의 여부는 전혀 고찰하거나 연구하지 않는다. 이는 사회과학 연구에서 흔히 간과되는 중요한 측면이다. 만일 사도신경의 진술 속에 정말 지식이나 진리가 없다고 확인할 수 있거나 또는 그런 질문 자체를 무시하고 답하지 않는다면, 예수의 가르침에 기초하여 다분히 서구 문명을 떠받치고 있는 모든 윤리 체계도 똑같이 무시할 수 있다. 그러나 사도신경이 정말 참된 진술이라면 그 배후에 방대한 지식 체계가 존재한다. 거기서 구축되는 적절한 도덕 기반이 우리 사회가 나아가는 기점이 될 수 있다.

다시 말하지만 이 상황에는 이상한 점이 있다. 지식과 권위를 인식하는 용인된 방법이 지금도 엄연히 존재한다는 사실이다. 삶의 많은 측면이 그런 방법으로 결정된다. 예컨대 숫자 5가 4보다 크다는 것을 결정하는 원칙이 있고 교량을 건설하는 원칙도 있다. 하지만 수학과 공학에서 지식을 실용화하는 단순한 예가 대학의 다른 지식의 주장에는 통하거나 적용되지 않는다. 다양한 사회적·경제적·정치적 문제에 대한 논의를 생각해 보라. 그중 다수는 결혼, 성, 가정, 세금, 이민 등 매우 개인적인 이슈들과 관련된다. 수학이나 심지어 역사학에 쓰이는 어법이 그 이슈들에는 분명히 더 이상 용인되지 않는다. 사실 젊은 세대 중에는 인류 역사에서 한때 도덕성을 구체적인 어법으로 표현하거나 가르치던 때가 있었다는 데 놀라는 사람들이 많이 있다. 하지만 이런 변화에도 불구하고 우리가 지금도 처해 있는 끝없는 곤경이 있다. 그것은 바로 무엇이 옳은 일이고, 자녀에게 무엇을 가르치고 본보여야 하며, 옳고 그름과 관련해 자신과 타인에게 어떤 책임을 물어야 하는지 등을 분별하는 일이다.

지식으로서의 믿음

과학의 영역과 믿음의 영역 사이에 치유 과정이 시작되려면 대학에서 '종교'라는 주제가 다시 옹호되어야 한다. 종교를 역사 속에서 발전하는 사회적·제도적 실체로 보아야 한다. 따라서 대학은 학문 분야로서의 종교에 유익하고 검증 가능한 지식 체계가 있는지 다시 생각해야 한다. 일반대학이든 신앙에 기초한 대학이든 마찬가지다. 종교학의 현재 커리큘럼을 단지 사회학적인 현상으로만 재개발해야 한다는 말이 아니다. 그보다는 종교와 종교의 주장에 다시 접근하여 삶과 생활에 대한 그 모든 주장을 자체 기준에 따라 시험해야 한다는 말이다. 그래야 종교의 현실관이 실행 가능한 것인지를 판가름할 수 있다. 이 일을 잘하려면 종교의 두 가지 중요한 교의(教義)를 알아야 한다.

종교는 다른 세계의 존재와 위력을 믿으며, 그렇게 믿을 것을 권한다. 그 다른 세계는 이 땅의 삶에서 경험하는 감각적인 자연 세계와는 전혀 다르다. 또한 종교는 그 다른 세계가 자연 세계와 우리 인간을 향해 당연한 권리를 보유하고 있다고 믿는다. 나아가 인간도 특정한 종교적 반응과 활동(기도, 의식, 제사 등)을 통해 그 다른 세계를 내 것으로 주장할 수 있고 때로는 반드시 그래야 한다.

종교 사상의 이 두 가지 단순명료해 보이는 교의를 하나로 합하면 거기서 다양한 세계관이 나온다. 각 세계관은 인간 실존에 대한 종합적인 비전을 제시한다. 한 종교의 세계관이 확산되면 머지않아 그 공통된 가치관을 중심으로 한 민족이나 공동체가 형성될 수 있다. 이는 개인과 단체의 정체성이 그 안에서 발견되기 때문이기도

하다. 여기서 대등한 기준의 목적과 정체가 생겨난다. 이와 같은 가치관에는 대개 일정한 도덕규범이 담겨 있어 공동체의 구성원들은 그 규범대로 서로를 대하고 돌본다. 요컨대 이런 식으로 종교는 인간 삶의 실존적 실체를 건드린다. 그 실체는 보편적이고, 공감할 수 있고, 측정 가능하며, 깊이 체험된다.

지난 두 세기 동안 미국 교육에서 종교 사상을 억압하다 못해 아예 제거하려는 갖가지 시도가 있었다. 점증하는 세속주의는 지식의 진보가 결국 종교의 '환상'과 '아편' 기능을 없앨 것이라고 주장했다. 마르크스주의, 다윈주의, 니체의 허무주의, 프로이트식의 인본주의 등 많은 이념들도 이래저래 같은 주장을 폈다. 그러나 종교 세계관에 대한 저항이 그렇게 커져 감에도 불구하고 종교는 가장 진보한 지성의 문화들 속에서도 이런저런 형태로 압도적인 우위를 유지했다. 특히 19세기에 그랬다. 오늘날 종교는 사생활에서만 어느 정도 중요하게 남아 있을 뿐 학계, 정계, 예술계에서는 다분히 거부당하고 있다. 그러한 거부의 좋은 예를 평소에 대중매체가 정치, 사회, 가정 등 삶의 전반에서 부딪치는 종교 문제를 다루는 방식에서 볼 수 있다.

모든 종교의 위력은 종교가 채워 주려는 인간의 깊은 욕구와 직결된다. 그래서 종교는 큰 유익을 끼칠 수도 있고 큰 해악을 부를 수도 있다. 크리스토퍼 히친스(Christopher Hitchens)를 비롯한 새로운 무신론자들이 예리하게 지적했듯이, 빗나간 종교적 열정이나 광기는 지금껏 많은 참사와 큰 피해를 불렀다.[5] 그러나 이들 집단은 대개 실존적 공허감의 본질과 존재와 기원을 언급하지 않는다. 지금도 인간은 종교 생활을 통해 그것을 채우려 하고 있다.

기독교 교육의 문제점

뼈아픈 사실이지만 종교는 혹독한 도덕주의, 율법주의, 정죄 등의 비참한 역사를 지니고 있다. 거기서 생겨난 각종 압제 구조는 종교 일반과 특히 기독교의 지지 아래 부도덕의 정당화를 꾀한다. 우리가 인정하고 고백해야 할 사실이 있다. 기독교를 포함하여, 종교는 가정과 공동체와 국가 내에서는 물론 집단과 집단 간에도 폭력과 두려움과 수치심을 으레 파괴적인 세력으로 이용해 왔다.

여기서 중요하게 알아야 할 것이 있다. 예수의 사역은 무지와 교만과 율법주의와 도덕주의 등 종교 생활의 파괴적인 이면을 들추어내 직격탄을 날렸다. 그분은 종교가 파괴력과 압제력으로 작용할 수 있음을 익히 아셨다. 종교는 사람들을 부정적으로 차별하고, 단지 순응하거나 동조하지 않는다는 이유로 그들을 추방한다. 그들의 필요나 능력이나 지식 따위는 고려 대상이 못 된다. 그러나 예수는 버림받은 인생들을 늘 받아들여 다시 세워 주시며, 그분의 사랑과 주목을 받기에 합당한 존재로 인정하고 귀히 여겨 주신다. 그러고 나면 그들은 그분을 본받아 진리를 찾으려는 열망이 불타오른다.

마찬가지로 그리스도인 교육자들의 근본 목표와 전임 목사들의 (일차 과제까지는 몰라도) 주요 과제는 지역교회에서 정죄와 반지성주의를 일소하는 것이 되어야 한다. 대중매체가 으레 부각시키는 지역교회들과 목사들은 '정죄의 기계'라고 해도 과언이 아니다. 그들은 종교적 율법주의와 편협한 관점을 철석같이 믿고 내세운다. 기독교의 시각과 지식이 우리 사회에 널리 유익을 끼치려면 그리스도인들이 책임지고 그런 이야기의 대안이 될 내러티브를 지혜롭게 내놓아야 한다. 그래야 생산적인 대화와 영향과 축복이 가능해진다.

안타깝게도 많은 비그리스도인들은 도덕주의와 종교적 무지의 부정적인 영향만을 본다. 그런 영향은 역사 속에도 있었고 현대 생활에도 계속되고 있다. 그리스도인들은 '홍보' 면에서 사회에 심각한 문제를 일으켰고, 서글프게도 이 때문에 일부 지역교회 지도자들은 기독교의 지식과 신앙에 대한 점증하는 오해를 용인한다. 그들은 이 주제에 대한 건강한 대화를 거부하고, 대신 선거를 통해 특정한 정치 의제를 밀어붙이며, 삶이 어떠어떠해야 한다는 강한 **느낌**을 버리지 않는다. 그들은 올바른 지식을 주장하는 사람들이 되기를 거부하며, 따라서 그들의 공동체는 옳고 그름을 분별하는 데서 오는 유익을 누릴 수 없다.

회개와 진리 탐구에 무엇이 요구되든 우리가 교육자로서 그 방향으로 나아간다면, 수세기 동안 세상의 양식이 되었던 지식 전통들로 다시 돌아가는 일이 가능하다. 하지만 그런 일이 일어나려면 단순히 사람들을 불러 앉혀 놓고 도덕과 윤리에 대해 대화만 하게 해서는 안 된다. 도덕이란 오랜 역사와 경험의 전통을 통해 우리에게 오는 법이다. 그것이 우리의 배움과 성장의 밑거름이 된다. 그러므로 다음의 몇 가지 첫걸음을 통해 우리의 지식 전통들을 새롭게 할 수 있다.

- 수치심을 자극하는 혹독한 판단이 도덕 가르침의 주조를 이루고 있는

이때, 그리스도인 교육자들은 그런 판단을 힘써 완화시키는 한편 생명과 희망과 은혜를 주는 가르침으로 그것을 대체할 수 있다.

- 그리스도인 교육자들은 가장 생명을 주는 전통과 가르침이 어떤 것들인지를 비교하고 평가하고 분별하는 일에 충분하고 솔직하고 비판적인 노력을 기울일 수 있다.

- 그리스도인 교사들은 어느 한 전통의 실체와 영향과 결과와 대가와 유익을 분별한 **후에야** 비로소 그 전통의 교의에 권위를 부여할 수 있고 또 부여해야 한다.

이것은 특이한 전략이 아니다. 어느 분야의 사람에게든 우리는 업무를 수행하는―가령 자동차를 고치고, 세금 보고를 대행하고, 환자를 수술하는―능력을 보여줄 것을 먼저 요구한다. 그 후에야 그들에게 해당 업무에 대한 권위를 부여한다. 도덕적인 책임에 대해서도 마찬가지다. 진정한 권위를 갖춘 사람은 실체를 훤히 꿰뚫고 있으며 그 사실을 능히 입증할 수 있다.

예컨대 교육자들은 최근에 더욱 주목받고 있는 프리드리히 니체 같은 사람의 삶과 철학을 살펴볼 수 있다. 우리는 그의 자칭 '반(反)그리스도' 철학, 그것이 내줄 수 있는 것, 그것을 적용하는 사람들의 삶에 나타나는 결과 등을 알아볼 수 있다. 또는 세계의 주요 종교인 불교를 생각해 볼 수도 있다. 불교는 인간 역동에 대한 심오한 이해를 4성제(四聖諦, 고제, 집제, 멸제, 도제의 네 가지 진리 - 옮긴이)와 8정도(八正道, 정견, 정사유, 정어, 정업, 정명, 정정진, 정념, 정정의 여덟 가지 수행법 - 옮긴이)로 제시한다. 교육자들은 기독교와 아울러 이런 인간에 대한 이론적 구성들도 연구하고 이해할 필요가 있다. 그래야 정확성과 통일성을 기준으로 서로를 비교하고 대조할 수 있다. 모든 세대마다 이 일을 해야 한다. 그것까지도 학습의 일부다. 그러므로 잘 교육받고 지도받은 전문 교육자들이 꼭 있어야만 우리는 이러한 이슈를 제대로 다룰 수 있다.

이와 같은 이슈를 다루고 연구할 때 우리는 두려워할 것이 하나도 없다. 우리가 실제로 **진리**를 구할 때 하나님이 반드시 우리와 함께하시기 때문이다. 아이러니지만 서구의 거의 모든 대학을 태동시킨 지성 운동 자체가 유대-기독교 전통에서 유래했다. 이것은 다분히 기독교가 중대한 지식 체계를 보유하고 있다는 개념 덕분이었다. 세상은 그 지식 체계를 접하고 적용하여 좋은 결과를 누릴 수 있다. 이런 지성적 탐구는 수천 년 동안 있었고, 오늘도 가능하며, 앞으로도 계속되어야 한다. 우리 삶을 지도할 도덕적 권위를 거기에 양도하는 것은 그 다음의 문제다. 예수는 우리에게 "비용을 계산하도록" 가르치셨다(눅 14:26-33). '예비 조사'라고 할 수도 있다. 탐구에 임할 때 우리가 교만하거나 건방지지는 않되 확신할 수 있는 사실이 있다. 제대로 **적용**된 기독교는 세계 역사상 가장 유익하고 긍정적인 도덕과 윤리 체계를 낳았다. 다른 종교적 또는 철학적 세계관들과 정직하게 비교해 볼 때 기독교의 그러한 이력은 역사적으로 충분한 근거가 있다. 적용과 해석 면에서 기독교의 모든 결점을 십분 감안하더라도 그렇다.[6]

그렇다고 다른 전통들은 내놓을 것이 없다는 뜻은 전혀 아니다. 많은 비기독교 전통과 세상의 가르침에도 소중하고 유익한 내용이 당연히 많이 있다. 예수야말로 우리가 '포장지'와 관계없이―그 것이 어디서 오든―모든 최고의 것을 얻기를 바라실 분이다. 이것 은 전혀 모순된 입장이 아니다. 마찬가지로 무언가 선하고 참된 것 이 우리 자신의 전통의 산물일 때 그것을 겸손히 인정하는 것도 주 제넘은 일은 아니다.

예를 들어 우리는 본회퍼의 책 『윤리학』(Ethik)에 나오는 예수 의 도덕적인 가르침을 전심으로 예찬할 수 있다.[7] 하지만 자만심에 빠지는 것은 무익한 일이다. 모든 종교에는 물론 기독교 전통에도 속죄해야 할 지독한 환부가 많이 있다. 우리는 철저하고 비판적이고 성찰하는 자세를 갖추어야 한다. 여기에는 자아비판과 자기반성도 포함된다. 우리가 그렇게 하면―또한 의지적으로 겸손해지고 두려 움을 떨치면―역사가 예증해 주듯이 이런 주제에 대한 예수의 가르 침은 스스로 굳게 선다.

그리스도인 전문인을 양성하라

이제부터 하려는 말은 특히 기독교 대학에 중요한 의미를 가진다. 리더십에 대한 장들에서 언급했듯이 교육에―특히 **기독교** 고등교 육에―몸담고 있는 '전문가들'은 사람을 길러 낼 책임이 있다. 교회 와 국가와 세상을 상대로 예언자적인 사역을 선택하여 각자의 특수 한 직무를 효과적으로 수행할 사람들을 양성해야 한다. 당연히 예상 되듯이, 하나님의 모략을 이끌려면 언론인, 작가, 예술가, 학자 등이 정부, 기업, 종교, 예술, 경제, 공학, 의료, 법조, 금융, 국방, 교육 등 각종 사회 기관의 어리석은 행태를 신중하고 정확하고 용감하게 폭로해야 한다. 바로 이 부분에서 기독교 대학들이 핵심적인 역할을 해야 한다. 그래야 공동의 번영을 의미 있는 방식으로 추진할 수 있다. 그리스도인 교육자들과 학자들은 각자의 특수한 학문 분야를 예수의 실체에 비추고 그분 나라의 시민들에게 요구되는 특성에 비추어 재고해야 한다. 교육자들은 우리 학생들이 하나님 나라의 시민이자 그리스도의 제자로서 장차 세상에 들여놓아야 할 지식과 기술이 무엇인지를 물어야 한다. 학생들의 분명한 목적은 장차 자신이 섬기거나 고용할 사람들의 공동의 번영과 유익을 도모하는 것이다. 우리 학생들이 장차 창업하거나 개업할 때 그들의 명함에 찍힌 물고기 그림은 신자들에게보다 비신자들에게 더 의미가 있어야 한다. 그런 날을 상상할 수 있겠는가?

기업 및 기업 지도자와 관련하여 또 하나 중요한 이슈는 경영지도자와 전문인을 양성하는 교육 기관들이다. 경영대학원들이 인식하고 학과목에 반영해야 할, 만인이 인정하는 사실이 있다. 개인적·금전적 이득만으로는 지속 가능한 목표가 되지 못한다는 것이다. 그것은 삶이나 직업에 보람과 의미를 계속 가져다줄 수 없다. 오늘날 대학교육은 더 좋은 고용 기회, 사회적 신분 상승, 부의 증대 등을 위한 양성소로 진화했다. 그 자체가 나쁜 것은 아니다. 하지만 기독교 교육은 그런 동기와 충동이 하나님의 포괄적인 사명과 조화를 이루게 해야 한다. 그 사명이란 곧 타인의 유익과 복을 먼저 구하는 섬기는 지도자들과 목자들을 길러 내는 일이다. 현재와 미래의 리더들을 길러 내고 영향을 미치는 학교, 대학, 전문인 협회, 훈련센터 등은 그리스도인 전문인의 독특한 정체와 소명을 이해하고 예시하는 것이 중요하다. 대학은 바로 그러한 본질적인 성품을 계발하고 성숙시키는 양성소다.

학생들이 그리스도의 대의를 진척시키고자 섬기는 지도자의 소명을 받아들이면 그때부터 우리가 생각해야 할 것이다. 어떻게 그들이 좁은 기독교 하부문화를 벗어나 세상의 어두운 곳곳에 진리의 빛을 비출 것이냐 하는 것이다. 이것은 세심한 주의와 지혜를 요하는 일이다. 하지만 그리스도를 닮은 성품의 형성 못지않게 집중적으로 관심을 쏟아야 할 일이기도 하다. 학생들은 갈수록 더 이웃을 사랑하고, 평화롭게 살며, 어떤 상황에서도 기뻐할 수 있어야 한다. 기독교 대학이나 심지어 신학교는 그러한 역량의 신장을 어디서 어떻게 평가하고 있는가? 대학을 졸업하는 그리스도인들은 졸업에 필요한 '학점'보다 무한히 더 많은 것을 얻었어야 한다. 리더와 전문인으로서 대중의 신임을 얻기에 합당한 사람이 되어 있어야 한다. 선과 의와 윤리에 대한 지식만 있는 것이 아니라 그들 자신이 선하고 의롭고 윤리적인 사람이 되어야 한다. 이른바 '기독교 교육'의 이점이 무엇인가? 기독교 세계관과 전통에만 있는 심원한 지식 체계의 가치가 무엇인가? 앞서 언급한 바 인간의 네 가지 기본 질문에 대해 모든 학문 분야에서 그리스도 중심의 답을 예시하는 것이 아니고 무엇인가? 이것이 기독교 고등교육의 과업이다. 이 과업이 회복되어야 그리스도인 리더들을 양성하는 일이 "모든 민족의 복"이 될 수 있다. 그러한 리더들은 능히 우리를 만인이 구하는 샬롬 쪽으로 이끌 수 있다.

그리스도인 지성인의 임무

차세대 리더들을 가르치고 양성하는 책임과는 별도로, 그리스도인 지성인들이 우리 사회에서 차지하는 독특하고 매우 귀중한 자리가 또 있다. 그들은 종종 교육 기관에 수용되어 지원을 받는다. 잘 인식되지 않고 있지만 그리스도인의 학문 생활과 교육에는 몇 가지 이점이 있다. 첫째로, 대학 캠퍼스의 교수들과 학생들은 자신의 기독교 신앙에 대해 수세에 몰린 것처럼 느낄 때가 많은데, 수세를 취할 이유가 전혀 없다. 오히려 기독교 세계관에 충분히 자긍심을 품을 이유가 얼마든지 많이 있다. 고등교육의 그리스도인 학자들과 학생들은 마땅히 예수를 지적 거인으로 자랑스러워하며 그분께 탄복해야 한다. 예나 지금이나 예수는 상상 가능한 모든 학문 환경에서 완벽하게 어우러질 분이다. 우리는 그분에 대한 주일학교의 이미지와 문화적으로 각색된 이미지에서 벗어나야 한다. 그런 이미지는 철학자 폴 리쾨르(Paul Ricoeur)의 말처럼 처음의 순박성을 떨쳐 내면 녹아 없어지며,[8] 교육이 그것에 중요하고 유익한 역할을 한다. 그런 이미지에서 벗어나면 비로소 예수가 실제 그대로 천재로 보인다. 교육자들과 학생들이 꼭 알아야 할 사실이 있다. 학문의 전당에 나사렛 예수보다 더 어울리는 사람은 아무도 없다. 그리스도인 지성인들의 생각이 그렇게 바뀌면 그제야 자신의 유리한 위치가 눈에 들어온다.

둘째로, 그리스도인 지성인들이 자주 간과하는 이점은 자기가 지식을 추구하는 이유를 안다는 것이다. 예수의 제자들이 지식을 습득하는 목적은 권력이나 특권을 얻거나 자존심을 세우기 위해서가 아니다. 이와 같은 명료한 인식은 놀라운 선물이다. 그리스도를 따르는 사람들은 시쳇말로 그저 '출세'하려는 것이 아니다. 남들 눈에 대단해 보이려는 욕심도 없고 그럴 필요도 없다. 세상적인 의미에서 세상에 자신의 발자취를 남기려는 동기도 없다. 이런 모든 이기적 동기는 그리스도인에게 전혀 매력이 없다. 대신 그리스도인 교육자들과 학생들은 단순히 하나님을 추구하고 세상에서 그분의 원리를 배운다. 물론 실리적인 유익도 더러 있으며 그 자체는 선하고 옳은 것이다. 그러나 그것은 지식을 습득하는 목적이 아니다. 대신 그리스도인 지성인들은 모든 가능한 방법으로 더 큰 선을 이루고자 존재한다. 하나님은 그 일을 잘 감당하도록 그들에게 복과 격려와 공급을 베푸시고, 그들은 그분의 목적과 영광을 위해 최선의 기량을 발휘한다.

끝으로, 그리스도인 지성인들이 지식 추구에 유리한 점은 기독교 자체가 한 인격체에 기초한 원대한 개념이라는 사실이다. 이 개념은 지극히 단순하면서도 능히 세상을 바꾸어 놓는다. 예나 지금이나 기독교는 모든 지성적·철학적·종교적·정치적·과학적·예술적 탐구의 핵심 자체에서 경쟁력이 있다. 예수는 공자, 조이스, 아인슈타인, 모네, 마르크스 등의 영역에서 전적으로 압도하신다. 왜 그런가? 바울의 말대로 예수 "안에는 지혜와 지식의 모든 보화가 감추어져" 있기 때문이다(골 2:3). 바로 그분을 우리의 대학들에 모셔 들여야 한다. 또는 재도입하고 재통합해야 한다. 우리도 그분의 지식과 지혜를 원한다면 말이다. 여기서 다시 말하지만 기독교의 지식은 선하며 우리 모두에게 유익하다. 학문 기관에서 예수를 무조건 제외시키는 것은 그 사실을 비참하게 무시하는 처사다. 지금도 그런 일이 계속되고 있는데, 그리스도인 교사들과 전문인들이 수수방관해서는 안 된다. 그런데 우리는 때때로 과학과 신앙의 분리에 동참했다. 기독교 교육 기관들의 신앙 통합 프로그램들이 그러한 역사를 역으로 증언해 준다. 어쨌든 그리스도인 교육자들은 자신이 알고 있는 예수를 겸손히 확신할 수 있고 또한 늘 그래야 한다. 학생들의 얼굴을 보며 다음과 같이 말할 의향과 능력을 갖출 정도가 되어야 한다. 해당 주제에 대한 예수의 가르침을 모르고서는 각자의 전공 분야를 결코 숙달할 수 없다고 말이다.

선지자 아모스는 오늘날 교육 제도의 문제점을 미리 내다보고 우리를 위해 놀랍도록 자세히 기술했다. 아모스가 직면했던 일을 틀림없이 우리도 현대 생활의 많은 사회 구조와 관계 속에서 똑같이 겪고 있다.

> 주 여호와의 말씀이니라. 보라, 날이 이를지라. 내가 기근을 땅에 보내리니 양식이 없어 주림이 아니며 물이 없어 갈함이 아니요 여호와의 말씀을 듣지 못한 기갈이라. 사람이 이 바다에서 저 바다까지, 북쪽에서 동쪽까지 비틀거리며 여호와의 말씀을 구하려고 돌아다녀도 얻지 못하리니 그날에 아름다운 처녀와 젊은 남자가 다 갈하여 쓰러지리라 (암 8:11-13).

하나님의 지혜를 몰라서 오는 기근이다. 이 지식의 기근에 대한 답으로 예수의 말씀을 생각해 보라.

너희는 나를 불러 주여, 주여 하면서도 어찌하여 내가 말하는 것을 행하지 아니하느냐. 내게 나아와 내 말을 듣고 행하는 자마다 누구와 같은 것을 너희에게 보이리라. 집을 짓되 깊이 파고 주추를 반석 위에 놓은 사람과 같으니 큰물이 나서 탁류가 그 집에 부딪치되 잘 지었기 때문에 능히 요동하지 못하게 하였거니와 듣고 행하지 아니하는 자는 주추 없이 흙 위에 집 지은 사람과 같으니 탁류가 부딪치매 집이 곧 무너져 파괴됨이 심하니라(눅 6:46-49).

그러므로 예수께서 자기를 믿은 유대인들에게 이르시되 너희가 내 말에 거하면 참으로 내 제자가 되고 진리를 알지니 진리가 너희를 자유롭게 하리라(요 8:31-32).

우리는 아모스가 예언했던 것과 같은 시대에 살고 있다. 주의 말씀, 곧 하나님의 로고스는 알고 보면 궁극적인 이성이자 이치이고 논리이며 또한 궁극적인 실체에 대한 참된 기술이다. 그런데 지금 우리 사회에서는 그것이 제시되거나 인식되거나 인정되지 않고 있다. 물론 찾아보면 있겠지만, 공생활의 교육 제도와 분야와 기관 내에 주의 말씀을 인정하는 일이 현저히 결여되어 있다.

교육계의 그리스도인 리더들은 예수께서 어떻게 지식의 믿을 만한 출처가 되실 수 있으며 왜 그러한지를 적절한 개방적·창의적·지성적 방법으로 다시 천명해야 한다. 그분은 역사학, 인류학, 심리학, 미학, 종교학의 본질을 이해하시고 통달하셨다. 그분과 함께 접근할 마음만 우리에게 있다면 어떤 학문이든 예외가 없다. 그분은 지성 생활의 모든 분야에 살아 계신다. 그리스도인들은 자신의 전공 분야에 들어설 때 막연해할 필요가 없다. 단순히 선한 일에 힘쓰면 된다. 선한 시를 쓰고, 선한 노래를 작곡하며, 선한 사진을 찍고, 선한 영화를 만들고, 선한 풍경을 그리고, 선한 연구를 실시하고, 선한 건물을 지으면 된다. 굳이 기독교적인 노래를 만들거나 기독교적인 시를 쓰거나 기독교적인 연구를 하지 않아도 된다. 선한 일을 하면 그것이 최선의 기독교적인 일이다. 예수께서 선하시기 때문이고, 하나님의 은혜에 힘입어 행하는 선한 일의 증언이 인간의 재능만으로 이룰 수 있는 일을 확연히 능가하기 때문이다.

우리는 위협 때문에 궁지에 몰릴 이유가 전혀 없다. 다음과 같은 내용을 확실히 이해하면 거기서 반대에 맞설 만한 강인한 성품이 나올 수 있고 반드시 나온다. 즉, 기독교 역사의 제반 사실, 자기 백성 안에 현존하시는 부활하신 그리스도, 인류 역사를 향한 그리스도의 역할과 목적, 하나님의 선하심을 충분히 믿게 해주는 영원의 관점, 예수께서 역사상 최고로 명석한 분이라는 체험적 지식 등이다. 이러한 실체들이 우리가 배우고 고찰하고 이해하는 내용의 핵심 부분으로, 곧 선과 진리로 우리의 사고 속에 남아 있어야 한다. 그렇지 않으면 각자의 전공 분야에서 진리와 지혜를 추구할 때 윤리나 도덕 행동의 의미다운 의미가 전혀 성립될 수 없다. 그 결과가 지금 서구 문명 전반의 명백한 주조를 이루고 있다. 그중에서도 최악의 결과는 옳고 그름, 맞고 틀림, 선과 악을 공표할 줄 모른다는 것이다.

우리 사회는 지식 이론을 잃은 채 고작 욕심에—또한 그런 상태에서 비롯되는 세력 다툼에—지배당하고 있다. 이때에 겸손하고 명석하신 랍비의 헌신된 학생들 외에 누가 희망을 제시할 수 있겠는가? 우리의 교사들이 그 일을 해야 한다. 예수는 잃어지고 깨어진 사람들에게 생명과 빛과 사랑의 말씀을 들려주셨다. 그들은 당대의 가장 위대하고 발전된 문명에 날마다 짓밟히며 살아가고 있었다. 사방을 둘러보며 그분은 들을 귀 있는 모든 사람에게 말씀하셨다. "너희가 살아가는 방식을 재고하라! 지금까지 생각했던 것을 다시 생각하라. 이제 하나님 나라가 너희 앞에 있기 때문이다"(마 4:17, 저자 사역). 이 초대는 인간의 삶과 학문의 모든 영역에 고루 미친다. 그리스도인 교육자들은 어떻게 그러한지를 깊이 생각해야 한다.

오늘과 미래의 우리 사회는 리더들의 손에 달려 있다. 그들은 모든 지식과 진리를 명백히 제시하는 일과 그것을 현세대에서 차세대로 전수하는 일에 능숙한 전문가가 되어야 한다. 이보다 더 신성하고 본질적인 소명은 없다. 위대한 스승이자 선한 목자이신 그분이 우리에게 절실히 필요하다. 그분이 가르쳐 주시고 인도해 주셔야만 우리가 이 일을 감당할 수 있다. 예수는 바로 그것을 주러 오셨다.

10

경제와 정치

사람들의 마음을 사로잡는 것은 우리의 물질적인 풍요나 배수시설이나 붐비는 고속도로가 아니라 우리의 시스템을 떠받치고 있는 가치관이다. 이 가치관에 내포되어 있듯이 우리는 개인과 국가의 자유는 물론 국제 평화와 법과 질서, 그리고 사회의 건설적인 목표를 중시한다. 이 가치관을 저버리면 위험을 각오해야 한다.

미국 상원의원 J. 윌리엄 풀브라이트

하나님의 모략을 이끌어 세상의 시스템을 선으로 압도하려면 도덕
적·윤리적 리더십이 필요하다. 지금까지 교육이라는 중요한 분야
에서 그 리더십의 범위와 영향력을 살펴보았으니 이제 경제와 정치
분야에서 리더십의 책임과 기회와 도전을 논할 차례다. 두 분야를
하나로 묶은 이유는 간단하다. 대부분의 현대식 자유민주주의에서
는 모종의 자본주의(자유시장) 철학이 좀 더 지배적이고 널리 지지받
는 경제 및 재정 기반으로 남아 있다. 따라서 특히 서구에서 정치적
자유는 재정적 자유와 점점 더 뗄 수 없이 맞물려졌다. 여러 모로 이
둘은 좋은 쪽으로든 나쁜 쪽으로든 현대의 경험과 사고에서 불가분
의 관계다. 그래서 경제가 무엇이고 무엇일 수 있는가를 논할 때 정
치 분야가 무엇을 추구해야 하는지도 나란히 살펴보는 것이 적절해
보인다. 정치적인 삶과 경제적인 삶 사이에 겹치는 관심사와 도전이
상당히 많이 있기 때문이다.

　나아가 우리는 경제 비전과 정치 비전이 무엇으로 구성되어야
알맞은지 하나님의 샬롬의 비전에 비추어 생각해 볼 것이다. 샬롬은

두려움과 부족함이 없는 삶이다. 그런데 현대의 경제적·정치적 실존에서 가장 지배적인 원동력 가운데 두 가지는 바로 부족함과 두려움이다. 이번 장에서 다룰 주제는 우리의 현 정치경제적 풍토에서 본 자유의 본질, 청지기직의 소명, 의회민주주의 형태의 정부에 반드시 필요한 도덕적 리더십, 끝으로 번영하는 사회를 보는 순전히 세상적인 관점과 그리스도 중심의 관점 사이의 특이한 차이 등이다.

자유

자유는 하나님이 인류에게 주신 선물이다. 따라서 우리는 자유를 '선'이라고 부를 수 있다. 자유를 영속화하거나 보호하거나 고취시키는 것들도 모두 선하고 유익하다고 볼 수 있다. 정치적 민주주의와 경제적 자본주의는 다른 형태의 정부와 경제제도에 비해 인간의 자유를 증진하는 경향이 있다. 이것은 확인 가능한 사실이다. 주변 세계의 여러 사실과 정황으로 그것이 평가되고 예증된다. 물론 민주주의와 자본주의에도 종류가 많이 있고, 그중 더러는 인간의 자유를 해치는 방식으로 시행되거나 적용된다. 하지만 전체적으로 자유민주주의 정부와 자본주의 경제는 현재의 다른 대안들보다 더 나은 기준의 전인적인 삶과 번영을 제공하는 경향이 있다. 모든 퇴보와 위험을 감안하더라도 그렇다.

그 결과 지난 300년 동안 개인주의를 둘러싼 엄청난 사회 혁명이 있었고, 이는 서구 민주주의 정부를 생각하고 운영하는 이상과 방식에 일대 변혁을 몰고 왔다. 앞서 도덕적 진리에 대한 공적 지식의 기초를 잃어버린 우리의 무능력을 지적했는데, 그 배후의 상당

부분은 자유에 대한 강박적인 충동의 직접 결과다. 그런 충동이 여과 없이 서구인의 의식을 지배하고 있다. 자유를 얻으려는 서구의 야망은 현대사 궁극의 덕목이 되었다. 그 모험심의 상당 부분은 개인주의와 유착했다. 한때 "삶과 자유와 행복 추구의 권리"였던 것이 이제 "무엇이든 제멋대로 할 권리"를 보장하고 보호하는 칙령으로 풀이된다. 이런 현대적인 의미의 자유에서 진화해 나온 파생물이 있다. "아무도 내가 틀렸다는 말로 나를 방해하거나 내 뜻을 꺾을 권리가 없다"는 사고방식이다. 그래서 자유주의의 의식구조 속에는 아무도 '나'에게 옳고 그름에 대한 '생각'을 강요할 수 없다는 깊은 저항감이 깔려 있다. 특히 그것이 "나의 개인적인 갈망이나 내 마음대로 할 권리"를 침해하거나 제한할 때는 더욱 그렇다.

물론 이것은 자유주의나 보수주의의 정치 관점과는 거의 혹은 전혀 무관하다. 지금 우리의 문맥에서 '자유주의'라는 말은 "미국은 자유주의 민주국가다"라는 문장에 쓰인 것과 같은 의미다. 이는 '만인의 자유'라는 원칙 위에 세워진 정부 형태를 뜻한다. 그래서 무엇이든 내 마음대로 하는 것이 무제한의 선으로 통하게 되었다. 이 명제를 시험해 보려면 미국의 아무 초등학교 3학년 교실에나 가서 아이들에게 이렇게 물어보라. "누구나 자기나 원하는 대로 하도록 허용되어야 할까요?" 아이들은 한목소리로 "당연하지요!"라고 소리칠 것이다. 이것은 개인의 자유에 전권을 부여하는 맹목적인 강박이자 헌신이다. 그 앞에서 도덕성의 제약은 바람 앞의 촛불이다. 도덕성은 그런 의미의 개인적인 자유를 변명의 여지없이 제한할 테니 말이다.

또 하나의 실험으로 예컨대 싱가포르를 생각해 보라. 싱가포르는 요즘 우리가 생각하는 정치적 자유의 의미에서 '자유(해방) 국가'가 아니다. 그러다 보니 정부는 어려움 없이 국민들에게 옳고 그름을 하달하고 시행한다. 그 결과 압도적인 비율로 국민이 그대로 따른다. 요지는 싱가포르가 도덕성이나 민주적 통치의 빛나는 사례라는 말이 아니다. 자유를 박탈한다고 해서 도덕성이 높아지는 것은 아니다. 그것이 불가능한 이유는 자유가 덕목이기 때문이다. 요지는 자유와 도덕성이 서로 불화할 때가 많다는 것이다. 특히 인간의 의지가 도덕적인 목표를 이루는 데 맞추어져 있지 않으면 더하다. 하지만 인간의 의지가 도덕적인 목표를 이루는 데 맞추어져 있으면 자유와 도덕성은 서로 의존하는 관계가 된다. 행동의 자유가 없이는 도덕적 의지로 무언가 가치 있는 계획을 추구할 수 없기 때문이다.

사회 통치에 대한 모든 논의에는 자유에 대한 개념 외에 또한 경제 문제가 포함되어야 한다. 형통의 도덕적 기초와 우리 사회 전반의 경제 구조에 대한 깊은 우려에서, 그동안 기독교 내에 여러 사회단체와 비영리 재단이 생겨났다. 그런 기관이 너무 많아 일일이 다 열거할 수 없을 정도다. 그중 다수는 전 세계의 경제적·정치적·사회적 이슈들에 대한 기독교의 이해를 재고하는 부분에서 중요한 일을 하고 있다. 분명히 이런 연구와 사고와 계획은 이들 중요한 분야들에서 무엇이 선하고 옳은지에 대한 적절한 비전에 따라 이루어져야 한다. 그래야 그것이 우리의 경제제도와 정치제도를 통한 개인과 단체의 번영하는 삶으로 귀결될 수 있다.

그것은 바로 경제적·정치적·사회적 제도가 본질상 도덕적 실체라는 불가피한 사실 때문이다. 예컨대 민주주의와 자본주의는 무조건 선한 사회 구조나 제도가 아니다. 그 점을 잊어서는 안 된다. 제도가 선해지려면 그 제도를 운영하고 활용하며 관할하고 확산시키는 사람들도 선해야만 한다. 여기에는 특히 다음과 같은 의미가 있다. 제도의 작동 기제를 만들어 내고 감독하는 사람들은 그것을 떠받치는 구조적인 성격 속에 기본 도덕의 가치관을 의지적으로 통합해야 한다. 그렇지 않으면 개인과 사회와 정부를 이롭게 하려는 제도의 목표가 실현될 수 없다. 그런 가치관이 있어야만 비로소 우리의 정부제도와 경제제도가 공공복지를 위해 적절하고 유익한 목표와 그 목표를 이룰 수단을 낳을 수 있다.

청지기직

물론 하나님은 모든 인간사에 늘 지대한 관심을 품고 계신다. 성경은 경제적·사회적·종교적·정치적 책임을 **청지기직**의 책임으로 이해하는 개념을 지지한다. 청지기는 하나님을 위해 일하고 모든 관련자의 유익을 위해 일한다. 현대를 사는 우리에게 한 가지 어려운 점이 있다. 어휘의 용법이 제한되어 있고 어휘의 역사적인 정의와 범위에 대한 이해가 부족하다는 것이다. 현재 우리가 쓰고 있는 '경제'와 '청지기'라는 단어도 마찬가지다. 그래서 이 두 단어를 더 정확히 정의하고 규명하는 것이 중요하다.[1]

경제는 우리가 흔히 생각하는 것보다 훨씬 복잡한 현상이다. 대개 저녁 뉴스에 일자리의 증감, 은행 이자율의 변동, 과세 등급, 분기별 소비자 신뢰지수 등이 나오지만 경제는 그보다 훨씬 넓고 깊은 사회적 시스템이다. 광의의 경제란 (일정 지역 내에서) 인간의 삶에 필수로 간주되는 재화와 서비스가 생산되고 교환되는 시스템으로 정의된다.[2] 여기에는 정부와 관련된 영향력의 이권과 범위도 포함되지만 물론 그것이 전부는 아니다.

경제에 대한 또 다른 오해는 경제가 돈 문제나 정부의 재정 정책으로 국한된다는 개념이다. 물론 오늘날 보도기관들과 정치 지도자들은 그런 주제에 집중하는 경향이 있다. 하지만 사실 경제학자들은 다음과 같은 물음에 답하려고 한다. 인간은 어떻게 더불어 사는가? 무난한 주택이란 어떤 수준인가? 우리는 교육, 전쟁, 국가 안보 등을 어떻게 생각하고 실행하는가? 삶을 영위하는 데 필요한 자유도 빼놓을 수 없다. 숱한 사회적·가정적·개인적 이슈에서 중요한 결정을 내릴 때도 자유가 필요하다. 이런 많은 활동에 재화, 서비스, 보호, 법적 계약, 관계 조정 등 무엇인가의 교환이 개입된다. 이 모두는 돈, 재정 정책, 국가 간의 무역협약 정도가 아니라 훨씬 그 이상이다.

오늘의 세계에서 경제학자들은 아주 중요한 전문직 지도자로서, 다음 회계 분기의 주식시장 동향보다 훨씬 값진 정보를 제공할 수 있는 독특한 위치에 있다. 우리가 가정생활, 공동체, 국가, 세계에 의식적으로는 물론 종종 무의식적으로 적용하는 여러 규율과 관습이 있다. 그것이 무엇인지에 대해 우리 사회가 거시적인 시각을 얻으려면 경제학 분야를 보아야 한다. 이런 '내부 정보'는 꼭 필요할 뿐 아니라 놀랍도록 유익하다.

아울러 미국 같은 자유민주주의 사회의 주된 목표 가운데 하나는 개인과 가정과 집단이 자율에 필요한 자유를 얻고 유지하는 것이다. 역사적으로 이러한 독립은 경제적 자급자족과 연계되었고 그것을 포함했다. 그래서 경제적 자유—외부의 도움이 필요 없는 삶—는 점점 정치적 자유와 맞물리게 되었다.

물론 공동체의 지원이 필요한 사람들이 있다. 그들의 안녕이나 복지는 어떤 식으로든 타인에 의존한다. 이에 대한 대응이 구제의 본질이다. 구제 행위는 삶의 예외적 비극을 개선하려는 시도다. 물질적으로나 정신적으로나 혼자의 자원으로는 그런 비극을 당해 낼 수 없다. 그것은 우리가 바라는 상태가 아니며, 대개 형편이 열악해진 사람은 점점 함부로 취급당하기 쉽다. 따라서 구제 '대상'에게 친절을 베풀 때는 늘 신중에 신중을 기해야 한다. 그래야 그들의 존엄성과 자존감을 보호할 수 있고, 이미 잃었다면 되찾도록 격려해 줄 수 있다. 상실의 고통으로 힘들 때는 그것을 잃기가 아주 쉬운 까닭이다.

여기서 이 말을 하는 이유는 단순히 다음 사실을 예시하기 위해서다. 고전적인 개념의 경제에는 복잡하게 맞물린 많은 목표와 과정이 포함되며, 따라서 적절한(지성적인) 중재와 감독이 필요하다. 신약성경의 청지기직 개념에 그러한 감독과 관리가 포함된다. 경제 지도자와 정치 지도자는 현대의 청지기직 원리에도 따라야 한다. 그래야 우선순위나 재정 정책을 제대로 분별하여 경제의 선을 이룰 수 있고, 그러면 그것이 개인 참여자들의 공공복지에도 영향을 미친다. 이는 지혜와 경험을 요하는 판단력의 문제다. 사회제도가 최선으로 작동하려면 그것이 필요하다. 지혜로운 분별력이 얼마나 필수인지 여기서도 볼 수 있다. 그것이 있어야 모든 사회 기관, 특히 정부가 시스템 전반의 관료주의적 목표에 매달리지 않고 만인의 유익을 도모할 수 있다.

경제는 연줄이 길고 오지랖이 넓다. 세계 경제나 지역 경제나 마찬가지다. 경제의 다양성은 머리가 어찔어찔할 정도다. 관심사와 전문성이 가지각색이다. 에너지가 생산되어 공공시설에 두루 공급되듯이 경제의 구성 요소도 지역 신용조합의 행동에까지 미친다. 나아가 그것은 국제 통화 정책, 우리가 시행하거나 무시하는 법률, 고속도로와 공항의 교통 시설, 심지어 고등교육 기관과도 연결된다. 애초에 이 모든 이슈들을 다루는 데 필요한 기술과 교육의 노선을 고등교육 기관이 정한다. 정치경제적 삶의 이와 같은 모든 주제와 분야는 특유의 미묘하고도 심원한 중요성을 지닌다. 우리 개인과 가정은 그것들이 모여 만들어 내는 환경 속에서 대대로 살며 형통하려 한다.

도시가 무너질 때

이렇듯 리더십 윤리, 도덕적 용기, 실력은 경제와 정치 지도자들에게 없어서는 안될 자질이다. 이런 자질이 상실되면 대개 고생과 손실의 재앙이 닥친다. 재앙의 규모는 가히 인사불성인 중독자에 견줄 만하다. 경제와 정치 지도자들이 이런 본분에 실패할 때 발생하는 결과를 중독에 비유하여 묘사하는 것이 처음에는 이상해 보일 수 있다. 그러나 개인 차원에서 중독자의 사례는 좋은 예화가 된다. 인간이 욕심을 지혜롭게 지성적으로 다스리고 정리하며 복종시키지 못해 최선의 유익을 놓치는 것은 큰 실패다. 그렇게 실패할 때 어떤 일이 벌어질 수 있는지를 중독의 예화가 잘 보여준다. 우리가 알고 있고 경험하다시피 그런 고통스러운 실패는 안타깝게도 개인에게만 국한되지 않는다. 중독의 실패를 세계적인 규모로도 도처에서 수시로 볼 수 있다. 경솔하고 어리석은 결정의 값비싼 대가를 우리는 개인에게서만이 아니라 단체, 경제 영역, 국가에서도 으레 보며 느끼고 있다. 경제와 정치제도를 교란시키는 이념이나 동기나 욕심이 있다. 개인이든 공동체든 그런 데 집착하거나 사로잡히면 결국 혼돈이 질서를 삼켜 버린다. 질서가 없으면 인구 집단의 복지를 구성하는 폭넓은 가치와 필요를 보호할 수 없다.

지난 세기 중반의 파시즘과 공산주의가 그런 경우였다. 하지만 자본주의 정황 안에서도 같은 일이 벌어질 수 있다. 19세기의 '악덕 자본가들'이 좋은 예다. 금융 붕괴와 대출금 구제 조치도 대등한 예로 생각할 사람들이 있을 것이다. 정치와 경제와 금융 분석가들은 호황과 불황의 순환을 늘 뻔한 규범으로 여기고, 선출직 관리들은 자신의 결정과 정책이 불러오는 피해를 되돌릴 능력이 없어 보인다. 이런 현실은 "진탕 마시고 게워 내면 된다"는 의식구조의 존재를 부각시켜 줄 뿐이다. 그것은 즉각적인 자기만족, 소비지상주의, 탐욕, 권력욕, 명예욕 등의 심한 중독 행위로 나타난다. 이런 행위들이 지역과 나라와 세계의 경제 및 정치제도를 삼키려 위협하고 있다.

선의 민주화?

민주주의의 '이상'은 아름다우면서도 문제의 소지가 있는 통치 형태다. 초창기인 고대 그리스로부터 현 상황에 이르기까지 언제나 그랬다. 민주주의가 아름다운 것은 집단생활의 방향과 목표를 정할 자격을 개인의 의지에 부여하기 때문이다. 반면에 문제의 소지가 있는 것은 개인이 자율적인 능력으로 내리는 정치사회적 결정이 자멸을 부를 수 있기 때문이다. 그래서 민주주의의 이상을 맨 처음 논할 때부터 지도자들은 그런 권력을 도덕적인 제약으로 규제해야 함을 알았다. 오늘날 정치 현황에 대한 잦은 비평을 듣노라면, 민주주의와 폭민정치가 점점 가까워지고 있다는 인상을 받는다. 어떤 때는 둘이 일란성 쌍둥이처럼 보이기도 한다.

대중의 자유라는 미로 속에서 민주주의는 어떻게 제구실을 할 것인가? 20세기 초의 정치철학자 존 듀이의 질문은 거기서 시작된다. 민주사회는 어떻게 진·선·미가 최고의 가치인 문화를 추구하고 성취할 것인가? 듀이의 결론을 이해하려면 시대 정황을 알아야 한다. 『공공성과 그 문제들』(The Public and Its Problems)이 출간된 1927년에 미국 사회는 깊은 문제에 빠져 있었고 더 열악한 시대를 앞두고 있었다. 진보주의―듀이는 그것의 대변자 격이었다―는 남북전쟁 이후로 여전히 미결로 남아 있던 뼈아픈 사회 상황을 해결하지 못해 쩔쩔맸다. 근대의 산업화를 잘 이식한 결과로 놀라운 발전이 이루어졌지만 열악한 경제 사정, 노동의 악조건, 유럽 이민의 대량 유입도 함께 따라왔다.[3]

듀이는 전형적인 미국식 자유주의의 핵심을 간파했다. 잠재력을 실현할 자유가 모든 시민에게 동등하게 보장되어야 한다는 것이다.[4] 이는 자유주의 사회의 구심점이기도 하다. 그러려면 구체적으로 개인이 시대에 뒤떨어진 규제의 속박과 기존 제도의 요건으로부터 해방되어야 했다. 하지만 여기에는 당연히 딜레마가 뒤따른다. 정확히 **어떤** 잠재력을 실현하기 위해 **어떤** 개인을 해방시켜야 하는지를 정하는 문제다. 물론 모든 잠재력이 다 실현될 수는 없다. 국기(國旗)를 불태우는 일은 사람에 따라 겨우 받아들일 수도 있지만, 폭탄을 터뜨리는 일은 다르다. 어떤 잠재력은 다른 잠재력과 불화하거나 모순된다. 어떤 개인이나 단체의 잠재력은 남을 희생시켜야만 실현된다. 이런 갈등을 어떻게 중재할 것인가? 공공복지의 실현과 "내 마음대로 하는" 욕심의 실현은 다르다. 사람들은 선이 아닌 것을 욕심낼 때가 많다. 그 결과 오히려 자신의 잠재력을 약화시키거나 심지어 파괴할 수 있다.

공공성이 '침식'당하는 데 대한 듀이의 우려는 이 대목에서 타당성을 얻는다. 대중은 지금 어떤 일이 벌어지고 있고 무엇이 사회 시스템—지금 우리가 경험하고 있는 규모와 차원의—에 최선인지를 어떻게 지각할 것인가? 듀이는 '위대한 사회'가 아직 '위대한 공동체'로 발전하지는 못했다고 결론지었다. 그렇다면 어떻게 대중에게 힘과 능력을 길러 주어, 스스로를 위해 지혜롭게 행동하도록 할 것인가? 이는 모든 민주주의의 영원한 숙제이자 지금도 해결되지 않은 문제다.

이러한 문제를 더욱 복잡하게 만드는 것은 자유에 대한 상반된 개념들이다. 결국 그것들은 민주 시민에 대한 세 가지 아주 다른 사상과 신념의 기초가 된다.

- 아무도 나에게 이래라저래라 하거나 내가 원하는 일을 하지 못하게 막지 않아야만 비로소 나는 "자유롭다."
- 내가 이루기 원하는 일을 실제로 이룰 수 있어야만 비로소 나는 "자유롭다."
- 선한 일—내 삶을 충만하게 하고 잠재력을 실현하여 최고의 선한 결과를 내는 데 가장 도움이 되는 일—을 이룰 수 있어야만 비로소 나는 "자유롭다"

철학자 토머스 힐 그린(Tomas Hill Green)이 위의 세 번째 의미의 자유를 설명한 말은 너무도 유명하다. 자유란 "행하거나 즐길 가치가 있는 일이면서 또한 다른 사람들과 공동으로 행하거나 즐기는 일을 실제로 행하거나 즐기는 긍정적인 힘 또는 능력이다. 이는 각 사람이 동료 인간의 도움이나 보호를 통해 힘을 구사하고, 또 자신도 그들의 힘을 확보하려고 돕는다는 뜻이다."[5]

샬롬을 보는 두 가지 관점

현대 민주사회에서 각급의 정치경제적 제도와 전통과 관행을 평가하는 기준은 **반드시** 인간의 번영과 복지를 추구할 수 있는 자유에 있어야 한다. 바로 이 대목에서 현재의 사회적·경제적·정치적 이슈들을 다루는 그리스도인 지도자와 대변인과 전문인들에게 심각한 문제가 야기된다. 예수의 학생들이 그분의 가르침을 통해 배운 선한 의지와 선한 삶의 혁명은 대개 인간의 번영과 진보에 대한 명백히 비기독교적인 관점이나 순전히 세속적인 관점과는 근본적으로 다르다.

그러한 '본능적'인 차원의 복지나 번영은 특성을 밝히기가 쉽지 않다. 그 차원은 사람이 근시안적으로 물질주의에 출입하는 지점이라고 할 수도 있다. 그래서 오늘 우리가 생각하는 '경제'에서는, 인구 집단에게 그런 순탄한 상태를 확보해 주는 제도나 확보하기 쉬운 제도를 생각하기가, 불가능하지는 않지만 어렵다. 오히려 반대쪽 끝에서 시작하는 것이 더 쉽다. 그쪽 사람들은 분명히 복지가 부족하며 물론 번영하지도 못하고 있다. 우리도 거의 언제나 그쪽에서 접근한다. 프랭클린 루스벨트(Franklin D. Roosevelt)는 오늘날의 '복지' 개념을 정비하여 정부의 주목을 이끌어 낸 사람이다. 그가 언급한 당대 미국 내의 거대한 인구 집단은 의식주가 형편없었다. 이런 비참한 상태는 많은 경우에 명확히 식별되며 즉각적인 구제가 필요하다. 인간 실존의 기초 생필품과 관련된 문제인 만큼 당연히 합리적인 행동을 취할 수 있고 마땅히 취해야 한다. 그들 스스로는 그것을 조달할 수 없기 때문이다. 루스벨트는 11차 연두교서(1944년 1월 11일)에서 그러한 행동을 제의했다.

그것은 만인의 "경제적 안전, 사회적 안전, 도덕적 안전"을 떠받칠 '제2의 권리장전'의 형태를 띠었다. 루스벨트는 "평화를 누리려면 모든 개인이 반드시 상당한 생활수준에 도달해야 한다. 두려움이 없는 자유는 결핍이 없는 자유와 영원히 얽혀 있다"고 선언했다.[6] 국가가 모든 국민에게 최소한의 사회경제적 안전을 보장해야 한다는 루스벨트의 생각은 일각의 강한 반대에도 불구하고 확고했다. 미국인들은 이 '안전망'을 만드는 데 지지를 보냈다. 안전망에는 보람된 유급 일자리, 공정한(법으로 규제되는) 기업 관행, 1가구 1주택, 충분한 의료 혜택, 노화와 질병과 사고와 실직에 대한 경제적 두려움으로부터의 보호, 좋은 교육 등이 포함되었다. 그런데 결국 '망'(그물)이라는 말이 당연한 '권리'로 둔갑하여, 요즘은 누구나 권리라는 말을 쓴다. 이 모두는 **하나님 없이** 번영하는 삶(복지 생활)의 틀을 최소한 보여준다. 점점 더 노골화된 20세기 후반의 법적·사회적·정치적 세속주의는 순전히 인간의 힘으로 전반적인 번영을 이루어 낼 수 있다는 '발견'의 자연스러운 표출로 보아도 무방할 것이다.

특히 우리가 거부하고 싶은 개념이 있다. '경제'라는 시스템이 비교적 자력으로 충족하다는 개념이다. 또는 똑똑한 사람들이 법만 잘 만들어 운용하면, 법대로 돌아가는 '정부' 시스템 자체가 인간에게 행복(전반적인 복지)을 가져다준다는 개념이다. 경제나 정부의 시계태엽을 감는 보이지 않는 손이란 없다. 신의 손이든 누구의 손이든 마찬가지다. 정확히 우리가 원하는 것을 원하는 방식대로 확실히 내주는 그런 손은 없다. 어떤 사람들은 이렇게 생각하는 것 같다. 정치경제적 자판기를 충분히 오랫동안 만지작거리면—예컨대 올바른 법을 만들거나 올바른 전문가들을 자리에 앉혀, 정부의 행동 여부를 지도하거나 강조점을 여기저기로 옮기게 한다면—결국 적정한 '조건'을 만들어 낼 수 있고, 그리하여 목표했던 결과가 툭 튀어나온다고 말이다. 물론 제대로 만지작거리는 방법에 대해서도 무수한 제안이 있다. 낮은 인플레이션과 가볍고 공정한 세율을 주장하는 사람들도 있고, 빈민 구제를 강조하는 사람들도 있으며, 신분 상승의 좋은 기회가 될 프로그램을 자꾸 만들어 내는 사람들도 있다. 이들 모든 이해 집단은 각자의 특정한 제안이 온전히 시행되기만 하면 나라와 국민의 지갑에 번영이 흘러들 것이라고 역설한다.

이렇게 사람들은 민주국가의 정치적 통치와 경제적 번영에 대한 물음에 하나님 없는 세속적인 답을 내놓는다. 하지만 그런 답들이야말로 존 듀이, 장 자크 루소, C. B. 맥퍼슨, 존 밀, 존 스튜어트 밀 같은 유수한 철학자들과 사상가들이 누누이 지적한 문제점이다. 이들은 각자의 방식으로 미국 민주주의라는 개념과 씨름했고 '국민'이 어디서 어떻게 다스려야 하는지를 고민했다. 역시 여기서 생각해야 할 가장 중요한 질문은 이것이다. 우리가 해야 할 최선의 일은 무엇인가? 우리 사회가 추구해야 할 선은 무엇이며, 그리스도인들은 그 선을 이루기 위해 어떻게 특유의 관점과 지혜를 보탤 수 있는가?

미국의 경험에서 나온 가정은 다음과 같다. (1)더 나은 사회는 시민에게 최대한의 자유를 부여한다. (2)시민에게 최대한의 자유를 부여하는 사회는 민주주의를 지지하고 수호한다. 여기 '민주주의'(democracy)라는 말은 국가의―또한 가능한 한 기타 사회단체의―관리들을 주기적인 선거를 통해 임명한다는 뜻이며, 선거는 대중(demos)의 뜻에 따라 요구되고 시행된다. 공직에 출마하는 개인(관리)을 투표로 당선 또는 낙선시키는 기준은 그들이 대중의 위임을 받을 경우에 시행할 계획인 공공 정책이라고 할 수 있다. 따라서 민주주의가 답으로 내놓는 통치란 이 책임을 대중에게 맡겨 선거로 민심을 표현하게 하는 것이다. 그 결과 참정권(투표권)이 민주주의의 심장이 되었다.[7] 물론 '투표만으로' 여전히 결정되지 않는 것들이 아주 많다. 민주주의가 꽤 엇갈리는 평판을 얻은 데는 그와 같은 이유도 있다.

철학자 토머스 홉스(Thomas Hobbes)가 인간의 '지복'(至福)에 대한 말에서 잘 포착해 냈듯이, 미국의 세속 민주주의가 제시하는 인간의 번영에는 난점이 있다. 그는 이생의 행복이란 "마음의 평안한 만족에 있지 않다"고 했다. 대신 현대인에게 "지복이란 계속 진행 중인 욕심이다. 대상만 이것에서 저것으로 바뀔 뿐 전자의 획득은 후자를 얻는 수단에 지나지 않는다."[8] 홉스가 예리하게 지적했듯이 인간은 소유가 늘수록 기존의 소유를 더 지키려 애쓴다. 결국 그는 온 인류의 보편적인 성향을 알아냈다. 그것은 "만족을 모르고 권력을 쌓으려는 영원한 욕심이며 죽을 때에야 끝난다."[9] 망가진 인간 조건에 대한 홉스의 묘사는 검증 가능한 정확한 사실이다. 그렇다면 우리는 적어도 잠시 멈추어 더 깊이 생각해야 한다. "만족을 모르고 권력을 쌓으려는 욕심"이 투표소와 직접 결합될 때 그 속에 내재된 위험을 생각해야 한다. 하지만 세속 민주주의에는 다른 만족스러운 대안이 없다. 집단의 복지와 번영을 추구할 기본 수단이 없다.

바로 이 대목에서 미국의 민주주의에 대한 듀이의 관점이 매우 중요해진다. 그는 대공황 이전 시대의 미국 생활이라는 정황 속에서 이렇게 역설했다. 대중은 자기 자신을 볼 수 없으며 자신의 문제를 처리할 능력도 없다는 것이다. 다시 말하지만 이는 해묵은 이슈다. 일찍이 자신의 문제에 대한 해답이 자신에게 있었던 인간은 아무도 없다. 듀이의 세대는 공적인 문제가 아주 많았다. 실업률이 높았고, 교육 제도는 실패했으며, 대다수 국민에게 의료보험이 없었다. 그때나 지금이나 이런 이슈를 타개하려면 늘 당면한 현실 자체를 충분히 제대로 검토해야 한다. 듀이는 이념에 치우친 기존 강령의 입장(예컨대 보수나 진보 등)에서 이런 이슈에 접근하는 것이 무익한 일임을 알았다. 이익단체의 지원을 받는 입법은 어차피 이해 당사자에게 특별히 유리한 결과를 낼 테니 말이다.

듀이는 대중의 가장 중요한 문제가 그러한 결과들의 본질에 있다고 역설했다. 애초에 대중을 존재하게 한 것도 그 본질이다. 그는 공적인 문제를 야기하는 모든 사실과 상황이 사회 구조 속에 아주 깊숙이 박혀 있어, 문제의 해결을 맡은 사람들이 이해하거나 설명할 수 없다고 보았다.[10] 나아가 '정부'란 대중의 이익을 도모하기 위해 존재하는 일체의 규율과 관리들이다. 대중의 '본질적인 문제'는 정부의 존재 자체에서 생겨난다. 희한하게도 민주주의에서는 대중이 지도자들을 임명하면, 그 지도자들이 "피통치자들을 희생시켜 자신의 사욕을 챙기지" 않을 수단을 여러 절차와 제도를 통해 스스로 찾아내서 극복해야 한다.[11] 이런 비참한 아이러니는 거의 난공불락의 장벽을 만들어 내 '효율적 민주주의'를 막는다. "국민이 피해를 입고도 그 결과를 지각하고 알릴 수 없기" 때문이다.[12] 요컨대 듀이가 말한 가장 중요한 문제는 다수결과 자치가 선한 통치를 보장하지 못한다는 것이다. 민주주의는 대중이 선할 때에만 선하다. 사심과 이기적인 욕심이 대중의 의지를 지배하면 공공선이나 공공복지가 어떻게 확보될 수 있겠는가?

분명히 우리 삶이나 사회를 건설할 기초가 인간의 욕심처럼 불안정해서는 안 된다. 선하신 사랑의 하나님의 지도 아래 살아가는 그런 수준의 번영을 구하려면 더욱 그렇다. 개인이든 집단이든 욕심은 잘 변하고 혼란스러우며, 끝이 없고 으레 기만적이다. 욕심은 늘 똑같지 않고 굉장히 변덕스러우며 따라서 예측할 수 없다. 게다가 어떤 욕심들은 공존할 수 없어 늘 서로 지배하려고 싸운다. 개인이나 단체나 마찬가지다. 홉스의 말마따나 욕심은 절대로 만족하여 멈추어 서지 않는다. 늘 더 욕심을 부린다. 욕심은 유사(流砂)처럼 기만적이다. 욕심대로 더 얻어야만 비로소 만족이 있다고 약속하기 때문이다. 탐욕의 끝없는 악순환이란 본래 그런 것이다.

그동안 우리는 이런 지독한 욕심을 법으로 규제해 왔다. 하지만 이미 수세기에 걸쳐 목격했듯이, 이익단체의 욕심과 더 이상 기성 논리로 통제되지 않는 어의(語義)에 대한 궤변론은 헌법까지도 바꾸어 놓는다. 선의 그림자마저도 사라지고 나면 남는 것은 이기려는 충동뿐이다. "뜻을 관철시키려는" 욕심이 최후 승자가 되며, 무엇이든 그에 따른 결과도 거기에 합세한다. 마찬가지로 법의 도덕성도 욕심의 영향으로 사라지고 있다. 이미 오래 전에 니체가 정확히 예측한 대로 '권력 의지'라는 동기가 무성하게 자라나 서구 문화의 의식 전반에 제도화되었다. 심지어 이제 도덕법의 공적 출처였던 유대-기독교의 '그림자'도 사라지기 일보 직전이다.

야고보도 이 긴장을 알고 이렇게 묻는다. "너희 중에 싸움이 어디로부터, 다툼이 어디로부터 나느냐?" 바로 고삐 풀린 욕심 속에 숨어 있는 쾌락과 정욕에서 난다(약 4:1-2). 수십 년 전에 T. S. 엘리엇(Eliot)이 지적했듯이, 세상 사람들은 "인간이 선해질 필요가 없을 정도로 완벽한 시스템을 찾고" 있다.[13] 하지만 그런 시스템은 무에서 생겨나지 않는다. 오늘 우리가 당면한 문제들에 그와 같은 자동 해답이란 존재하지 않는다. 그리스도의 대변인들과 예수의 제자인 지도자들은 엘리엇의 예리한 통찰을 경제와 정치제도의 모든 분야에서 자주 강조하여 되풀이할 필요가 있다. 그래야만 인간 조건을 현실적으로 다룰 수 있다. '선한 삶'은 정치경제적 조건만 좋다고 되는 것이 아니라 훨씬 그 이상을 요한다. 인간의 재주로는 선한 삶을 결코 이룰 수 없기 때문이다.

복지를 보는 기독교적인 관점

지금까지 순전히 세속적인 관점에서 복지를 추구할 때 나타나는 주된 난점을 몇 가지 간략히 살펴보았다. 이제 그와 대비하여 이 주제에 대한 성경적인 관점을 생각해 볼 차례다. 물론 세속주의 말고도 비기독교적인 관점은 많이 있다. 하지만 이런 문제를 고찰하는 기독교적 관점을 다른 세계관들과 대비하여 가장 명확하게 부각시켜 주는 것은 '복'과 그에 상응하는 '화'에 대한 예수의 예화일 것이다(마 5:3-12, 눅 6:20-26). 세속주의자나 비신자에게 '복지'란(그것의 상위 단계인 '번영'도 마찬가지로) 대개 본능적인 욕심의 충족으로 통하며, 그런 충족은 주로 육체와 인간관계를 통해 찾아온다. 더욱이 이런 만족은 공동체에 인간의 통상적인 능력을 구사함으로써 이루어져야 한다. "무엇을 먹을까, 무엇을 마실까, 무엇을 입을까"(마 6:31). 이는 하나님 나라 안에서 살아가지 않는 사람들("이방인들")에 대해 예수께서 언급하신 개인들의 목표의 범위를 잘 보여준다. 물론 '육신'의 본능적인 욕심은 그 세 가지보다 훨씬 더 복잡하다. 사도 요한은 요한 일서에 '세상'(사회적·역사적으로 조직화된 인간의 제반 능력)과 그것의 지독한 욕심을 구성하고 있는 요소들을 명확히 밝혔다(2:16). 그는 세상의 우선순위를 '정욕'으로 열거한다. 이 강박 충동에는 '육신의 정욕'(신체적 욕구를 채우려는 의지), '안목의 정욕'(남의 소유를 탐하고 남의 호감을 사려는 의지), '이생의 자랑'(남보다 우위에서 권력으로 지배하려는 의지)이 포함된다.

바울이 말한 '육신의 생각'(롬 8:6)과 '육체의 일'(갈 5:19)은 위와 같은 부류의 모든 사고와 욕심으로 이루어진다. '육신'(flesh)에 대한 바울의 기본 개념은 하나님의 도움 없이 전적으로 인간의 능력과 머리로만 살아가는 삶을 가리킨다. 그런 삶의 '복지'란 욕심을 채우는 인간적인 안정에 있다. 욕심이 실존을 지배하기 때문이다. 그 상태에서 '번영'이란 욕심을 채우는 정도가 점점 더해 간다는 뜻이다. 현대인의 삶에서 세속적인 관점의 복지는 육신의 생각을 물질주의 쪽으로 몰아갔다. 자본주의 체제에서 소비지상주의는 물질 중독을 채워 주는 수단이 되었다. 사도 바울은 물질주의적인 욕구를 평가한 뒤, 반드시 사망과 부패가 따른다는 엄중한 경고를 내렸다(롬 8:6, 엡 2:3, 갈 6:8).

세속적인 개념의 복지와 공공선은 인간의 번영에 대한 전통적인 관점과 확연히 다르다. 전통적인 관점은 역사 속에서, 성경 전체에서, 기독교 교회의 고금의 문헌과 실천에서 볼 수 있다. 기독교적인 관점에서 본 인간의 복지와 번영에는 두 가지 인간 외적인 요소가 반드시 필요하다. 첫 번째 요건은 인간의 삶—개인과 단체 모두—속에 살아 역사하시는 하나님의 실제 **임재**다. 두 번째는 하나

하나님의 모략, 이후

님으로부터 오는 **공급**(물질적 공급도 포함하여)을 인식하고 의지하는 것이다. 이 공급은 인간의 통상적인 노력이나 자연적인 사건의 테두리 밖에서 기원한다(빌 4:19).

구약과 신약 모두 이 두 요소의 결합을 눈에 띄게 적극 장려한다. 하나님이 인간을 대하시는 기사들에서 늘 그것을 볼 수 있다. 하나님의 이와 같은 돌보심에 대한 가장 유익한 이야기로 역시 시편 23편을 빼놓을 수 없다. 이 시의 첫 소절인 "여호와는 나의 목자시니 내게 부족함이 없으리로다"라는 말 속에 성경적이고 기독교적인 관점에서 본 번영하는 삶의 두 가지 필수 요소가 잘 표현되어 있다. 하나는 감독자요 보호자요 길잡이이신 하나님의 임재이고, 또 하나는 그 결과로 채워지지 않은 필요가 전혀 없는 상태다. 그러나 이 시만 따로 보면 하나님 안에서 사는 삶에 따라오는 복지에 대해 잘못된 인상을 받을 수 있다. 다른 성경 본문들에 묘사된 복지의 삶에는 풍성한 물질적 공급이 그렇게 크게 강조되지 않는다. 그런 본문들에 더 잘 명시되어 있듯이 인간의 복지는 하나님의 임재와 돌보심만으로 충분하다. 심지어 일상의 바람직한 공급이 부족하거나 아예 없는 상황에서도 그렇다. 2장에서 언급했던 하박국 3:17-19이 좋은 예다. 사실 다윗과 솔로몬의 치세 이후로 이스라엘의 역사는 다분히 기복신앙 메시지와는 상반되었고, 예수의 사역과 1세기의 교회 시대까지도 마찬가지였다. 그런데 지금은 기복신앙 메시지가 주류 기독교의 교육과 설교에 중요한 부분이 되었다.

이렇게 극도로 결핍된 중에도 자족을 누린 사례들이 등장하기는 하지만, 대개 성경 본문들에 제시된 삶은 재물에 대한 탐욕과 집착으로부터 해방된 상태에서 물질적인 공급이 충분한 삶이다. '해방'된 이유는 하나님 나라의 임재가 늘 '가까이'에서 역사하기 때문이다. 이에 대한 예수의 간명한 말씀이 마태복음 6:33에 나온다. "그런즉 너희는 먼저 그[하나님]의 나라와 그의 의를 구하라. 그리하면 이 모든 것[물질적인 필요까지 포함하여]을 너희에게 더하시리라"(여호수아 1:8과 시편 1편도 참조하라). 예수는 그것을 반복해서 가르치시고 다양한 방식으로 적용시켜 주셨다. 또한 자신이 직접 그렇게 사셨고 제자들에게도 그러한 생활방식을 가르치셨다.

바울에 따르면 우리를 향한 하나님의 계획은 섬기는 지도자들과 함께 "우리가 모든 경건과 단정함으로 고요하고 평안한 생활을" 하는 것이다(딤전 2:2). 신약 전체에 중요하게 강조되어 있듯이, 우리는 하나님의 능동적인 임재 가운데 현재 자신에게 있는 것으로 자족해야 한다. 빌립보서 4장에 나오는 바울의 놀라운 고백 속에 '번영'에 대한 그의 관점과 태도가 잘 나타나 있다. 특히 그 편지를 쓸 당시와 대부분의 사역 기간에 그가 처했던 악조건을 생각하면 더욱 놀랍다. 그러한 관점과 태도는 기독교 운동의 초창기에 제자들의 생활방식이 되었고, 그 다음 세기에도 거의 계속되었다. 바울은 이렇게 말했다.

어떠한 형편에든지 나는 자족하기를 배웠노니 나는 비천에 처할 줄도 알고 풍부에 처할 줄도 알아 모든 일 곧 배부름과 배고픔과 풍부와 궁핍에도 처할 줄 아는 일체의 비결을 배웠노라. 내게 능력 주시는 자 안에서 내가 모든 것을 할 수 있느니라(빌 4:11-13).

다른 곳에서 그는 이러한 말도 했다. "그러나 자족하는 마음이 있으면 경건은 큰 이익이 되느니라. 우리가 세상에 아무것도 가지고 온 것이 없으매 또한 아무것도 가지고 가지 못하리니 우리가 먹을 것과 입을 것이 있은즉 족한 줄로 알 것이니라"(딤전 6:6-8). 그런가 하면 신약성경에 다음과 같은 말씀도 있다. "돈을 사랑하지 말고 있는 바를 족한 줄로 알라. 그가 친히 말씀하시기를 내가 결코 너희를 버리지 아니하고 너희를 떠나지 아니하리라 하셨느니라"(히 13:5).

요컨대 이렇게 말할 수 있겠다. 평범한 조건의 평범한 개인들이 공적 상황에서 성경적인 관점의 선한 삶을 경험하면, 능히 (일자리가 있는 상태에서) 생산적인 삶을 영위할 수 있다. 그들은 삶의 기본적인 필요를 채울 자원이 충분하고, 물리적 안전에 대한 합리적인 확신이 있으며, 인간의 보편적인 목표들도 무난히 달성할 희망이 있다. 자신의 재능과 사고와 노력을 적절히 구사하면 그렇다. 대체로 말해서, 그런 상황 속에 살고 있는 개인들은 유익하고 행복한 삶을 영위할 수 있고, 비록 완전함과는 거리가 먼 삶일지라도 자신의 운명에 자족할 수 있다. 이른바 '출세'를 해야—하다못해 그럴 기회라도 있어야—선한 삶이 성립된다는 말은 지혜롭지 못하다. 물론 어떤 사람은 출세할 수도 있지만 말이다. 또한 우리는 인간의 삶이 적절한 지성적 노력 없이 또는 주변 사람들(가족, 친구, 지인)의 자발적인 도움과 기여 없이 번영할 수 있다고 기대해서도 안 된다.

중요한 것은, 그러한 상황에서라면 많은 소원이 (그리고 일부 필요마저) 채워지지 않더라도 '선한 삶'을 누릴 수 있다는 것이다. 우리의 목표는 유토피아가 아니다. 그런데 선거 유세를 하는 정치가들과 상품을 광고하는 기업들은 우리를 속여 그렇게 믿게 만들려고 한다. 하지만 특정 법안을 통과시키거나 특정 브랜드의 면도기나 세제를 구입해도 그런 완전한 행복은 오지 않는다. 물론 그것들도 도움이 될 수는 있지만 중요하게 알아야 할 것이 있다. '선한 삶'에 요구되는 환경은 그렇게 쉽게 얻어지거나 만들어질 수 없다.

세속적인 관점의 복지는 인간 본능의 욕구를 채우는 데 있지만 기독교 역사의 가르침과 증언은 기본적으로 그런 충동으로부터 완전히 벗어나 있다. 그래도 인간이 '세속적' 가치를 부여하는 것들에 대한 예수와 바울과 성경의 전체적인 관점은, 그 가치들을 거부하는 게 아니라 종속시키는 것이다. 경건한 삶은 예컨대 대공황 시기에 루스벨트가 공급하려 했던 의식주 같은 재화를 거부하지 않는다. 다만 재화는 우리를 주관하지 않으며 주관할 수도 없다. 다른 본능적인 욕구와 그것의 충족도 다 마찬가지다. 우리는 맘몬을 숭배하지 않지만 그렇다고 부의 위력과 재물의 소유를 겁내지도 않는다. 대신 그것을 하나님께 바쳐 선한 목적을 위한 도구로 쓴다(눅 16:9, 딤전 6:17-19).

나아가 그러한 복지 상태는 인간의 노력으로는 도달할 수 없는 공급과 자족의 출처가 있는 사람들에게만 가능하다. 그 출처는 정부, 정책, 경기 침체, 재정 호황 따위에 전혀 영향을 받지 않는다. "먼저 그[하나님]의 나라와 그의 디카이오수네(*dikaiosune*, 옳은 일을 알고 또한 행하는 능력)를 구하면" 그 뒤에 "이 모든 것"이 우리에게 더해진다(마 6:33). 삶의 물적 조건은 단순히 그 "모든 것" 속에 포함되어 있다.

따라서 하나님 없는 번영과 하나님과 함께하는 번영을 비교해 보면 두 종류의 판이한 '성공'이 나온다. 단순히 복지만 비교해 보아도 마찬가지다. 세속주의자에게나 그리스도인에게나 성공이란 인간의 처신과 활동에 대한 긍정적인 평가에 붙이는 이름이며, 특히 경제와 관련해서 그렇다. 그리스도인 대변인들은 당연히 두 종류의 번영을 이해하는 일에 깊이 참여할 마음이 있다. 순전히 하나님 사랑과 이웃 사랑에서 나오는 마음이다. 또한 그들은 여러 가지 경제 계획과 실천이라든가 사회에 만연한 정치적 태도와 제도가 지혜로운지 또는 어리석은지에 대해 그때그때 발언권을 행사한다. 그리스도인들은 토론과 대화에 참여하여 '성공'을 규정짓는 최선의 척도를 정해야 한다.

그럼에도 우리가 깨닫고 인정해야 할 것이 있다. 의도와 계획이 아무리 좋아도 인간의 번영을 외부에서 만들어 줄 수는 없다. 물론 공공복지에 필요한 일부 조치를 취할 수 있고 취해야 한다. 태풍이 방벽을 무너뜨리듯이 어리석은 정책과 조치는 공공복지를 쉽게 무너뜨릴 수 있다. 하지만 본질상 번영은 또한 관련된 사람들의 성품의 문제다. 아우구스티누스는 『종규』(Rule)에서 이렇게 말했다. "검소하게 살아갈 힘이 있는 사람들이야말로 최고의 부자로 자부해야 한다. 빈궁할 때 자족할 줄 아는 능력이 풍족한 소유보다 낫기 때문이다."[14] 얼마나 놀라운 생각인가! 한 인구 집단이 정확히 얼마나 유복한지는 다분히 구성원들의 성품에 따라 결정된다. 그 사회의 번영 여부도 마찬가지다.

공공복지나 번영의 어떤 차원은 혹 수량화되어 외부에서 이론적으로 접근이 가능할 수도 있다. 그래도 반드시 알아야 할 사실이 있다. 두 사람의 물질적인 형편이 똑같다고 해도 경험하는 행복의 질이나 복지나 '선한 삶'은 서로 다를 수 있다. 이것은 각자의 태도와 관점, 특히 인간관계 때문이다. 똑같이 물질적으로 부유한 두 사람의 삶도 인간의 번영에 관한 한 영 딴판일 수 있다. 무절제하거나 무지한 사람의 손에 들린 5만 원과 분별 있는 친구들과 친지들의 관계망 속에서 살아가는 지혜롭고 덕스러운 사람의 손에 들린 5만 원은 전반적인 번영에 관한 한 똑같지 않다. 돈의 액수가 많아질수록 그 괴리도 더 커질 것이다. 돈이나 신용이 남아 있는 한 '안전망'은 구성원들에게 어느 정도 공급될 수 있다. 하지만 삶의 행복이나 번영은 '그물'과 전혀 달라서 대체로 누구에게도 분배하거나 공급하거나 법제화하거나 의무화할 수 없다.

우리는 예언자의 성경적인 역할에 다시 귀를 기울인다. 현대의 정치적 삶 안에 그 역할이 되살아나야 한다. 그래야 하나님의 선하신 뜻이 하늘에서 이루어진 것 같이 땅에서도 이루어지는 세상을 가꾸어 나갈 수 있다. 그리스도인 지도자들과 대변인들은 삶의 모든 분야에서 항상 예언자적인 전문가들에게 배워야 한다. 그들이 어디서 어떤 모양으로 등장하든지 말이다. 그들의 사회정치적 또는 종교적 혈통과 무관하게 우리는 이 지혜롭고 용감한 개인들로부터 적절한 지식과 통찰을 기꺼이 얻을 수 있어야 한다.

그러나 여기서 우리의 초점은 예언자적 지도자와 전문인으로서 특별히 그리스도인들이 맡은 역할에 있다. 하나님은 우리를 부르시고 준비시켜 공생활과 사생활에서 가르치고 이끌게 하셨다. 무엇이 인간에게 선이고 무엇이 가능한지를 우리가 알려 주어야 한다.

이러한 지혜와 통찰은 인간의 욕심과 능력에 대한 순전히 세속적인 분석의 범위를 항상 넘어선다. 하지만 그 지혜를 세상의 순전히 세속적인 연구로 시험하여 검증할 수 있다는 사실은 아이러니다. 예컨대 우리는 사랑의 행위, 인내, 감사 같은 자질이 개인과 공동체 생활의 긍정적인 변화에 기여하는 정도를 더 깊이 연구해야 한다. 캘리포니아 대학교 버클리 캠퍼스의 그레이터 굿(Greater Good) 과학 센터가 캘리포니아 대학교 데이비스 캠퍼스와 협력하여 시도하고 있는 일이 다분히 그것이다.[15] 이 일을 위해 존 템플턴 재단으로부터 560만 달러의 기부금을 받은 이 센터는 '감사'(gratitude)와 관련하여 자신들의 목표를 이렇게 기술했다.

- 감사에 대한 과학적인 데이터베이스를 확장하되 특히 인간의 건강, 개인과 관계의 행복, 발달 과학 등의 중요한 분야에서 그렇게 한다.
- 증거에 입각하여 감사의 실천을 증진하되 의료계, 교육계, 조직체, 학교, 직장, 가정, 공동체 등에서 그렇게 한다.
- 그리하여 시민사회에서 감사가 하는 역할에 대한 폭넓은 문화 담론에 대중을 끌어들인다.

마찬가지로 그리스도인 지도자들과 전문인들이 다음 문제의 의미와 적용을 일반 대중에게 거론하는 것 또한 적절하며 어쩌면 좋은 깨달음을 줄 수 있다. 즉, 인간의 번영에 대한 세속적인 관점과 구상을 기독교적인 관점과 구상에 비교할 때 무엇을 배울 수 있는가 하는 문제다.

공공복지

이 땅의 삶이 하늘에서 하나님의 임재 안에서 누릴 삶에 조금이라
도 더 가까워지려면 서로 조화롭고 화목하게 살아가는 우리의 능력
이 자라가야 한다. 예수께서 설명하고 기도하고 머릿속에 그리며 간
절히 이루려 하신 공동체와 온전한 (샬롬의) 관계가 요한복음 17장에
잘 나타나 있다. 기독교적인 복지와 번영의 가장 중요한 측면 가운
데 하나는 그것이 근본적으로 **관계적** 또는 공동체적 성격을 띤다는
것이다. 즉, 기독교적인 번영은 다른 인격체(하나님으로부터 시작하여)
와의 관계와 맞물려 있으며, 우리와 가장 친밀하고 영속적인 관계를
나누는 사람들을 아우른다. 그들은 우리의 '이웃'이다. 이 단어의 현
대적 용법은 가장 중요한 의미의 일부를 잃어버렸다. 이 단어가 무
엇보다 먼저 지목하는 대상은 우리의 가족들 그리고 공동생활과 단
체생활로 우리와 밀접하게 얽혀 있는 사람들이다.

가장 가까운 사람들과의 관계는 금전적인 가치를 매길 수 없다.
평범한 의미의 정부 활동이나 사회 기관이 그러한 관계를 충분히
다룰 수도 없다. 이 관계에는 감화, 창조, 생산, 교환 등의 요인이 가
득 실려 있다. 이 관계—특히 부부 사이나 부모와 자녀 사이—가 파
괴되면 인간의 번영이 심히 악화된다. '행복'이 애매모호한 상태로
변하고, 그런 상태가 전염병처럼 퍼져 나간다. 없어서는 안될 대인
관계를 잃은 사람들이 대용품을 찾아 나서기 때문이다. 물론 대용품
은 없다. 그래서 외로운 개인은 어떻게든 그 빈자리를 채우려고 "육
신의 정욕과 안목의 정욕과 이생의 자랑"을 추구한다. 이런 사람에
게 번영은 욕망을 얼마라도 더 채우려는 절박한 몸부림으로 전락한

다. 욕망을 추구하다 음식, 섹스, 마약, 돈, 권력, 병적 의존 관계, 명예 등에 중독되는 경우가 비일비재하다. 블레즈 파스칼(Blaise Pascal)이 멋있게 시적으로 표현한 "하나님 모양의 빈 공간"을 그렇게 채우려는 것이다.

반면에 지상계명(막 12:33)은 먼저 우리의 전 존재로 하나님을 사랑할 것과 나 자신을 사랑하듯 이웃을 사랑할 것을 명한다. 이런 상태에서 행복이나 번영하는 실존을 찾는 일은 세속적인 방안의 경우보다 훨씬 덜 어렵다. 그리스도인들이 늘 상기해야 할 사실이 있다. 사랑을 막연하거나 주로 이론적인 것으로 만들어서는 안 된다는 점이다. 하나님이 말씀하시는 사랑은 늘 필수적이고 구체적이고 긍정적이고 실제적인 것으로 남아야 한다. 아가페는 사랑하는 대상의 유익을 전심으로 구한다. 그것이 우리 삶의 최대 관심사이자 원동력이 될 수 있으며 마땅히 그래야 한다.

아가페 중심의 세계관으로 말미암아 정말 헌신적으로 하나님과 사람들을 섬기는 사람치고 '삶의 의미'를 발견하지 못한 사람은 일찍이 없었다. 거룩한 사랑으로 하나님을 사랑하는 사람은 그분께 유익이 될 일에 늘 힘쓰고 그분을 위하는 일에 참여한다. 이는 동시에 '이웃'의 유익을 위해 헌신하는 삶이기도 하다. 그래서 십계명에는 각 계명마다 중요한 관계적 역동이 담겨 있어 개인에게는 물론 공동체에도 공익을 끼친다. 이것은 예수의 가르침 속에서 더욱 분명해진다. 그분은 이런 율법(방식)을 내면화하면 우리가 해방되어 가장 충만한 삶을 살아갈 수 있다고 가르치셨다(마 5-7장). 이것이 이루어지려면 하나님의 방식이 우리의 마음속에 기록되고 새겨져야 한다.

마음은 인간의 삶을 움직이는 구심점이다.

예수께서 일깨우시듯이 첫째이자 가장 중요한 이웃은 바로 우리의 가정에 살고 있다. 인간의 첫 공동생활은 부모와의 관계 속에서 이루어진다. 그래서 하나님의 '10대 목록' 중 인간 부분에 부모 공경이 으뜸으로 나온다. 또한 부모를 공경하라는 명령만이 장수의 약속과 직결된다. 부모와의 관계는 인생의 귀결을 깊이 결정짓는다. 그리고 결혼하면 배우자가 가장 가까운 이웃이 되어 둘이 '한 몸'을 이룬다. 부부관계는 부모와의 관계보다 더 가까워진다.

십계명의 나머지는 공동생활의 대상을 해쳐서는 안 된다는 내용이다. 때로 우리는 그들을 해치려는 유혹을 느낀다. "탐내지 말라"는 계명이 아주 흥미롭고 중요한 예다. 대개 우리는 눈에 보이는 것을 탐내며, 눈에 보이는 것은 우리와 아주 가까이 있다.

이 모든 관계적인 명령의 관건은 C. S. 루이스의 표현을 빌려, 하나님께서 모든 범인(凡人)에게 부여하신 '영광의 무게'를 보호하는 데 있다.[16] 이는 하나님의 형상(*imago Dei*)이라는 공통된 복으로 세상 만인 안에 존재한다. 이런 관계적 지시의 핵심을 놓치면 삶의 관계 속에 하나님이 의도하신 최고의 잠재력이 실현될 수 없다. 또한 헨리 데이비드 소로(Henry David Thoreau)의 유명한 표현처럼 '조용한 절망'의 삶에 갇힌 채 빈곤한 실존을 견뎌야 할 수도 있다.[17] 사람들과 관계를 맺을 줄 모르면 여러 가지 역기능과 고통이 생겨난다. 그런 사람에게 참된 복지를 제공하는 일은 종종 힘겹다 못해 불가능에 가깝다. 번영의 삶은 더 말할 것도 없다. 많은 경우에 치유가 이루어지려면 일련의 값비싼 외부 재화가 끝없이 요구되며, 그런데도 성과가 나타나지 않을 때가 너무 많다.

그러나 문제점이 많은 욕망도 그것을 지배할 더 큰 틀이 존재한다면 인류에게 유익을 끼칠 수 있다. 그 틀에는 무엇이 선인가에 대한 개념도 포함되는데, 복지를 보는 기독교적인 관점에 그 개념이 들어 있다. 이제 자아부인의 위력이 욕망을 지배한다. 선을 위해 필요하다면 만족을 거부하거나 연기할 수 있고, 욕망을 정말 중요한 순서대로 놓을 수 있다. 이 같은 능력은 기독교의 덕이자 더없이 귀중한 선물이다. 선의 원리가 따로 없다면 욕망은 늘 세력 다툼으로 변질된다. 욕망은 본래 갈등을 유발한다. 개인 안에도 그렇고 인간이나 집단 간에도 그렇다. 늘 수없이 많은 욕망이 작용하고 있으며, 욕망 자체만으로는 무엇이 선이고 최선인지 알 수 없다. 인간은 선하거나 옳지 못한 것을 욕망할 때가 많다.

세속주의가 욕망에 대응해 온 이력을 보면, 공공 기관과 공인들은 욕망을 거부할 길을 여태 찾지 못했다. 그 결과 최종 결정권은 법의 힘이나 정치권력의 몫이 된다. 사법부와 입법부와 결국은 정치운동으로 권한이 넘어가는 것이다. 이런 상황에서는 무조건 이기는 것이 가장 중요한 목표이자 심하면 유일한 목표가 된다. 선하고 참되며 옳은 일을 찾아내 시행하는 데는 별 관심이 없다. 이것이 오늘날 정치 현장의 본질이다. 세속적인 절차에서는 일단 선의 이념을 제시만 해놓고 선의 그림자 곁에 그럴듯하게 서 있기만 하면 된다. 도덕성을 지키겠다는 모호한 선전은 가면에 지나지 않는다. 그런 가면을 쓴 세력 다툼이 대중문화 안에 다반사로 벌어지고 있다.

민주사회의 그리스도인 시민

현대의 많은 기독교적 정황에서 가장 난감하게 뒤엉킨 주제 가운데 하나는 아마 그리스도인들이 민주사회에서 해야 할 적절한 역할이 무엇인가 하는 문제일 것이다. 거기에는 그럴 만한 이유들이 있다. 그중 주된 이유는 과거에 그리스도인들이 공적 이슈에 참여한 방식이 비열했기 때문이다. 미국에 정치적인 대화가 존재한 이래로 정치 집단과 종교 집단 사이에 번번이 야합이 있었다. 사회의 일반 구성원들은 그리스도인을 무조건 특정 정당과 연결시켜 생각한다. 그만큼 이 문제가 사방에서 얽히고설켜 있다는 증거다. 종교적인 수단으로 정치 목표를 이루는 이런 유착은 교묘하고 근거 없는 방식들로 늘 반복되고 있다. 하지만 결과는 으레 흉하고 꼴사납다.

그 결과 많은 지역교회들은 정치경제적 이슈를 다루는 일이 곧 '세상'과 손잡도록 부추기는 일이라고 주장한다. 그리스도인은 "통치자들과 권세들과 이 어둠의 세상 주관자들"(엡 6:12)과 관계된 일이라면 일절 삼가야 한다는 것이다. 많은 오해의 경우가 그렇듯이 여기에도 진리와 지혜가 조금은 들어 있다. 하지만 그리스도인의 영향력을 '나만의 세계'로 묶어 둘 수 있는 길은 전혀 없으며 그래서도 안 된다. 지역교회는 자동으로 공적인 광장에 서 있다. 교인들이 몸담고 있는 활동 무대와 지위 때문에도 그렇고, 누구나 알다시피 우리 모두가 늘 대중과 교류하며 영향을 미치기 때문에도 그렇다. 교회의 벽에 기공이 숭숭 뚫려 있는 데는 그만한 목적이 있다. 그것은 지당한 일이다. 사람들이 원하고 필요로 하는 것이 교회 안에 늘 길러지고 있다면 말이다.

하나님의 모략, 이후

세상 나라들이 그리스도의 나라로 변화되려면 자격을 갖춘 그리스도인들이 정치와 법과 경제의 과정에 깊이 개입해야 한다. 사회 이슈들을 지성적이면서도 영적으로 힘 있게 다루는 것이 우리의 소명이다. 일부 지역교회와 기독교 전통들이 이러한 소명에 저항하는 것은 비참하고 안타까운 숱한 오해 때문이다. 그중 한 오해는 다음과 같은 가정에서 비롯된다. 그리스도인의 도덕성은 사회의 세속적인 환경 바깥에서 길러질 수 있고 그래야 한다는 것이다. 이는 전혀 불가능한 일이다. 우리가 세속 사회 안에 살고 있기 때문이다. 따라서 가장 가까운 사람들에게 해가 될 관행을 받아들인다면, 이웃을 사랑하고 순전한 도덕성을 실천하는 사람이 될 수 없다. 공동체의 요긴한 필요를 채워 줄 정치사회적 조건을 증진하거나 지지하지 않을 때도 마찬가지다.

또 다른 오해는 복음 자체에 대한 오해다. 거기서 자연히 세상을 향한 그리스도와 그분 백성의 사명에 대해서도 오해가 생긴다. 일각에 따르면 그리스도인에게 유일하게 중요한 일은 죄를 용서받고 사후에 확실히 천국에 가는 것이다. '구원'을 그렇게 잘못 알면 복음은 주로 나와 하나님 사이의 사적인 문제가 될 수밖에 없다. 대개 이 흔한 오류와 맞물려 있는 생각이 있다. '구원'은 그리스도를 닮은 성품을 계발하는 일과는 거의 무관하다는 것이다. 이런 생각은 다음과 같은 신념에서 비롯된다. 세상은 가망 없이 잃어진 상태이며, 따라서 종말이 오기 전에 최대한 많은 사람을 천국에 '들여놓는' 일이 우리의 유일하거나 적어도 주된 관심사가 되어야 한다는 것이다.[18] 그래서 어떤 사람들은 아직도 목회자들과 선교사들을 훈련할 때, 무슨 수를 써서라도 이 단일한 목표를 이루어야 한다고 가르친다. 웬만한 비기독교 세계에서 보기에 이런 근시안은 스스로를 의롭게 여길 뿐 다른 모든 경제·정치·사회 분야에서 무엇이 선하고 옳은지에 대해서는 무지한 모습으로 비쳐진다.

복음에 대한 이와 같은 많은 오해에도 불구하고 예수께서 전하신 메시지에 분명히 밝혀진 사실이 있다. 우리는 **지금** 하나님 나라 안에서 영원한 삶을 살 수 있다. 물리적 죽음 이후에 하나님과 함께하는 삶은 지금 경험하는 삶의 자연스러운 결과이자 연장이다. 삶의 양식과 질이 더 강화되는 것이다. 예수는 우리를 제자도로—그분의 도제로—부르신다. 그분의 성품을 닮는 일은 제자도와 직결된다. 이러한 변화는 당연히 우리의 사회적 정황에 영향을 미친다. 누룩이 퍼져 반죽 덩어리 전체를 변화시키는 것과 마찬가지다(마 13:33). 세상 전반의 생활 조건이 조금이라도 의미 있게 나아지고 고쳐지려면 먼저 개인의 도덕성부터 다루어져야 한다. 예수는 그것을 아셨다.

공공선을 밝게 비추는 빛의 자녀들

도덕 이론의 특성과 관련하여 앞서 논한 많은 내용을 이제 구체적으로 적용할 수 있겠다. 정치경제 분야의 일에 가담하고 있는 지도자들에게 도덕적 지식과 성품을 적용하는 것이다. 어떤 형태의 사회에서나—민주주의가 어느 정도 시행되고 있는 사회일수록 특히 더하다—그리스도인 대변인들과 지도자들은 들을 귀가 있고 보는 눈이 있는 모든 사람을 힘써 돕는다. 즉, 사회생활의 제반 이슈와 기회 속에서 언제 어디서 어떻게 왜 집단적인 선이 추구되고 성취될 수 있으며 마땅히 그래야 하는지를 보여준다. 그리스도인 리더들의 급선무는 정치적·경제적·사회적 혁명을 일으키는 것이 아니라, 세상에서 부딪치는 이슈들과 우리의 삶 속에 **이해**와 **진리**를 가져다주는 것이다. 요컨대 그리스도인 전문인과 지도자와 대변인들의 주된 공헌은 인간의 복지가 무엇이고, 어떤 역할을 하며, 어떻게 증진되는지에 대한 실상을 대중—여기에 정부도 포함된다—앞에 늘 제시하는 것이다. 아울러 그들은 복지가 아닌 것이 무엇이며, 인간의 진정한 복지를 증진시키지 않는 무익한 활동이나 정책이 무엇인지도 자세히 밝혀야 한다.

이 일의 첫째이자 주된 부분은 역시 그리스도인 리더 개개인의 변화다(물론 그들의 영향을 받는 사람들도 변해야 한다). 그래야 각종 정책이 수립되고 결정이 내려지는 현장에서 그들이 영향력을 행사하고, 길잡이가 되며, 빛을 비출 수 있다. 그러한 정책과 결정은 각급의 복지와 번영에 영향을 미치게 되어 있다. 솔직히 그동안 기독교 교회는 제자도의 이 첫 단계를 잘하지 못했다. 세상 사람들도 그것을 알고 있다. 지역교회는 교육 기관 내의 그리스도인들과 협력하여 지도자들을 길러 내야 한다. 잘 형성되고 영적으로 변화된 성숙하고 박식한 그리스도인들을 배출해야 그들이 시민생활과 공생활의 기존 제도와 구조 앞에서 선교적 사명을 다할 수 있다. 이렇듯 대변인과 전문인 각자의 일차적인 과제는 고독 속에서 그리고 공동체의 교제와 복종 속에서 자신의 성품을 빚는 것이다. 그럴 때 그들은 예수의 탁월한 방식을 본보이고 솔선하고 가르쳐 사람들을 그리로 인도할 수 있다.

이렇게 성숙하게 빚어진 그리스도인 대변인들은 정부나 사회의 정책 및 실행과 관련하여 결코 사람들을 좌지우지하거나 위협하거나 조종하려 하지 않는다. 그리스도인이 영향력을 미치는 바람직한 수단은 강압적인 지시가 아니라 **솔선수범**이다. 다른 사람들은 정치적인 흥정을 벌이지만 우리는 아예 그래서는 안 된다. 그것은 교회의 증언을 훼손하는 헛수고이며, 그 결과 세상은 하나님의 방식과 다른 모든 대안의 차이를 비교하고 분별하는 능력을 상실한다. 정치적인 조종과 '권력 놀음'은 이기는 것처럼 보일 뿐이지 절대로 이기지 못한다. 우리의 미래는 확실히 보장되어 있다. 그래서 우리는 말에나 일에나 늘 선을 행하고 드러내는 데 시선과 소망을 둘 수 있고 마땅히 그래야 한다. 지름길은 없다.

성령의 열매를 공생활에 적용하다

앞서 경건한 삶의 기본적인 특성과 열매를 언급했는데, 그중 개인과 사회의 번영에 더 직접적인 관계가 있는 특성들이 자연히 나타난다. 사회과학 관련 학과는 성령의 열매가 공동체에 발하는 효력에 대해 자세한 학문 연구를 실시할 수 있고 실시해야 한다. 여기서는 간단히 짚고 넘어갈 것이다. 다시 말하지만 아가페 방식의 사랑은 행동하는 선한 의지다. 무언가나 누군가를 사랑한다는 것은 곧 그것이나 그 사람의 유익을 위해 행동하거나 행동할 태세가 되어 있다는 뜻이다. 이웃 사랑이란 다른 사람들에게 유익한 일을 행하려는 성향이다. 그들에게 피해가 닥쳐오면 행동하여 그 피해를 없애거나 줄여준다. 그들에게 무언가 좋은 것이 필요하면 힘닿는 한 그것을 마련해 준다. 그래서 예컨대 부모는 밤낮으로 일을 해서라도 최대한 자녀를 먹여 살리되 의무감보다 훨씬 더 큰 사랑으로 한다. 둘 다 있겠지만 대부분 사랑이 더 강하다.

마찬가지로 사회나 정부의 더 넓은 정황에서, 사랑은 최선을 다해 만인이나 최대 다수에게 유익이 될 제도와 관행을 세우고 유지한다. 사랑은 또한 '대중'에게 해롭거나 도움이 되지 않는 제도와 관행에 반대한다. 이렇듯 사랑이 공적인 차원에 적용되면 우리는 공동체 내의 경제적·정치적·사회적·가정적·종교적 상황을 깊이 돌볼 수밖에 없다. 인간 삶의 그 모든 측면에 참여하고 교류하는 사람들을 우리가 돌보기(사랑하기) 때문이다.

예컨대 사랑은 당연히—기쁨과 결합하면 특히 더—양질의 재화와 서비스의 창출과 생산을 고취하고 증진한다. 사랑은 본래 선의 생산과 증식에 주력하며 선을 널리 보급하려 한다. 앞서 말했듯이 기쁨은 현명한 투자자에게 없어서는 안될 자질이다. 기쁨이 있으면 아무리 불확실한 상황도 감당할 수 있지만, 임박한 선을 확신하지 못하는 사람들은 그럴 때 무력해질 수 있다. 하나님 나라 안에서 선한 목자의 공급에 의지하면 평생에 반드시 선이 우리를 따른다(시 23:6).

템플턴 재단에서 펴낸 한 보고서를 보면, 미국인의 절반가량은 적어도 하루에 한 번 하나님의 사랑을 느낀다. 전국적으로 실시된 이 조사에 따르면, 10명 중 8명은 하나님의 사랑을 어쩌다 한 번이라도 경험한다고 답했다. 하나님의 사랑을 느낄 때 다른 사람을 긍휼히 여기는 마음이 생긴다고 말한 사람의 비율도 비슷했다. 다른 이들을 향한 사랑과 긍휼을 날마다 느낀다는 응답자도 거의 3분의 1에 달했다. 무엇보다 중요하게, 사람들은 하나님의 사랑의 체험을 시간이나 돈의 기부, 친구와 가족을 돕는 일, 더 나은 세상을 만들려는 수고 등 여섯 가지 호의적인 행동의 일관된 예측 지표로 보았다. 이 연구에서 보듯이 많은 미국인에게 하나님의 사랑의 체험은 이웃에게 호의를 베푸는 실제적인 행위와 불가분의 관계다. 연구자 매튜 리(Matthew Lee)는 이런 결론을 내렸다. "수많은 미국인이 하나님의 사랑을 자주 경험한다. 그들이 느끼는 하나님의 사랑은 실존적 행복감을 더해 줄 뿐 아니라 삶의 의미와 목적의 기초이며, 사람들을 더욱 긍휼히 여기게 한다."[19]

하나님의 보호 아래 있는 인간 조건은 언제나 그랬다. 그것이 이번 연구를 통해 더 밝히 드러났을 뿐이다. 모든 피조물과 특히 인간은 하나님의 아가페 성품의 무한한 행위에서 나왔다. 평안은 적대적인 관계를 없애 준다. 그런 관계는 생산성을 떨어뜨리고 인간의 재능과 에너지를 낭비한다. 평안 덕분에 서로 돕는 자세가 우리의 계획과 교류를 지배한다. 기쁨이 있으면 매사가 더 쉬워진다. 직장에서도 그렇고 삶과 재물을 나눌 때도 그렇다. 아무리 힘들고 불쾌한 일일지라도 기쁨은 모든 수고에 특유의 기본적인 힘과 활기를 더해 준다. 이런 특성은 또한 적절한 자제력을 길러 준다. 자신과 타인을 지켜 해를 입지 않게 하려면 자제력이 필요하다. 아울러 성령의 열매 덕분에 우리는 매사에 인내하고, 만족을 유예하며, 낭비나 어리석은 방종을 피하고, 자신의 소원이나 (리더의 경우) 단체의 소원을 기꺼이 거부할 수 있다. 무제한의 욕망을 거부할 줄 아는 개인이나 단체는 소원과 필요를 구분할 수 있고, 결정과 행동이 필요할 때 소원을 (한정된) 제자리에 둘 수 있다.

이것은 정부 차원에서 대단히 중요하다. 요즘은 적자 지출이 통상적인 업무 방식으로 굳어져 버렸다. 지도자들이 구성원들에게 "안 된다"고 말할 줄 모르는 통에 각종 '소원'이 활개를 치는 것이다. 물론 새삼스러운 일은 아니다. 사적 욕망과 공적 절약의 끝없는 충돌은 플라톤의 『국가론』(제7권-제9권)에도 나온다. 생활의 미덕이던 절약은 이제 구닥다리 개념으로 밀려나 폐기되었다. 하지만 절약은 정부나 국가의 복지와 번영에 필수이듯이 모든 개인과 가정에도 마찬가지다. 그래도 현대인의 의식 속에서 '절약'과 '번영'은 서로 잘 어울리지 않는다. 절약은 왠지 (자선 바자회에서 산 것 같은) 누더기, 싸구려, 헌 옷, 중고품 등을 연상시킨다. 그래서 근검은 최상의 제품이나 서비스를 입수 또는 조달하지 못한 중대한 실패의 증거로 통한다.

'필요'(need)는 단순한 소원(want)과 대비되며 본질적인 결핍에 해당한다. 필요가 제대로 채워지지 않으면 그 필요가 발생한 시스템의 작동에 심각한 결과가 발생한다. 시스템 전체가 붕괴될 수도 있다. 어린아이들의 영양실조, 지적 또는 예술적 자극이 결핍된 유년기, 중요한 성인과 정서적인 교감을 나누지 못하는 아기 등이 좋은 예다. 이런 필요가 충족되지 않으면 때로 회복 불능의 심각한 피해는 물론 죽음까지도 초래할 수 있다. 우리는 성령의 열매를 맺고 지킴으로써 성품의 기본 특성을 갖추어야 한다. 그래야 개인이 (그 연장선에서 집단도) 각종 필요와 소원을 수용할 것인지 아니면 거부할 것인지, 그리고 그것들이 선한 삶에 어느 정도 유익하거나 대립되는지를 분별할 수 있다.

재차 말하지만 우리가 단호히 버려야 할 생각이 있다. 이와 같은 특성들이 '사적'이며 따라서 '공적' 번영과 무관하다는 생각이다. 공적 복지와 번영은 본질상 성령의 열매를 제대로 이해하고 최대한 넓은 정황 속에 이행하는 데 달려 있다.

선한 하나님 나라를 만인에게 베풀고 시행하다

우리가 배우고 본받아 수고의 귀감으로 삼을 훌륭한 모범들이 있다. 윌리엄 윌버포스, 디트리히 본회퍼, 마틴 루터 킹 주니어, 데스몬드 투투, 테레사 수녀 같은 그리스도인 리더들은 정치적·경제적 변화를 위해 혼신을 다했다. 바울이 말한 "통치자들과 권세들"을 잘못 해석하는 사람들은 대개 이런 식의 영향력을 잘 이해하지 못한다. 정치 분야에 변혁을 일으킨 윌버포스, 본회퍼, 킹 같은 그리스도인들이 삶으로 보여준 것은 본질상 이것이다. 그리스도의 제자도가 그들을 특정한 길로 불렀기 때문에 그들은 하나님 나라의 대사로서 정치적 역할에 충실했다. 하나님과 인류를 향한 그들의 섬김은 전혀 잘못되거나 불경하거나 '세상적'인 것이 아니다.

미국 수정헌법 제1조(종교와 언론의 자유 등을 보장하는 내용-옮긴이)는 (대법원과 주 정부의 해석에 따라) 국회가 할 수 없는 일을 규정한 것이지 그리스도인들이 해서는 안 될 일을 규정한 것이 아니다. 지금 우리는 '정교 분리'라는 거대한 신화의 영향력 아래 살고 있다. 이 문구는 헌법 어디에도 등장하지 않는다. 이것은 수정헌법 제1조의 한

하나님의 모략, 이후

이론—그나마 대법원에 미치는 영향이 점점 줄고 있는—을 기술하는 은유다. 이 문구는 교회와 정부의 제도적인 분리를 암시하는 의미로는 약간의 가치가 있겠지만, 종교적 도덕성과 정부의 분리를 요구하는 뜻으로 해석된다면 악하기 짝이 없다. 윌버포스와 본회퍼와 킹과 투투가 정부에 무엇인가를 요구할 때 그것을 각자의 기독교적 도덕성과 분리시켜야 했다면 세상은 그들의 선한 영향력을 얻지 못했을 것이다. 그리스도인 지도자들과 전문인들의 가르침과 인도는 사회적인 결과를 낳게 마련이고 마땅히 그래야 한다. 경제와 정치 생활에 대한 결과도 거기에 포함된다. 그러나 그리스도를 닮은 리더십의 가장 중요한 요소는 그들 자신의 복된 삶이다. 이런 시민들은 하나님의 은혜로 세상을 향한 그분의 목적과 목표를 위해 지식과 통찰과 지도를 베푼다.

이렇듯 요긴한 재화와 서비스의 고취, 생산, 분배, 관리, 보호, 교환, 감독을 지원하고 비판하고 알리고 지도하려면, 지혜롭고 박식하고 믿을 만한 지도자와 전문인과 대변인들이 절대적으로 필요하다. 이 일이 잘 되어야 우리 사회의 최대한 많은 구성원들에게 높은 수준의 복지가 실현될 수 있다. 이 일에 그리스도를 따르는 사람들이 없어서는 안 된다. 그리스도인들이 영향력 있는 리더로 참여하여 기독교 고유의 필수 지식을 내주어야 한다. 그것은 어느 정부에서나—특히 민주정부에서—사회 전반의 모든 사람이 하나님 나라의 정서와 윤리 안에 살아가며 형통할 수 있다는 지식이다. 그리스도인 지도자들과 대변인들은 이 지식을 갖춤은 물론이거니와 공동체와 하나님 나라의 복을 위해 그것을 쏟아부어야 한다.

산 위에 있는 동네

이상의 내용을 요약해 보자. 지난 여러 세기 동안 개인과 단체와 정부가 개별적으로나 집단적으로 자신들의 사회적·정치적·경제적 제도와 실행을 평가할 때 기준으로 삼은 것이 있다. 그것은 바로 자신들이 복지와 번영에 얼마나 잘 기여하거나 또는 거기서 빗나가는 가 하는 점이다. 그렇다면 여기서 인간의 복지와 번영이 무엇인지에 대한 정의가 필요해진다. 그래서 앞에서 두 종류의 복지를 살펴보았다. 우선 세속주의자나 비신자가 보는 번영은 다분히 인간의 본능적인 욕망의 충족에 달려 있으며, 인간의 타고난 능력이라는 한계 내에서 실현된다. 이 관점대로라면 결국 욕망이 지배하게 되어 있다. 반면에 기독교적인 관점은 현실 생활 속에 임하는 하나님의 임재와 공급이라는 두 가지 기본 요소로 이루어진다. 여기서 우리는 상당한 공급이 있고 재물에 대한 탐욕과 집착이 없는 삶을 무난히 예상할 수 있다. 이는 하나님 아래서 사람들의 유익을 위해 섬길 때 찾아오는 자족의 삶이다. 따라서 기독교적인 복지는 본질상 다분히 관계적이고 공동체적이다. 즉, 사람들과의 관계 속에서 이루어진다.

다시 말하지만 그리스도 중심의 관점에서 욕망은 복지의 길잡이로서는 실격이다. 인간의 욕망은 믿을 대상이 못 되기 때문이다. 정부를 욕망이나 국민의 소원에 따라 운영할 수는 없다. 기독교적 복지는 욕망을 선 밑에 종속시킨다. 덕분에 우리는 필요와 소원을 구분할 수 있다. 욕망을 완전히 거부하는 것이 지혜롭고 최선이라면 그렇게 할 수도 있고, 적어도 선과 의를 추구하는 쪽으로 욕망을 통제할 수 있다. 선과 정의의 기준은 하나님의 성품과 도덕적 의지다.

그 결과 사회의 겸손한 그리스도인 대변인들과 지도자들의 주된 공헌은 인간의 복지가 무엇이고 무엇이 아닌지에 대한 실상을 대중—여기에는 정부도 포함된다—앞에 늘 제시하는 것이다. 아울러 그들은 진정한 복지를 시행할 방법도 제시해야 한다. 그러기 위해 그리스도인 전문인들과 그리스도의 대변인들과 섬기는 지도자들은 온유하고 지혜롭고 강건한 사람들로 공적인 광장에 남아, 거기서 발언하고 길을 안내하며 봉사해야 한다. 그들과 그들이 섬기는 대상은 현실 세계 속에 있다. 애매하고 무력한 사물화(私物化)의 개념이나 지역교회를 중심으로 일신한 '그리스도 신정'(神政, 이전의 기독교 국가) 개념 속으로 피할 수도 없고 그래서도 안 된다는 뜻이다. 대신 예수께서 주창하시는 아주 상식적인 개념이 있다. "산 위에 있는 동네"는 어디에도 "숨겨지지 못할 것"이며, 당연히 "등불을 켜서 말 아래에" 두어서는 안 된다는 개념이다(마 5:14-16).

하나님과 이웃을 사랑하면—그것이 성경을 관통하는 모든 계획과 비전의 총합이다—중대한 이슈들을 하나님의 관점에서 다룰 수밖에 없으며 그래야만 한다. 그 이슈들은 인간의 삶에 너무 중요하여 그냥 제쳐 둘 수가 없다. 물론 목회자와 지도자와 종과 제자들이 할 일은 그밖에도 많이 있으며, 모든 그리스도인 지도자가 똑같은 정도로 정치적인 삶에 참여할 것도 아니다. 하지만 교회는 모든 적절한 방법으로 우리 시대의 공적 이슈들과 다시 씨름하기로 결단해야 한다. 이와 같은 모략이 뿌리를 내리려면 그리스도인 교육자들이 사람을 길러 내야 한다. 이 사명을 받아들여 사회 문제를 제대로 이해할 전문가들을 배출해야 한다. 그래야 그들이 인간의 삶과 관계된 모든 관심사에 대해 명쾌하고 지혜롭게 발언할 수 있다. 물론 거기에는 기업, 교육, 토건, 의료, 법조 등 사회의 주요한 비정부 부문들이 두루 망라된다.

물론 이런 이슈들에 여러 강경한 의견과 반대가 따를 것이며, 민간 차원의 정중하고 진지한 토론이 이루어져야 한다. 그러나 여기서 관건은 상이한 형태의 번영과 복지이며, 그것이 인간의 삶에 대한 세속적 관점과 기독교적(성경적) 관점을 잘 대비시켜 준다. 인간의 번영과 복지에는 수많은 차원이 있을 수 있다. 정치적·경제적·종교적 입장 및 시행 계획에 대한 모든 평가에는 복지나 형통에 대한 특정한 관점이 전제된다. 그러나 우리의 교육과 연구 분야 가운데 인간 복지의 구성 요소에 대한 분명하고 명확한 이해를 돕는 분야는 거의 없다. 이러한 문제는 교육 기관 전반의 범위나 특정 대학의 학과목 요강에 전혀 포함되지 않는다. 그런데도 그것이 포함되어 있다고 생각하는 교육 전문가들이 많이 있는 것 같다. 기독교 세계관은 이와 같은 사회적·정치적 이슈를 다루는 교육자들에게 큰 유익을 준다.

그리스도인 대변인과 지도자와 전문인들의 과제는 예수께서 명시하신 선한 삶의 기본 특성을 가르치고 본보이는 것이다. 여기에는 근면, 절제, 중용, 자신과 타인에 대한 책임 등 공적 영역에 요구되는 더 구체적인 특성들도 포함되어야 한다. 그것이 사랑의 자세이고 본분이다. 인간의 자립 성향은 건설적으로 타인에게 복을 끼치려는 결심으로 연결될 수 있다. 이는 역시 인간의 삶에서 관찰 가능한 것이다. 바울은 자신의 습관에 대해 이렇게 말했다. "누구에게서든지 음식을 값없이 먹지 않고 오직 수고하고 애써 주야로 일함은 너희 아무에게도 폐를 끼치지 아니하려 함이니"(살후 3:8). 그러면서 데살로니가 교인들에게도 자신을 본받으라고 주문한다. 그는 또 이런 말도 했다. "도둑질하는 자는 다시 도둑질하지 말고 돌이켜 가난한 자에게 구제할 수 있도록 자기 손으로 수고하여 선한 일을 하라"(엡 4:28).

그러므로 책임감 있는 그리스도인 지도자와 대변인과 전문인들의 일은 인간의 복지에 필요한 특성을 지적하는 것만으로 끝나지 않는다. 처음에는 그것이 우리가 해야 할 가장 중요한 일이다. 풍성한 삶에 이르는 길이 존재한다는 사실 자체가 소중하고 중요하다. 하지만 거기서 멈추어서는 안 된다. 바로 이 대목에서 그리스도인 기업인들이 아주 중요해진다. 그들은 하나님의 계획대로 가치를 창출하고 수단을 제공해야 한다. 번영에 꼭 필요한 서비스와 재화를 분배하여 사람들에게 복을 끼쳐야 한다.

11

기업

일의 결국은 이것이니, 우리의 문명은 정신적으로 구원받지 못하는 한 물질적으로 살아남을 수 없다.

우드로 윌슨

교육과 정치와 경제 지도자들 외에, 우리 사회의 물리적 복지를 지원하고 공급하는 다양한 영리 기업에도 도덕적인 지도자들이 반드시 필요하다. 그래야 시장에서 인간의 기발한 창의력이 삶과 생활에 가치를 더해 줄 수 있다. 오늘날 극소수의 사람들만이 인식하거나 인정하는 사실이 있다. 산업 및 영리 기관과 해당 전문인들의 직접적인 결과로 각종 시스템과 배급망이 존재하며, 이는 하나님의 선하심과 은혜와 공급을 널리 퍼뜨릴 수 있는 좋은 통로다. 그러므로 '기업 세계'는 결코 간과될 수 없는 중요한 측면이며, 선으로 악을 이기는 하나님의 계획에서 꼭 필요한 부분으로 충분히 인식되어야 한다. 기업 활동이 하나님의 비전과 가치의 범위에서 제외된다고 생각한다면 이는 그야말로 터무니없는 생각이다. 그런 구분은 성경 어디에도 암시조차 없다. 그래서 지금부터 우리는 기업 경영을 통해 하나님 나라를 진척시키려는 사람들의 기회와 도전을 살펴보려고 한다. 그들은 재화와 서비스의 창출, 관리, 생산, 분배를 통해 인간의 삶에 선과 가치를 부여한다.

하나님으로 휩싸인 기업 세계

앞서 리더십에 관한 장에 언급했듯이 인간 사회에는 노동의 적절한 분업화가 끊임없이 필요하다. 이는 기원전 4세기의 플라톤에게 못지않게 오늘날에도 똑같이 중요하다. 모든 일을 다 잘할 수 있는 팔방미인은 드물다. 현대 생활을 헤쳐 나가려면 전문화가 필요하고, 전문화의 확산 속에서 '만능인'의 자리는 서서히 죽음을 맞이했다. 플라톤이 예견했듯이 노동의 분업화는 금세 상인들에게 교역의 마당을 활짝 열어 준다. 타인에게 필요하고 유익한 재화와 기술을 갖춘 사람들은 노동의 분업화 덕분에 그것을 팔거나 교환할 수 있다. 그리하여 삶과 생활에 필요한 필수 상품과 서비스를 사회 전체가 얻을 수 있다.

이런 상품이나 제품이나 물품에 우리가 '재화'(goods)라는 명칭을 붙인 것은 우연이 아니다. 사는 사람에게나 파는 사람에게나 그것은 '선해야'(good) 한다. 따라서 우리는 재화를 명사로 논하면서 동시에 한정 형용사로 그 명사를 수식해야 한다. 재화는 단지 물질적인 소유나 생산된 제품이 아니다. 우리가 말하는 재화란 물건과 그것이 낳는 결과 둘 다를 지칭한다. 기업의 재화는 삶과 생활에 없어서는 안될 건설적이고 유익한 것이다.

재화를 정의했으니 이제 기업 활동 전반의 참된 가치를 더 잘 이해할 수 있다. 기업은 하나님이 주신 놀라운 제도다. 기업은 물리적 재화나 서비스의 창출, 개발, 관리, 분배 과정을 통해 선을 추구할 수 있다. 물리적 재화와 서비스는 그것을 만드는 사람과 받는 사람을 양쪽 다 복되게 한다. 기업인들이 익히 알고 있듯이, 재화와 서비스가 고객을 복되게 하면 대개 기업인도 복을 누린다. 사업상의 거래는 주고받는 행위에 내재된 신성한 관계를 대변한다. 거래 관계가 공정하고 정직하면 그 결과 쌍방이 유익을 얻는다. 주는 쪽과 받는 쪽이 공생 관계의 유대를 통해 함께 복을 누린다.

기업 분야 전체는 하나님이 활동하시는 장이다. 종교 지도자들이 이 개념에 저항할 때가 많다는 사실은 '선한 일'(복)의 종류와 본질에 대한 전인적인 관점이 부족하다는 증거다. 하나님은 지금도 우리 삶을 통해 선한 일을 이루고 계신다. 상황이 이렇다 보니 지역의 사업가들이 지역교회 지도자들보다 하나님 나라의 방식에 훨씬 앞서 있을 수 있다. 기업은 서로 사랑하고 섬기고 공급하여 세상에 하나님의 사랑을 전달하는 놀랍도록 효과적인 방편이다. 하나님은 세상을 사랑하신다(요 3:16). 세상을 사랑하시기에 그분은 인류 역사 내내 기업체와 기업 활동을 주요 원동력으로 삼아 그 사랑을 표현하셨다. 이렇듯 기업 분야와 그 독특한 지식은 더할 나위 없이 인간 활동의 필수 영역에 해당한다. 이 영역 또한 하나님의 자비로운 통치의 영향과 주관을 받을 수 있고 마땅히 그래야 한다.

그러나 하나님 나라에 대한 이와 같은 관점에 따르면, 기업 활동이나 주고받는 관계에 관여된 사람들이 꼭 이런 원리를 이해하거나 인정해야만 하나님이 계속 그분의 뜻과 방식을 이루시는 것은 아니다. 하나님 나라는 어떤 개인이나 민족 집단이나 종교 집단이 기업 세계를 통한 복의 가능성을 깨달을 때까지 마냥 기다리지도 않는다. 우리가 그것을 깨달아야만 그분이 비로소 재화를 베푸실 수 있는 것이 아니다. 하나님은 사람들을 사랑하고 섬기시는 방편으로 늘 기업을 사용하셨고 지금도 사용하시며 앞으로도 사용하실 것이다. 누가 그분의 뜻에 맞추든 말든 관계없이 말이다. 물론 우리가 매사에 하나님의 사랑의 뜻에 맞추어야 함은 두말할 나위도 없다. 하지만 요지는 그런 일치나 의식이 꼭 필요한 게 아니라 유익할 뿐이라는 것이다.

수익성이라는 동기

이처럼 기업은 하나님의 사랑과 공급의 강력한 도구다. 이러한 관점에서 우리는 더 명확한 질문을 던질 수 있다. "기업(제조, 교역)의 목적은 무엇인가?" 지금부터 몇 가지 각도에서 이 질문에 접근하고자 한다.

이 질문에 예상되는 아마도 가장 공통된 답은 단 하나, 곧 '수익성'이다. 경영대학원에서 이런 초보적인 질문을 던진다면 그 자체가 교수의 평판을 위태롭게 한다. 하지만 우리가 보기에 그런 단정은 만연한 잘못된 교육의 결과 중 하나일 뿐이다. 이런 잘못된 교육이 현대 사회에 늘 있었고 지금도 퍼져 나가고 있다. 일부 최고 대학에서도 학생들을 이렇게 잘못 길러 내면서, 성공을 명예와 지위와 재물의 관점에서만 정의하는 좁은 시각을 부추겨 왔다. 정말 기업은 그것을 위해 존재하는가? 개인의 자존심을 키우고 물욕을 채우는 수단으로 존재하는가?

그러나 이런 상황은 기업이 우리 사회에서 하는 역할에 대한 비교적 최근의 관점에서 비롯되었다. 오늘날 '성공한' 기업인 중에는 자신의 직업 생활의 성공을 명예와 지위와 재물의 획득으로 좁

혀서 보거나 정의하지 않는 사람들이 많이 있다. 게다가 대중 앞에 내놓는 기업들의 광고를 보면 아이러니가 있다. 각자의 재화와 서비스를, 자신들이나 관련자들을 오직 명예나 재물로 부하게 하는 수단으로만 공공연히 광고하지는 않는다는 것이다. 대신 광고주들은 서비스, 품질, 신뢰성, 고객 만족 등에 초점을 맞추어야 함을 예외 없이 알고 있다. 물론 이 모두는 고객의 유익과 관련된 부분이다. 어떤 회사가 단도직입적으로 이렇게 광고한다면 어쩌면 참신하게 느껴질지도 모른다. "우리 제품을 구입하십시오. 우리가 부자가 되고 싶어서 그럽니다!" "우리가 이 서비스를 제공하는 것은 여러분을 섬기기 위해서가 아닙니다. 여러분이 우리를 섬겨야 합니다!" 차라리 이렇게 솔직하게 나가면 고객이 새로 생겨날지도 모른다.

　사실 기업체가 수익성을 단 하나의 목표로 고백하거나 표현하는 경우는 거의 없다. 대신 회사들이 아주 잘 아는 사실이 있다. 고객을 제대로 확보하려면 자기 회사와의 거래 관계를 통해 고객이 누리게 될 혜택과 배려와 유익(가치)에 대해 효과적으로 소통할 수 있어야 한다는 것이다. 그런 주장을 내놓으려면 당연히 신용과 신뢰성이 요구된다. 신뢰성의 주장에는 대개 전문성, 장수 기업, 전통, 탄탄한 평판 등에 대한 주장이 맞물린다. 2008년의 경제 위기에서 회생한 금융 기관들의 광고만 보아도 그들이—적어도 공적으로—밝히는 주된 목표를 분명히 알 수 있다. 고객을 확실히 관리하고 보호하고 챙기겠다는 선언이 공공연히 드러난다. 신뢰성과 명예도 으레 내세우는데, 이제 그것이 기업 문화에 워낙 깊이 뿌리내려 모든 경쟁 가치들의 유혹을 따돌릴 정도다. 오늘날의 광고에는 '정직', '성

실', '신뢰' 같은 단어가 넘쳐 난다. 한꺼번에 그 모두를 내세울 때도 있다.[1]

광고회사들은 고객이 이용 기업에 대해 본능적으로 무엇을 믿어야 하는지 완벽하게 알고 있다. 우리가 고객으로서 알아야 할 것은 자신이 이용하려는 기업이 '좋은' 회사이고, 해당 분야에 실력이 있으며, 우리 기준으로 '옳은' 길을 가리라는 것이다. 일부 기업 지도자들이 계속 수익성 제고라는 단 하나의 목표를 위해 조직을 운영할 수도 있지만, 그것을 자기 회사가 존재하는 주된 이유로 고객에게 공공연히 알리는 일은 결코 없다.

이런 예들과 거기서 제기되는 의문들은 기업의 큰 잠재력과 기회는 물론 기업 지도자들의 막중한 책임을 보여준다. 여기서 아주 뻔한 갈등이 밝히 드러난다. 세계 최고의 경영대학원들에서 가르치는 일차적이고 초보적인 교훈을 생각하면 그렇다. 이 큰 갈등은 모든 기업 활동의 주요 동기가 수익의 극대화에 있다는 가정에서 비롯된다. 하나님의 관점에서 보면 당연히 기업 활동의 주요 관심사는 그것이 아니다. 어찌 그럴 수 있겠는가? 기업의 유일한 동인이 법과 윤리에 어긋나지 않는 선에서 최대한 수익을 올리는 것이라면, 공공선은 한낱 돈을 버는 행위로 전락하고 만다. 하지만 우리 모두가— 적어도 성인답게 사고할 때—본능적으로 알 듯이, 선이나 선한 삶을 돈으로 구입할 수는 없다. 하지만 어디서 이런 의문이 제기되고 있는가? 제기되기는 해야 하는가? 유수한 경영대학원에서 이런 의문을 정직히 탐구한다면 우리는 더 나아질까? 무조건 이익에만 매달리는 것 말고 사회를 섬기는 더 좋은 방법이 있을까? 맞바꿀 만한

게 있을까? 물론 수익성은 확실한 동기다. 하지만 누구를 위한 수익이며 무엇을 대가로 한 수익인지를 종합적으로 검토해야 한다. 지금은 기업윤리의 정의와 적용이 느슨한 수준에 머물고 있기 때문이다.

돈과 약속

아울러 우리는 세계의 통화 제도와 연관된 도덕 현실도 생각해야 한다. 지난 세기 동안 돈 자체와 돈에 대한 개념은 유례없이 진화했다. 지금의 돈은 말 그대로 과거의 돈과 다르다. 우리는 자신의 돈이 은행에 있는 줄로 알지만 사실은 그렇지 않다. 흔히들 '내 돈'으로 생각하는 화폐가 실제로 은행 금고에 들어 있는 경우는 거의 없다. 대신 우리의 금융 제도는 대변(credit)과 차변(debit)이라는 발전된 방식에 의존하며, 이는 컴퓨터 화면상에 부호로 표기된 채 각자의 특정한 계좌번호 속에 '잠자고' 있다. 물론 덕분에 돈의 이동이 엄청나게 쉬워졌다. 이제 전 세계 어디서나 버튼 하나만 누르면 하루에도 몇 번씩, 몇 초 만에 차변과 대변이 타인의 계좌로 옮겨 간다.

　이것은 지갑 속의 지폐보다 훨씬 복잡하고 미묘하다. 심지어 이 변화의 범위와 영향은 처음 물물교환이 화폐로 바뀔 때보다 더욱 혁명적이다. 돼지와 엽전은 눈에 보이고 손에 쥘 수라도 있다. 하지만 이런 복잡성에도 불구하고 현 통화 제도의 많은 기본 특성은 예수께서 1세기에 접하셨던 것과 동일하다. 현대의 교환 방식인 차변과 대변은 약속에 크게 의존한다. 우리의 금융 제도는 겉으로 보이는 것만큼 복잡하지 않다. 금융 제도를 이끄는 것은 말의 힘이고, 값을 정직하게 부르는 일이며, 지불하거나 상환하겠다는 언질 내지 약속이다. 약속이 유효하려면 어느 정도 신용이 필요하다. 그렇지 않으면 "미국 정부의 충분한 신뢰와 신용" 같은 문구는 아무런 의미가 없다.

신의와 도덕성을 갖춘 인간과 인간 사이에 약속이 체결된다. 이런 약속에 대한 신용과 신뢰와 믿음만이 금융 제도와 영리 기관이 운영될 수 있는 유일한 기초다. 약속이 지켜지지 않거나 존중되지 않으면 경제제도 전체가 붕괴 직전으로 치닫는다. 더 이상 현실에 기초한 제도가 아니기 때문이다. 예컨대 돈을 빌리는 사람이 융자 신청서에 거짓말을 하거나, 은행이 부정한 대출 서류를 용인하거나, 감정사가 주택 가격을 부풀리거나, 판매원이 수수료를 챙길 생각만 하거나, 투자자가 유가증권의 사실성보다 수익만 노리거나, 회사가 수익 보고서를 위조하거나, 공무원이 공공선을 저버리고 대중의 비위만 맞추는 경우가 그렇다. 일의 실상—사실 자체—에 대한 지식과 확신은 인간의 실존에서 사치품이 아니라 불가피한 필수품이다. 그것이 있어야 생명체는 세상을 성공적으로 헤쳐 나갈 수 있다. 사업상의 일에서는 특히 더하다. 이제 우리도 이 사실을 지난 수십 년 전보다 뼈저리게 인식하고 있다. 우리가 정말 교훈을 배웠는지는 시간이 지나 보면 알 것이다.

하나님으로 휩싸인 상업

여기서 깊이 생각해야 할 핵심 요지는 이것이다. 비록 가지각색의 결점과 실패가 많지만 그래도 기업은 인간 삶의 영광스러운 필수 요소다. 우리는 이것을 무시할 수 없고 무시해서도 안 된다. 우리가

하나님의 모략, 이후

바꾸어야 할 고질적인 가정과 편견이 많이 있다. 그중 일부는 기독교 학교의 교사들과 교회의 목사들을 통해 지속되고 있다. 예컨대 사업가의 길이 사역자의 길보다 왠지 덜 중요한 소명이라는 편견이다. 기독교 교회 안에 이런 냉소와 계급주의, 편견의 존재가 허용된다면 우리의 신앙 공동체들은 사업으로 부름받은 그리스도의 제자들을 통해 제공되는 선하고 훌륭한 많은 것들을 잃을 수밖에 없다. 의심의 여지없이 하나님은 '교회 세계'를 포함한 그 어떤 세계에서와 마찬가지로 '기업 세계'에서도 온전히 역사하고 계신다. 대체로 하나님은 여느 종교 기관이나 비영리 기관만큼 쉽게―또는 경우에 따라 그보다 더 쉽게―기업체 안에서 그리고 기업체를 통해서 선을 이루실 의향과 능력이 있으시다. 물론 포르노, 도박, 연예 산업의 일부 등 몇 가지 분명한 예외는 있다.

기업계의 많은 놀라운 측면 가운데 하나만 생각해 보자. 기업의 네트워크와 분배 체계에는 제품이나 서비스의 유익을 복수의 채널을 통해 알리는 능력이 있다. 이 능력은 기본적으로 믿을 만하며 거의 노력이 들지 않는다. 사회적 네트워크 또는 관계망(이른바 '입소문' 현상)을 통해 사람들에게 다가가는 것이다. 아주 단기간 내에 들불처럼 전 세계로 퍼질 수도 있다. 또한 기업인들은 대개 사람들의 필요와 소원 그리고 그것을 공급하는 방법을 간파하는 감각이 뛰어나다. 지역교회는 빛나는 긴 역사 동안 그러한 기술을 잘 기르거나 유지하지 못했다. 어쩌면 성직자들은 다양한 사업 관련 분야의 사람들에게서 그와 같은 소질과 기술을 배워야 할 것이다. 그중에는 이런 값진 지식과 경험을 나누어 줄 의향과 능력이 있는 사람들이 있을 것이다.

그러므로 기업이라는 주제를 생각할 때 우리 자신에게 해야 할 질문이 있다. 현대 사회의 기업 환경과 상황 속에서 하나님이 하실 수 있는 일은 무엇이며, 모든 관련자에게 최선은 무엇인가? 수익성이라는 동기, 소비자 신뢰, 규제 대 탈규제, 약속, 물리적 재화와 전체적 복지의 관계 등 여러 이슈에서 그리스도를 닮은 관점은 무엇인가? 이러한 질문을 계기로 이제부터 우리는 신문의 경제면을 읽을 때 하나님의 역사하심과 움직이심에 대한 통찰을 얻는 자료로 읽을 수 있다. 날마다 모닝커피를 마시며 '경건의 시간'을 시작할 때 이제부터 「월스트리트 저널」을 성경과 나란히 함께 보면 어떨까? 하나님이 우리의 기업 활동 중에 계실진대 이런 제안에 대한 정당한 저항이 가능할까? 정말로 하나님이 우리의 경제적·재정적·정치적 삶을 이끄는 기업인, 전문인, 지도자들과 함께 그리고 그들을 통해 일하고 계실진대 말이다. 다른 방법으로 어떻게 이 세상 나라들을 우리 하나님의 나라로 변화시킬 것인가?

현대 세계에 대해 이런 질문을 던지기 시작하면, 예컨대 '페이스북'(Facebook)의 창시와 개발에 대한 고찰이 가능해진다. 막강한 국제기업이 되기 전까지만 해도 페이스북에 대한 공적인 지식은 거의 존재하지 않았다. 페이스북이 제공하는 서비스는 대중의 이목을 사로잡으며 들불처럼 번져 나갔다. 페이스북 경영진의 능력이나 재간을 폄훼할 생각은 없지만, 이 회사의 운영 수준은 애초에 창시자들이 품었던 동기를 훨씬 벗어났다. 이런 초인적이고 초자연적인 현실이야말로 놀라운 하나님의 역사다. 그분은 인류와 더불어 그런 일을 이루실 의향과 능력이 있으시며, 그렇게 자신이 사랑하시는 세상의 유익과 즐거움을 위해 '재화'를 개발하신다. 이러한 일은 주요 당사자들이 하나님의 은혜를 알고 도구로 쓰이든 그렇지 않든 관계없이 발생할 수 있고 실제로 자주 그렇다. 페이스북은 '들불' 현상의 극단적인 사례일 수 있지만, 그런 근본적인 체험이 기업 활동의 핵심과 본질을 이룬다. 바퀴가 처음 발명되었을 때 사람들의 심정이 어떠했을지 상상이 가는가?

우리는 세상의 상업 활동과 지도자들을 다루며 다음과 같은 질문을 던질 수 있어야 한다. "첨단 기술이나 의료나 법 분야에서 하나님이 하고 계신 일은 무엇인가?" 기업은 하나님의 사랑을 세상 사람들에게 공급하고 보여주는 주된 원동력이자 총괄 체제다. 문제는 기업이 선한지가 아니다. 더 큰 문제는 각 기업의 사람들이 선한가 하는 것이다. 페이스북에 대한 사례 연구로 다시 돌아가 이렇게 물을 수도 있다. 기업 공개가 페이스북과 전체 고객에게 정말 '최선'이었는가? 굳이 페이스북을 (마이크로소프트 식으로) 거대한 수익의 성공작으로 전환하는 것이 주목표가 되어야 하는가? 페이스북 기업 공개가 대중에게 가장 유익한 길이었는가? 페이스북의 소유주들과 간부들은 그 점을 고려하기라도 했는가? 고려했어야 하는가? 아니면 수익의 추구만이 의미 있는 고려 대상이었는가? 역시 관건은 기업 공개가 선한지 나쁜지 또는 수익이 선한지의 여부가 아니다. 문제는 그런 행동을 언제, 왜 수행하거나 피해야 하는가이다. 그리고 모든 관련자의 유익을 가장 중시하고 헌신하는 기업에서 수익이 어떤 역할을 해야 하는가이다. 페이스북의 경우 깊이 관련되어 영향을 입는 이용자가 많게는 자그마치 수십억에 달할 것이다.

사례 연구: 몰든 밀스

이런 결정의 핵심 이슈는 윤리와 덕과 직결된다. 요즘 기업윤리에
관한 대학 교재에 소개되는 훌륭한 사례 연구가 있다. 몰든 밀스
(Malden Mills) 방직공장의 화재 사건과 관련된 것이다.[2] 1995년 크
리스마스를 불과 몇 주 앞두고 발생한 이 화재로 25명의 직원이 부
상을 입었고, 매사추세츠 주 로렌스의 공장이 전소되었으며, 거의
1,400명의 사원이 일자리를 잃었다. 이 기회에 공장을 폐쇄하거나
해외로 이전하여 인건비를 크게 줄일 수도 있었지만, CEO 애런 퓨
어스타인(Aaron Feuerstein)은 그 기회를 물리치고 공장을 다시 짓기
로 했다. 그뿐 아니라 그는 사원들을 실직보험이나 각자 저축해 둔
사비에 의지하지 않게 하기로 하고, 공장이 재건되는 동안에도 계속
월급을 지급했다.

공장을 재개한 지 얼마 안되어 제품의 매출액과 직원의 생산성
이 크게 증가했다. 하지만 비싼 재건축비와 첨단 시설에 맞는 신규
설비비 때문에 빚이 늘어 재정이 쪼들렸다. 게다가 기복이 심한 방
직 산업, 평소보다 온화한 겨울 날씨, 인건비가 비싼 국내를 고수한
결정 등이 겹쳐 몰든 밀스는 2001년 11월에 파산을 선고했다. 그
결과 퓨어스타인은 회사와 CEO 직위를 잃었다. 하지만 채권자들
이 유연성을 보여준 덕분에 회사는 지불 능력을 회복할 수 있었고,
2007년에 자산을 재구입한 뒤로 재차 구조조정을 실시했다. 현재
이 회사는 폴라텍(Polartec, LLC)이라는 이름으로 운영되고 있다.

하나님의 모략, 이후

여기서 흔히 간과되는 부분이 있다. 몰든 밀스가 개인 소유의 회사였다는 사실이다. 퓨어스타인은 약 3백만 달러의 화재보험금을 받아 풍족한 은퇴 생활을 즐길 수도 있었지만 그러지 않기로 단독으로 결정했다. 이 시나리오에 대해 자주 나오는 질문이 있다. 퓨어스타인의 이상주의 때문에 회사가 실패한 것인가? 그는 사람보다 돈을 더 챙겼어야 하는가? 그의 사원들과 매사추세츠 주 로렌스의 지역사회 지도자들에 따르면, 퓨어스타인은 영웅으로 통한다. 이익과 사리사욕보다 자신의 사람들을 앞세운 보기 드문 CEO 겸 소유주다. 옳은 길을 간다는 이 전략 덕분에 한동안 매출액과 생산성도 높아지는 듯했다. 하지만 결국 퓨어스타인은 이상주의 때문에 눈이 멀어 회사의 현실을 보지 못한 것인가?

어떤 사람들은 냉혹한 실제 현실과 살벌한 기업 경쟁 속에 그런 이상주의는 들어설 자리가 없다고 주장할 수 있다. 도널드 트럼프의 리얼리티 쇼인 '어프렌티스'(The Apprentice)에 그 같은 현실이 그려진다. 하지만 우리가 택할 수 있는 길이 맹목적 이상주의나 지독한 실용주의, 그 둘뿐인가? 반대로 이런 상황의 진실은 둘 중 어느 쪽에도 없는 것 아닌가? 퓨어스타인은 개인 회사의 단독 소유주였으므로 주주들에게 책임질 일이 전혀 없었다. 자기 마음에 좋은 대로 회사를 운영할 전권이 있었다. 바로 그것이 요지다. 그의 마음에 좋았던 길은 곧 자신의 현 상황에 유대교 토라의 윤리를 적용하는 일이었다. "가난하고 빈궁한 일꾼들을 압제해서는 안 된다. 그가 동족이든 지역사회 내의 타민족이든 마찬가지다."[3] 퓨어스타인의 말이다. 선과 의를 그렇게 이해했기에 그는 3백만 달러를 투자하고

1백만 달러를 더 빌려 환경 친화적이고 노동자 친화적인 공장을 신축했다. 이 공장은 지금도 돌아가고 있으며 지역사회의 최대 고용주로 남아 있다. 이렇듯 퓨어스타인은 자신과 직원들과 지역사회의 이익을 두루 생각했고, 자신이 믿기에 모든 관련자에게 궁극적 최선이 될 '사업상'의 결정을 내렸다.

'무노동 임금'은 지불하지 않는 것이 시장의 힘이라고 주장할 사람도 있을 것이다. 그들은 그런 결정에 수반되는 '연성 비용'(soft cost)을 생각해야 한다. 경쟁 회사들보다 임금을 높게 지불하는 성공한 회사가 다양한 분야에 여럿 있다. 수익을 올리는 이 회사들은 이른바 연성 관리 또는 혁신 관리를 실행한다. 예컨대 코스트코, 트레이더 조, 사우스웨스트 항공, 인앤아웃 버거, 칙필에이 같은 회사들은 직원들의 장기근속과 만족도와 생산성이 가져다주는 유익을 터득했다.[4] 이 회사들이 양질의 노동력과 생산성을 누리는 것은 종업원 '복지' 전략의 직접적인 결과다.[5] 항공업, 요식업, 식료품 소매업은 대개 앞날을 예측하기 어렵기 때문에 재정의 승부가 실낱같은 수익 마진으로 갈릴 수 있다. 이럴 때일수록 회사에 만족하여 충성하는 직원, 가치관과 윤리성을 확실히 갖춘 직원을 확보하는 일이 생존은 물론 수익 창출에 필요한 결정적인 요인일 수 있다.

수명이 다한 특정 제품과 서비스의 진화로부터 기업을 지켜 줄 수 있는 것은 없다. 공공선을 추구한다고 해서 회사의 영속성이 보장되는 것도 아니다. 통제할 수 없는 많은 발전 요인이 늘 작용한다. 퓨어스타인의 윤리성과 가치관에도 불구하고 방직 시장이 요동하자 그의 사업은 멈추었다. 하지만 그의 이야기가 분명히 증언해 주는 사실이 있다. 직원들에게 잘해 준 것이 기업에 득이 되었고 순이익에도 기여했다. 좋은 대우를 받는 직원들은 성실하게 회사의 전반적인 성공에 더 충성하고 헌신하는 경향이 있다. 고객들도 정직하고 공정한 대우를 받으면ㅡ우리도 다 그런 대우를 원하지 않는가ㅡ단골이 될 뿐 아니라 다른 사람들에게까지 권하는 경향이 있다. 이것은 소기업 소유주라면 거의 누구나 본능적으로 알고 있는 기본 원리다. 워낙 뻔해서 이러한 윤리 기준을 법제화하는 일이 왜 이렇게 어렵거나 심지어 필요한지 솔직히 의문이 들 정도다.

퓨어스타인은 자신이 어떻게 기억되기를 바랄까? 자신의 묘비에 뭐라고 새겨지기를 바랄까? 다시 그의 말이다. "이 말이면 좋겠다. '최선을 다한 사람'……나는 포기하지 않았다. 옳은 길을 가려 했다." 바로 이런 상황 속에 하나님 나라의 교두보가 출현한다. 몰든 밀스는 말 그대로 폐허의 잿더미에서 완전히 거꾸로 된 방식으로 재기한 사례다. 하나님 나라가 역사하여 지혜 있는 자들을 부끄럽게 하는 사례다. 어떤 사람에게는 이것이 미련한 것이지만 다른 사람에게는 아름답고 매력 있다(고전 1:23-24).

성속의 구분이 없다

기업 분야를 이렇게 올바른 관점에서 보면 비로소 그리스도의 모든 제자들의 직업과 소명의 무게를 충분히 인식할 수 있다. 그러려면 이 평범한 기업 세계를 결코 성(聖)보다 속(俗)에 안주하는 '차선책'으로 보아서는 안 된다. 오히려 예수 복음의 사역지로 보아야 한다. 그분은 세상을 선하게 혁신시키시는 중이며, 그래서 모든 상업 활동에 사역자들이 필요하다. 기업인이 하나님의 인도하심을 받고 그분께 순종한다면, 어느 분야를 막론하고 그 일도 성직의 소명이다. 굳이 지역교회 내에 별도의 직분을 만들어 거기서 '사역'에 임하거나 자신의 재능과 기술을 입증할 필요가 없다. 다른 많은 것 중에 우선 이것부터 깨달아야 성직과 세속 직업을 구분하는 현재의 괴리를 허물 수 있다.

예수의 모든 제자는 자신의 일터에서 복음 사역자로 부름받았다. 하나님 나라의 일에 힘쓰는 장이 어디든 우리는 하나님의 선한 뜻을 하늘에서와 같이 땅에서도 이루는 사역자로 활동 중이다. 제자의 목표는 하나님께서 뜻하신 모든 작전에 참여하여, 사람들에게 서로 사랑하고 하나님의 영광을 빛낼 수 있는 통로를 만들어 주는 것이다. 예수는 이렇게 가르치셨다. "너희 빛을 사람들 앞에 비추어 그들로 너희 착한 행실을 보고 '하나님은 정말 대단하시지 않은가!'라고 말하게 하라"(마 5:16, 저자 사역). 이 구절이 구체적으로 '교회 일'을 가리킨다고 생각하는 목회자들이 많이 있다. 그래서 오늘날 그런 뜻으로 알려져 있다. 물론 지역교회 안에서 하는 일이나 사역도 배제되지는 않지만, 그것만 따로 지칭하는 말씀은 아니다. 우리의 빛은 곧 우리의 삶 전체다. 여기서 우리가 하려는 말은 이것이다. 예수의 제자들은 삶의 제반 분야—기업인의 직업을 포함하여—에서 하나님 나라의 진척을 위해 섬기는 활동보다 지역교회의 활동에 우선순위가 있다고 생각해서는 안 된다.

하나님 나라를 삶 전체의 관점에서 전인적으로 이해하려면 성속을 가르는 장벽, 직장과 가정과 교회를 가르는 장벽이 허물어져야 한다. 나중에 성직자의 역할을 논할 때 더 자세히 다루겠지만 여기서 간략하게 짚어 둘 말이 있다. 지역교회는 기업인들을 섬겨야 한다. 존 러스킨이 말한 결단과 책임을 앞서 5장 '도덕적 리더십'에서 강조한 바 있는데, 교회는 기업인들이 그것을 달성하고 이행할 수 있도록 그들을 준비시키고 능력을 길러 주어야 한다. 이미 지역기업이나 국제기업의 요직에 앉아 있는 지도자들이 있다. 그들이 도덕적인 용기와 지혜로 본분을 다하려면 준비와 무장이 필요하다. 목사는 신자들의 지역 모임의 목자인 만큼, 목사의 역할은 이런 핵심 리더들을 개발하고 격려하며 필요를 채워 주는 것이다. 그들이 일터에서 각자의 역할과 책임을 다할 수 있도록 말이다. 목사는 그들의 분야를 수시로 (어쩌면 매주) 주시하고, 힘든 결정을 내릴 때 함께 기도하며, 필요하고 적절할 때 통찰과 상담과 조언을 베풀고, 중대한 기점과 승리를 축하해 주는 등 많은 일을 할 수 있다. 그러려면 목회자가 지혜와 조언의 믿을 만한 출처로 비쳐져야 하고, 고루 갖추어진 성품과 능력과 용기를 적절히 보여주어야 한다. 기업 지도자들과 전문인들은 또 그들대로 반드시 이해하고 기꺼이 인정해야 할 것이 있다. 매일 자신의 업무에 임하려면 깊은 도덕성이 필요하다는 것이다. 이 사실에 솔직히 부딪치려면 상당한 개인의 투명성이 요구된다. 섬기는 그리스도인 지도자라면 누구나 기꺼이 그러한 투명성을 수용하고 실천해야 한다. 목회자를 포함해서 어느 직업이든 다 마찬가지다.

하나님의 기업

그래서 우리는 다시 핵심 질문으로 돌아간다. "기업의 목적은 무엇인가?" 더 오래된 직업인 성직자와 의사와 변호사의 역할에 비해 상인과 제조업자의 역할은 늘 어느 정도 모호했거나 적어도 덜 분명했다. 그래도 지역사회에서 상인이 누리는 특별한 지위와 권력에는 당연히 특유의 불가피한 도덕적 책임과 기회도 수반된다. 여기서 우리는 다시 러스킨의 통찰을 생각한다. 그가 정확히 파악했듯이 불명료한 목적이 기업인들의 다양한 지위와 독특한 책임을 휘감고 있다. 그는 목표와 이해관계가 복수로 나뉘어 있는 고충을 이해했다. 이는 수익, 넉넉한 대우, 노조, 경영진, 고객, 부채, 천연자원, 지역사회의 혜택 등의 이슈를 둘러싼 난감한 딜레마들을 유발할 수 있다. 러스킨의 말마따나 당대에 상인의 독특한 역할을 이해한 사람은 거의 없었고, 그 결과 "일반 사람들을 대하는 상인의 참된 본분이 상인들에게 분명히 설명된 적이 없었다."[6] 러스킨은 상인의 역할과 본분 그리고 그들이 지역사회의 사람들에게 공급하는 재화를 분명히 밝히려고 했다. 그래서 결국 **공급자**라는 개념에 도달했다. 그에 따르면 상인과 제조업자는 오직 자신만을 살찌우기 위해서는 결코 지역사회로부터 자원과 수단을 취할 수 없다. 대신 러스킨은 이렇게 역설했다.

그 공급으로부터 자신의 이익을 얻는 것은 전혀 그의 본분이 아니다. 사례비를 받는 게 성직자의 본분이 아닌 것과 같다. 사례비는 정당하고 필요한 부속물이지 그의 삶의 목표가 아니다. 참된 성직자라면 그렇다. 치료비(보수)가 참된 의사의 삶의 목표가 아닌 것과 같다. 참된 상인에게도 삶의 목표는 돈이 아니다. 참된 사람일진대 세 직업 모두 돈과 관계없이 해야 할 일이 있다.……즉, 그는 자신이 취급하는 제품의 품질과 그것을 획득하거나 생산하는 방법을 속속들이 알아야 하고, 자신의 모든 지혜와 에너지를 동원해 제품을 완벽한 상태로 생산하거나 획득해야 하며, 그것을 가장 필요한 곳에 최대한 싼값으로 유통해야 한다.[7]

러스킨은 이어 상인의 또 다른 주된 책임을 강조했다. 그것은 자기가 고용한 사람들의 복지와 성공을 돌보는 일이다. 상인은 자신의 직원들을 직접 관할한다. 따라서 "상인의 의무는 자신이 파는 제품을 가장 순전하고 값싼 형태로 생산할 방법을 늘 모색하는 것뿐 아니라 또한 제품의 생산이나 유통에 따른 다양한 직무를 직원들에게 가장 유익하게 만드는 것이다." 이렇듯 기업인의 본분에 요구되는 것은 "최고의 지성, 인내심, 친절, 재주, 자신의 모든 에너지이며……필요하다면 자신의 목숨도 버려야 한다. 경우에 따라 목숨이 요구될 수도 있다." 배가 재난을 만나면 선장이 맨 나중까지 배에 남아 있어야 할 의무가 있듯이 "제조업자도 영업에 위기나 고통이 닥치면 직원들과 함께 고생할 의무가 있다. 직원들보다 자신이 더 많이 감당해야 한다. 기근이나 난파나 전쟁 중에 아버지가 아들을 위해 자신을 희생하는 것과 같다."[8]

러스킨만 홀로 비판의 지뢰밭에 남겨 두지 않기 위해, 법조계의 훌륭한 지성이며 대법원 대법관을 지낸 루이스 브랜다이스(Louis

Brandeis)의 말도 인용한다. 1912년 10월에 브라운 대학교에서 '기업 경영은 전문직이다'라는 제목으로 행한 졸업식 연설에서 그는 이렇게 말했다.

> 인정받는 전문인들은……성공의 척도로 재정 수익의 규모를 단호히 거부합니다. 그들이 선택하는 기준은 가장 넓은 의미의 탁월한 실력이며, 특히 해당 분야의 발전과 지역사회를 위한 봉사도 포함됩니다. 이것이 인정받는 전문인들의 모든 정당한 평판의 근거입니다. 그들에게 고액의 소득은 성공의 평범한 부수 요소일 뿐입니다. 부수적인 요소의 가치를 과장하는 사람은 진정한 성공을 놓치기 쉽습니다.……현대 기업에는 인간의 가장 훌륭하고 다양한 정신적 역량과 도덕적 자질을 구사할 기회가 워낙 풍부하여, 단지 돈만 버는 것은 정당한 목표로 간주될 수 없습니다.[9]

브랜다이스는 연설의 대부분을 할애하여 기업의 진정한 성공을 어떻게 규정해야 하는지 예시했다. 그의 분석에 따르면 기업인의 성공은 "과학자나 발명가나 정치가의 성공에 비견되어야" 한다. 그도 러스킨처럼 상인의 고귀한 본분을 강조했다.

이런 본보기들을 우리의 길잡이로 삼아야 한다. 기존의 지도자들과 최고 교육 기관들은 애런 퓨어스타인 식의 모범을 기꺼이 따를 수 있어야 한다. 그러면 '큰 기업'이라는 말이 금세 지금의 불온한 의미를 대폭 혹은 완전히 잃고, 대신 참신하고 유익한 의미를 띨 것이다. 결국 '큰 기업'은 통 크게 운영하는 기업, 봉사에 뛰어나고 본분을 중시하는 기업을 지칭하는 말이 될 것이다. 압제적으로 권력을 휘두르며 수익에만 매달리는 기업은 큰 기업이 아니다.

불행히도 오늘날 경영학과 경제학과 행정학과 사회학을 가르치는 학교들에서 러스킨과 브랜다이스는 인기가 없다.[10] 이런 학교들은 모든 장점에도 불구하고, 러스킨과 브랜다이스의 또 다른 동시대인의 말을 빌려 "이기주의가 교양인의 입을 빙자하여 내놓는 변명들"에 과도히 집착하는 경향이 있다.[11] 물론 기업인이 이익을 추구해야 하는 것은 의문의 여지가 없다. 채산성은 차치하더라도, 그래야 살아남기라도 할 수 있다. 지금 우리는 모든 기업이 비영리 체제로 전환해야 한다고 부르짖는 것이 아니다. 단지 수익성이라는 동기를 없앤다고 해서 떳떳한 결과가 보장되는 것도 아니다. 이 서글픈 사실의 증거를 그동안 정부 기관들과 종교 기관들이 얼마든지 많이 보여주었다. 그러나 이익을 얻기 위해 공공선을 희생시켜서는 절대로 안 되며, 자기 회사에서 조달되는 재화와 서비스에 삶을 의존하고 있는 개인들의 행복을 희생시켜서도 안 된다. 예컨대 돈벌이는 고사하고 명맥이라도 유지하려고 오염된 식품이나 조잡한 가구나 하자 있는 가전제품을 팔아야 한다면, 이익은 미덕이 아니라 악덕이 된다. 단언컨대 분야를 막론하고 어떤 사업가에게도 이익이 유일한 목표로 남을 수는 없다.

'상식적'인 기업 관행을 따르지 않으면 '시장'이 기업을 축출한다는 주장은 편리하고도 종종 고상하게 들리는 정당화다. 그러나 그리스도인 기업인들은 세상에 더 높은 힘―비유컨대 애덤 스미스가 말한 보이지 않는 손보다 '더 강한 손'―이 작용하고 있다는 것을 알아야 한다.[12] 생사를 시장에 맡기는 태도와 '시장의 힘'이라는 개념은 불의(不義)의 지뢰밭을 만들어 낼 수 있다. 거기에 개인적 소비 지상주의의 무제한 탐닉과 도덕적 리더십의 결핍까지 합해지면 더 심각하다. 이런 지뢰밭이 우리가 추구하는 전인적인 성격의 번영과 경제적 형통을 방해할 때가 많다.

분명히 말하지만 자본주의와 자유시장 경제는 그 자체로 나쁘거나 악하지 않다. 오히려 그 반대다. 우리가 갈구하는 번영 사회를 이루려면 수단이 필요한데, 그동안 자유시장 경제가 그런 수단을 개발하여 갖출 수 있는 옥토가 되어 주었다. 단, 도덕적인 섬기는 지도자들이 공공선에 헌신하여 자유시장 경제를 조직하고 이끌고 감독했을 경우에 한해서다. 우리가 물리쳐야 할 유혹이 있다. 시장은 무슨 역할을 하든 말든 늘 선하며 따라서 그렇게 정당화되어야 한다는 생각이다. 인간의 모든 노력, 사회 현실, 발명품, 제도가 그렇듯이 시장도 도덕적인 사람들이 맡아서 이끌어야 한다. 그래야 우리에게 꼭 필요한 재화를 일관되게 생산할 수 있다.

공공복지를 추구하고 유지하며 보호하는 일을 맡은 지도자들에게는 도덕성과 사명감이 요구된다. 그런데 '보이지 않는 손'의 개념이 도덕성과 사명감의 실천 위에 군림한다면 그 개념은 문제가 될 수 있다. 우리 문화의 소비지상주의는 모든 욕심을 다 채우려 든다. 그런 고삐 풀린 충동을 '보이지 않는 손'의 작용으로 정당화한다면 우리는 경제의 한 도구가 아니라 우상을 만들어 낸 것이다. 그러므로 경제 정책이나 정강이 무엇이든 간에 시장을 그냥 두어서는 안 된다. 자본주의를 활용하는 자유시장 경제도 마찬가지다. 훌륭한

하나님의 모략, 이후

사람들이 훌륭한 목표를 위해 효과적이고 적절하게 시장의 청지기 역할을 해야 한다.

대학을 졸업한 젊은이들이 물욕이나 명예욕이나 권력욕을 전문직 또는 기업 활동의 주요 기초로 삼아야 한다는 개념은 정당하게 지지될 수 없다. 그보다 우리의 교육 기관과 졸업생들 안에 **소명**과 **성품**이라는 설득력 있는 틀이 회복되어야 한다. 그래야 기업의 가장 위대한 본분에 가장 잘 들어맞는 방식으로 직업 생활을 이끌어 나갈 수 있다. 그 방식이 무엇인지는 정말 누구나 마음속으로 알고 있다. 공공선과 개개인의 행복을 자신의 동네와 그 너머로 공급하고 보호하려 할진대 러스킨이 제시한 길 외에 다른 합리적인 대안은 없다. 기독교를 정식으로 등진 세상에서 가장 큰 도전은 견고한 틀을 제시하는 일이다. 밑 빠진 독처럼 물욕을 채우려는 끝없는 추구보다 그 틀이 더 견고해야 한다. 그런 욕심은 산더미 같은 소비자 부채를 낳을 뿐이다. 그래서 우리가 솔직히 인정해야 할 것이 있다. 하나님 나라의 삶에 대한 비전을 지금보다 훨씬 더 잘 제시해야 한다는 것이다. 그러려면 우선 개인과 기관이 그리스도를 닮아 가는 변화의 길로 멀고 부단한 여정에 올라야 할지도 모른다.

당연히 최고의 노정은 예수 그리스도의 지성적인 제자가 되어 각자의 직업과 기업을 하나님의 거룩한 소명으로 받아들이는 것이다. 이것이 오랜 세월을 통해 검증된 직업 생활의 체험적 기초이자 러스킨과 브랜다이스와 기타 많은 사람들이 본 고귀한 본분이다. 그리스도인 기업인은 사무실과 책상과 중역실과 창구와 교대조에서 그리스도의 삶을 구현해야 한다. 모든 그리스도인 기업인이 그러한 기회와 필요성을 이해하는 데까지 이르러야 한다. 프랜시스 해버갤 (Francis Havergal)도 바로 그와 같은 삶을 염두에 두고 유명한 찬송시를 썼다.

나의 생명 드리니
주여 받아 주셔서
세상 살아갈 동안
찬송하게 하소서.

손과 발을 드리니
주여 받아 주셔서
주의 일을 위하여
민첩하게 하소서.

나의 음성 드리니
주여 받아 주셔서
주의 진리 말씀만
전파하게 하소서.

나의 보화 드리니
주여 받아 주셔서
하늘나라 위하여
주 뜻대로 쓰소서.

나의 의지 드리니

주여 받아 주셔서

나의 마음 주님의

보좌 삼으옵소서.

나의 사랑 드리니

주여 받아 주셔서

평생토록 주 위해

봉사하게 하소서.[13]

우리는 해버갤이 바라본 성육신적인 삶을 사명으로 알고 진지하게 실천에 힘써야 한다. 그럴 때 개인적으로나 집단적으로나 매일의 업무 속에 하나님의 뜻과 방식을 실현해 나갈 수 있다. 기업을 통해 사람들을 섬기고, 재화를 생산하며, 가치를 더하고, 생계 수단을 제공하고, 생명을 유지시키거나 심지어 구할 수 있다. 그렇게 되면 장구한 평안이 실제로 가능해진다. 선조들은 그러한 평안을 염두에 두고 "우리 자신과 후손의 번영"을 이룰 대책을 강구했던 것이다.

지금까지 우리는 교육·경제·정치·기업 분야의 기관과 지도자의 역할을 살펴보았다. 이제부터는 의료·법조·목회 등의 특수 전문직으로 관심을 돌리려 한다. 우리의 번영이 바로 이런 필수 전문직에 상당 정도 달려 있기 때문이다. 그러므로 우리가 구하는 공동의 번영이 이루어지려면 이 같은 전문 분야에서 하나님의 뜻을 이루기로 헌신한, 그리스도를 닮은 리더들과 목자들이 반드시 필요하다.

12

전문직

진급이나 금전적인 보상에 대한 기대는 내게 영향을 주지 못한다.
나는 유용해지고 싶다. 공공선에 필요한 모든 종류의 서비스는 꼭
필요하기에 또한 명예로워진다.

대위 네이턴 헤일(1776년)

전문직만큼 축복의 기회이면서 또한 남용되기 쉬운 분야는 아마 없을 것이다. 윤리적인 책임을 다하는 데 요구되는 성품과 자기 분야에 대한 철저한 탁월함이 오늘날보다 더 요구되던 때도 근래 역사상 없었을 것이다. 각 전문 분야가 우리 사회의 여러 부문으로부터 받는 감시의 정도가 점점 심해지고 있다. 어떤 분야는 직접 공격을 받기까지 한다. 교사, 목사, 의사, 변호사, 회계사, 상인, 정치가, 군인, 기타 많은 직업이 자신의 존재를 변호해야 하는 매우 위험한 입장에 처해 있다. 과거에는 생각할 수도 없던 일이다.

세부 내용은 각기 다르지만 이런 견제의 본질은 전문인들이 권력과 명성과 경제적인 특권을 남용하거나 남용의 의심을 사기 때문으로 보인다. 아울러 그들이 점점 무능해져 전문직 본연의 존재 목표와 목적을 이루지 못하고 있는 점도 함께 작용한다. 그렇다고 대중의 불만이 정확하다는 말은 아니다. 다만 대중의 지각과 시끄러운 불평이 '도덕적' 단죄의 수준에 이르렀다는 말이다. 거기에 수반되는 대중의 분노와 좌절이 이제 거의 흥분의 절정에까지 치달아, 언제라도 위반이 감지됐다 하면 일격을 가할 기세다.

이렇게 고조되는 좌절은 사회 구조의 기초 자체를 갉아먹고, 사회와 개인의 행복의 가능성은 물론 더 무섭게는 행복의 희망마저 두루 무너뜨린다. 자유민주주의를 형성하는 가치는 평등이다. 평등을 존중하는 자유사회는 전문직 내에서 윤리 실천이 붕괴되는 것을 용인할 수 없다. 전문인들은 모든 필요하고 적절한 대책을 취하여 자신의 떳떳한 도덕 행실을 확실히 보여야 한다. 그래야 대중이 지도자들을 믿을 수 있다. 그들은 신성한 소명을 다하여 인간의 번영에 필요한 서비스와 전문성을 개발하고 제공해야 한다.

하나님의 선한 뜻이 세상을 철저히 혁신시키려면 의롭고 정직하고 유능한 전문인들이 앞장서야 한다. 알다시피 이것이 이 책 전체를 관통하는 주제다. 대체로 말해서 한 사회의 건강은 그 사회의 각종 기관과 조직을 감독하는 사람들의 건강과 자질에 주로 달려 있다. 바로 전문직 분야가 주로 거기에 해당한다. 전문인들이 유능하고 존경받으면 우리 사회는 건전할 뿐 아니라 힘차게 번영한다. 그러나 전문인들이 무능하고 비난받으면 혼란과 동요와 고통이 뒤따른다.

그래서 첫째로, 우리는 훈련되고 믿을 만하고 그리스도의 대의에 헌신된 남녀들을 이런 필수 분야에 반드시 배치해야 하는 이유부터 살펴보아야 한다. 그만큼 지식과 전문성과 성품의 존재 또는 부재가 전문직에서 극명하게 드러나기 때문이다. 차차 보겠지만 전문직에는 우리 사회의 여타 지도자 지위와는 달리 어느 정도의 자율성이 주어진다. 둘째로, 우리는 전문인들의 용감하고 영웅적인 성품을 논할 것이다. 헌신적인 젊은 남녀들을 목적이 충만한 전문직의 삶으로 끌어들이려면 그와 같은 성품이 회복되어야 한다. 끝으로, 우리는 전통적인 세 가지 핵심 전문직—의료, 법조, 목회—과 각각의 독특한 소명을 간략히 알아볼 것이다.

우선 중요하게 일러둘 것이 있다. 우리의 목적은 내부인으로서 방향을 제시하는 것이 아니다. 그런 접근은 각 전문직마다 내부 감시가 필요하다는 우리의 주장에 어긋난다. 그보다 우리는 호기심에 찬 외부인으로서 의견을 제시할 것이다. 바라기는 이것이 깊은 생각과 토론을 자극하면 좋겠다. 여기서 모색될 새로운 길들을 각 전문직마다 상황에 맞게 숙고하면 좋겠다. 우리는 모든 전문 분야에서 폭넓게 논의하고 인식할 수 있는 주제들을 설명하고자 한다. 그럼에도 세상 나라들이 그리스도의 나라로 변하려면 각 전문직의 역할과 책임을 아무리 강조해도 지나치지 않다. 전문직은 공공선을 추구하는 쪽으로 자체의 직무를 감독해야 한다. 그 일이 각 분야 고유의 복잡한 직무에서 조목조목 어떻게 이루어져야 하는지는 우리의 범위를 벗어난다. 요컨대 우리는 일반 대중의 의식 속에 존재하는 몇 가지 크고 어쩌면 더 눈에 띄는 관심사들만 다룰 것이다.

역사적 배경

이 주제에 너무 환원주의자가 될 마음은 없지만, 그래도 최소한 전문직이 무엇인지 대강 이해하는 것이 중요하다. '전문직'(professional)이라는 말의 어근은 물론 '고백하다'(profess, confess)라는 동사다. 사회학자 에버렛 휴즈(Everett Hughes)의 어원 풀이에 따르면, '고백'이라는 말은 성직 서품을 받을 때의 서원과 관계된다.[1] 그런데 17세기 말에 이 뜻이 일반화되어 종교적 서원만이 아니라 무언가에 정당한 자격을 갖춘 사람의 선서 내지 고백까지도 포함하게 되었다. 전문직의 유명한 서원으로 가장 오래된 것은 아마 '히포크라테스 선서'일 것이다. 휴즈는 이렇게 썼다. "본래 '고백'이라는 말은 고백하는 행위나 사실을 의미했으나 점차 '기술을 갖추어 종사하기로 고백하는 직업, 특정 학문 분야의 고백된 지식을 남의 일에 적용하는 직업'을 뜻하는 말로 바뀌었다."[2]

요컨대 휴즈가 정확히 결론지었듯이, 전문인은 특정 주제의 본질을 가장 잘 안다고 고백하는 사람이다. 사람들이 자신과 자신의 용무에 무엇이 좋은지를 전문인의 지식에 의존하는 것은 전문인이 그들보다 더 잘 알기 때문이다. 그러므로 전문인의 본질을 알려면 먼저 전문직의 존재의 근간이 되는 주장을 이해해야 한다. 전문인은 타인의 유익을 위해 자신의 특수한 지식과 전문성을 사용할 권리나 권한이나 자격이 있음을 '고백'한다. 어원에 암시되어 있듯이 이 지위에는 신성한 직무의 무게감이 따라오며, 그것은 혼인 서약이나 종교적 서원 못지않게 귀하게 받아들여지고 소중히 여겨진다.

오늘날에도 고객과의 계약이나 협약에 '서약'이라는 용어를 쓰는 전문직이 많이 있다. 예컨대 회계사나 변호사는 서비스를 서약한다. 이러한 표현 역시 상당 수준의 친밀함이나 사적인 관계를 끌어내고 기술한다. 쌍방이 공유하는 정보의 깊이는 서약으로 완성되는 관계에 비견된다. 전문인이 책임을 다하려면 신용을 어겨서는 안 되며, 일정한 객관적인 거리를 확보하고 유지해야 한다. 그래야 이런

하나님의 모략, 이후

독특한 서약 때문에 매수나 조종을 당하는 일이 없어진다. 전문인들은 사안을 가장 잘 알아야 하며, 그들의 특별한 위상은 목표에 대한 헌신에서 비롯된다. 그 목표는 본인의 사리(私利)나 소속 직종의 이익이라는 울타리를 초월한다.

지난 150년 동안 미국에 전문 직종이 우후죽순처럼 늘어난 배후에는 다분히 신분 상승의 보장이라는 이유가 깔려 있다. 민주주의 문화에서 전문직의 삶에 따라오는 권력과 명성은 환상적이다. 민주주의 문화가 궁극적인 가치로 떠받드는 것은 누구나 자신의 잠재력을 실현하여 삶과 자유와 행복을 구가할 수 있는 사회정치적 구조다. 지금도 이런 잠재력은 아메리칸드림의 막연한 추구에 핵심 요소로 남아 있다. 역사적으로 미국에 이민이 쇄도한 것은 바로 개인의 잠재력 실현을 막는 많은 장벽이 이론적으로나 법적으로 무너졌다는 생각 때문이었다. 미국식 기회주의의 혜택으로 '대박'을 친 사람들의 무수한 성공담은 말할 것도 없다. 1980년대 중반부터 2000년경까지는 여피족(전문직에 종사하는 도시의 젊은층)이 그런 성공의 아이콘으로 통했다.

전문직의 직업

지금까지 전문직이 생겨난 역사적 경위를 간단히 살펴보았으니 이제 전문직 활동의 세 가지 기본 기준을 논할 수 있겠다. 대중을 가장 잘 섬겨 대중이 구하는 선을 이루려면 전문직이 유지해야 할 것은 무엇인가? 역사가 네이턴 해치(Nathan Hatch)가 아주 간단하면서도 전인적인 관점을 제시했다.[3] 첫째로, 전문 분야는 특수한 지식 체계를 보유한다. 이 지식은 구조적이고 규정 가능하며, 훈련을 통해 전수되고 숙달될 수 있다. 둘째로, 전문직은 대중을 섬기는 만큼 대중의 더 큰 선을 지원하고 수호할 도덕적인 의무가 있다. 이 의무는 시장의 힘이나 수익성이라는 동기를 훨씬 능가하지만 그것들의 영향을 배제하지는 않는다. 셋째로, 전문직에는 종종 난해하거나 복잡하거나 특수한 정보와 훈련이 요구되기 때문에, 전문직의 권한에는 어쩔 수 없이 상당한 자율성과 특권이 수반된다. 여기서 생겨나는 꽤 많은 이점 때문에 많은 전문인들이 결국 몰락하는 일이 비일비재하다. 이런 특권적 지위는 해당 전문직의 길드(조합)를 통해 자체 규제되고 감독되어야 한다. 의사는 의사끼리, 변호사는 변호사끼리, 목회자는 목회자끼리 서로 감시하며 책임을 물어야 한다. 다시 말하지만 이것은 전문직 특유의 지식과 훈련 때문이다. 전문직 자체의 특성상 그들의 행실을 제대로 감독하고 심의할 자격을 갖춘 사람들의 수가 제한될 수밖에 없다. 법정에서 그러한 예를 자주 볼 수 있다. 특수한 전문적 사안에서 의사에게 불리한 증언을 제대로 할 수 있는 전문가는 같은 의사뿐이다.

불평등한 선망의 지위 때문에 전문인들은 동일 직종 종사자들을 끊임없이 평가하고 감독하고 규제할 명백한 의무가 있다. 그래야 자신들이 섬기는 사회의 공공복지를 보호할 수 있다. 전문직 협회는 대중의 신임과 존중을 잃지 말아야 하며, 그러려면 자신들이 대중 전반에게 유익한 방식으로 전문성을 나누고 있다는 증거를 계속 내놓아야 한다. 전문인들은 당연히 사회에 서비스를 베풀 의무가 있다. 대중의 승낙과 신임과 권한 부여가 없이는 전문직이 존재할 수 없기 때문이다. 전문인의 삶과 직업 행위 자체는 대중이 요구하는 신임과 직결되어 있으며, 따라서 전문성과 선한 동기 양쪽 모두에서 신뢰성이 보증되어야 한다. 전문인이나 전문직의 동기가 사리사욕에만 있다면 아무리 자격과 경험이 풍부한 사람도 신임을 잃는다. 결국 전문인은 대중이나 고객에게 유익한 일을 해야지 자신의 사리만 생각해서는 절대로 안 된다.

전문인이 지위에 걸맞은 좋은 평판과 품위를 얻으려면 앞에서 말한 전문직의 세 가지 표지가 기초를 이루어야 한다. 요컨대 참된 전문인은 본질적으로 사회에서 권위를 존중받는 사람이다. 역사적으로 '신사와 학자'라는 문구가 전문인의 사회적 역할과 연계된 것도 그래서다.[4] 나무랄 데 없는 사람이 되어 이런 권위와 존중을 유지하려면, 전문인은 결코 일반적인 의미에서 돈으로 고용될 수 없다. 오히려 전문인은 이른바 "이해관계가 상충되는 상황"을 피해야 한다.

다시 말하지만 우리가 '공공선'이나 '공익'이나 '공공복지'를 논할 때 의미하는 재화는 사회의 모든 구성원이 직간접으로 무난히 접하거나 유익을 누릴 수 있는 재화다. 이런 공익 분야의 예로는 상업, 법적인 제도와 절차, 공공 안전, 의료 혜택, 교육, 주택, 교통, 뉴스 등이 있다. 공동 관심사와 공익 분야의 중요성과 필요성을 감안할 때, 대중이 유익을 누리려면 각 분야에서 벌어지는 활동에 감시나 규제가 있어야 한다. 감시의 주체는 자격을 갖춘 유능하고 양심적인 사람들, 자신의 고귀한 소명에 헌신하여 책임을 다하는 사람들이어야 한다. 쉽게 말해서 이 소명은 모든 시민 개개인과 사회 전체의 이익을 지키고 혜택을 도모하는 것이다.

제구실을 다하는 전문직이 사회에 끼치는 혜택은 대중 전반과 각종 전문직의 폭넓은 접촉을 생각해 보면 알 수 있다. 공공선에 가장 도움이 되려면 그 활동이 전문가답게 제대로 시행되어야 한다. 그러려면 비범한 헌신과 훈련과 감시와 도덕성이 요구된다. 또한 이에 따른 당연한 논리적 결과가 있다. 재능과 지식과 능력이 특별한 만큼, 대체로 감시의 주체도 똑같이 높은 자격과 전문성과 도덕적인 용기를 갖춘 같은 직종의 사람들이어야 한다. 이런 특별한 헌신과 훈련과 지식과 규제가 적절히 제도화되면 필연적으로 특정 전문직이라는 **사회적 정체**가 생겨난다.[5]

어떤 직업이 전문직의 자격이 있는지에 대해서는 의견이 분분하지만, 대부분의 학자들은 법조와 의료와 목회를 이른바 원조 '3대 전문직'으로 본다.[6] 18세기와 19세기에 새로운 전문직이 출현하려 할 때마다 그런 주장을 판가름하는 기준은 고전적인 3대 전문직의 규범과 얼마나 닮았느냐 하는 것이었다. 정의와 건강과 신앙을 추구하고 유지하는 일을 맡은 사람들이 모든 신종 전문직의 자격을 결정짓는 기준으로 통할 만큼 존중되었다니 흥미로운 사실이다. 반면에 오늘날 이 3대 전문직에 대한 대중의 시각을 생각해 보면 아찔해진다. 이 세 전문직이 앞으로도 계속해서 전문인의 삶의 자질과 성품에 대한 표준 척도로 통할지, 또는 어느 정도나 그럴지 의문이다.

프로페셔널리즘에 대한 모든 논의가 이 세 분야에서 시작되었다는 사실이 지금 생각하면 이상해 보일 수 있다. 하지만 전통적으로 중세기부터 서구 사회는 본질적인 지식 체계가 삶의 이 세 방면에 놓여 있음을 늘 인식했다. 훈련받지 못했거나 경험이 없는 신출내기는 그런 지식을 제대로 또는 효과적으로 다룰 수 없었다. 그래서 이들 원형 전문직에는 상당한 위상과 책임과 명예가 법으로 부여되었다. 그러한 존중이 부여된 것은 책임을 맡은 특정인들 때문이 아니라, 그들이 지식과 지위의 자연스러운 결과로 좋은 쪽으로든 나쁜 쪽으로든 막강한 권력을 휘둘렀기 때문이다. 이들 전문인에게 맡겨진 상황과 결정은 인생을 바꾸어 놓을 수도 있었기에 굉장한 엄숙함이 뒤따랐다. 그 점은 지금도 마찬가지다.

그러나 현대의 정황에서 3대 전문직은 힘든 시기에 부딪쳤다. 대중이 보기에 셋 다 빛나는 영광을 다분히 잃었을 뿐 아니라 오히려 명예와 존중의 정반대인 양 으레 놀림감이 되고 있다. 일부 가장 역겨운 농담은 얄궂게도 전문인들 자신이 지어내서 나누고 있다. 이는 세 전문직이 처한 중대한 딜레마의 한 징후일 뿐이다. 재정적·정치적·법적·사회적·윤리적·과학적 요인들이 한데 어우러져 이 세 분야의 많은 사람들에게 무력감과 좌절감을 안겨 주고 있다. 정의와 건강과 신앙을 위해 열심히 봉사하는 가장 지성적이고 재능이 뛰어난 사람들인데도 그중 일부에게는 자신의 소명이 거의 부질없고 갈수록 더 폄훼되며, 때로는 아예 무익한 것으로 느껴진다.

이런 결과를 불러온 상황들은 다면적이며 끊임없이 진화한다. 그래도 각 전문직은 이런 문제를 취급할 규제 기구를 자체적으로 만들고 관리할 책임이 있다. 이유는 오직 전문직이 소유한 지식과 전문성이 그만큼 특별하고 난해하기 때문이다. 따라서 전문 지식을 소유한 사람들만이 제대로 동료를 심의하고 향후의 행동을 이끌 수 있다. 그러다 보니 경제적·종교적·법적·정치적 권력의 영역에 이

른바 '숨은 위계'가 생겨난다.[7] 권력과 영향력은 사회를 섬기기 위해
존재한다. 사회의 공공선을 이루는 데 초점을 두지 않으면 대중을
변호하고 치료하고 보호해야 할 전문직의 의식이 흐려질 수 있다.
이미 일부 전문직은 주로 사리를 추구하는 수단으로 전락했다고 알
려져 있다. 그들은 대중의 감시를 피하려고 경제적·입법적·정치적
절차에 과도한 영향력을 행사한다.

이러한 논의에는 다양한 경제 철학이 표면화된다. 일각에서는
전문직에 대한 규제를 무제한 풀어야 한다고 주장한다. 그래야 자
유경쟁이 가능해져 해당 직종에서 누가 '선하고' 누가 그렇지 않은
지 가려질 수 있다는 것이다. 반대로 일방적인 신임이 오히려 대중
의 재앙을 부른다고 보는 쪽도 있다. 이들은 규제 강화에 찬성하며,
해당 직종의 자체 감독이 아닌 정부의 더 엄격한 감독을 주장하곤
한다. 민주정부하에서 전문가들과 사회 사이의 풀리지 않은 긴장은
늘 진행 중인 협상이며, 어느 순간 어느 직종의 객관적이고 주관적
인 성패에 따라 다분히 조수(潮水)처럼 변동한다.[8] 모든 전문직의 삶
과 영향 중에서도 그것이 가장 잘 적용되고 가장 중대한 분야는 아
마 우리가 집중해서 살펴볼 3대 전문직일 것이다.

전문직의 윤리

전체 사회에서 전문인은 하나의 지위이자 또한 정체다. 이 정체에
인정과 사회적인 권력과 경제적인 기회가 따라온다. 워낙 선망의 지
위이다 보니 전문인은 자신이 섬기는 대중의 판단이나 감시를 얼마
든지 피할 수 있다. 안타깝게도 전문인들이 그런 공공연한 성향에

너무 자주 굴하고 있다는 증거가 갈수록 많아지고 있다. 아마 역사상 어느 때보다도 지금이 더할 것이다. 그 결과 공공선을 이루는 그들의 잠재력이 위축된다. 아무런 규제도 없이 그냥 두면 전문인은 특권적인 지위에서 파생되는 권력을 극대화하려 할 수 있다. 이기적인 보상과 재정 이득을 남용하는 것이다. 그래서 대중과 일부 전문직 사이에는 애증 관계가 존재한다.

대중과 전문인 사이의 이런 종잡을 수 없는 관계에도 불구하고 전문직은 신분 상승의 확실한 기회를 제공한다. 동시에 그 기회는 전문 직종과 비전문 직종 사이에 더 높은 벽을 쌓아 올릴 때가 많다. 그와 같은 맥락에서 부실 대출 사태가 불러온 세계적 금융 위기와 경제 불황은 한 가지 중대한 의문을 불러일으켰다. 일부 전문인에게 부여된 엄청난 규모의 재물과 지위에 보조를 맞추어, 그들에게 덕스러운 성품과 도덕적인 용기를 요구했느냐 하는 점이다. 그동안 사사로운 이득을 위해 특권적 지위를 남용하는 전문가들과 '내부인들'은 경멸을 자초했다. 대중의 의식 바로 이면에 그런 경멸이 쌓여 있다.

전문직 종사자들을 보는 대중의 인식을 모은 자료를 보면 많은 것을 알 수 있다. 오늘의 일반 대중은 전문인들이 권력과 지위를 남용할 수 있는 가능성을 과거보다 더 잘 인식하고 있는 것 같다. 갤럽(Gallup)은 연례 여론조사를 통해 22개 직종의 정직성과 윤리 수준에 대한 대중의 인식을 측정해 왔다.[9] 2012년 현재 간호사와 약사와 의사가 가장 상위권에 올랐다. 대중의 85퍼센트는 간호사들의 정직성과 윤리 행동의 수준이 높거나 아주 높다고 보았다. 가장 하위권은 광고업자(11%), 국회의원(10%), 자동차 판매원(8%)이 차지했다.

중요하게 눈여겨볼 것은 성직자에 대한 신뢰도가 떨어졌다는 사실이다. 2009년 성직자의 순위는 32년 만에 가장 낮았다. 성직자들의 품행이 정직하고 윤리적이라고 본 응답자는 50퍼센트에 지나지 않았다.[10] 이듬해에는 그나마 조금 높아졌지만(52%), 전체 22개 직종과 비교하면 8위에 머물렀다. 변호사는 15위였다. 법조인들이 윤리 수준이 높거나 아주 높으며 정직하게 행동한다고 답한 응답자는 19퍼센트에 그쳤다. 사업가와 은행업자는 약간 나았지만 각각 28퍼센트와 21퍼센트 정도 대중의 신뢰를 받았을 뿐이다. 의료보험 관리자는 최하위 5개 직종에 들었다(12%).

갤럽은 각 직종이 그런 순위를 얻은 정확한 이유를 상술하지 않았다. 하지만 신뢰와 신임은 권력과 지식이 공공선에 유익하게 쓰일 때 존재한다고 볼 수 있다. 권력과 지식을 남용하면 성실성을 잃어 신뢰가 떨어진다. 갤럽 연구진이 위와 같은 반응의 이유를 심층 분석한다면 아마 전문직에서 벌어지는 두 종류의 '남용'이 순위에 영향을 미칠 것이다.

첫 번째 종류는 개개인이 일신상의 영달(지위와 보상)에 집착하는 경우다. 전문 분야 내에 그런 집착이 커지도록 방치되는 것이다. 엔론(Enron) 스캔들에 연루된 많은 전문인들의 위법 행위가 좋은 예일 것이다. 이 경우 전문인들은 직무 수행에 요구되는 탁월함과 윤리 수준을 희생한 채 재정적인 보상이나 영달에 매달린 것으로 보인다. 결과는 그들 개인에게만 아니라 그들이 공언한 프로페셔널리즘에 당연히 의존했던 모든 사람들에게까지 아주 비참했다.

두 번째 종류의 남용은 흔히 특정 전문직 내부에서 공공선에 이롭지 않은 자질과 목표와 업적이 칭송될 때 나타난다. 이런 일이 벌어지면 대개 거센 논란이 불거진다. 아주 좋은 예로 이른바 부정을 '폭로'하는 추적 보도를 들 수 있다. 폭로 기자들은 자유사회에서 공적 지도자들을 감시하고 견제하는 데 아주 귀한 역할을 한다. 하지만 걸핏하면 뒤에 '게이트'가 붙는 모종의 추문(예컨대 내니게이트[빌 클린턴 대통령 당시에 법무부 장관으로 지명된 조 베어드가 유모를 불법 고용한 이유로 낙마한 사건 – 옮긴이])을 떠들썩하게 연쇄 폭로하는 것이 탁월한 언론의 척도이자 강박 현상이 된다면, 그런 추적을 통해 이루어질 수도 있었던 공공선은 다분히 실종되고 만다. 물론 시민들은 기자들이 제공하는 중요한 재정적·교육적·정치적·문화적 정보를 알아야 한다. 하지만 기사의 사실성이나 동기가 의심스럽다면 결과는 득보다 해가 더 크다. 내용은 다르겠지만 의료, 목회, 법조, 교육 등의 전문직에 대해서도 똑같은 비판이 가능하다. 전문인들은 공공복지를 증진하고 보호하기 위해 존재하는데, 그들이 자기들끼리 '성공'과 '잘한 일'로 인정하고 보상하는 것이 오히려 공공복지와 상충될 수 있다.

전문직의 용기

여기서 핵심은 이것이다. 이 두 가지 남용의 가능성은 전문인들이 사회에서 심의의 역할과 본분을 저버릴 때 발생한다. 전문인들이 경쟁 시장에 내놓는 것은 기술적인 전문성만이 아니다. 전문직의 소명에 대한 예전의 전통적인 정의에는 사회의 도덕적 기본 골격이 전제로 깔려 있었다. 도시의 익명성을 부추기는 대형화 사회 시대 이

전에는, 그 골격이 더 명확했고 정당하게 여겨졌다. 한때는 사람들이 상인, 의사, 변호사, 목사 등에게 당연히 분쟁을 가져갔고, 그러면 그들은 일하던 중에 그것을 대략 '중재'하여 해결했다. 또한 그들은 유대가 긴밀한 지역사회 내의 주민들을 위해 각종 위원회와 협의회에서 주민들과 함께 봉사했다. 그때만 해도 그들에게 주어진 존중은 그들의 특별한 선에 대한 마땅한 반응이었다. 그만큼 그들은 주변에 모인 사람들을 위해 자신을 희생해 가면서까지 정치, 경제, 법조, 의료, 도덕, 교육, 종교 등 사회 각 분야의 건강을 도모했다.

6장의 도덕 이론에서 열거한 도덕성의 요소는 각 전문직에도 당연히 적용된다. 하지만 전문인의 도덕성의 경우는 단순히 도덕 기준을 적용하는 것보다 문제가 훨씬 광범위하다. 전문인에게 요구되는 도덕 행실은 규범의 준수를 훨씬 능가한다. 전문인의 삶에 나타나야 할 도덕적인 행동의 범위에는 전문 분야에 종사하는 개개인의 동기와 성품만 아니라 업계 전반의 관행과 관례까지 포함된다. 이런 주장을 자신과 고객들의 '사생활'에 대한 부당한 침해로 보고 저항할 전문인도 많이 있을 것이다. 그럼에도 우리가 직시해야 할 사실이 있다. 사회는 자기가 부리는 전문인들의 자질에 대해 아주 깊은 기득권을 가지고 있다.

지극히 실용적인 관점에서 볼 때, 전문인의 전문성과 효율성은 다분히 설득력에 달려 있다. 전문인은 으레 고객과 의뢰인과 동료 전문인—경쟁 관계든 동맹 관계든—에게 설득력 있게 영향을 미쳐 일정한 행동을 이끌어 내려 한다. 이처럼 전문직에 설득력이 꼭 필요하므로 중요하게 알아야 할 것이 있다. 아리스토텔레스가 예리하게 인식했듯이, 대중은 선하다고 믿는 대상을 "다른 대상보다 더 온전히, 더 선뜻" 믿고 신뢰하는 경향이 있으며, "이는 문제가 무엇이든 대체로 그렇고, 정확한 확인이 불가능하여 의견이 나뉘는 문제일수록 절대적으로 그렇다."[11] 물론 이것이 우리가 이루고 싶은 이상적인 상태는 아닐 수 있다. 하지만 인간관계의 본질에 대한 아리스토텔레스의 지각은 여전히 옳다. 그 결과 상대의 '선'은 그 사람의 목적과 수단을 평가할 때 늘 중요한 요인이 된다. 우리에게 필요한 전문 조언과 지도를 평가할 때도 그렇고, 그런 서비스를 제공하는 전문가 개개인을 평가할 때도 그렇다.

여기서 중요하게 되풀이해서 말하지만, 전문인은 단순히 업무를 맡은 전문가나 난해한 지식 분야의 달인이 아니라 훨씬 그 이상이다. 그들은 사리 추구와 재정 이득, 심지어 자신의 전문성보다 그 이상의 것에 관심을 두어야 한다. 다른 사람들도 자신을 희생하기까지 온전히 헌신할 수 있지만, 전문인이 사회에 미치는 영향은 그들과 같지 않다. 순전히 그 이유는 요긴한 공공선을 수행해야 할 전문인의 의무 때문이다. 특정 전문 분야에 지식과 직분이 있다고 해도 기꺼이 자아를 복종시키고 다른 사람들을 비슷한 수준의 섬김과 희생으로 이끌지 않는 한, 그 사람을 전문인으로 분류할 정당한 근거는 없다. 다시 러스킨의 제안으로 돌아가면 전문인의 소명에 잠재된 용기를 명확히 설명하는 데 도움이 될 것이다. 그가 믿기로 전문인은 책임을 맡은 분야에서 전문직의 본분을 다할 뿐 아니라 상황에 따라 필요하다면 목숨까지도 버릴 특별한 의무가 있다. 전문인의 삶을 현대에 적용할 때도 이 같은 진지하고 엄숙한 시각이 절실히 필요하다.

　미국 해군 네이비 실 10팀에 배치된 네 명의 군인의 슬프지만 용감한 이야기가 좋은 예다. 그중 셋은 불운한 레드윙 작전 중에 아프가니스탄과 파키스탄 국경 지대의 깊고 험한 산지에서 부상을 입고 사망했다.[12] 마커스 러트렐(Marcus Luttrell)만이 유일하게 살아남아 팀원들의 용맹과 희생과 도덕적 용기의 비통한 사연을 알렸다. 역사 속의 다른 수많은 군인들처럼 '실 10팀'도 죽을 각오를 명백히 보여주었고, 전문 군인으로서 전투 중에 신성한 임무를 다했다. 그런데 일부 언론에서는 그들의 죽음을 아무런 본질적인 의미나 의의도 없는 완전한 손실로 해석했다. 심지어 어리석은 죽음이 아니냐고 의문을 제기하기도 했다.[13] 그러나 러트렐 일행은 전문 군인으로서 자신들의 명예로운 맹세를 이해했고, 책임에 수반되는 값비싼 대가와 결과를 익히 알고서 의무를 수행했다. 그들은 서로와 조국을 향해 프로답게 맹세했고, 그 맹세에 대한 전폭적인 헌신을 입증해 보였다. 이로써 그들은 값으로 따질 수 없는 소중한 무엇을 얻지 않았는가? 우리 사회도 그것을 얻지 않았는가?

　'실 10팀'은 러스킨이 말한 헌신의 본질을 몸으로 보여준 전형적인 모범이다. 변호사나 목사나 기업인도 각자의 직업에 그들처럼 헌신한다면, 대중이 이들 전문직의 지위를 더욱 존중하지 않겠는가? 갤럽 여론조사에서 정직하고 윤리적인 직종으로 순위가 올라가지 않겠는가? 다른 모든 직업 또한 그렇게 될 수는 없는가?

전문직의 윤리적 표지

앞서 정치적 리더십을 고찰할 때 말했듯이, 민주주의 활동은 투표와 대의(代議) 사이의 광대한 연결부에 존재한다. 국회의원의 도덕성에 대한 대중의 신뢰도가 11퍼센트밖에 안 되는데 민주주의가 얼마나 오랫동안 존속할 수 있겠는가? 그러므로 현대 민주정부의 문제들이 해결되려면 지도자들의 도덕 행실과 양심이 높은 수준에 이르도록 대중이 사방에서 철저히 감시하는 수밖에 없다. 이것은 특히 전문직 지도자들에게 중요하다. 사회의 번영에 필요한 전문화와 권위와 지식을 그들이 소유하고 있기 때문이다.

갤럽 조사에서 보듯이 '전문직 윤리'와 도덕적 지식은 필연적으로 맞물려 있으며, 현대 사회가 공동의 번영을 추구하려면 그 둘을 반드시 회복해야 한다. 흔히 '윤리'라는 말은 최악의 시점에야 불거져 나온다. 대개 무언가 중대한 남용이 발생한 후다. 하지만 사후에 가서야 남용 사실을 대중에게 알린다면 이는 이미 엎질러진 우유 때문에 우는 것과 같다. 앞으로 우유를 엎지르지 않으려는 예방책도 없고, 이미 손해 본 우유를 보충할 계획도 없이 말이다. 그래서 우리는 윤리적인 세 가지 요건이 전반적으로 꼭 필요하다고 본다. 이를 통해 우리 사회는 전문직의 중요한 문제들을 다룰 수 있다.

그러나 그전에 먼저 세 가지 사실을 짚어 둘 필요가 있다. 첫째로, 현재 공적으로 시행되고 있는 '전문직 윤리'의 추구란 정부나 감시 기관 쪽에서 전문인들의 **행동**을 통제하려는 시도다. 감독 기관들—공적 기관이든 사적 기관이든—이 적용하려는 규범과 기준은 거의 언제나 다음 몇 가지만을 특정하여 다룬다. (1)전문인들이 돈을 벌어들이는 방식, (2)그 돈이 사용되는 경위와 용도, (3)특히 다양한 지위에 부여되는 특혜나 특전의 부분에서 영향력과 권력의 행사에 대한 규제 등이다. 이런 감독 기관 외에도 각 전문직 자체에서 모종의 윤리 규범을 제정하여 시행한다. 직종마다 다 그런 것은 아니지만 대개는 그렇다. 그러면 관할 관청은 아무래도 그 규범에 의거하여 해당 전문직과 구성원들을 감시할 수 있다.[14]

둘째로, 전문직 종사는 도덕적 자아실현을 추구하고 성취할 수 있는 방편이건만 감독 기관이나 자체의 윤리 규범에는 그 부분이 거의 언급되지 않는다. 요지는 이것이다. 윤리 규범이 명실상부해지려면, 해당 전문직 자체가 구성원들에게 이 분야의 직무 수행을 통해 선하고 훌륭하고 도덕적인 인간이 되어 갈 수 있는 방편을 제공해야 한다.

이것은 차세대 전문인들에게 매우 중요하다. 오늘날 대학을 졸업하는 학생들은 더 큰 선을 위해 희생하고 섬기려는 각오와 높은 이상을 품고 사회에 나온다. 이 젊은이들 중 다수는 법조인, 기술자, 의료인, 공무원 등의 전문직을 통해 공공복지를 증진하는 데 삶을 바치려는 열망이 있다. 그런데 그들의 일을 관할하는 규범 자체가 이런 이상을 산산이 부수어 버리기 일쑤다. 전문 기관의 복도에서 "눈이 휘둥그레진" 신입 전문인들과 마주치는 것은 아주 흔한 일이다. 그들은 자신이 선택한 분야에서 세상에 긍정적인 영향을 미치려는 꿈이 있었지만, '현실 세계'에서 전수되고 수행되는 자신의 직임이 처음의 꿈을 질식시키고 있음을 깨달은 것이다.

행동 및 윤리 규범은 도덕성의 이상적인 기준이 될 수 있고 마땅히 되어야 하지만, 신출내기들이 곧 배우듯이 실제로는 고객과 법과 경쟁 기관을 상대로 말썽을 일으키지 않게 하는 것이 그런 규범의 주목적이다. 하지만 거의 언급되지 않는 사실이 있다. 말썽을 일으키지 않고도 아주 부패한 사람이 될 수 있다는 것이다. 모든 전문직 종사자는 시간이 지나고 경험이 쌓이면서 금방 그 사실을 깨닫게 된다. 말썽을 일으키지 않는 것과 도덕적으로 유능한 사람이 되는 것은 천지차이다. 전문인의 직무를 수행하다 보면 으레 법적·윤리적·도덕적 딜레마에 부딪치게 마련이다. 도덕성을 갖춘 사람만이 그런 딜레마를 성공적으로 헤쳐 나갈 수 있다.

셋째로, 흔히 가려지는 윤리적 또는 비윤리적 행위는 우리가 그 행위를 제대로 인정하거나 구분하거나 책임지는지의 여부와 관계없이 일정한 결과를 낳고 영향을 미친다. 선행이든 악행이든 심은 대로 거두는 법이다. 결과를 무엇이라 부르든 결과는 나타나며, 설령 결과를 제대로 인식하지 못하거나 언급조차 하지 않더라도 마찬가지다. 나쁜 행동을 하고도 무사히 벗어나는 경우는 드물다. 예컨대 어떤 작업환경에서나 다음과 같은 선한 행동이 삶의 방향에 얼마나 큰 변화를 가져다줄지를 생각해 보라. 즉, 진실을 말하고 너그러이 베풀고 훔치지 않고 남의 행복을 도모한다면, 반대로 악의를 품고 고의로 남을 해칠 때와는 완전히 다를 것이다. 그런 선한 행동이 가정에 일상화된다면 인간의 삶에 얼마나 막대한 변화를 일으킬지 생각해 보라. 또는 모든 전문인들이 사리의 추구나 재정적인 보상을 벗어나 무엇보다 자신의 특수한 사회 역할에 지성적으로 헌신하는 사회를 상상해 보라. 각 경우마다 차이는 어마어마할 것이다.

우리가 인정하든 말든 관계없고, 그런 행동에 도덕적으로 옳거나 그르다는 수식어를 붙이지 않더라도 마찬가지다.

사실 우리 모두도 자신의 행동과 생각과 활동으로 심은 대로 거두고 있다(갈 6:7). 우리가 그런 거둠을 원하지 않거나, 거두고 있음을 모르거나, 행동의 결과를 딱히 인정하지 않더라도 말이다. 전문 분야의 도덕적·윤리적 행동이 무엇인지 규정하는 일이 그토록 중요한 이유가 거기에 있다. 우리의 동기와 결정의 결과로 늘 열매가 맺히게 되어 있기 때문이다.

이제 세 가지 윤리적 요건을 말할 때가 되었다. 전문직 윤리가 일반 윤리(존 맥스웰이 말한 황금률 윤리를 떠올려 보라) 이상의 무엇인가를 이루려면, 그러한 시도에 적어도 이 세 가지 요건이 포함되어야 한다. 전문직 윤리가 힘써야 할 일은 다음과 같다.

- 전문직 윤리는 다른 사람이 할 경우 도덕적으로 잘못인 일을 전문직 종사자는 할 수 있거나 해야 하는 이유를 설명해야 한다. 예컨대 의사는 칼로 사람의 가슴을 쨀 권한이 있지만 의사가 아닌 사람이 그렇게 한다면 범죄 행위로 기소될 것이다.
- 전문직 윤리는 직종별로 특수한 도덕적 의무—예컨대 변호사만의 윤리 요건, 의사만의 윤리 요건 등—를 설명해야 한다. 이런 차이를 기술하고 옹호하고 공표하여 해당 직종의 도덕 수준을 감시받게 해야 한다.
- 전문직 윤리는 각 전문 분야가 어떻게 도덕성 실현의 장이 되는지를 설명해야 한다. 예컨대 변호사나 회계사나 목사가 되면 어떻게 선한

사람이 되어 공공선을 위해 살아가는 데 도움이 되는지를 분명히 기술해야 한다.

도덕적 지식을 전문인의 삶에 적용하다

앞서 역설했듯이 전문인의 중요한 표지는 삶의 필수 분야에서 방대한 지식을 갖추는 것이다. 아울러 말했듯이 인간의 기본적인 필요는 삶의 지속과 형통에 필요한 지식을 충분히 얻는 것이며, 여기에는 옳고 그름에 대한 지식도 포함된다. 물론 옳고 그름에 대한 지식은 전문직에도 요구된다. 그래야 각 전문직이 이루고자 하는 선을 증진할 수 있다. 전문인이 자기 분야에 유능해지려면 우선 해당 분야에 대한 적절한 지식부터 힘써 얻어야 한다. 그렇다면 당연히 나오는 질문이 있다. 그 지식을 얻었는지 언제 알 수 있는가? 다시 말하지만 사람은 사고와 경험의 적절한 기초에 입각해 무언가를 대변할 수 있을 때, 그 무언가를 아는 것이다. 아울러 도덕적 지식을 얻으려면 진리도 필요하고 적합한 증거도 필요하다.

　도덕적 성품과 도덕적 지식의 중요성을 함께 도출하기 위해 잠시 회계사라는 전문직을 생각해 보자. 미국 공인회계사 협회에는 직무상의 행동 규범이 있다.[15] 이 문건의 전문(前文)에 다음과 같은 두 조항이 있다.

1. 미국 공인회계사 협회의 회원직은 자발적이다. 회원직을 수락한 공인회계사는 법규와 규정을 준수함은 물론 그 이상으로 자신을 통제할 의무가 있다.

2. 미국 공인회계사 협회의 본 행동 규범은 대중과 고객과 동료를 향한 회계업의 책임을 인식한다. 본 규범은 회원들에게 직무 수행의 지침을 제공하고 직무상의 윤리적 행동의 기본 강령을 표명한다. 규범에 따라 회원들은 개인적인 이익을 희생하고라도 명예로운 행동에 확고히 헌신해야 한다.

행동 규범 본문의 제1조와 제2조에는 고객과 회계업을 향한 회계사의 책임이 명시되어 있다.

제1조. 공인회계사는 전문인으로서 사회에 꼭 필요한 역할을 수행한다. 미국 공인회계사 협회의 회원들은 자신의 회계 서비스를 이용하는 모든 이들에게 그 역할에 걸맞은 책임을 진다. 아울러 회원들은 상호 협력을 통해 회계 기술을 발전시키고, 대중의 신뢰를 존속시키며, 회계업의 자치에 필요한 특정 임무를 수행할 지속적인 책임이 있다. 회계업의 전통을 유지하고 발전시키려면 모든 회원의 단합된 노력이 요구된다.

제2조 제1항. 모든 전문직을 특징짓는 표지는 대중을 향한 책임을 감수하는 일이다. 공인회계사의 대중은 고객, 신용공여 기관, 정부, 고용주, 투자가, 기업계와 금융계 등으로 이루어진다. 그밖에도 질서 있는 재정 운영의 유지를 공인회계사의 객관성과 정직성에 의존하는 모든 사람이 해당된다. 이런 의존으로 인해 공인회계사에게 공익의 책임이 따른다. 공익이란 회계 서비스를 받는 모든 개인과 기관의 집단적 복지로 정의된다.

엔론 스캔들에 연루된 회계사들이 이같이 단순하면서도 강력한 규정을 과감히 지켰다면 어떤 사태가 예방되었을지 생각해 보라. 그들도 이런 규정을 수호하기로 서약했던 사람들이다. 회계사는 한 회사 전체의 재정 건강 상태를 파악할 수 있는 완벽한 위치에 있다. 하지만 그 일을 해내려면 손실과 부채와 채무와 위험률 따위가 실제로 무엇인지 이해해야(지식이 있어야) 한다. 그러한 요소를 숨기거나 재정의하거나 조종하거나 무시하거나 난해하게 만들어 대중에게 공개하지 않는다면—공인회계사는 그것을 공개할 의무가 있으며 그렇게 서약했다—이는 그들에게 성품이나 지식, 어쩌면 양쪽 모두가 없다는 증거다. 전문인이 이런 책임을 수행하지 않으면 대중 시장에 신뢰의 위기가 발생하기 쉽고, 결국 엔론사의 몰락과 같은 끔찍한 결과가 뒤따를 수 있다.

엔론 사태는 많은 비리의 결과다. 요컨대 진실을 수호하고 기본 정보를 공개하기로 서약한 사람들이 실제로 도덕적·직업적 책임을 다했다면 위기가 재앙의 지경에까지 이르지 않았을 수도 있다. 이것이 도덕적 지식의 명백하고 본질적인 성격이며, 또한 아주 중요한 일상사에 그것이 부재했던 비참한 사례다. 사실 기업의 자산과 부채를 구분하고 계산하고 설명하고 공개하는 데는 옳고 그른 방법이 있다. 그런데 엔론 사태의 경우 그 책임을 맡은 전문인들이 자신의 전문 지식으로 대중을 보호하고 섬기지 않았다.

대체로 말해서 지식을 소유한 사람은 행동할 권리, 행동을 지도할 권리, 정책을 세우거나 수행할 권리, 사람들에게 그 지식을 전수할 권리가 생긴다. 경우에 따라서는 권리만이 아니라 그럴 책임까지도 생긴다. 그래서 모든 지식 주장은 아주 영향력이 강하면서도 동시에 위험의 소지가 있다. 도덕적 지식의 제반 특징과 속성이 전문직 내에 회복된다면, 다시 한 번 전문인의 삶이 지역사회에 선과 정의와 복과 번영을 두루 퍼뜨리는 주된 통로가 되지 못할 이유가 없다.

전문직과 돈

사람들이 전문인의 설득력 있는 논증을 받아들여 개인과 집단의 번영을 추구할 수 있으려면, 먼저 전문인이 의무를 다하고 기회를 살려 도덕적인 선을 실천해야 한다. 그 배후의 이유는 앞에서 논한 바 있다. 아울러 전문직의 지위에 주어지는 권리와 특권이 비전문직에는 없다는 사실도 역설했다. 이제 전문직의 보수 문제를 살펴볼 차례다. 전문직 종사자의 보수는 기업 활동의 한 동기인 수익성만큼이나 중요한 문제다. 그러므로 다음 사실에 놀라서는 안 된다. 전문인이 생업의 소산인 돈을 버는 방식과 그 소산을 내보이는 방식은 전문직에 요구되는 가치관과 덕에 대한 또 하나의 공적인 증언이자 표현이다.

우선 전문직은 보편타당하고 유익한 수준의 공정한 보수를 정하는 부분에서 우리 사회를 선도할 의무가 있다. 모든 노동에 대한 보수와 장려금은 도덕적 지탄을 받지 않을 만큼 적정해야 한다. 경제 분야의 모든 사람이 그 적정 수준을 알려면 전문직의 선도가 매우 중요하다. 오늘날의 전문인들은 자기가 하는 일의 성격을 크게 오해하고 있다. 게다가 자아의 권력 확장이 이른바 "양도할 수 없는 권리"라는 게 우리 사회의 통념이다. 방법만 합법적이라면 누구나 돈을 최대한 많이 벌 권리가 있다는 생각이 소비지상주의에 이끌리는 서구의 사회경제적 풍토를 점점 더 지배하고 있다. 오늘날 운동선수, 음악가, 발명가, 석유 시추업자, 투자가, 무역업자, 토지 소유주에게 모두 그 권리가 부여된다. 그러니 전문인에게만은 똑같은 권리가 부여될 수 없다고 생각할 근거가 없어졌다. 고객과 사회 전반을 향한 본분에 충실하기만 하다면 말이다. 전문인이 서비스의 질을 떨어뜨리거나 고객보다 자신의 이익을 더 챙겨 비난을 받는다면 이는 전혀 다른 문제다. 바로 그 때문에 전문인은 돈 자체에 현혹되어 전문성과 조언을 제대로 제공하지 못해서는 안 된다. 이 문제는 잠시 후에 다시 살펴볼 것이다. 전문인들이 더 중요하게 생각해야 할 것이 있다. 권력의 무제한 확장이 개인의 권리라는 개념에 비추어 어느 정도나 선하고 의로우며 따라서 우리 사회 전반에서 추구할 가치가 있느냐는 것이다.

그렇다고 자본주의나 자유시장 경제를 논박하려는 것은 아니다. 그보다 공공선과 공공복지를 추구하는 개인과 사회에 재물이 미치는 몇 가지 분명한 결과를 개괄하려는 것이다. 돈 자체는 도덕적이거나 부도덕적이지 않다. 돈이 있거나 없는 사람에 대해서도 똑같이 말할 수 있다. 여기서 관건은 이것이다. 돈이 있거나 부가 보장되어 있으면 거기서 인간을 지배하는 권력이 싹튼다. 다양한 방법으로 돈을 써서 사람들을 설득하여 특정한 행동을 하게 만들 수 있다는 의미에서도 그렇지만, 또한 돈이 있는 사람들이 종종 사건의 경과에 영향을 미친다는 의미에서도 그렇다. 굳이 영향력을 적극 구사하지 않아도 재력이 있다는 사실만으로도 그런 결과가 나타난다. 그러므로 돈은 일종의 권력이다. 물론 세상의 유일한 힘이나 가장 막강한 힘은 아니지만 말이다. 어쨌든 일부 거부들은 전혀 재물을 쓰지 않고도 자신의 영향력을 유지할 뿐 아니라 확장하기까지 한다. 거액의 돈이나 재산이 축적되어 있다는 사실만으로도 그들은 대개 그들과 접촉하거나 주변을 맴도는 사람들에게 영향을 미친다. 이렇듯 돈이 일종의 권력이기에, 부를 증식할 권리가 무제한이라면 당연히 타인을 지배하는 권력과 영향력을 키울 권리도 무제한이 된다. 하지만이것이 우리가 추구하는 바인가? 이런 권력을 감시할 최소한의 수단이라도 있어야 하지 않겠는가? 정치권력, 사법권력, 군사권력, 창조권력 등 다른 모든 권력은 우리가 이미 감시하고 있다. 이는 당연히 부의 권력에 대한 감시로 연결되지 않는가? 만일 그렇다면 그런 감시를 맡을 사람이 전문직 종사자가 아니면 누구겠는가?

영향력 있는 사람들을 감시하는 데 요구되는 권력은 필연적으로 큰 부담이며, 나무랄 데 없이 믿을 만한 이들에게만 국한되어야 한다. 그래야 그들이 그 권력을 잘 휘두를 수 있다. 아주 두드러진 예외도 있기는 하지만, 다행히 우리 사회와 세상은 무수히 많은 재력가들의 혜택을 입고 있다. 그들은 재정적인 영향력을 오용하기는 커녕 오히려 늘 거액의 자금을 기부하여 공공복지를 지원한다. 자아의 권력을 무제한 확장한다는 원리에 놀아나지 않고 오히려 힘써 자신의 자원으로 공공복지를 크게 증진하는 사람들이다. 여기서 생각해야 할 것이 있다. 이런 도덕적 의무감과 기회를 놓치거나 그것이 다른 이해관계에 파묻혀 버린다면 어떤 일이 벌어지겠는가?

그러므로 전문직 지도자들과 대변인들은 전문직의 고귀한 소명을 본보일 책임이 있다. 큰 특권에 수반되는 책임을 다해야 한다. 다행히 세계 최고의 부자들 중 일부는 이미 그 일을 하고 있다. 빌과 멜린다 게이츠 재단(Bill & Melinda Gates Foundation)과 워런 버핏(Warren Buffet)이 함께 해온 일은 전문인들이 자신의 영향력을 선용할 책임을 이해한 한 예에 지나지 않는다. 그러나 자칫 그런 책임이 거부들에게만 있다고 생각하기 쉽다. 사실 전문직의 삶에 따라오는 특권과 물질적인 보상을 어떻게 관리해야 할지 결정할 책임은 모든 전문인에게 있다. 그들은 개인의 재정 왕국을 세우는 것이 아니라 공공복지에 주력해야 한다. 인간을 사랑하는 박애주의가 우리 사회의 의식 속에 제자리로 돌아와야 하며, 전문인들이 그 일에 앞장서야 한다.

전문직은 의의 도구다

대중이 전문인의 서비스와 전문성에 의존하고 있는 만큼, 그들은 대중의 공공선을 추구하고 이룩하는 일에 관심과 헌신과 능력을 보여야 한다. 이런 리더들은 모든 인간 사회의 당연하고 필수적인 구성 요소다. 시민들의 선한 삶과 번영을 힘써 추구하는 사회라면 말이다. 프로페셔널리즘은 전문화의 자연스러운 다음 단계다. 물론 그것의 정확한 형태는 문화를 지배하는 근본 가치관과 문화가 제도적으로 발달한 역사에 따라 다를 것이다. 전문직은 한 부분이지만 전체—이 경우 대중—의 행복에 기여하며, 그리하여 사회를 구성하는 모든 개개인을 이롭게 한다.

이제 노동의 분업에 대한 이해로 다시 돌아가, 또한 그리스도의 몸의 지체들이 상호 의존하여 전체를 섬긴다는 사도 바울의 관점을 되새기며(고전 12:12-31), 우리가 깨닫고 인식해야 할 것이 있다. 사회 안에 다양한 역할이 유지된다고 해서 그중 누구라도 충분히 인정받지 못하거나 불평등하게 취급받는다는 의미는 아니다. 물론 전문직은 복잡한 사회생활을 이끌 책임과 비중이 어느 정도 있으며, 그러한 책임이 수행되지 못하면 대개 비전문직의 경우보다 훨씬 심각한 결과가 초래된다. 하지만 번영하는 선한 사회는 전문직만으로 구성되지 않는다. 현실도 그렇지 않거니와 그것이 우리의 목표도 아니다.

목표는 전문직의 도움을 받는 모든 사람이 그 전문성과 경험을 통해 복을 누려, 자기 힘으로는 할 수 없던 일을 이루는 것이다. 지역사회마다 모두의 역할이 꼭 필요하고 유익하지만, 사회의 주된 공공선은 전문직 종사자들의 손에 달려 있다. 그들을 통해 공공선이 이루어져야 우리가 행복을 누릴 수 있다. 그들은 아주 독특한 방법과 결과로 사회 전반에 영향을 미치며, 좋은 쪽으로든 나쁜 쪽으로든 그들이 휘두르는 권력 또한 마찬가지다. 이제부터라도 우리는 이와 같은 사회 현실을 인식해야 한다.

13

의사, 변호사, 성직자

다시 말하지만 우리는 지금 이 세 전문직에 대한 종합적이고 세부적인 고찰을 시도하는 것이 아니다. 게다가 알다시피 전문인이 자신의 행동과 관련된 모든 윤리적·도덕적 요소를 늘 의식한다는 것은 어려운 일이다. 특정한 상황이나 고객과 관련하여 일일이 각 행동의 적당한 비중을 생각하는 일도 마찬가지다. 문제를 더욱 복잡하게 하는 요인이 또 있다. 고도의 전문 분야일수록 계속 급속도로 변한다는 것이다. 그래서 우리는 이 가운데 어느 분야도 조금이라도 폄훼할 생각이 없다.

대신 우리는 철학과 신학 분야에 속한 외부인으로서, 이 중요한 세 전문직의 윤리적인 가정과 추구를 조금이라도 새롭거나 적어도 기존과 다르게 설명하고 싶다. 철학과 신학은 둘 다 윤리의 목표와 영향을 추구하고 연구하는 학문이다. 지금부터 간략히 살펴보려는 내용은 다음과 같다. 이 몇몇 분야의 전문가들은 어떻게 오리무중의 현대 사회에서 앞을 내다볼 것인가? 그리하여 어떻게 해당 전문직의 포괄적인 영향이 사회 전반을 더 이롭게 할 수 있는 방법에 또렷이 초점을 맞출 것인가? 이것을 살펴보려면 먼저 각 전문직의 전통적인 목적을 알아야 한다. 또한 거기에 맞서는 사심이나 이기심을 비판해야 한다. 자칫 그것 때문에 각 전문직이 궤도를 이탈해 본연의 서비스를 제공하거나 보호하지 못할 수 있기 때문이다.

의사

> 의사는 병든 기관(器官)이나 심지어 사람 전체가 아니라, 그 이상을 생각할 의무가 있다. 의사는 사람을 상대방의 세상에서 보아야 한다.
>
> 하비 쿠싱, 신경외과학의 창시자

의료 분야에 대한 논의의 출발점으로 우선 히포크라테스 선서를 좀 더 자세히 살펴보려고 한다. 그러면 의료 소명의 진지함이 어느 정도 되살아나 모든 치료의 노력에 대한 우리의 기대가 새로워질 수 있다. 아래의 히포크라테스 선서는 1987년에 간행된 어느 책에서 인용한 것이다.

- 나는 나에게 이 의술을 가르쳐 준 스승을 부모처럼 여겨 나의 재물을 나누고 필요하다면 생계를 부양하겠습니다. 그의 자손을 나의 형제로 여겨 그들이 원한다면 보수나 계약 없이 의술을 가르치겠습니다. 교훈과 강의와 다른 모든 교육 방법으로 의술을 전수하되 나의 자녀에게만 아니라 스승의 자녀와 또한 의료법에 따라 언약과 선서로 맺어진 제자들에게도 그리하겠습니다.

하나님의 모략, 이후

• 나는 나의 능력과 판단에 따라 환자에게 유익한 섭생을 쓸 것이며 환자를 해치거나 어떤 부당 행위도 하지 않겠습니다. 요청이 있다 해도 아무에게도 극약을 주지 않겠고, 그렇게 조언하지도 않을 것이며, 특히 여성의 낙태를 돕지 않겠습니다. 어느 집에 들어가든 환자를 이롭게 할 뿐 일체의 부정부패를 삼갈 것이며 특히 남자나 여자, 자유인이나 노예를 불문하고 누구의 유혹도 멀리하겠습니다. 환자를 진료하는 중에나 혹은 그 외에라도 환자의 삶에 대해 외부로 알려져서는 안될 내용을 보고 들었다면 이를 신성한 비밀로 여겨 결코 누설하지 않겠습니다.[1]

낙태를 삼간다는 특별한 언급은 금세 많은 독자들의 시선을 끌 것이 분명하다. 우리의 취지상 여기서는 '언약', '제자들', '신성한'이라는 단어에 주목한다. 이 단어들은 선서에 종교적인 정황 내지 소신을 더해 준다. 사실 이 선서가 보여주는 게 바로 그것이다.

위에 인용한 히포크라테스 선서에서 요즘 으레 빠지는 부분이 있다. 선서의 대상인 신들을 열거한 짤막한 서두다. 전통적으로 이 선서는 아폴론, 그의 아들 아스클레피오스, 아스클레피오스의 두 딸 히게에이아와 파나케이아 등 고대 그리스의 여러 신들을 상대로 맹세한 것이다. 고대 그리스인들은 이 특정한 신들과 여신들이 건강과 행복을 주관하는 주요 신들이라고 믿었다.[2] 이 사실이 특히 부각시켜 주듯이 옛날의 의사들은 자신의 직무 수행에 신의 개입이 필요함을 인식했다. 그때나 지금이나 의술은 정교하고 위험한 일이다. 병의 진단과 치료에 대한 지식과 기술을 익히려면 엄청난 양의 시간과 노력과 경험이 요구된다. 증상은 긴가민가하고 눈에 잘 보이지 않는다. 환자의 예후(豫後)는 가장 값진 정보이면서 동시에 가장 달갑지 않은 정보이기도 하다. 진단에 몇 번 성공한 의사는 치명적인 자만에 빠질 수 있다. 오진은 양날의 검과도 같다. 긍정적인 예후를 냈는데 결과가 부정적으로 나오면 환자의 몸이 상할 수 있고, 반대로 부정적인 예후에 긍정적 결과가 따르면 그 못지않게 환자의 마음이 깊이 상할 수 있다.

이런 곤경 속에서 의사는 누구에게 도움을 청할 것인가? 고대 그리스인들은 그럴 때 신에게 기도했다. 의사들이 아폴론에게 기도한 것은 아주 논리적인 선택이었다.[3] 그가 치유와 이성과 예언의 신이었기 때문이다. 병의 성질을 파악하고 경과를 예견하는 데는 그 세 가지 기술이 다 필요했다. 그리스 신화에 따르면 아폴론은 인간을 유난히 좋아하여 코로니스 공주와 사랑에 빠졌다. 아스클레피오스는 둘 사이에 태어난 불행한 사생아였다. 예전부터 의술에는 이렇게 개인과 집단의 의무, 도덕적 본분, 종교적 믿음, 과학적 이성이 맞물려 있었다. 이 유산은 오래되었고 혼란스럽지만 그래도 잘 이어져 내려왔다.

생명윤리학 교수 로널드 넘버스(Ronald Numbers)가 지적했듯이 이런 혼란은 지난 한 세기 동안 조수처럼 변동했다. 오늘날에는 전문 의료인의 발언권이 주변으로 밀려났지만 언제나 그랬던 것은 아니다. 넘버스는 미국의학협회 회장 너대니얼 채프먼(Nathaniel Chapman)의 말을 인용하여 의료직의 궤적을 통탄했다.

하나님의 모략, 이후

우리가 소속된 의료직은 한때 그 오랜 역사, 분야별로 심오한 학문, 정밀한 문헌, 뛰어난 업적, 여러 덕목 따위로 인해 존경받았으나 이제 부패하고 변질되어 사회적 위상을 잃었습니다. 그와 더불어 이전에 누구나 자연스럽게 표하던 경의마저 잃었습니다.[4]

아이러니지만 채프먼의 이 말은 1848년에 미국의학협회 발족식에 모인 사람들에게 한 연설이다. 그의 평가는 오늘날 의료 분야 안팎의 사람들이 공히 결여되어 있다고 느끼는 그 무엇과 똑같거나 적어도 확연히 비슷해 보인다. 그것은 무엇인가?

19세기 중반 이전까지만 해도 미국의 의료직은 주로 고등교육을 받은 엘리트층으로 이루어졌다. 불법 돌팔이도 더러 돌아다녔지만 대부분은 의학 학위와 전문 지위를 갖추었다. 그런데 채프먼이 미국의학협회의 초대 회장을 맡았을 즈음에는 의료직이 변질되어 장사처럼 되었다. 의사가 정육점 주인이나 이발사와 비슷해졌다. 이는 새롭고 진취적인 미국식 기회주의의 어두운 일면이었다. 개인의 자유를 중시하는 신대륙이다 보니 가장 복잡하고 정교한 분야에도 훈련이나 면허 없이 손대는 것이 가능했다. 말 그대로 생사를 가르는 위험한 일인데도 말이다.[5] 넘버스에 따르면 다행히 의료직은 재정비에 나서 한 세기 이내에 더 강하고 알차고 탁월한 전문직으로 탈바꿈했다. 법규가 제정되고 기준이 설정되었으며, 공인 자격이 보호되고 지식이 증가했다. 채프먼의 암울한 평가가 나온 지 한 세기만에 의료직은 이전의 존경과 칭송을 전부까지는 몰라도 대폭 되찾았다.[6]

그러나 제2차 세계대전 이후의 사회 격변은 여러 굵직한 변화를 몰고 왔다. 그중 다수는 의료직과 의료 서비스를 받는 대중 양쪽 모두에게 악영향을 끼쳤다.[7] 사회학자 폴 스타(Paul Starr) 등에 따르면 가장 중대한 변화는 의료직 전반과 정부 사이의 제휴에서 비롯되었다.[8] 그 결과는 아주 다양하게 나타났다. 하지만 가장 중대한 결과는 이해관계의 영원한 상충이 생겨났다는 점이다. 즉, 의과대학이나 의료 연구에 공적 자금이 지원되려면 의사 개개인과 병원들이 메디케어와 메디케이드(둘 다 미국의 공공 의료보장 제도 – 옮긴이) 보험 환자를 받아야 했다. 당시만 해도 의료 행위의 자율성을 정부의 관료주의에 선뜻 종속시키려는 의사는 별로 없었다. 하지만 결국 정부라는 제3자의 개입은 그대로 고착되고 말았다. 이전까지만 해도 지역 개업의와 환자는 서로 신성한 관계였지만, 이제 학계의 의료 연구에 돈을 댄다는 명목하에 정부가 그 관계에 끼어들었다. 어느 쪽이 이겼는지는 이제 만인이 익히 아는 바다. 오늘날 개업의의 거의 90퍼센트가 메디케어 환자를 받고 있다.[9]

물론 그 덕분에 제2차 세계대전 이후로 미국의 의료 연구와 기술이 급성장하여 대중에게 큰 유익과 이득을 끼쳤다. 거의 날마다 괄목할 만한 발전이 이루어졌다. 그러나 늘어나는 비용은 정부 예산과 연구 기관의 회계에 과다지출의 위기를 불러왔다. 동시에 기술 발전은 환자의 기대 심리를 비합리적인 수준까지 끌어올려 종종 만병통치의 신념을 부추겼다. 이제 개인의 건강은 복이 아니라 권리로 바뀌었다. 환자나 환자 가족이 받아들일 수 없는 진료 결과는 무조건 소송감이 될 수 있다. 의사는 신이 아니건만 환자는 으레 의사에게 신 같은 수준의 비합리적인 성공을 기대한다.

정부 기금을 통한 의료 연구와 사적인 의약 연구 사이의 갈등과 공조 부족도 중대한 사회적·윤리적 의문들을 야기했다. 의료 연구 실험에서 최고 우선순위를 둘 질병과 질환은 무엇이며, 그와 관련하여 무엇이 정말 공동의 번영에 가장 유익한지를 누가 어떻게 결정하는가? 질병 연구에 쓸 수 있는 자원은 제한되어 있는데, 어떤 결정과 행동 방침으로 그 자원을 감독할 것인가? 의료 연구에 소용될 공적 자금이 어차피 유한하다면, 당연히 전체의 우선순위와 의료적 필요를 결정하는 무슨 장치가 있어야 하지 않겠는가? 우선순위의 설정은 본래 국가의 예산 수립에 포함되는 일이다. 한쪽에는 정부 기금을 통한 의료 연구를 주도하는 전문 의료인들이 있고, 한쪽에는 공동 소유나 개인 소유의 제약회사들이 있다. 이 둘 사이에 공조가 유지되고 있다는 증거는 어디에 있는가? 의료 연구를 어디서 어떻게 감독할 것인지 그들이 결정해 주어야 최대의 공공복지와 전반적인 유익을 추구할 수 있지 않겠는가? 어떤 질병이 급선무가 되어야 하며 그 이유는 무엇인가?

여기서 우리는 다시 신용의 책임으로 돌아간다. 무엇이 환자에게 가장 유익한지 누가 결정하는가? 이 책임은 일차적으로 의료직에 있어야 하는가? 아니면 민영 보험회사와 주주들의 이익을 대변하는 단체에 있는가? 아니면 정부의 보건 담당 부처에 있는가? 그것도 아니라면 환자의 소관인가? 최근까지 영리 보험업계가 이 틈새를 대규모로 비집고 들어왔다. 힘든 상황에서 일을 아주 잘하는 보험회사도 많이 있지만, 그래도 우리는 다른 나라들이 이러한 질문에 어떻게 답하고자 애썼으며 그 결과는 무엇인지를 정직히 평가할 수 있고 마땅히 그래야 한다. 적어도 우리는 정부와 영리 및 비영리 기관 사이의 현 관계가 국민에게 제공되는 의료의 수준과 범위에 어떤 영향을 미치는지 따져 볼 수 있다.

전문 의료인에게서 보험회사와 정부 기관으로 그런 책임이 넘어간 듯 보이는데, 이는 우선순위를 혼란에 빠뜨릴 가능성을 야기한다. 얼마나 많은 수익과 그 수익에 대한 얼마만큼의 우선순위 설정이 의료업계에 가장 좋은지는 엄연히 의료직에서 결정할 사안이다. 여기 의료직에는 의료 종사자만이 아니라 보상을 제공하는 보험회사와 기타 관련 전문직도 포함된다. 수익 마진의 규정이 삶의 질과 건강 문제에 대한 답은 아닐 것이다. 많은 영리 병원들이 훌륭한 의료를 제공하고 있다. 다시 말하지만 관건은 수익 자체가 아니다. 문제는 이것이다. 수익에 집중된 구도가 현재 의료직의 사명—의료 서비스를 제공하는 일—을 방해하고 있는가? 만일 그렇다면 왜, 어떻게 그런가? 그리고 어떤 대책이 필요한가?

이미 분명해졌겠지만 이런 질문을 다루려면 공공 부문에 지금까지보다 더 활발한 참여가 필요하다. 논의를 공공 정책의 이슈—예컨대 정부 보조금이 더 필요한가 아니면 자유시장에 맡길 것인가—로만 국한시켜서는 역부족이다. 이것은 굉장히 중요하고 요긴한 문제다. 그런데 이런 딜레마를 감독할 준비가 가장 잘 갖추어져 있는 것이 과연 정치제도나 사법제도인가? 이런 이슈들을 가장 잘 협상할 수 있는 전문성이 법규나 법조인이나 선출직 관리에게 있는가?

여기서 전문직의 도덕적 리더십이 그토록 중요한 이유가 또 나온다. 이성과 지혜를 내놓는 윤리적인 목소리들이 의료직 자체에서 일제히 나와야 한다. 정치 활동가들은 어느 당을 막론하고 자신들이 의료직을 대변한다고 주장한다. 하지만 우리는 하나의 전문직 자체로서 의료직의 말을 더 많이 들어야 한다. 이 중대한 문제들에서는 의료직의 전문성이 가장 중요하며 따라서 일차로 고려되어야 한다.

또 하나 물어야 할 것이 있다. 현재의 의료보험 체제에서 의료수가가 자꾸 오르고 있는데, 그중 직접 진료로 인한 부분이 얼마나 되는가 하는 것이다. 예컨대 순전히 "뒤탈을 없애려고" 이런저런 검사를 처방하는 경우가 그에 해당한다. 그동안 보험회사들이 이 부분을 부각시켜 좋은 변화가 있었다. 그래도 소송 과잉의 풍토에서 이 문제는 계속 불거지고 있다. 거기에 앞장서는 일부 법조인들은 잘못도 없는 사람을 일부러 비난하거나 의심을 조장하는 재주가 뛰어나다. 순전히 거액의 합의금을 받아 내기 위해서다. 전문 의료인들은 소송당할 빌미를 없애놓는 데 온통 신경이 집중되어 있고, 의료보험 회사나 정부 기관은 어떤 치료가 꼭 필요하거나 '보험 처리'가 되는지를 결정하고 있다. 이것이 정말 모든 관련자에게 최선인가? 어쩌면 그럴지도 모른다. 어떻게 하면 사고와 경험의 적절한 기초에 입각하여 이런 문제에 대한 최선의 합리적인 결정에 도달할 수 있을까? 현재 의사들은 수세에 몰려 굳이 불필요한 검사까지도 울며 겨자 먹기로 처방해야 할 때가 많다. 혹시라도 법정에 불려 갈 경우에 소중한 직업을 잃지 않기 위해서다. 그들은 예측할 수 없는 부분은 물론 인력으로 어찌할 수 없는 부분에 대해서까지도 자신을 변호해야 한다. 이것이 전문 의료인들을 감독하는 최선의 방법인가?

끝으로 우리는 그동안 소비자 의식이 의료 분야에까지 점진적으로 침투해 들어온 사실을 생각할 수 있다. 건강 문제에 관한 한 소비자인 환자가 언제나 옳은가? 소비자인 환자는 무엇이 자신의 의료적인 필요에 가장 유익한지를 어떻게 결정하는가? 완전한 건강은 누구나 기대할 수 있는 합리적인 결과인가? 자꾸 비현실적인 기대를 품는 것이 환자에게 유익한가? 신약이나 요법이 곧 개발되어 만병통치가 현실화될 것이라는 식으로 말이다. 통증의 존재 여부나 완치의 달성이 의사나 전문 의료인의 바른 임무 수행을 평가하는 가장 중요한 척도인가? 치료의 효과를 측정하고 판정하는 일을 '소비자 만족'이라는 지극히 주관적인 기준에만 내맡긴다면, 말기 환자의 요양 치료 같은 개념은 어떻게 되는가? 그런 경우에는 질적 치료에 대한 합리적인 기대가 무엇이며, 그 기준을 누가 정하는가? 소비자인 환자인가 아니면 전문 의료인인가?

과거에 의료보험법을 새로 제정하려는 노력 아래 이런 많은 이슈들이 공적으로 논의되고 고려되었다. 그러나 지성적인 공개 토론이 이루어지기는커녕 불행히도 온 나라가 상반된 로비 단체들 사이에 끼어 헤어나지 못했다. 대부분의 로비 단체들은 모든 관련자의 공공복지를 추구하기보다 권력과 돈과 사리에 더 관심이 많아 보였다. 그렇다면 지금은 어떤가? 의료보험 프로그램이나 제도 중에서 현재 대세가 무엇인지 정확히 설명할 수 있는 사람이 거의 없다. 그것을 효과적으로 알려 줄 사람은 더더욱 없다. 그동안 많은 소송, 봉쇄, 의사진행 방해, 중앙정부 프로그램, 지방정부 프로그램, 사설 프로그램, 이상 모두의 다양한 조합 등이 있었다. 그 사이에 평범한 시민들—노인층이 다수를 차지한다—은 홍수처럼 범람하는 서류와 갖가지 방안 속을 겨우 힘들게 지나가고 있다. 물론 모두 그들의 건강에 중요한 것이지만 거의 분간할 수 없을 정도로 복잡하다. 이런 문제에서 대중은 정확히 누구를 믿을 수 있는가?

다행히 수없이 많은 의사들과 의료 종사자들이 어려운 정치 풍토와 근로 조건과 상황에도 불구하고 충실히 소명을 다하고 있다. 진료실, 병원, 수술대, 실험실에서 사람들을 사랑으로 돌보고 있다. 여기서 중요한 말은 "상황에도 불구하고"다. 의료직은 어떻게 서비스를 향상시킬 것인지를 생각해야 하지만 또한 어떤 서비스와 재화와 제품을 추구하고 달성하고 회피해야 하는지도 고민해야 한다.

이 문제는 워낙 까다롭고 규모가 커서 거기에 요구되는 결정들도 똑같이 복잡하다. 여기서는 그것을 제대로 다룰 수 없다. 바로 이것이 요지다. 전문 의료인들이 함께 힘을 합해 이런 문제와 씨름해야 한다. 그것을 제대로 다룰 만한 지식과 전문성이 그들에게 있기 때문이다. 결국 이런 문제를 추적하고 해결할 곳은 중역실이나 의사당이나 투표소나 배심원석이 아니다. 물론 이들 각 전문 분야도 특정한 지원을 적절히 베풀 수 있고 그래야 한다. 하지만 본래 의료직이란 정육점 주인이나 이발사가 감당할 수 있거나 감당해야 하는 일이 아니다. 마찬가지로 공무원이나 정치가나 변호사나 사업가가 이끌어야 할 분야도 아니다. 이것은 너무 뻔한 사실이라 차라리 우스꽝스러워 보인다. 모든 전문직이 그렇듯이 해당 분야의 필수 지식을 갖춘 사람만이 날마다 대중 앞에 닥쳐오는 폭넓은 전체 이슈와 기회를 능히 감당할 수 있다.

신용 관계 속에서 사람들의 청지기요 목자가 된다는 것이 바로 그러한 의미다. 많은 의료 종사자들이 깊은 자긍심과 뛰어난 실력으로 소명에 임하고 있다. 이들 남녀들이 중요한 개혁 작업에 부응해야 한다. 거기에 우리의 소망과 위로가 있다. 의사들이 뭉쳐서 전략을 개발하여 전체의 선을 위해 의료직의 이권을 되찾아야 한다. 그러나 그 과정에서 그들이 중시해야 할 것이 또 있다. 바로 전문직 수행의 핵심 속성인 '자치'다. 역사적으로 의료 분야의 사람들은 업계 내의 자격 미달, 의료 과오, 사기 행위 등을 자체적으로 청산하기를 꺼렸다. 그런 문제를 정당한 절차대로 공정하게 판결하려면 당연히 신중하고 합리적인 조치, 법적으로 현명한 조치를 취해야 한다. 그것도 이슈의 일부다. 의료직은 업계 내의 사기, 은폐, 진료비 과다 청구, 수준 이하의 진료 등을 완전히 일소하는 데 헌신해야 하며 그 방법도 독자적으로 정해야 한다. 그리하여 필요한 목표를 달성할 효율적인 수단을 확보해야 한다. 이런 감독 장치가 확립되지 않는다면 대중이나 정부가 안심하고 다시 의료직을 온전히 믿고 신뢰할 이유가 별로 없다.

오늘 우리는 전 세계에 영향을 미치는 복잡하고 광범위한 의료 문제에 수없이 부딪친다. 물론 여기서 논한 것은 극히 일부에 지나지 않는다. 의료 윤리와 관계된 이슈들은 훨씬 더 많고 훨씬 더 정교한 고찰이 요구된다. 우리는 수박의 겉만 핥았을 뿐이다. 핵심 요지는 의료직이 존재하는 본연의 목적을 되찾아야 한다는 것이다. 그것은 의료 지식과 치료를 간절히 요하는 우리 사회의 사람들을 신속하고 활기차게 치유하고 건강 쪽으로 이끄는 것이다. 이것은 자비와 위로의 위대한 소명이며 고금의 수많은 기독교 기관의 핵심 강령이기도 했다. 예로부터 천주교와 개신교의 전통은 공히 몸의 치료(병원), 영혼의 양육(교회), 지성의 교육(학교)에 엄청난 자원과 애정을 쏟았다.

치유, 위로, 진료, 회복, 복지 등의 요소가 한데 모여 샬롬을 이룬다. 의료직은 다름 아닌 그렇게 고결한 소명을 이루는 도구다. 이제 우리는 옛날로 다시 돌아가야 할지도 모른다. 그때는 신에게 선서하며 용기와 믿음과 지혜를 구했다. 자신의 "능력과 판단에 따라 환자에게 유익"하게 하고 "환자를 해치거나 어떤 부당 행위도 하지 않기" 위해서였다. 예수께서 소개하신 선한 사랑의 하나님이라면 반드시 복과 성품을 구하는 우리의 기도를 들으시고 우리가 구하거나 생각하는 것에 더욱 넘치도록 응답하실 것이다.

변호사

변호사는 무조건 부정직하다는 막연한 통념이 있다. 막연하다 함은 사람들이 변호사에게 신임과 명예를 부여하고 거기에 의지하는 정도로 보아, 부정직에 대한 느낌이 썩 강하거나 확연할 성싶지는 않기 때문이다. 그래도 그 느낌은 거의 만인에게 두루 존재한다. 변호사 직업을 택하려는 젊은이는 한시도 그런 통념에 굴해서는 안 된다. 매사에 정직하기로 다짐하라. 스스로 판단하기에 정직한 변호사가 될 수 없겠거든 차라리 변호사가 되지 말고 정직한 사람이 되기로 결심하라. 미리 사기꾼이 되기로 동의하고 이 길을 가느니 차라리 다른 직업을 택하라. 소송을 말리라. 최대한 매번 이웃을 설득하여 타협을 보게 하라. 명목상의 승자는 대개 수임료, 부대비용, 시간 낭비 등에서 사실상의 패자임을 지적해 주라. 변호사는 평화의 중재자이므로 선한 사람이 될 절호의 기회가 주어져 있다. 그래도 할 일은 여전히 많다.

에이브러햄 링컨

하나님은 세상을 혁신하는 일에 우리를 초대하여 창조세계 전체에 그분의 정의와 의가 알려지고 경험되게 하신다. 이 초대에 응하여 사회의 번영을 이룩하고 유지하려면 법조계가 가장 중요하다. 이번에도 전문직의 선서에 주목해 보자면, 탁월성과 정직성을 확보하기 위한 선언은 법조계에도 많이 있다. 미국만 하더라도 각 주마다 있다. 참고로 여기서는 애리조나 주 변호사 협회에 가입할 때 하는 선서를 소개한다.

- 나[아무개]는 미국 헌법과 애리조나 주 헌법을 수호하기로 엄숙히 서약합니다. 나는 늘 법원과 법조인에게 합당한 존경을 표하겠습니다.
- 나는 무고하거나 불의해 보이는 고소나 소송을 변호하거나 지지하지 않겠습니다. 변론의 여지가 있다고 정직히 판단되는 경우 외에는 일체 변론을 맡지 않겠습니다.
- 나는 맡겨진 사건을 변호할 때 진실과 명예에 부합되는 방법만을 쓰겠습니다. 결코 사실이나 법률을 잘못 진술하거나 허위 진술하여 판사나 배심원을 오도하려 하지 않겠습니다.

- 나는 고객의 신임과 신성한 기밀을 지키겠습니다. 고객으로부터 받거나 고객이 알고 승인하여 받는 것 외에 고객의 사건과 관련하여 일체 금품을 받지 않겠습니다.

- 나는 일체의 공격 행위를 삼가겠습니다. 맡겨진 사건의 공정한 변호에 필요한 경우 외에는 피고나 원고나 증인의 명예나 평판에 대해 편견을 유발할 만한 사실을 제출하지 않겠습니다.

- 나는 힘없는 사람이나 압제받는 사람의 사건을 결코 사사로운 이해득실 때문에 거부하지 않겠습니다. 탐욕이나 악의 때문에 어느 누구의 사건도 지연시키지 않겠습니다.

- 나는 변호사 직무 규정과 애리조나 주 변호사 협회의 행동 강령을 늘 성실하게 힘써 지키겠습니다.[10]

변호사들이 이 솔직담백한 진술을 실제로 지킨다면 흥미롭게도 수많은 텔레비전 프로그램과 영화, 흥미 위주의 베스트셀러 소설들은 빛을 보지 못할 것이다. 어쩌면 이런 선서를 갖가지 방법으로 어기는 법조인을 부각시키는 드라마가 대중의 이목을 끄는지도 모른다.

최고 법원에 변호사로 나서려면 선서 외에도 도덕성에 관한 서류들이 필요하다. 예컨대 미국 대법원에서 사건을 논하려는 사람은 소정의 지원 및 승인 과정을 거쳐야 한다.[11] 특히 흥미로운 것은 '보증인 진술서'다. 이 서류에는 미국 대법원 변호사단의 기존 회원 가운데 신규 지원자와 혈연관계는 없지만 개인적으로 아는 사이인 회원들을 쭉 적도록 되어 있다. 이 보증인들은 "지원자가 미국 대법원 변호사단에 가입할 자격을 완비했고, 지원자의 서류를 검토한 결과 정확하다고 판단되며, 지원자의 도덕성과 전문성이 견실하다고 인정됨"을 기꺼이 보증해야 한다.[12]

여기 이렇게 도덕성과 전문성에 대한 기대가 만인의 눈앞에 엄연히 제시되어 있다. 법조계에 종사할 사람들의 자격 요건으로서 말이다. 누구이 보다시피 전문 지식과 나무랄 데 없는 도덕성을 겸비하는 일은 중대한 문제다. 여기서 우리는 다시 물어야 한다. 도덕성의 기준을 어떻게 정할 것인가? 대법원의 변호사 지원 과정에는 분명히 그 일이 가능하다고 전제되어 있다. 한 사람이 다른 사람의 도덕성과 전문성을 분간하려면 둘 사이에 관계—인격적인 지식과 경험—가 있어야 한다. 물론 그러려면 '보증인'도 훌륭한 도덕성을 갖춘 사람이어야 한다. 대법원 변호사단의 전제에 따르면, "한 사람의 도덕적 인간을 알려면 한 사람의 도덕적 인간이 필요하다." 다소 구식일지는 몰라도 얼마나 혁명적인 생각인가.

앞서 말했듯이 전문직에 종사하려면 도덕적인 자아실현이 꼭 필요한데, 그때 지적했던 핵심을 여기서 다시 기억해야 한다. 미국 대법원의 변호사단에 가입하려는 법조인은 전제 조건으로 선하고 용감한 도덕성을 갖추어야 하는데, 그렇다면 그와 같은 도덕성을 어떻게 분별할 것인가? 도덕성이 존재하거나 부재하는 정도를 누가 판결할 것인가? 너무 예민할 필요는 없겠지만, 판결이 내 쪽에 유리하게 내려지지 않으면 마치 무시당하는 기분이 든다. 그래서 피해를 입었다며 모함이나 명예훼손으로 고소라도 하고 싶어진다. 물론 실제로 그런 소송들이 발생하고 있다. 도덕성에 대한 판결이 꼭 틀려서라기보다 도덕성을 심의할 합의된 기준이 없기 때문이다. 결국 판사가 결정하기 나름이다. 하지만 그런 판결을 어떻게 선고할 것인가? 이것은 도덕적·윤리적 주관주의가 우리 사회의 법체계에 야기해 온 문제의 한 예일 뿐이다.

현재 논하고 있는 세 가지 전문직을 비교하자면, 바로 그러한 이유에서 법조인에게 더 높은 기준의 성품이 요구되어야 한다. 다른 어느 전문 분야보다도 법조계는 정치적인 유혹에 넘어가기가 더 쉽고 대중의 감시를 피할 위험이 더 크다. 관직(선출직, 임명직, 보좌관 등)이나 관변 단체(사설 로비회사 등)에는 본인도 법조인인 사람들이 많이 있다. 이는 결코 새로운 현상이 아니다. 1787년 제헌 의회에 참석한 55명의 대표 중 거의 60퍼센트가 법을 공부했거나 현직 변호사였거나 한때 판사로 일한 적이 있었다.[13] 물론 독립선언문이나 헌법처럼 원대하고 중요한 문건을 작성하는 데 법적인 성질과 요건을 분간할 줄 아는 사람들이 있었던 것은 적절하고 선한 일이다. 영국으로부터 독립을 선언하고 나라를 창건하는 일은 결코 작은 일이 아니었다. 하지만 법적 전문성이 엉뚱한 사람들의 손에 들어가면 남용을 낳을 수 있음은 주지의 사실이다. 예컨대 신생 미국의 이 첫 문건들에서 노예제도를 법으로 금하지 않은 것은 보기에 따라 도덕성이 결여되었다는 증거요, 전문인들이 법적 권력을 남용했거나 사장시켰다는 증거다.[14]

명확성을 기하기 위해 한 가지 구체적인 예에 초점을 맞추어 보자. 자신에게 이렇게 물어보라. 오늘날 미국의 대중은 대체로 법조인을 볼 때 도덕성을 본보이는 '도덕적인' 사람으로 대하는가? 국민을 대표하여 독립선언문처럼 중요하고 파급력이 큰 문건을 작성할 만한 사람들로 신임하는가? 어쩌면 이 질문의 답을 가늠하는 한 방법은 의료보험 제도 개혁안에 대한 일반 대중의 반응을 살펴보는 것이다. 각종 여론조사 결과를 보면 법조인에 대한 '대단한 신임'은 없어 보인다. 의료보험의 입법화 과정에서 무엇이 정의롭고 적법하며 유익한지에 대한 법조계의 판단을 그만큼 믿지 못한다는 뜻이다.[15] 이제라도 우리는 이런 불신임의 배후 원인을 탐색해야 한다.

우선 앞서 언급한 각종 선서와 지원서에 도덕성을 묻는 질문이 애당초 존재하는 이유부터 생각해 볼 수 있다. 간단히 말해 공생활에서 정의와 의를 이해하고 추구하고 보호하려면 도덕성이 전제 조건이 되어야 한다. 전통적으로 이러한 덕은 법치주의가 법적 문건을 통해 추구하고 적용하려는 바의 핵심 근간을 이루어 왔다. 독립선언문처럼 일반적인 문건이든 의료보험법처럼 특수한 문건이든 마찬가지다. 이제 우리 자신에게 물어야 한다. 대체로 우리는 개인적이고 전문적인 도덕성을 오늘날 법조계에 종사하는 사람들의 주된 목표로 믿고 있는가? 정의는 우리의 법체계와 거기서 활동하는 사람들의 가장 중요한 목표인가? 국가를 다스리는 법률을 협의하고 적용할 때 법조 단체들은 선하고 의롭고 진실하고 정의로운 것, 모든 관련자의 공공복지에 최선인 것을 추구하는가?

앞서 말했던 의료보험의 예로 다시 돌아가 보자. 지금까지 제정된 공중보건 관련 법률들은 공공선에 가장 유익한 것인가? 무엇이 최선인지 어떻게 알고 결정하는가? 대중이 사용할 기준과 척도는 무엇인가? 의료보험 분야에서 어이없는 소송 때문에 발생하는 비용

하나님의 모략, 이후

과 혼란만 해도 얼마나 많은가? 기준을 어기고 "무고하거나 불의해 보이는 고소나 소송"을 변호할 때가 얼마나 많은가? "변론의 여지가 있다고 정직히 판단되는 경우"가 아닌데도 변론을 요하는 소송이 얼마나 많은가?

문제는 거기서 끝나지 않는다. 이런 소송이 발생하면 법조인과 고객은 법정 밖에서 합의를 보아 상당한 재정적 실리를 챙길 수 있다. 변호사 수임료가 워낙 비싸다 보니 실제로 합의금이 소송비용보다 부담이 덜한 경우가 많다. 이 경우 '합의금 협상'과 착취를 윤리적으로 구분하기가 대개 불가능하다. 전자는 법적으로 허용되지만 후자는 그렇지 않다. 게다가 도덕적·윤리적으로 변명의 여지가 없는 일이 어떻게 법적으로 용인될 수 있는가? 이 같은 현실이 현대인의 의식 속에서 어떻게 용납될 수 있는가? 지극히 부도덕한 일(불의)이 법률 용어의 해석에 따라 동시에 합법적인 일(정의)이 되는 현실은 도덕적 엄중성에 정면으로 배치된다. 법조계가 마땅히 존경과 권위를 얻어 인간의 행동을 다스리려면 도덕성을 엄중히 지켜야 한다. '무죄'와 '유죄가 아님' 같은 개념을 병치하는 것도 위험한 윤리적 줄타기의 또 다른 예다. 법조인이 그런 행위를 할 때 결과가 심각하게 훼손되지 않는 경우는 거의 없다. 법조계는 무엇보다 진실 자체를 중시해야지 재판제도를 통해 입증될 만한 것을 더 중시해서는 안 된다. 어차피 재판제도를 감독하는 사람들은 정부의 입법부와 사법부를 양쪽 다 지배하는 이들이다. 도덕성과 적법성이 때로 상호 배타적일 수 있다는 사실은 사법제도에 비참한 결과를 불러왔다. 공정한 재판에 사활이 걸려 있는 사람들에게 특히 그렇다.

사법 시스템

아울러 우리는 법의 집행을 맡은 전문인들도 논해야 한다. 국민을 대변하는 관리로서 재판제도에 정의를 적용하는 그들은 곧 법무부 장관, 검찰청장, 지방 검사장, 판사, 검사, 법무 공무원 등을 말한다. 사법계의 수많은 법조인들이 깨어진 사회의 범죄를 척결하고 처벌을 시행하는 엄청난 일을 맡고 있다. 범죄와 관련된 비통한 상황은 대개 참담한 결과를 낳는다. 법정의 관리들은 늘 솔로몬의 입장이 되어 이런 현실 속에 무언가 해결과 진실과 정의를 이루어야 한다. 때로 현실은 일반 대중이 상상할 수 없을 정도로 악하고 끔찍하다. 그래도 이들 정의의 일꾼들은 처참하고 암담한 현실 속에 조금이라도 샬롬을 이루고자 무수한 시간을 바쳐 조사하고 연구한다. 다행히 아주 훌륭하게 사회의 더 큰 복지를 수호하며 공훈을 세우는 이타적인 사람들이 수없이 많이 있다.

그런데 법과 정의에 충실한 공무원들의 정직성을 크게 위협하는 요소가 있다. 그들의 자리가 공직과 위험하게 얽혀 있어 자연히 정치적인 유혹이 따른다는 것이다. 이는 공생활에 흔히 있는 일이다. 예컨대 법조인이 더 큰 정치적 야망을 품고 시장이나 주지사에 출마하려 한다고 하자. 그러면 특정 사건이나 위기를 이용하여 인기를 끌고 대중의 뇌리 속에 자신의 이름과 평판을 각인시키려는 유혹이 들 수 있다. 그런 재판에서 진다는 것은 생각할 수도 없는 일이다. 미래의 명성과 성공이 사실상 그 하나에 달려 있을 수 있기 때문이다. 그래서 무슨 수를 써서라도 이기려는 태도가 생겨난다. 야망 때문에 과오를 저지르고, 편법을 동원하고, 성품을 더럽히고, 불의에 눈감는다. 바로 이것이 언론에 늘 오르내리는 정치적인 삶의 비극이다.

예컨대 누구나 알다시피 그동안 DNA 과학 분야에 놀라운 발전이 이루어졌다. 거기에 크게 힘입어 이제는 생물학적인 증거가 존재하고 타당할 때면, DNA를 통해 형사 사건의 유무죄를 가려낼 수 있다. 그런데 새로운 DNA 증거 때문에 유죄 판결이 번복될 때마다 명백한 신뢰의 위기가 사법계의 근간을 뒤흔든다. 무죄한 개인에게 끔찍한 불의가 선고될 때마다 우리 사회 전체가 치명타를 입는다. 나중에 시민들에게 진상이 알려지는 경우도 많지만, 물론 늘 그런 것은 아니다. 검사들은 이기려는 열정이 지나쳐 배심원단을 조종하기도 하고, 모든 증거를 반영하기로 서약한 의무를 저버린 채 편파적인 조사를 지휘하기도 한다.

이러한 상황에서 법조계와 사법계의 내부 감독은 어디에 있는가? 법조인은 동료들을 교정하고 처벌하는 일을 두려워하는가? 또한 외부 감시는 어디에 있는가? 법학대학을 재인가하기 위한 평가는 어떤 역할을 하고 있는가? 대학에서 졸업생들에게 윤리 기준을 길러 주어야 한다. 그들은 자신이 부름받은 윤리적 서약을 정직한 성품으로 삶을 바쳐 지킬 수 있어야 한다. 그런데 왜 교육자들은 그와 같은 남녀들을 가르치고 양성하려는 의지가 없는가? 우리 사회에 절실히 필요한 법조인은 비전과 계획과 방법을 수립하여 단순히 자신의 서약의 기대에 쉽게 부응할 수 있는 사람이다. 입법 기관, 민사소송, 형사소송 등 어느 분야에서나 마찬가지다. 그들은 "맡겨진 사건을 변호할 때 진실과 명예에 부합되는 방법"만 쓰고, "결코 사실이나 법률을 잘못 진술하거나 허위 진술하여 판사나 배심원을 오도하려 하지 않을" 것이다. 그 결과로 사회가 번영할 것이다.

목사와 교역자

왜 당신은 나의 편지를 원하는가? 왜 당신이 직접 수고하여 기독교가 무엇이지 알아보지 않는가? 당신은 시간을 들여 전기(電氣)에 대한 전문용어를 배운다. 그런데 왜 신학을 위해서는 그만큼 하지 않는가? 왜 이 주제에 대한 훌륭한 작품들을 생전 읽지 않는가? 그러면서 당신만큼이나 부정확하게 주위들은 세상 '전문가들'한테서 정보를 얻는가? 왜 이 분야의 지식도 당신 자신의 분야만큼이나 정직하게 배우지 않는가? 왜 곰팡이가 슨 옛 이단들을 교회의 말처럼 받아들이는가? 아무 교회사 입문서만 읽어 보아도 그 이단들의 출처를 알 수 있는데 말이다. 왜 당신은 삼위일체—세 분 하나님이 하나라는—교리에는 난색하면서 아인슈타인이 말하는 $E=mc^2$ 공식은 순순히 받아들이는가? '하나님의 섭리'라는 말은 좁고 편협하다고 생각하면서 '과학적인 증거'라는 자신의 말은 객관적 사실의 진술로 여기는 이유가 무엇인가? 자신이 기독교 교리에 무지한 만큼이나 내연기관에도 무지하다면 당신은 부끄러워할 것이다. 물론 신학을 잘 몰라도 기독교를 실천할 수 있다. 내연기관을 잘 몰라도 차를 운전할 수 있는 것과 마찬가지다. 하지만 차가 고장 나면 당신은 그 분야를 잘 아는 사람을 겸손히 찾아간다. 그런데 종교에 문제가 생기면 그냥 내팽개치며 신학자를 거짓말쟁이로 몰아세운다. 왜 당신은 내가 편지로 하나님에 대해 말해 주기를

하나님의 모략, 이후

원하는가? 어차피 당신은 내 말이 사견인지 기독교 교리인지 애써 알아보거나 확인하지 않을 것이다. 그러니 괜히 고생할 것 없이 가서 당신 일이나 하라. 나도 내 일이나 하겠다.

도로시 L. 세이어즈

하나님의 선한 뜻과 그분의 나라를 통해 이 세상을 혁신하려면 세 번째로 간략히 살펴보아야 할 전문직이 있다. 바로 사목(司牧)직이다. 한때 절정을 누리다가 지난 두 세기 동안 이렇게 급속도로 한없이 추락한 전문직은 다시없을 것이다. 의료계와 법조계의 전문인들은 그동안 사회적 위상을 되찾았고 경우에 따라 오히려 더 위상이 높아졌다. 그러나 성직자들은 그렇지 못한 것 같다. 그래서 여기서는 의사나 변호사의 경우와 달리 먼저 논해야 할 것이 있다. '신성한 직분'(존 애덤스의 표현으로)은 어떻게 정당한 전문직으로 규정되며 또한 공공복지에 보탬이 되는가?

사목직이 증진하는 공공선은 무엇인가? 이 분야의 특수한 지식과 기술은 무엇인가? 혹시 출생과 결혼과 사망 등 평생의 경조사에서 예식을 집전하는 투박한 지침이 전부인가? 지역교회에 꾸준히 출석하며 시간과 에너지를 들여 봉사하는 헌신적인 그리스도인 중에도 솔직하고 심각하게 이 문제의 답이 불분명한 사람들이 있다. 우리는 사목직이 이전 어느 때보다도 지금 더 필요하다고 믿는다. 하지만 우리가 처한 문화적 기류는 사목직의 필요성에 대한 증거를 요구한다. 그래서 우리는 이 부분을 분명히 해야 한다.

어떤 학자는 "가장 진지하고 명예롭게 취급되는 전문직은 가장 중요한 문제들과 명백히 연관된 분야다"라고 말한 뒤 이렇게 덧붙였다. "존경받는 전문직은 곧 그 문화에서 중요하고 가치 있게 여겨지는 주제를 다루는 분야다."[16] 이런 이유에서 중세기(5-15세기)에는 성직이 **최고의** 전문직이었다. 다른 전문직들이 생겨나던 17세기까지도 성직은 가장 명예롭고 존경받는 전문직으로 남아 있었다.

사역의 기능

미국 역사에서 성직의 역할은 18세기 중반에 미국이 독립하면서 크게 바뀌었다. 종교적·정치적·사회적 윤리에서 개인의 자율성이 증대된 결과였다. 이는 성직자와 전문 사역자의 점진적인 '붕괴'를 낳았다.[17] 왜 그렇게 되었는지는 길고 복잡한 이야기이므로 여기서는 몇 가지 이슈밖에 논할 수 없다. 하지만 오늘날 성직이 붕괴된 주된 이유는 종교에 대한 이해와 인식이 부족하여 종교적 세계관에 대한 저항이 커진 때문이다. 아이러니지만, 매우 종교적인 사람일수록 알고 보면 성직자라는 전문직에 강하게 저항하는 경우가 아주 많다. 그래서 우리의 출발점이 다른 전문직의 경우와는 달라야 한다. 현대 세속 사회에서 종교의 역할이 더 이상 널리 인정되고 이해되며 용인되지 않기 때문이다.

성직자는 사회에서 인간 실존의 두 가지 필수적이고 상호 관련된 기능을 수행한다. 첫째로, 사역자는 '초월적 실체들' 또는 '가장 중요한 문제들'과 관련된 지식을 보유한다. 가장 중요한 문제들이란 특히 하나님, 인간의 운명, 삶의 의미와 목적, 사랑, 고난, 악, 죽음, 영원 등과 관계된다. 사역자는 이런 중대한 실존적 이슈들에 대해 지혜와 바른 관점을 제시해야 한다. 둘째로, 사역자는 자신이 알고 있는 하나님의 속성을 바탕으로 사회의 도덕 문제를 관리하고 감독한다.

전문 사역의 이와 같은 기능은 하나님과 그분의 속성에 대한 사역자의 초월적 지식으로 말미암아 가능해진다. 그런데 이 두 기능이 합해지면 사역자가 현실의 정치 및 사회 상황을 비판할 수 있고, 그것이 적절하고 필요할 때가 있다. 신의 속성에 대한 지식이 그들에게 부여하는 권위는 사회의 조종을 받지 않으며, 문화 기류의 전통과 동향과 해석에 포섭되지 않는다. 다시 말하지만 디트리히 본회퍼, 마틴 루터 킹 주니어, 테레사 수녀, 데스몬드 투투는 현대사의 훌륭한 모범들이다. 이 사역자들이 신임을 얻은 이유는 무엇이 옳고 선한가에 대한 진리의 초월적 계시를 주장했을 뿐 아니라 자신의 삶으로 그 실체를 나타내 보였기 때문이다. 그것은 각각 그 당시 문화의 사회정치적 시류를 앞질렀고 그리하여 그 시류에 역행했다.

성직자의 역할

앞서 언급한 두 전문직에는 우리가 외부인이었지만, 사목직에 대해서는 우리도 사역자이자 사역자의 교사로서 웬만큼 전문성과 경험을 보유하고 있다. 그래서 동료이자 내부인으로서 좀 더 자유롭게 예리한 제안과 통찰을 제시할 수 있다. 그렇다면 지금부터 예수의 복음을 전하는 기독교 전문 사역자들이 사회에 기여하는 선을 정확히 밝혀 보자. 첫째로, 그리스도인 사역자는 기독교의 관점대로 인간을 향한 하나님의 선하신 뜻과 능하신 사랑을 중간에서 전해 준다. 이를 위해 그들은 성례, 교육, 설교, 희생적인 섬김 등을 통해 하늘의 하나님 나라의 실체를 나타내 보인다. 특히 희생적인 섬김은 하나님의 사랑을 신자들의 지역 모임 안에, 그리고 그들을 통해 세상에 보여준다. 둘째로, 사역자는 인간 삶의 주요 영역들에 선이 이해되고 실천되도록 조치할 (또는 감독할) 책임이 있다. 특히 자신의 돌봄을 받는 사람들을 상대로 그렇다. 셋째로, 전문 사역자가 기여하는 어쩌면 가장 큰 선은 사람들에게 지도를 베푸는 일이다. 역사적으로도 그랬고 현대 생활에서도 마찬가지다. 사람들은 신앙을 훈련받고 준비되어 선을 분별하기 원하며, 그리하여 저마다 특정한 책임 분야에서 선을 이루기 원한다.

옳은 일을 알 뿐 아니라 그렇게 행할 수 있는 이 능력은 앞서 말했듯이 헬라어 신약성경에 '디카이오수네'라는 말로 압축되어 있다. 신약의 디카이오수네는 흔히 '의'로 번역된다. 다른 어떤 전문직과도 달리 사역자는 특별히 디카이오수네를 가르치고 본보이고 주창하는 일을 맡았다. 우선 자신부터 그렇게 되고, 나아가 사람들 안에 그리고 그들을 통해 그 일을 해야 한다. 이것이 전체적인 공공복지를 향한 성직자의 특수한 기여다. 성직자가 이 책임과 기회에 실패하면 그 결과로 공생활과 사생활에 수반되는 모든 구조가 심각하게 붕괴된다.

목사나 신부를 다른 어떤 전문직보다 높일 생각은 없다. 모든 전문직의 역할은 상호 의존적이며, 그리스도인 전문인들은 관계 속에서 살고 일해야 한다. 그러나 하나님의 속성, 하나님 나라의 방식, 선을 향한 의지 등을 널리 퍼뜨리는 일을 맡은 사람은 바로 목사나 신부다. 그들이 속한 공동체의 활동과 우선순위 속에는 선을 향한 의지가 반드시 존재해야 한다. 아울러 그들은 인간 삶과 역사의 모든 면을 변화시키는 아가페의 위력을 증언한다. 다시 말하지만 아가페 사랑은 육화된 사회적 자아의 전반적인 상태이며, 자신의 영향권 내에 있는 인간 삶의 선을 증진할 태세가 되어 있다. 아가페가 존재하면 선한 뜻(호의)의 성향과 성품이 나타나며, 최고이자 최선의 선을 언제라도 행동으로 추구한다. 하지만 아가페는 행동도 아니고, 감정이나 느낌도 아니며, 오늘날 흔히 생각하는 의미의 '의지' 속에 들어 있지도 않다. 다만 아가페는 선한 의지와 특정 유형의 행동을 '유발'하며, 어떤 '감정'과는 연관되지만 다른 감정에는 저항한다. 아가페는 인류를 향한 하나님의 거룩한 사랑이다. 아가페의 주된 특징은 자신과 타인의 선을 추구하고 이루려는 전체적인 성향이다.[18]

간단히 말해서 예수 그리스도의 교회 외에는 아가페, 진리, 선, 공공복지, 전인적인 번영 등을 규정하고 확산하는 일에 전적으로 헌신한 사회 기관이나 공생활의 분야가 없다. 지역교회들과 그 교회의 목양을 맡은 전문 사역자들은 이러한 속성들의 증진에 단호히 헌신하고 주력해야 하며, 리더 개개인의 성품을 길러 내 그 속성들을 세상 속에 구현하게 해야 한다. 그렇지 않으면 다른 어떤 그룹이나 자선단체나 관청이나 기관도 그 일을 완수할 준비와 무장이 되어 있지 않다. 예수께서 정확히 이해하셨듯이, 그리스도를 알고 살아 계신 하나님의 아들이신 그분의 통치를 알면 분명히 그 기본 지식이 그리스도의 몸인 교회를 세운다. 그분의 교회는 하늘로부터 영생을 가져다주며, 지옥문은 거기에 맞서 이길 가망이 전혀 없다.

기독교 사역의 이중 초점

예수의 교회는 그분이 어련히 알아서 세우신다. 그렇다면 지역교회를 이끌고 돌보는 일을 맡은 사람들은 작은 목자, 협력자, 학생, 친구이지 머리나 목자장이 아니다. 그 자리는 이미 그분이 맡으셨다. 그러므로 기독교 전문 사역자들은 특수한 지식의 두 가지 주된 영역에 집중해야 한다. 공공선에 필수인 이 두 영역을 제대로 숙달하고 동료들의 감시를 받아야 한다. 당연히 이 두 영역은 인간 삶의 가장 중요한 측면이다. 하나는 사고 생활과 그 기능에 관련된 것이고, 또 하나는 영의 속성과 관련된 것이다.

어떤 사람에게는 이 두 가지 우선 사항이 이상해 보일 수 있다. 사실 불쾌할 정도로 직관에 어긋나 보일 수도 있다. 그러나 분명히 말하지만 우리는 지금 영지주의처럼 '관념적'인 지식에 치중하는 것도 아니고, 점점 더 사람들을 매료하는 신비주의를 내세우는 것도 아니다. 오히려 정반대다. 인간 삶과 하나님 나라의 생활 둘 다에서 사고와 영의 본질적인 기능을 이해하는 일이야말로 복음 사역자의 기본이다. 충실성(무엇인가를 믿는 확고한 자질)과 의(디카이오수네)는 인생의 결과와 영원한 운명을 결정짓는 두 가지 핵심 요인이다.

사고 생활 | 생각을 어디에 두느냐—무슨 생각을 하고 굳이 무엇을 숙고하느냐—는 것은 인간 실존의 가장 중요하고도 근본적인 측면 가운데 하나다. 따라서 생각의 영역은 인간의 삶에서 복음의 유일한 싸움터는 아니어도 주된 싸움터다. 사고가 중요한 이유는 복음이 처음과 한동안은 주로 일련의 개념이기 때문이다. 그 개념들을 생각하

고 이해해야 비로소 복음의 진리가 우리의 의지 속에 파고들 수 있다.[19] 복음과 관련된 모든 개념을 완전히 통달해야 하는 것은 아니지만, 그래도 그 개념들이 무엇인지 어느 정도는 이해하고 인식이 싹터야 한다. 세상에 가능한 모든 개념 중 가장 중요하고 절박한 것은 하나님의 속성을 어떻게 생각하고 이해하느냐에 관한 것이다. 사람들에게 하나님을 아는 지식을 대변하고 가르치고 지도하는 일은 위대한 특권이자 섬김인데, 그 일을 맡은 사람들이 바로 목사와 신부다. 이 일은 사람들과 사회가 하나님, 자신의 실존, 개인적인 소명과 직업의 목적 등을 생각하는 방식에 직접 영향을 미친다.

이러한 개념은 교회 안에서나 밖에서나 점점 더 힘든 시기를 맞고 있다. 하지만 로마서 1장에 그려진 인간 삶의 악은 다분히 지성과 사고가 하나님의 세계를 등진 채 인간이 만들어 낸 것들에 몰두한 결과다.

우리가 살고 있는 세상은 두렵고 불안한 곳인지라 인간의 사고는 자아에 가장 집착하기 쉽다. 그래서 신약의 많은 가르침을 보면 자아의 죽음, 목숨을 버려 목숨을 구함, 자기 십자가를 짐, 육체의 욕심을 부인함 등이 중심을 이룬다(눅 9:23-24, 롬 13:14). 이와 같은 가르침은 인간 행동의 거의 또는 모든 배후 동기에 정면으로 맞선다. 우리가 끊임없이 자신을 구원할 생각만 하며 자기보호라는 내면의 악순환에서 헤어나지 못하면 오히려 정반대의 결과가 벌어진다. 목숨을 구하는 것이 아니라 잃고 만다.

자아에 대한 집착은 다른 사람들에게 당한 많은 비참한 상처의 결과이기도 하다. 상처는 주목을 요한다. 사람은 누구나 어떤 식으로든 상처를 입는다. 상처를 입으면 자의식이 심해져 온통 자기에게만 주목하는 감옥에 갇힐 수 있다. 자기중심적인 사고의 고질화된 습관은 "네 생각 좀 그만하라"는 평범한 조언 정도로는 거의 끄떡도 하지 않는다. 그것이 습관적 사고의 위력이다. 그래도 부질없이 자아에 파묻혀 있으면 우리의 사고로는 하나님과 교류할 수 없다. 결국 분노와 절망이 우리의 관계 속에 교묘하게 또는 노골적으로 공격과 철회를 낳게 되어 있다. 관계의 이런 불화는 하나님 외에 다른 인간이나 무엇이 나를 근시안적인 이기심에서 구해 줄 수 있다는 가망 없는 헛된 생각에서 비롯된다.

우리의 공동체와 세상 전반에 늘 퍼져 있는 의문이 있다. "어떻게 하나님에 대해 알 것인가?" 그래서 복음의 선포가 공공복지에 절대적인 기본이고 본질이며 명백한 필수다. 복음은 곧 하나님을 아는 지식이기 때문이다. 하나님의 로고스를 전하고 가르치는 일은 곧 그분의 속성과 방식을 계시하는 일이다. 아주 간단히 말해서 복음은 바로 그것으로 구성된다. 복음이란 하나님에 대한 선하고 참되고 진정한 소식이다. 복음 전체를 이해하려면 그것을 또한 하나님의 충만하심 속에서 이해해야 한다. 구원, 칭의, 속죄, 사회정치 활동 등과 관계된 특정한 교리도 물론 중요하지만, 복음을 그런 것들로 축소하면 다음 사실을 간과할 위험이 있다. 그런 것들은 인격이신 하나님의 충만하신 속성과 정수에 **부수적**인 요소라는 사실이다. 복음을 예수께서 이 땅에 계시는 동안 잠시 십자가에서 이루신 일로만 생각한다면 우리는 그분이 이 땅에서 이루신 사명의 원대한 전체를 놓친다. 더 중요하게는 하나님 자신의 정수와 삼위일체 관계를 놓치고, 친히 창조하신 온 인류를 향한 그분의 공급을 놓친다. 바울이 에베소서 4:17-24에 설명하려 한 사실이 바로 그것이다.

그러므로 내가 이것을 말하며 주 안에서 증언하노니 이제부터 너희는 이방인이 그 마음의 허망한 것으로 행함같이 행하지 말라. 그들의 총명이 어두워지고 그들 가운데 있는 무지함과 그들의 마음이 굳어짐으로 말미암아 하나님의 생명에서 떠나 있도다. 그들이 감각 없는 자가 되어 자신을 방탕에 방임하여 모든 더러운 것을 욕심으로 행하되 오직 너희는 그리스도를 그같이 배우지 아니하였느니라. 진리가 예수 안에 있는 것같이 너희가 참으로 그에게서 듣고 또한 그 안에서 가르침을 받았을진대 너희는 유혹의 욕심을 따라 썩어져 가는 구습을 따르는 옛 사람을 벗어 버리고 오직 너희의 심령이 새롭게 되어 하나님을 따라 의와 진리의 거룩함으로 지으심을 받은 새 사람을 입으라.

지금 바울은 하나님을 떠난 세상을 묘사하고 있다. 그의 어휘에 주목해야 한다. "마음의 허망한 것", "총명이 어두워지고", "무지함", "진리", "가르침을 받았을진대"—이 모두는 사고 활동에 해당하는 표현이다. 생각이 왜 어두워졌는가? 하나님의 빛에서 떠나 있기 때문이다. 그 빛은 누구에게 있는가? 예수는 그리스도인 제자들에게 그 빛이 있다고 말씀하신다. 우리는 세상의 빛이 되어야 하며, 본래 지역교회는 그 불을 켜서 세상에 내보내는 곳이다. 우리는 온 세상이 보도록 산 위에 있는 환한 빛이 되어야 한다(마 5:14).
끝으로 '사고'(mind)에 대한 중요한 사실이 하나 더 있다. 우리는 주로 사고를 통해 현실과 접촉한다. 전혀 신비스러울 것이 없다. 우주의 모든 에너지원과 우리는 사고를 통해 접촉한다. 지구의 가장 후미진 오지에 살며 활과 화살을 만들어 생존하는 가장 원시적인 사람들조차도 돌과 나무와 줄 같은 물건을 다룰 때 사고를 통해 다룬다. 전기나 증기나 태양에너지도 머릿속에서 학습된다. 먼저 지식을 갖추니 활용도 가능한 것이다. 사고는 행동을 따라갈 수도 있다. 그 결과 우리는 별로 힘들이지 않고 이 개념에서 저 개념으로, 이곳에서 저곳으로 옮겨 다닐 수 있다. 전화선을 통해 멀리 있는 사람의 목소리를 들을 수도 있고, 시간과 공간 속에서 벌어지는 복잡한 일들을 이해할 수도 있다. 우리 삶의 열쇠는 사고에 있다. 우리의 생각을 어디에 두느냐에 있다. 하나님께서 우리를 그렇게 지으셨다.

사고력을 구사해 생각을 하나님 쪽으로 돌리지 않는다면 우리는 하나님과 접촉할 수 없다. 물론 하나님은 인간의 영역에 들어와 우리의 사고 속으로 침투하실 수 있다. 하지만 막상 하나님이 그렇게 행동하셔도 수혜자에게 하나님을 아는 지식이 전혀 없다면, 그러한 접촉을 제대로 해석할 가능성이 얼마나 있겠는가? 그러므로 인간이 할 수 있고 마땅히 해야 할 일이 있다. 생각을 의식적이고 의지적으로 하나님께 두는 지점에까지 나아가는 것이다. 복음 사역자에게 맡겨진 아주 특별하고 본질적인 사명은 바로 하나님의 실체와 방식 쪽으로 우리의 생각을 인도하고 밝혀 주는 일이다.

기독교 사목직의 주요한 실패는 자칭 그리스도인을 무수히 양산한 일이다. 그들은 자신의 사고 속에 하나님을 아는 지식이 거의 없음을 보여준다. 평생 '신자'라지만 정작 하나님을 생각하거나 그분의 속성을 묵상할 때면 완전히 백지상태가 되는 사람들이 많다. 생각의 내용을 들어 보면 하나님, 그분의 속성과 그분의 나라에 대한 유의미한 내용이나 알맹이는 거의 없다. 이런 텅 빈 사고는 점점 수위가 높아지는 성경 문맹으로 다분히 거슬러 올라갈 수 있다. 대개 하나님이라는 주제는 설명이 불가능한 막연한 신비로 남아 있다. 너무 심오하여 범접할 수 없다는 식이다. 그렇게 되면 형통은 고사하고 우리가 살아갈 근거마저 거의 없어진다.

전문 사역자들이 깊은 절망에 빠지기 전에 우리가 알아야 할 것이 있다. 이것이 새삼스러운 현상은 아니라는 것이다. 알다시피 니고데모는 예수의 단순한 질문 앞에서도 쩔쩔맸다(요 3:1-10). 그는 자신이 위로부터, 곧 영적인 세상으로부터 태어나야 한다는 것을 몰랐다. 태어날 때 받은 육체적 생명 외에 다른 생명이 자기 안에 있어야 한다는 것도 몰랐다. 그는 하나님의 속성을 몰랐다. 예수께서 그를 일부러 꾸짖으신 것은 그가 자칭 이스라엘의 선생이었기 때문이다. 사실 니고데모는 이런 사실을 알 수도 있었다. 이스라엘 역사에 하나님의 성품과 실체와 정수가 충만하기 때문이다. 그러나 실제로 이런 진리는 니고데모에게 아무런 의미도 없었다. 그는 자기가 무슨 말을 하는지조차 몰랐다.

오늘날 두려운 질문이 있다. 하나님의 속성을 안다는 것이 무슨 의미인지 니고데모처럼 전혀 모르는 사역자들이 얼마나 많은가? 이렇게 잘못 알고 있는 전문인들은 기도 같은 단순한 이슈에만 부딪쳐도 가망 없는 부적격자로 드러난다. 바울이 말한 예수 그리스도를 통해 영생에 이르는 의로운 통치의 삶에 대해서도 마찬가지다. 하나님의 실체에 사실상 무지한 사람들이 정말 너무도 많다. 우리는 사고력을 구사하여 하나님을 아는 지식을 삶 속에 들여와야 한다. 그래야 그 지식에 근거해 행동할 수 있다. 영생은 하나님과 그분의 아들을 아는 것이다(요 17:3). 그것이 우리의 출발점이 되어야 하며, 사역자들은 이 지식을 널리 전해야 한다.

영의 삶 | 사역자에게 두 번째로 중요한 과제는 영의 속성을 이해하고 설명하는 일이다. 이는 하나님의 가장 주된 실존 속성이 곧 영적 존재인 까닭이다. "하나님은 영이시다"(요 4:24). 니고데모는 주로 그 부분에서 그토록 애를 먹었다. 하나님의 능력은 가시적이거나 물리적이지 않고 인격적이다. 그 능력이 모든 생명과 실체를 떠받치고 있다. 세상의 영적인 실체들을 제대로 대할 수 있느냐 없느냐에 따라—영을 어떻게 생각하느냐에 따라—인간이 누릴 수 있는 번영의 정도가 크게 달라진다. 그런데 그리스도인들은 그것이 무슨 대단한 신비인 양 변죽만 울릴 때가 많다. 이는 전문 사역자들의 제대로 된 가르침과 설교가 심각하게 부족하다는 또 다른 증거다.

로마서 1장에 보면 하나님 앞에서 인류의 철저한 책임은 하나님을 아는 것이다. 그중 한 대목에 설명되어 있듯이, 지금의 인간 조건은 하나님의 실체를 그대로 받아들이지 않은 결과다. 이는 충격적인 선언이다. 신 전반에 대한 인간의 모든 추구와 특히 모든 종교적인 시도는 이를 통해 방향을 조정할 수 있고 마땅히 그래야 한다. 그 대목에서 바울은 이렇게 역설한다.

하나님의 모략, 이후

이는 하나님을 알 만한 것이 그들 속에 보임이라. 하나님께서 이를 그들에게 보이셨느니라. 창세로부터 그의 보이지 아니하는 것들 곧 그의 영원하신 능력과 신성이 그가 만드신 만물에 분명히 보여 알려졌나니 그러므로 그들이 핑계하지 못할지니라. 하나님을 알되 하나님을 영화롭게도 아니하며 감사하지도 아니하고 오히려 그 생각이 허망하여지며 미련한 마음이 어두워졌나니(롬 1:19-21).

점점 더 세속화되어 가는 오늘의 세상에서도 하나님을 믿는다고 말하는 미국인의 비율은 인구의 90퍼센트가 넘는다.[20] CIA에서 발행하는 『월드 팩트북』(The World Factbook)에 따르면 세계 인구 중 무신론자는 2퍼센트 정도이고 종교가 없는 사람도 10퍼센트가 못된다.[21] 오래전부터 특별한 이념(예컨대 마르크스주의)을 제도적으로 가르쳐 신을 믿지 못하게 막는 사회는 예외다. 하지만 세상을 살아 나갈 때 신의 능력에 의지하려는 인간의 본능적인 성향은 지금도 여전하다.

세계인의 대다수가 믿는다는 이 신이 무엇 또는 누구인지는 종교마다 다르다. 하지만 다양한 종교를 조사해 보면 몇 가지 공통점이 나타난다. '세계 신학'(world theology)—이 말을 여기서 가볍게 쓸 수 있다면—에는 거의 언제나 어떤 비가시적인 궁극의 능력이 존재한다. 이 영적이고 비가시적인 능력은 어느 정도 인격적이거나 인격과 비슷하다. 일부 애니미즘의 경우에는 인격적인 요소가 덜 강조되지만, 애니미즘이 아닌 대부분의 종교에서 신은 인간 개개인과 교류하는 존재로 인식된다.

앞서 인용한 성경 본문에서 바울이 한 말은 지금도 그대로 사실이다. 하나님은 만물을 통해 자신을 세상에 보이셨다. 자신을 그렇게 계시하신 것이다. 그렇다면 우리는 이렇게 물을 수 있다. 하나님의 창조 행위를 통해 생겨난 세상을 감안할 때 하나님은 얼마나 크신 분이겠는가? "주의 손으로 만드신 것"의 경이로움만 생각해 보아도 우리는 금세 하나님이 광대하시고 전능하시며 전지하신 분임을 짐작할 수 있다(시 8:3-6). 세계는 하나님의 로고스로 지어졌으며, 그래서 인간은 하나님의 **보이지 않는** 영적 실체가 눈에 보이는 물리적 세계를 능력으로 창조했음을 알 수 있다(히 11:3). 여기서 논한 내용은 수박 겉핥기에 지나지 않지만 인간이 할 수 있는 겉핥기치고는 가장 심오한 것이다. 신학자 애덤 클라크(Adam Clark)는 하나님을 꽤 치밀하고 유익하게 이렇게 정의했다.

하나님은 영원하고 독립적이며 자존하시는 존재다. 그분의 목적과 활동은 외부의 동기나 영향 없이 자신에게서 기원한다. 그분의 통치는 절대적이다. 모든 존재 중에서 가장 순수하고 가장 순전하며 가장 영적인 존재다. 무한히 완전하고 영원히 스스로 충족하여 자신의 어떤 피조물도 필요로 하지 않는다. 광대함이 무한하고, 존재 양식은 상상을 초월하며, 본질을 형언할 수 없다. 그분만이 그분을 온전히 알 수 있다. 무한한 지성은 자신만이 온전히 이해할 수 있기 때문이다. 한마디로 하나님은 지혜가 무한하여 결코 틀리거나 속으실 수 없는 존재, 선이 무한하여 영원한 정의와 의와 자비밖에 행하실 수 없는 존재다.[22]

클라크가 묘사하는 하나님은 크신 능력으로 모든 피조물을 통치하시는 비가시적인 존재다. 세상 만물을 그분이 지으셨기 때문이다. 흔히들 하나님이 무(無)에서 우주를 창조하셨다고 말하지만 그것은 성경적인 개념이 아니다. 하나님은 그분의 인격까지 포괄하는 에너지와 의지로 행동하시서 물질을 창조하셨다. 하나님은 인격적인 에너지(능력)이시며 그 에너지로 물질을 만드셨다. 현대 과학의 일대 발견 가운데 하나는 이른바 물질이 에너지로 충만하다는 사실이다. 우라늄 원자는 작고 시시해 보이지만 이제 우리는 그 안에 엄청난 양의 힘이 들어 있음을 안다. 얼마나 막강한지 한 번 폭발하면 지축이 흔들릴 정도다. 여기서 보듯이 세상의 기본 실체는 물질이 아니라 에너지다.

그렇다면 우리는 다음과 같은 이해에 도달해야 한다. 하나님은 인격적이고 비물질적인 능력이시다. 하나님은 생각하시고 의지를 품으신다. 가치관과 선택의 자유도 있으시다. 마찬가지로 인간도 에너지와 성격과 사고와 의지와 가치관과 선택의 자유가 있다. 하나님은 물리적인 몸은 없지만 엄청난 양의 능력과 에너지가 있으시다. 능력은 일을 해낼 수 있는 힘이다. 사탄이 광야에서 예수께 돌로 빵을 만들라고 유혹했을 때 그분은 무엇이라고 답하셨던가? "사람이 떡으로만 살 것이 아니요 하나님의 입으로부터 나오는 모든 말씀으로 살 것이라"(마 4:4, 신 8:3). 예수께서 이해하신 빵과 하나님의 말씀의 차이는 곧 물질과 에너지의 차이다. 물질은 스스로 존립할 수 없다. 우리 주변의 모든 물체와 물질은 무언가 다른 것에서 왔고 장차 다른 것이 된다. 모든 물질은 부수적이다. 그래서 바울이 인식했듯이 모든 피조물과 물질계는 결국 다 풀어지고 썩는다(고전 15:54). 보수가 필요하고 의존적이며 따라서 불충분하다.

물리적 우주가 가리켜 보이는 존재는 논리적으로 스스로 충족하실 수밖에 없다. 전적이고도 절대적으로 그렇다. 그분은 워낙 측량할 수 없을 정도로 능력이 충만하여, 존재하지 않기보다 존재하기가 더 쉽다. 그분은 순전히 자신의 속성상 무한한 양의 물질을 쏟아 내신다. 이러한 존재라면 당연히 전혀 지칠 줄 모르고 영원하며, 따라서 그 존재가 끝나지 않고 능력과 잠재력도 고갈되지 않는다. 이것이 하나님의 영적 속성의 기본 실체다.

성경에 하나님이 흔히 자신을 불과 같은 무엇으로 표현하시거나 나타내신 이유도 그래서다. 불은 풀려난 에너지이며, 성경에 따르면 하나님은 소멸하는 불이시다(히 12:29). 세례 요한은 예수께서 오셔서 하실 일이 물세례를 훨씬 능가할 것을 아셨다. 예수의 제자들은 그 소멸하는 실체 속에, 곧 하나님의 인격적이고 비가시적인 능력과 에너지(불) 속에 존재의 심연까지 완전히 적셔질 것이었다(눅 3:16).

예수의 기적들에서 보듯이 그분은 하나님의 영적이고 비가시적인 능력을 온전히 알고 믿으셨다. 초자연적인 행위를 낳은 완전한 능력은 하나님의 속성을 아는 친밀하고 심오한 지식에서 비롯되었다. 하나님은 차고 넘치도록 충족하여 인간의 모든 필요를 채우실 수 있다. 성령 안에 살고 성령으로 말미암아 살면 그것이 우리의 현실이 된다.

분명히 인간은 우라늄 원자 같이 지극히 작은 물질 하나도 만들어 낼 에너지가 없다. 그런 일에 소요되는 어마어마한 양의 에너지는 인간에게 맡겨질 수 있는 한도를 훨씬 초과한다. 그래도 인간은 창조의 능력이 있다. 예컨대 우리는 양질의 샐러드나 빌딩을 만들 수 있으며, 둘 다 우리의 의지와 사고에서 기원한다. 하지만 우리는 이 작업을 텃밭이나 삼림에서부터 시작해야 한다. 두 경우 모두 우리의 생각 속에서 먼저 만들어진 후에 비로소 현실이 된다. 인간은 물질의 상태를 바꿀 수는 있지만(씨앗은 채소를 거쳐 샐러드가 되고 나무는 목재를 거쳐 집이 된다), 물질을 만들어 낼 수는 없다. 단순히 그럴 만한 에너지가 없기 때문이다.

우리는 청지기로서 하나님이 지으신 물질계를 다스리는 권세를 받았다. 심지어 우리 몸도 다스릴 수 있다. 인간 실존의 가장 경이로운 창조 행위 가운데 하나는 하나님과 협력하여 우리 몸으로 다른 인간을 만들어 내는 일이다. 사고와 몸과 관계가 결합되어 나타나는 인간 삶의 능력은 하나님의 형상을 닮은 것이다. 우리의 의지를 세상에 구사하면 중대한 결과가 나타난다. 그렇다면 남은 일은 이 능력을 어떤 목적으로 어떻게 쓸지를 결정하는 일이다. 바로 여기서 앞서 언급한 도덕성과 윤리가 중요해진다.

다행히 하나님은 예민한 도덕성으로 자신의 전능성을 능히 통제하신다. 그분의 도덕성과 전능성은 양쪽 다 무한하다. 예수께 오병이어나 몇 항아리의 물이 맡겨질 수 있었던 것도 같은 이유에서다. 그분은 에너지를 재량껏 부려 물질을 만드시되 선한 목적으로 그리하셨다. 우리도 능력을 받아 하나님의 뜻을 행하려면 훈련이 필요하다. 우리가 예수께 삶의 방식을 배우는 목표는 그 훈련과 불가분의 관계가 있다. 예수께서도 똑같은 방식으로 능력을 행사하셨다. 거기서 비롯되는 놀라운 결과 못지않게 그 능력에 수반되는 책임도 크다. 선한 목적을 위해 능력을 다스리고 통제할 수 없는 사람에게는 능력이 맡겨질 수 없다. 이것이 제자도의 단일한 목적이자 교회의 유일한 목표다.

예수의 제자가 영이신 하나님의 속성을 모르거나 하나님을 제대로 이해하는 사고가 없다면, 거기서 무능력의 괴리가 생겨난다. 그 대가로 성품이 완전히 붕괴된다. 물론 성품이 없으면 인간의 삶이 능히 변화될 수도 없다. 인간이란 끊임없는 영적 존재로서 하나님 및 타인과 놀랍도록 아름다운 운명을 공유하고 있으며, 특별히 우리의 유익과 즐거움을 위해 그분이 지어 주신 우주 안에 살고 있다. 하지만 자신이 이런 존재임을 끝내 모르는 사람들은 하나님께 다가가 자신의 삶과 대인관계와 사회 전반을 효과적으로 혁신할 수 있는 가망성이 희박하다.

요컨대 하나님이 누구신지 알아야 하고 우리가 누구인지 알아야 한다. 우리는 영적이면서 육적인 존재이고 하나님의 형상대로 지음받아 그 형상을 대변하는 존재다. 이러한 지식의 직접적인 결과로 우리는 예수의 제자다운 모습으로 변화되어 창조세계를 향한 하나님의 뜻을 실현할 수 있다. 이 변화가 바로 성경이 말하는 성령과 불의 세례다. 전문 사역자의 포괄적인 목표는 하나님을 알고 인간을 아는 이 두 가지에 다 들어 있다.

하나님을 알고 자아를 안 뒤에 하나님의 은혜로 그 간극을 넘어서거나 괴리를 극복하여 그분의 능력으로 그분의 목적을 이루는

하나님의 모략, 이후

것, 그것이 모든 기독교 사역의 기초다. 예수께서 이 땅에서 하신 사역의 솔직담백한 목표도 그것이었다. 지금도 그 목표는 달라지지 않았다. 예수 덕분에 인간은 하나님과 접촉할 수 있고, 그분의 능력의 통로가 되어 자신이 바라거나 생각하는 것에 더욱 넘치도록 많은 일을 해낼 수 있다(엡 3:20). 하나님은 절대적으로 충족하신 근원이다. 사역자들은 이와 같은 기본 개념을 숙달한 뒤 모든 교인에게 알리고 나타내 보여야 한다. 그래야 다른 분야의 지도자들과 전문인들이 온전히 준비된 상태로 각자의 전문 분야에 들어가, 하나님 나라의 정서와 윤리와 능력에 부합하게 각자의 소명을 성공적으로 수행해 낼 수 있다.

요약

지금까지 우리는 세 가지 핵심 전문직의 본질, 각 분야에 보유된 도덕적 지식과 전문성, 세상 나라들을 그리스도의 나라로 변화시키기 위해 각 분야별로 그리고 서로 협력하여 수행하는 근본적인 역할 등을 살펴보았다. 예수께서 세상에 오셔서 반석같이 든든한 기초를 놓으셨고, 그 위에서 우리는 자유로이 살아가고 형통할 수 있다. 이러한 자유를 누리려면 진정 현실을 있는 그대로 상대해야만 한다. 예수께서 놓으신 도덕적 기초를 조금이라도 닮은 것은 지구상에 아무것도 없다. 전문인들은 이 기초 위에 자신의 삶과 사회를 세우면 된다. 각 전문직은 그분의 발언을 연구와 이성과 비판적인 고찰을 통해 계속 시험할 수 있고 그래야 한다. 더 나은 것이 있다면 우리 모두 그것을 찾아 급히 서둘러 적용하자. 하지만 그때까지는 유행, 감정, 정치 운동 따위에 휩쓸리지 않도록 저항해야 한다. 예수께서 말씀하신 내용은 진실하고 도덕적이다. 삶의 모든 분야의 전문인과 지도자들이 그분의 말씀대로 순종하고—말씀 안에 살고—그분의 말씀이 그들 안에 산다면, 우리 모두는 은혜와 능력과 자유와 번영을 참으로 알고 누리게 된다. 이것은 우리 자신과 우리가 깊이 사랑하는 이들을 위해 우리가 소중히 여기는 것들이다. 결론적으로 말해서 예수 그리스도의 삶과 가르침에서 비롯된 도덕적 지식 체계가 엄연히 존재한다. 그 지식 체계는 인간이 압제당하지 않고 번영할 수 있는 적절한 기초가 될 수 있고, 전문인과 지도자들은 이를 활용하여 만인의 더 큰 선을 이룰 수 있다.

이제 세상 나라들을 하나님과 그리스도의 나라로 변화시키기 위해 지역교회가 적용할 수 있는 몇 가지 실제적인 방법을 살펴볼 차례다. 마지막 장에서 우리는 하나님이 지금까지 이 실체를 우리 가운데 나타내신 주된 방법을 고찰할 것이다. 하나님 나라는 모든 것을 포괄하는 우주적인 현상이며 경제·정치·사회·종교 분야 등 인간의 모든 삶을 아우른다. 또한 전능하신 주권자께서 선한 뜻으로 그 나라를 이끄시고 통치하신다. 이제 남아 있는 고민은 이것이다. 우리 리더들은 어떻게 지역교회를 더 잘 형성하고 빚어내 세상 속에 공공복지와 평화와 번영을 이룰 것인가? 그리스도인 지도자들과 전문인들은 서로 협력하여 번영과 형통을 나타내 보이되, 하나님 나라 고유의 지혜를 대변해야 한다. 그 방법에 주로 우리의 초점을 맞출 것이다. 그런 삶은 당연히 개인에게만 아니라 공공 기관에도 해당한다. 그런 삶은 어떤 모습일까? 그것은 우리가 하나님의 충족하심과 빛 가운데 살고 하나님께서 자기 백성 가운데 거하시는 삶이다. 지금부터 우리의 머리와 가슴으로 그 샬롬의 삶을 살펴보고자 한다.

14

우리 하나님의 나라

악사여, 흥겹게
그대의 현을 뜯으라.
우리가 노래하며
기쁘게 기원하리라.
여러 목소리가
한데 섞여
즐거이 겨루되
방해가 아닌
조화를 이루리라.
어우러지는 소리,
그 속은 온통
거룩한 땅이니
모두가 형제요,
낯선 타인은 없도다.
인간이여, 말조심하라.
우리는 말로 속이고
평화를 말하지만
속으로는 전쟁이며,
더러운 생각도
듣기 좋게 꾸미고
거짓을 약속하기에.

그러나 노래는 참되니
음악이여, 평화의
기틀이 될지어다.
평화는 변화를 뜻하나니
세상의 시계가
똑딱똑딱 흐르다
마침내 때가 오리라.
그러므로 이제
우리네 인간의
도시의 이야기는
음악처럼 흐르라.
태어난 음표가
새로운 음표를 낳고
시대의 흐름이
점점 불어나
마침내 그 꿈이
현실이 되리라.
슬픔조차도
하나의 기쁨이 되고
운명은 자유와
은혜와 경이가 되리라.

W. H. 오든

살다 보면 간혹 형언할 수 없이 충만해질 때가 있다. 말이라는 부호로
는 다 설명할 수 없다. 그 순간의 의미는 귀에 들리지 않는 마음의 언
어로만 표현될 수 있다.

마틴 루터 킹 Jr.

장차 어느 날 하나님의 백성은 예수 그리스도의 온전한 주권적 통치 아래 삼위일체 하나님과 서로 완벽한 교제를 나누며 살아갈 것이다. 보좌에 앉으신 분은 바로 예수이시며 하늘과 땅의 모든 권세가 그분께 주어졌다. 하나님 나라는 이미 실체이며 점점 더 완성되어 가고 있다. 마치 선이 산사태처럼 온 우주를 삼키고 뒤덮는 것과 같다. 사도 요한은 이 임박한 새로운 창조세계를 환상을 통해 조금 엿보았다. 아직 공사 중이며 이미 한참 진행되었다. 이러한 비전은 우리의 마음과 사고에 스며드는 정도로 그쳐서는 안 된다. 복에 겨운 이 비전 때문에 우리는 수시로 털썩 무릎을 꿇고 우리의 주요 메시아이신 어린양의 경이와 위엄을 목소리 높여 찬양해야 한다.

하늘의 통치를 받을 새로운 창조세계에는 필연적으로 인간의 모든 교류와 실존도 포함된다. 하나님의 아가페에 기초한 선의의 주권이 개개인의 마음과 사고를 구성하는 무수한 나라들을 모두 품고 지킬 것이다. 이런 실체가 집단적으로 온 세상과 개인적으로 각 시민에게 무엇을 가져다줄지 잘 상상이 안될 수 있다. 하지만 우리가 시간을 들여 깊이 생각해야 할 것이 있다. 하늘의 이 실체는 가까이 와 있고 결국 반드시 실현된다는 사실이다. 지금도 이 나라는 아주 힘차고 웅대하게 우리에게 다가오고 있으며, 그리하여 영원히 무능력한 골칫거리인 악과 어둠을 일소할 것이다.

세상과 그 속의 각종 제도와 기관을 운영하는 그리스도인 지도자와 전문인들은 바로 이 사실을 이해하고 직시하고 경험하며 더욱 확신해야 한다. 그래야 하나님의 모략을 실현하여 선으로 악을 이길 수 있다. 그와 같은 사회가 그리스도를 따르는 리더들에게 요구하는 것은 무엇인가? 지금까지 이 책에서 그 내용의 기초를 다지고 몇 가지를 예로 제시했다. 시편 23편에 제시된 실존의 특성과 혜택이 우리 삶에 맺히고 예증될 때 우리는 목표에 점점 근접하고 있음을 분명히 알 수 있다. 그러한 삶은 여호와가 우리의 목자라는 확고한 인식에서 비롯된다.

오늘날의 목사와 신부들도 목자로서의 자신의 소명을 다하려면, 하나님의 속성을 알리는 일이 급선무라는 사실을 알아야 한다. 사역 지도자들과 대변인들과 교사들이 할 일은 이것이니, 곧 하나님의 속성과 원리(로고스)를 이해하고 설명하는 일이다. 목자이신 그분의 사랑과 관심과 임재와 보호와 공급을 알리는 일이다. 선한 목자는 자신의 양떼를 선한 길로 인도하게 마련이다. 거기서 양떼는 선의 모범을 보고 본받을 수 있다. 선한 길은 의(디카이오수네)를 낳는 의로운 길이다. 이런 선, 공급, 보호, 영혼의 돌봄, 회복, 의, 번영이 있으면 우리 삶과 생활을 위협하는 어둡고 불확실한 위험에 두려움 없이 맞설 수 있다. 두려움이 없는 삶은 부족함이 없는 삶과 동일하다. 이것이 예수의 양떼와 그분의 교회에 맺히는 열매다. 이런 열매를 맺으려면 다른 무엇이나 누구도 아니고 오직 포도나무이신 그리스도 안에만 거해야 한다. 아울러 우리는 이 열매를 평가하는 일에 반드시 감시를 받아야 한다.

바로 그 삶을 예수는 요한복음 17:3에서 이렇게 묘사하셨다. "영생은 곧 유일하신 참 하나님과 그가 보내신 자 예수 그리스도를 아는 것이니이다." 목자이신 그분을 참으로 아는 사람은 끝이 없는 생명을 얻은 사람이다. 그것은 양적으로나 질적으로나 무한한 생명이다.

예수께서 아셨던 하나님은 현대 세계에서 회자되는 하나님과 크게 다를 것이다. 예수께서 완벽하게 아시고 증언하신 하나님은 스스로 충족하시고 독립적이시며 만유를 포괄하시는 존재다. 그분은 무형이시고 지성적이시며 자유로우시다. 인격적이시고 선과 지혜와 능력이 완전하시다. 우주를 창조하셨고 지금도 섭리로 우주를 지탱하고 다스리신다. 하나님의 도덕적 속성인 사랑과 자비와 관용은 그분의 풍요로운 존재에서 흘러나온다. 그래서 우리는 아무것도 두려워할 게 없다. 부르심을 입어 하나님의 목적과 계획에 순종하고 따르는 사람은 정말 넉넉히 이긴다(롬 8:28, 37).

앞서 역설했듯이, 오늘날 전문인과 지도자들의 가장 중요한 과제는 하나님을 아는 것이다. 그렇다, 하나님을 **아는** 것이다. 산 위에 있는 동네는 세상을 복되게 하거나 밝혀 줄 수 있지만, 그와 같은 동네를 지으려는 노력보다 하나님을 아는 일이 선행해야 한다. 재차 말하지만 그것이 전문 사역자들의 주된 역할이다. 그들의 책임은 대형 예배당을 짓거나 기금을 조성하거나 프로그램을 고안하여 종교적인 재화와 서비스로 고객을 끌어들이는 것이 아니다. 그것도 다 좋은 일일 수 있지만, 사역자의 가장 중요하고 본질적인 본분은 자신의 삶과 사역을 통해 하나님의 능력과 진리를 가르치고 설교하고 나타내 보이는 것이다. 하나님을 알면 누구라도 삶과 생활 속에서 그 능력과 진리를 누릴 수 있다.

하지만 사역자는 결코 혼자가 아니다. 사역자는 재능과 은사와 소명을 받은 지도자와 대변인과 전문인의 전체 오케스트라에서 하나의 악기일 뿐이다. 이들 모두가 자기보다 큰 능력을 받을 수 있고 받아야 하며, 그리하여 다른 방법으로는 이룰 수 없는 일을 이루어야 한다. 따라서 오늘날 우리의 많은 문제의 답은 지도자들과 핵심 내부인들과 유력 인사들이 하나님의 속성을 잘 모른다는 사실과 직결될 수 있다. 우리의 가정, 부부, 사회 구조, 정부에 대한 모든 난감한 의문은 아모스가 하나님과 그분의 속성을 모르는 기근이라고 표현한 총체적 무지로 거슬러 올라갈 수 있다. 푸른 풀밭, 쉴 만한 물가, 회복, 안전, 평안, 공급—그것이 우리가 동경하고 추구하는 삶이다. 예수께서 오셔서 우리 인생관의 모든 결함을 고쳐 주셨고, 하나님이 공급하시는 충만한 삶에 대한 무지를 해결해 주셨다.

의의 도구들

하나님이 설계하신 교회는 아주 단순하다. 이는 쉽다는 말과는 다르다. 바울은 인간의 몸이라는 놀라운 은유를 사용했다. 교회의 지체들은 모두 협력하여 머리 되신 그리스도께서 바라시는 목적을 이룬다. 그 일이 일상적이고 쉽고 자연스럽게 이루어질 때까지는 온 땅이 탄식한다. 목사나 신부는 굳이 지역사회에 사회정의, 치료, 고용, 깨끗한 식수 따위를 공급하는 일차적인 주체가 되려고 고민할 필요가 없다. 오히려 전문 사역자는 맡겨진 사람들의 사고를 성실하고 적절하게 깨우쳐 하나님의 속성을 알리는 데 노력을 쏟아야 한다. 아울러 인간의 삶이 하나님 나라의 능력과 아름다움에 연결될 때 어떤 특성을 나타내는지도 알려야 한다. 그러면 하나님이 의로운 의사, 법관, 상인, 지역사회의 섬기는 지도자, 공무원, 교사, 부모 등을 풍성히 수확해 내신다. 그런 교회들에는 세상 속에서 하나님과 동행하는 제자들이 넘쳐 날 것이다. 그들은 사신으로서 하나님의 사랑과 지혜와 보호와 은혜가 가져다주는 충만한 유익과 복을 추구하고 성취한다. 자신과 이웃을 위해 각계각층에서 그 일을 한다. 직업의 성속을 구분하는 전통적인 간극을 메우려면 이것이 꼭 필요한 핵심 요소 중 하나다.

바울도 그 점을 염두에 두고 에베소서를 썼다. 그가 말하는 사역자들(사도, 선지자, 복음 전하는 자, 목사, 교사)은 봉사의 일을 직접 해야 한다기보다는 맡겨진 사람들을 **준비시켜** 봉사의 일을 하게 해야 한다. 그리하여 그리스도의 몸 전체를 세워야 한다(엡 4:12). 이 목적을 잘못 적용한 데 대한 큰 혼란과 죄책감이 성직자들 사이에 있다. 요컨대 교회 지도자들은 지역교회의 본질에 충실하고 헌신해야 한다. 그렇지 않으면 지역사회가 헛되고 무력하게 교착 상태에 빠질 수밖에 없다. 지역교회의 본질이란 예수 그리스도의 제자들이 훈련을 통해 하나님의 능력과 사명과 복을 받는 하나님 나라의 영광스러운 교두보가 되는 것이다. 이런 일을 해내려면 충족한 사랑의 인큐베이터가 필요한데, 그것이 있는 곳은 오직 하나뿐이다. 바로 교회가, 그리스도의 몸된 교회가 곧 세상의 소망이다.

　본래 인간은 사고와 영의 영역에서 살아가고 일하도록 지어졌다. 실체의 모든 측면 중에서 하나님이 가장 근본이라는 사실도 우리는 그 영역에서 배운다. 이 사실을 놓치면 인간 실존의 가장 기본적인 벽돌을 놓치는 것이다. 안타깝게도 오늘날 우리 사회 전반에 이와 같은 기초 교육이 결여되어 있다. 그래서 우리가 어쩌면 더 분명하게 목표를 다시 말해야겠다. 사역자의 주된 책임은 하나님의 속성과 방식을 사람들에게 충실하고 정확하게 대변하는 것이다. 그러면 들을 의향과 능력이 있는—들을 귀와 보는 눈이 있는—사람들은 하나님이 누구시고 인간이 누구이며, 세상이 어떻게 하나님의 선한 뜻과 조화를 이루어 원활하게 돌아가게 되어 있는지를 비로소 생각하고 상상할 수 있다.

성속을 잇는 다리를 놓다

하나님의 사역자들이 앞장서지 않으면 이러한 일이 일어날 수 없다. 오늘날 우리 사회에서 이 일을 책임질 다른 직위나 부서, 분야나 기관은 없다. 다른 사역자들을 가르치는 일을 맡은 전문 사역자로서 우리가 인정해야 할 것이 있다. 사회가 전체적으로 부패한 것은 주로 악의 결과가 아니다. 악이 지역교회 안에 침투하여 복음을 주변으로 몰아냈기 때문이 아니다. 물론 악이 역사하고 있다. 하지만 악은 선을 이길 수 없다. 그럴 능력이 전혀 없다. 악은 선이 없을 때에만 우세해질 수 있다. 그러므로 지역교회의 역할은 선한 뜻을 풍성

하나님의 모략, 이후

히 나타내 보이는 것이다. 그러려면 어두운 세상의 모든 분야, 모든 구석, 모든 측면에서 개인들을 선과 빛의 사신으로 훈련시켜야 한다. 그러면 악이 확실히 달아날 수밖에 없다. 빛이 조금만 있어도 어둠이 달아나는 것과 같은 이치다.

그 일을 해내려면 다른 전문직처럼 사역에도 오랜 과정의 헌신적인 공부가 필요하다. 여기에는 성품 계발과 기술 훈련도 포함된다. 그래야 마음과 사고가 제대로 형성되어, 예수께서 계시하신 복음을 우리 시대에 전문가답게 전할 수 있다. 예수의 첫 제자들은 이 원칙의 예외였다고 주장할 사람들도 있을 것이다. 하지만 우리는 거기에 동의하지 않는다. 3년에 걸친 그들의 집중적인 공부, 묵상, 토론, 성품 계발, 기술 훈련이야말로 이후의 신학 교육이 대대로 제자들에게 구체적으로 주입하려 한 바로 그것들이다. 요즘은 사역자들이 정식 교육을 피하는 경향이 있다. 다른 전문직들은 정반대의 방향으로 가고 있는데 말이다. 이는 사목직의 현 실태에 대한 불편하지만 어쩌면 따끔한 고발이다. 사역자들은 자긍심도 부족하고 별로 인정받지도 못한다.

현대 사회에서 지역교회가 외면당하고 사역자가 전문인으로 존중받지 못하는 현상은 신속하게 시작된 것만큼이나 신속하게 되돌려질 수 있다. 그러려면 지역교회의 목사들과 사역 지도자들이 사회 내에서 자신의 정당한 본질적인 역할을 온전히 인식할 뿐 아니라 진지하게 되찾아야 한다. 그러면 오늘의 우리 문화가 교회와 교회 구성원들을 하나님이 본래 의도하신 축복의 통로로 보고 경험하게 된다. 이는 새로운 현상이 아니다. 예로부터 교회는 자주 그런 역할을 감당했다.

하나님의 사명은 세상과 우리 삶을 이제부터 영원까지 개혁하시는 것이다. 목사들과 사역자들이 그 사명에 진지하게 임하려면, 앞서 언급한 갤럽 조사의 동향이 자신들의 현 실태와 전문인으로서의 역할을 재평가해야 한다는 따끔한 경종임을 깨달아야 한다. 특히 다음 사실에 반성이 필요할 수 있다. 목사들은 엄청난 시간과 에너지를 쏟아 자기 교회의 특별한 '재화와 서비스' 브랜드를 개발, 관리, 광고하는 기술을 배우려고 한다. 주일 예배의 출석 인원이라는 영적 시장에서 경쟁하기 위해서다. 하지만 누차 말했듯이 교회의 목적은 제자를 삼는 것이다. 따라서 목사들은 다른 무엇보다도 이 본질적인 사명에 헌신해야 한다. 서구의 개인주의 정황에서 종교적 소비지상주의에는 많은 함정이 도사리고 있다. 그것 때문에 오락과 예배를 구별하기가 어려워진다. 하지만 둘은 사실 전혀 다르다. 예배는 사고를 하나님께 바로 두는 것이다. 그러면 그 실체가 전체 영혼 속으로 넘쳐흐른다. 반면에 오락은 자아에 몰두하여 시간을 채우고 인위적인 드라마를 지어낸다. 자칫 그것이 삶의 진정한 의미와 목적의 대용품이 될 수 있는데, 교회는 무엇보다 그 차이를 알고 구분해야 한다.

목사와 사역자는 자신의 소명을 되찾아 제자들을 가르치고 훈련하고 무장시켜야 하며, 종교적 소비지상주의의 요구에 굴하려는 유혹을 물리쳐야 한다. 기꺼이 그럴 마음이 있다면 이제 두 번째 권면이 있다. '전문 코치'라는 현상을 잘 살펴보라는 것이다. 사회의 많은 영역에서 전문 코치의 인기가 날로 높아지고 있다.[1] 「하버드 비즈니스 리뷰」(Harvard Business Review)에서 실시한 한 조사에 따르면, 사람들이 전문 코치를 고용하는 이유는 대부분 세 가지 흔한 상황에 대처하기 위해서다.[2] 고객의 48퍼센트는 잠재력을 개발하거나 과도기를 잘 헤쳐 나가려고 코치를 고용한다. 26퍼센트는 코치를 대화 상대로 만나고, 12퍼센트는 코치를 통해 자신의 탈선행위를 해결하려 한다.

어떤 코치를 원하느냐는 질문에 놀랍게도 응답자들은 자격증의 필요성 여부를 놓고 의견이 갈렸다. 더욱이 심리학을 공부할 필요가 없다는 응답자가 45퍼센트로 그 반대의 13퍼센트보다 높았다. 상담자나 전문 치료사와 달리 코치는 (1)과거가 아닌 미래에 집중하고, (2)기업의 정황에서 개인의 성취도를 높여 주며, (3)고객 스스로 길을 찾도록 돕는 경향이 있다.[3] 무엇보다 특이한 것은 코치와 고객의 관계가 시간이 가면서 변한다는 점이다. 전문 코치를 고용하는 회사들은 업무상의 문제들에 시간과 돈을 투자하고 싶을 수 있다. 그러나 인터뷰에 응한 코치의 94퍼센트에 따르면, 코칭 관계의 대화는 필연적으로 "삶의 목적, 일과 삶의 균형, 더 훌륭한 리더가 되는 법 등과 같은 더 큰 이슈들"로 옮겨간다.[4]

위에 열거된 분야는 곧 목사들이 서비스를 제공할 수 있고 마땅히 제공해야 하는 것들이다. 그들은 의와 빛의 코치로서 모든 직장인과 특히 업계 지도자들에게 개인적인 지혜와 전문적인 목양을 베풀 수 있다. 오늘날 전문 코치들이 담당하는 일은 대부분 과거에 목회 상담과 제자 훈련으로 분류되던 일과 동일하다. 어느 분야의 지도자이든 결국 자신에게 맡겨진 일을 감당하는 데 필요한 기술을 찾아낼 것이다. 문제는 이 지도자들이 어디서 누구에게 그 도움을 얻어 내느냐 하는 것이다. 목회자는 이 세상에서 하나님과 그분의 방식에 대한 지식을 소유한 리더들이다. 따라서 그들은 자신의 본분을 인식하고 자격을 갖추어 교회 내의 전문인들에게 자신의 기술을 발휘해야 한다. 코치요 길잡이요 대화 상대로서 격려를 베풀어야 한다. 그렇다고 법조, 회계, 의료, 기업 등의 문제에 대해 특수한 조언을 하는 것이 목표는 아니다. 목표는 그리스도인 리더들 안에 성품과 지혜를 길러 주는 것이다. 그러면 우리 사회의 모든 분야가 그 리더들과 그들의 결정을 통해 유익을 얻고 번영할 수 있다. 바로 이것이 예수께서 친히 보여주신 '코칭'이며, 오늘날 목사들도 그것을 되찾아야 한다.

목사들과 사역자들이 그 일을 해내려면 정당한 발언권을 얻어야 한다. 정식 교육을 받아야 기술과 지식을 잘 발휘할 수 있다는 말이다. 따라서 신학대학과 대학원들은 유능하고 노련한 교수진을 공급하여 미래의 사역자들을 잘 길러 내야 한다. 이것은 신학대학과 대학원이 계속 개선해 나가야 할 아주 중대한 사안이다. 하지만 행여 우리는 신학교 출신의 목사라고 해서 기업 세계를 다룰 자격이 없다고 생각해서는 안 된다. 「하버드 비즈니스 리뷰」에 실린 연구 결과를 보아도 그렇다. 고객들은 코치의 이력서나 자격증보다 검증된 실력과 성품을 더 중시했다. 또한 전문직의 윤리에 관한 갤럽 조사의 자료에 비추어 볼 때, 복음 사역자가 이해하고 있을 옳고 그름을 아직 많은 전문직들이 배울 수 있다.

지금까지 말했듯이 기회는 많이 있다. 그러나 이처럼 서로에게 유익한 목회자와 평신도 지도자의 관계가 왕성해지려면 또한 몇 가지 중요한 난점을 타개해야 한다. 우선 지역교회 바깥에서 섬기는 기업 지도자들과 전문인들이 성직자 전반에 대해 품고 있는 부정적인 선입견이 있다. 이는 비밀이 아닌 공공연한 사실이다. 어느 전문직이나 그렇듯이 성직자 중에도 자기 분야를 잘 대변할 수 없고 대변하지 못하는 사람들이 더러 있다. 아무리 하나님의 소명을 내세워도 엄연히 확인되는 현실이다. 교단주의의 쇠퇴에 따른 몇 가지 폐단 가운데 하나는 동료의 감독을 받는 성직자들의 숫자가 줄어든다는 것이다. 그 결과 감독과 감시가 소홀해진다. 성직자들은 어떻게든 방법을 찾아내 감시를 받아야 한다. 교단에 소속되지 않은 독립 교회들이 크게 증가하는 현실을 감안할 때 특히 더 그렇다. 앞서 의료직을 논할 때 말했듯이 감시와 더불어 평생교육의 정식 프로그램, 동료 간의 연수 등이 증대되면 성직자의 평판을 되찾는 데 큰 도움이 된다. 그러면 일반 전문인들이 목사를 전문직으로 더 잘 존중할 수 있을 것이다.

그러나 지역교회는 기업이 아니다. 그렇게 대하거나 그러기를 바라는 사람들도 있겠지만 말이다. 능률과 효율의 다양한 기준이 아예 적용되지 않는 사역의 상황이 많이 있다. 영혼의 치유 능력은 몸과 다르다. 게다가 지역교회의 관계적·사회적 역동은 회사나 공장이나 관청과 똑같이 돌아가지 않는다. 비록 기업과 비영리 기관이 일하는 방식에서 지역교회가 배울 수 있고 배워야 하는 지혜가 많이 있지만, 동일한 기대와 기준을 적용하는 것은 많은 상황과 환경에 부적절하다. 그럼에도 남을 이롭게 하고 부가가치를 낳는 양질의 일이라면 마땅히 사역자들과 그들이 이끄는 기관을 향해서도 기대할 수 있고 기대해야 한다. 장로들과 집사들과 교단 지도자들은 목사와 사역자들이 꼭 필요한 교육과 훈련을 받을 수 있도록 조치해야 한다. 사역자 쪽에서도 자신의 직무에 감시를 받아야 한다. 다만 의료인이나 법조인과 마찬가지로 전문 사역자의 직무를 감독하고 검토해야 할 사람 역시 같은 직종의 동료들이다. 사목직에서 이 일에 앞장서야 한다. 솔직히 지난 수십 년 동안 우리는 이 부분에 들쭉날쭉 일관성이 없었다.

그러나 갤럽 조사를 보면 많은 전문직이 대외적 이미지의 문제로 고심하고 있고 더러는 심각한 상태다. 대중의 신임은 업무 능력과도 직결된다. 그러므로 교회 바깥의 기업인들과 지도자들은 갖가지 윤리적·도덕적 딜레마를 헤쳐 나갈 때 지역교회의 사역자로부터 도움이나 코칭을 받을 것을 생각해 볼 수 있고 마땅히 그래야 한다. 사업을 하다 보면 으레 그런 딜레마에 부딪치게 마련이다. 자동차 대리점이 회사의 부정직하고 비윤리적인 행동과 관련하여 대중의 인식을 제고할 방도를 모색할 때, 광고회사나 홍보회사 대신 지역교회의 목사에게 서비스를 의뢰하는 날이 올 수 있을까? 그렇게 되려면 서로 존중하는 정직한 관계를 가꾸어야 한다. 성직 바깥의 지도자, 특히 그리스도인 지도자들은 자신의 고민과 유혹을 솔직히 내보이기를 매우 꺼리는 경향이 있다. 그들의 사생활과 전문인으로서의 삶의 참된 본질을 감안할 때 그렇다. 복잡한 전문 업무를 목사가 어떻게 이해하겠느냐는 변명은 사안의 진실을 인정하지 않고 자신의 진짜 성품을 드러내지 않으려는 시도일 때가 많다. 그러다 보니 고백의 상대로서 외부인(코치, 자문위원, 상담자 등)에게 더 마음이 끌리는 경향이 있다.

그렇다고 무조건 기업 지도자들을 탓할 것은 아니다. 때로 성직자들은 전문인의 삶을 구성하는 단조로운 일상에는 정말 관심이 없다. 시쳇말로 그들은 "너무 거룩해서" 실생활에 전혀 도움이 안 된다. 이런 비현실적인 의식구조는 대개 신학교 교육에 원인이 있다. 하지만 사역자가 심오한 문제에만 집중할 구실은 없다. 양떼가 있는 곳은 서재가 아니라 풀밭이다. 예수께서도 거기에 집중하셨다. 그분의 가르침은 해박했고 많은 공부와 묵상의 산물이었다. 하지만 사역자의 성실한 공부는 복잡한 문제를 누구나 이해하고 접근하고 실천할 수 있게 해주어야 한다. 목사들은 설교와 교육을 신성한 기회로 삼아 통찰과 지혜로 교인들의 사고와 영을 깨워야 한다. 그래야 교인들의 삶이 변화되어 능력 있게 직업의 소명을 다할 수 있다. 그리스도인 교사들의 큰 도전은 귀에 솔깃한 말을 해주거나 대충 쉽게 넘어가는 게 아니라 일상생활의 중요한 사안의 정곡을 찌르는 것이다. 온 교인이 교회 문밖을 나설 때는 설교를 들은 결과로 자신의 삶과 활동의 본질에 대해 생각이 깊어지고 서로 대화가 오가야 한다.

또 다른 장애물이 있다. 일부 사역자들은 일반 전문직의 삶에 흔히 따라오는 물질적인 이익 내지 '특전'을 늘 정죄하기로 유명하다. 그 결과 예수의 복음이 '부유층'에게는 전혀 나쁜 소식이고 '빈곤층'에게만 좋은 소식이라는 인식이 싹틀 수 있다. 이런 부정확하고 공공연한 비판은 대개 현실과 동떨어진 안전한 강단에서 나오며, 항상 그런 것은 아니지만 종종 맘몬 숭배에 대한 경건한 경고의 옷을 입고 있다. 하지만 더 많은 경우 그 동기는 타인의 재물과 부에 대한 질투나 탐심에서 비롯될 수 있다. 나아가 평신도 지도자들이 익히 알고 있듯이, 사역자들은 교회 조직에 재정적인 필요가 발생하면 대개 주저 없이 먼저 부자 교인들에게 도움을 청하며 부에 대해 감사를 표한다. 한편으로는 부를 정죄하고 한편으로는 환영하는 명백한 아이러니를 교인들은 놓치지 않는다. 이 같은 모순과 오명과 고정관념은 대개 장벽을 쌓아 올려 우리에게 필요한 연합을 막는다. 목사와 사역자는 회중의 평신도 전문인과 지도자들에게 접근할 때 더욱 선한 뜻을 품고 이타적인 태도를 취함이 옳다. 선물을 구하는 수단으로 그들과의 관계에 임할 것이 아니라 오히려 자기 자신과 시간과 관심과 지혜를 그들에게 선물로 내주어야 한다.

끝으로, 성경에 묘사된 목자와 선지자와 왕의 직분을 연구하면 이 상황에 대한 유익한 통찰을 얻을 수 있다. 역사적으로 성경에 쓰인 용어를 보면 이들 각 직분은 본래 사람들을 보완하고 바로잡아 주기 위한 것이다. 컨 패밀리 재단의 기금으로 실시된 최근의 한 연구에 따르면, 목자와 선지자와 왕의 리더십 특성은 흔히들 생각하는 전문적인 임무나 직업적인 역할의 한계를 초월한다.[5] 연구 결과에서 보듯이, 이 세 직분을 맡은 사람들의 개인적인 성격 특성을 보면 성직자와 평신도의 명백한 구분이 없을 뿐더러 꼭 구분해야 할 이유도 없다. 이런 식으로 각 지도자들의 본분과 기술이 우리 사회의 모든 기관에 골고루 퍼진다면 이는 큰 복이다. 또한 여기서 보듯이 굳이 리더십 유형을 지어내 사람들을 각자의 직업 때문에 특정한 범주에 가두는 것은 현명하지 못하다. 그 같은 편견은 하나님이 창조하신 다양성을 제한하고 떨어뜨릴 뿐이다. 그분은 더 큰 선을 위해 일부러 인간을 놀랍도록 다양하게 지으셨다.

성속의 간극을 잇지 못하게 막는 이슈들은 그밖에도 더 있다. 하지만 복음의 일꾼들—성직자와 일반인 양쪽 모두—이 이런 문제에 대한 내부 갈등을 인정하고, 의지적으로 서로 신뢰하고 칭찬하고 지지하며 존중하는 관계를 가꾼다면, 하나님 나라는 다시 한 번 그리스도의 몸답게 연합하여 활동할 수 있다. 이는 시간과 노력과 용서와 겸손을 요하는 일이다. 그러한 특성을 두루 갖춘 리더들이 우리에게 절실히 필요하다. 우리가 대화의 물꼬를 트고 싶다. 이를 통해 모든 분야의 용감한 그리스도인 전문직 지도자들이 여러 효과적인 방법을 모색하고 개발하여, 현재 그들을 갈라놓고 있는 간극을 메울 수 있기를 바란다. 하나님의 포도원은 무르익어 추수를 기다리고 있다. 그리스도인 지도자들과 목사들이 그 포도원에서 동역자로서 더 잘 협력할 수 있다면, 우리는 바울이 말한 교회의 비전을 온 세상에 능히 증명해 보일 수 있다.

그가 어떤 사람은 사도로, 어떤 사람은 선지자로, 어떤 사람은 복음 전하는 자로, 어떤 사람은 목사와 교사로 삼으셨으니 이는 성도를 온전하게 하여 봉사의 일을 하게 하며 그리스도의 몸을 세우려 하심이라. 우리가 다 하나님의 아들을 믿는 것과 아는 일에 하나가 되어 온전한 사람을 이루어 그리스도의 장성한 분량이 충만한 데까지 이르리니 이는 우리가 이제부터 어린아이가 되지 아니하여 사람의 속임수와 간사한 유혹에 빠져 온갖 교훈의 풍조에 밀려 요동하지 않게 하려 함이라.

오직 사랑 안에서 참된 것을 하여 범사에 그에게까지 자랄지라. 그는 머리니 곧 그리스도라. 그에게서 온 몸이 각 마디를 통하여 도움을 받음으로 연결되고 결합되어 각 지체의 분량대로 역사하여 그 몸을 자라게 하며 사랑 안에서 스스로 세우느니라(엡 4:11-16).

사도, 선지자, 복음 전하는 자, 목사, 교사 등 리더들이 효과적으로 함께 일하려면—모두의 자아가 한마음을 이루는 것은 차치하고 한 방에라도 있을 수 있으려면—바울은 또한 연합을 촉진하는 길이 하나뿐임을 경험을 통해 알았다. 그래서 그는 빌립보 교인들에게 이렇게 권면했다.

그러므로 그리스도 안에 무슨 권면이나 사랑의 무슨 위로나 성령의 무슨 교제나 긍휼이나 자비가 있거든 마음을 같이하여 같은 사랑을 가지고 뜻을 합하며 한마음을 품어 아무 일에든지 다툼이나 허영으로 하지 말고 오직 겸손한 마음으로 각각 자기보다 남을 낫게 여기고 각각 자기 일을 돌볼뿐더러 또한 각각 다른 사람들의 일을 돌보아 나의 기쁨을 충만하게 하라(빌 2:1-4).

이것은 1세기 교회의 과제였고, 오늘 우리의 과제이기도 하다. 우리는 기꺼이 서로 섬겨야 하며, 하나님 나라의 유익을 위해서라면 다른 이의 직무와 은사와 재능과 리더십 기술을 자신의 것보다 낮게 여겨야 한다. 우리가 그렇게 하면 세상이 알아본다. 서로 사랑하며 섬기는 모습이야말로 우리가 누구를 섬기고, 어떻게 이끌며, 궁극적인 충성의 동기가 무엇인지를 증언하는 가장 확실한 방법이다.

하나님의 영광을 위하여

그리스도로 말미암아 그분을 위해 자신의 삶과 동네와 사회와 세상에 긍정적인 영향을 미치려면 우리가 잊지 말아야 할 것이 있다. 하나님은 모든 충만하심 가운데 창세 전부터 존재하셨다. 그분은 우주의 저 멀리 어딘가에 앉아 계신 분이 아니다. 하나님을 마치 누가 와서 노래나 불러 주기를 바라는 방치된 노인처럼 생각한다면 이는 전혀 사실과 거리가 멀다. 오히려 그분은 지금 무수히 많은 영광스러운 존재들과 천사들의 무리에 둘러싸여 계시고, 그분의 피조물인 그들은 마땅히 그분을 예배하며 우주의 왕께 합당한 영광과 존귀를 돌리고 있다. 위대하신 삼위일체의 인격 사이에는 충족한 사랑의 교류가 끊이지 않는다. 당신이 상상할 수 있는 가장 경이롭고 매력적이고 고상하며 감동적이고 활기찬 인격적인 교제를 떠올린 뒤 거기에 무한대를 곱해 보라. 그러면 하나님이 지금 어디서 무엇을 하고 계시며, 천지창조를 구상하시기 전에 무엇을 하셨고, 앞으로 영원히 무엇을 하실지 겨우 조금이나마 엿볼 수 있다.

느헤미야 9:6에 그것이 아주 잘 나타나 있다. 이스라엘 백성이 모여 여호와를 송축하던 그날 레위 사람들은 이렇게 기도했다.

> 오직 주는 여호와시라. 하늘과 하늘들의 하늘과 일월성신과 땅과 땅 위의 만물과 바다와 그 가운데 모든 것을 지으시고 다 보존하시오니 모든 천군이 주께 경배하나이다.

하늘에서 벌어지는 일이 욥기에도 묘사되어 있다.

그때에 여호와께서 폭풍우 가운데에서 욥에게 말씀하여 이르시되 무
지한 말로 생각을 어둡게 하는 자가 누구냐. 너는 대장부처럼 허리를
묶고 내가 네게 묻는 것을 대답할지니라. 내가 땅의 기초를 놓을 때에
네가 어디 있었느냐. 네가 깨달아 알았거든 말할지니라. 누가 그것의
도량법을 정하였는지, 누가 그 줄을 그것의 위에 띄웠는지 네가 아느
냐. 그것의 주추는 무엇 위에 세웠으며 그 모퉁잇돌을 누가 놓았느냐.
그때에 새벽 별들이 기뻐 노래하며 하나님의 아들들이 다 기뻐 소리
를 질렀느니라(욥 38:1-7).

우리가 상상할 수 있는 인간 실존의 가장 놀라운 일은 사람들
이 끝없는 사랑으로 끝없이 교제하는 것이다. 우리는 창조적인 모험
의 발견 속에서 서로 사랑하고 사랑받고, 알고 알려지며, 즐거워하
고 즐거움의 대상이 되기를 열망한다. 위의 성경 본문들에서 보듯이
만왕의 왕께서 놀라운 실존을 자신의 나라 안에 창조하시고 돌보시
고 지속하시며 이끄신다. 황송하기 짝이 없는 이런 경이로운 실체는
영원 전부터 존재했고 영원까지 활짝 피어날 것이다. 하나님은 영원
한 축제를 다스리고 계시며, 우리를 초대하여 거기에 동참하고 기여
해 함께 복을 누리게 하신다.

하나님은 이 땅에 엄청난 일을 하고 계신다. 하지만 그분의 복
잡성과 주권을 우리는 감히 헤아릴 수 없다. 사실 천사들도 그분이
이 땅에서 하시는 일의 본질을 잘 모르는 것 같다. 하나님은 이 땅에

무언가 독특하고 신비로우며 소중한 것을 창조하시는 중이다. 하지만 그분이 손대고 계신 작업은 이것만이 아니다. 이 작고 푸른 별이 딱 알맞은 위치에 떠 있어 우리가 거기에 살며 기동하며 존재하지만, 하나님의 영광과 잠재력은 그 너머로 무한히 뻗어 나간다.

이것이 예수의 신학의 기초다. 예수처럼 살고 이끌려면 예수처럼 생각해야 한다. 그분은 자기가 누구에 대해 말하는지 아셨고 사람들에게 누구를 소개하는지도 아셨다. 그분은 엘로힘(전능하신 하나님)의 능력과 목적과 우선순위를 아셨다. 예수는 여호와의 권능과 은혜와 자비와 평화와 기쁨과 소망과 사랑이 무한대로 광대무변함을 아셨고 그 사실에 의거하여 행동하셨다. 그러니 불가능이 없다. 무슨 일이든 다 가능하다. 예수는 아버지의 이름을 아셨고 언제 그 이름을 불러야 할지도 아셨다. 그리하여 그분은 자신을 위하고 사람들의 행복을 위하며, 궁극적으로 온 세상을 위하여 창의적이고 대담하고 기쁘게 아버지의 뜻을 행하셨다.

예수의 발자취를 따르는 그분의 제자로서 우리도 똑같이 알고 행해야 한다. 하나님의 위대한 모략은 그러한 겸손과 평화와 지혜와 사랑과 선의의 축제로 우리의 모든 어긋난 의제나 두려운 술수나 절박한 계획을 압도하는 것이다. 우리는 모래처럼 꺼지는 교만이나 무지 위에 삶을 지으려 한다. 이런 외로운 절망의 행위는 눈과 귀가 멀어 하나님의 충만한 교향악과 그 아름다움을 보고 듣지 못하는 사람들에게서만 나온다. 그 음악이 하나님의 창조세계 전체를 떠받치고 있는데도 말이다. 하나님은 지치고 힘든 우리에게 다가와 귓가에 소망을 속삭여 주신다. "자녀들아, 우리가 말과 혀로만 사랑하지 말고 행함과 진실함으로 하자. 이로써 우리가 진리에 속한 줄을 알고 또 우리 마음을 주 앞에서 굳세게 하리니 이는 우리 마음이 혹 우리를 책망할 일이 있어도 하나님은 우리 마음보다 크시고 모든 것을 아시기 때문이라"(요일 3:18-20). 하나님과 그분의 방식을 전 존재로 알고 사랑하는 사람에게 그분이 예비하신 삶이 있다. 인간 실존에 그보다 더 큰 의미는 있을 수 없다. 바로 그 삶의 열매를 본보이고 예시하고 나타내 보이는 것, 그것이 교회의 가장 큰 가능성이다. 교회는 하나님의 넘치는 선과 아가페 사랑의 수혜자이자 또한 증인이다.

사회가 건강해지려면 그 사회의 재화가 투철한 직업의식과 그리스도를 닮은 도덕적 용기와 성품을 통해 공급되어야 한다. 이 문제를 해결하는 일은 일차적으로 리더들의 책임이다. 그들이 지성과 헌신적인 아가페 사랑을 통해 그런 공급을 실현하고자 힘써야 한다. 즉, 리더는 하나님의 풍성한 자원과 은혜로 자신이 섬기는 사람들의 필요를 채워 주고자 노력해야 한다.

많은 단체들이 계속해서 어떤 시스템, 개념, 계획, 신념, 법제, 세금, 프로그램 따위를 모색하여 매일 우리에게 닥치는 문제들을 전부 혹은 대폭 해결하려고 한다. 그중에는 영향력이 세고 자금이 탄탄한 단체도 있다. 물론 사회정치적 질서를 조직하는 시스템이나 방법 중에는 상대적으로 더 나은 것들도 있다. 하지만 시스템에 개입된 사람들의 성품을 떠나서는 어떤 시스템도 필요한 결과를 이루어 낼 수 없다. 사회적인 직무를 맡은 사람들이 각자 어떻게 주도적으로 행동하느냐에 따라 좋은 시스템이 실패할 수도 있고 나쁜 시스템이 성공할 수도 있다. 관련자들 내면의 성품이 그만큼 중요하다. 자신의 삶과 주변 세상을 더 나은 쪽으로 변화시키는 일은 **본인의 선택**을 통해서만 가능하다. 빅터 프랭클(Victor Frankl)은 『죽음의 수용소에서』(*Man's Search for Meaning*)에 나치 수용소의 참상을 회고하며 이렇게 말했다.

> 인간은 궁극적으로 자기를 결정하는 존재다. 타고난 재능과 환경의 테두리 내에서 어떤 인간이 될지는 결국 자신에게 달려 있다. 예컨대 강제 수용소의 생체 실험실에서 우리는 돼지처럼 행동하는 동지들과 성인(聖人)처럼 행동하는 동지들을 똑똑히 목격했다. 인간의 내면에 그 양쪽이 모두 잠재되어 있다. 어느 쪽이 실현될지는 외부의 조건이 아니라 본인의 선택에 좌우된다.[6]

프랭클의 말마따나 우리는 외부 조건, 고백하는 신념, 내세우는 목표에도 불구하고 결국 자신이 선택하는 삶을 산다. 따라서 자신이 원하는 삶을 얻는다. 당신은 어떤 삶을 원하는가? 무엇을 구하는가?(요 1:38)

하나님의 모략

> 무익론은 이 시대의 가장 큰 해악 가운데 하나다.……사람들은 말한다. "한 사람이 할 수 있는 일이 무엇인가? 내 작은 노력이 무슨 의미가 있는가?" 그들이 보지 못하는 것이 있다. 우리는 벽돌을 한 장씩밖

에 쌓을 수 없고, 걸음을 일보씩밖에 내딛을 수 없으며, 현 순간의 행동 하나에밖에 책임질 수 없다. 하지만 우리 마음에 사랑이 많아지게 해달라고 간구할 수 있다. 그 사랑이 우리의 모든 행동을 하나하나 변화시키고 활력을 더할 것이다. 예수께서 보리떡과 물고기를 배가시키셨듯이 하나님께서 우리의 행동을 취하여 배가시키실 것이다.[7]

도로시 데이

책을 마무리하면서 그동안 다룬 핵심 요지들을 마지막으로 간략히 정리해 보자. 하나님의 위대한 모략은 이 세상의 인간 나라들—개인 집단과 정부 차원을 망라하여—을 사랑과 정의와 진리로 정복하는 것이다. "세상 나라가 우리 주와 그의 그리스도의 나라가 되어 그가 세세토록 왕 노릇 하시리로다"(계 11:15). 이것이 영원한 실체다. 지금까지 우리가 거듭 탐색한 질문은 이것이다. "어떻게 우리는 최대한 일찍 이 실체에 가장 잘 동참할 수 있는가?"

앞서 말했듯이 하나님의 진리와 지혜를 잘 알고 익히 경험한 지도자, 대변인, 전문인들이 그리스도의 몸으로서 하나님의 능력과 은혜로 서로 협력해야 한다. 그리하여 사회의 공적 이슈와 계획과 과정을 책임감 있게 명시적으로 거론해야 한다. 또 그들은 그리스도의 선한 뜻과 사랑을 솔선하여 나타내 보임으로써 하나님 나라의 방식을 주변에 들여놓아야 한다. 이것이 우리가 그리스도의 공동 목자로서 사람들을 이끄는 방식이다. 우리는 하나님의 성품이라는 대원칙에 준하여 그리스도를 따라야 하며, 따라서 이웃을 자신처럼 사랑해야 한다. 우리의 책임은 하나님을 영화롭게 하고 대중을 이롭게 하는 일을 최대한 열심히 추구하되 삶과 생활에 영향을 미치는 경제적·정치적·전문적·사회적 이슈들에서 그리하는 것이다. 그럴 때 우리는 산 위에 있는 동네가 되고, 소금과 빛이 되며, 은혜와 평강의 메신저가 된다.

그 일을 어떻게 할 것인지는 그리스도를 따르는 삶을 선택하는 사람들의 숫자만큼이나 제각기 독특하고 창의적이다. 화학자를 예로 들어 보자. 다른 조건이 다 같다면, 예수의 제자로서 늘 그분과 교제하는 사람이 예수의 제자가 아닌 사람보다 더 나은 화학자가 될 것은 자명한 이치다. 오늘날 이와 같은 개념은 아주 과격한 것으로 간주되며 심지어 옹졸함이나 편견으로 비칠 수도 있다. 하지만 그럴 필요가 없다. 물론 자신의 잠재력을 오용하거나 남용하여 악영향을 끼치는 사람은 예외겠지만, 예수의 제자들이 그런 삶을 원할 리 만무하다. 이는 비단 기독교의 도덕적인 차원만을 두고 하는 말이 아니다. 진정한 '그리스도인' 화학자는 일하는 방식 외에도 훨씬 많은 점에서 다를 수밖에 없다. 그리스도를 따르는 사람은 화학을 포함하여 실체에 대한 지식을 입수할 수 있는 아주 확실한 출처가 있다. 예수께서 그러한 통찰을 주실 수 있고 실제로 주신다. 물론 이것은 화학에만이 아니라 모든 분야와 심지어 모든 업무에도 해당된다. 우리는 당연히 기적을 기대해야 한다. 실제로 화학을 비롯한 각 분야에서 기적적인 발견이 이루어지곤 하는데, 이는 대개 하나님이 사람에게 깨달음을 주시거나 그런 발견으로 인도하시기 때문이다. 그런데도 공로가 그분께로 돌아가지 않을 때가 많다. 예수의 제자인 화학자나 기타 모든 리더가 하나님의 도움에 의지하여 일한다면, 그분은 큰 도움을 주실 분이다. 이 모두가 은혜의 행위다.

분명히 말하거니와 꼭 그리스도인만이 하나님으로부터 놀라운 통찰, 기적적인 깨달음, 직관적인 지혜와 지식을 받는 것은 아니다. 종교가 다르거나 아예 없는 사람에게도 그런 일은 자주 일어난다. 하나님은 인색하거나 편견을 품지 않으신다. 그분은 모든 사람을 사랑하시며, 그분 보시기에 합당하다면 어떤 식으로든 기꺼이 복을 주신다. 그러나 예수의 제자들은 예컨대 무신론자보다 더 열린 마음으로 모든 지혜와 지식의 근원이신 그분께 나아갈 수 있으며, 수시로 그런 유익을 기꺼이 누릴 수 있어야 한다. 사실상 그들은 하나님의 지도를 구하거나 받을 마음이 없는 사람들과 경쟁할 때 꽤 불공평한 이점을 누린다. 물론 그리스도의 제자들은 지혜와 은혜에 독점권을 행사하거나 권력을 남용해서는 안 되며 그럴 리도 없다. 오히려 예수를 따르는 사람들은 그와 같은 선물을 모두에게 나눈다. 그것의 출처와 목적을 잘 알기 때문이다. 하나님의 가시적인 복과 그 나라의 방식을 잘 모른다면, "와서 보라"는 예수의 초대는 논리적으로 무의미해진다. 와서 무엇을 보라는 말인가? 우리가 와서 볼 수 있다고 예수께서 역설하신 것은 곧 하나님 나라의 삶이 그 나라 밖의 삶보다 더 좋고 충만하며, 평화롭고 의미 있고 지혜롭다는 사실이다. 예수는 하나님과 함께하는 삶을 하나님 없는 삶과 자주 대비하셨다. 우리도 그래야 한다.

히브리서 12장으로 글을 끝맺으려 한다. 예수 덕분에 이제 우리는 두려움 없이 평화와 소망과 사랑의 빛 가운데 행할 수 있다. 하나님이 누구시며 능히 무엇을 하실 수 있는지를 알기 때문이다. 우리는 우리 목자의 속성에 집중한다. 그분은 우리를 사랑하시고, 귀히 여기시고, 채워 주시고, 이끄시고, 보호하시고, 지도하시고, 능력을 주신다. 무한히 저장된 그분의 능력은 상상을 초월할 정도로 충만하여 영원히 고갈되지 않는다. 우리의 작지만 영향력 있는 삶으로 무엇이 가능한지, 바로 그 실체에 힘입어 살짝 엿볼 수 있다. 우리 시대에 이것을 유진 피터슨(Eugene Peterson)보다 더 잘 전하는 사람은 없을 것이다.

길을 개척한 이 모든 사람들, 이 모든 노련한 믿음의 대가들이 우리를 응원하고 있다는 말이 무슨 뜻인지 알겠습니까? 그들이 열어 놓은 길을 따라 우리가 앞으로 나아가야 한다는 뜻입니다. 달려가십시오. 절대로 멈추지 마십시오! 영적으로 군살이 붙어도 안 되고, 몸에 기생하는 죄가 있어서도 안 됩니다. 오직 예수만 바라보십시오. 그분은 우리가 참여한 이 경주를 시작하고 완주하신 분입니다. 그분이 어떻게 하셨는지 배우십시오. 그분은 앞에 있는 것, 곧 하나님 안에서 그리고 하나님과 함께 결승점을 지나는 기쁨에서 눈을 떼지 않으셨기에, 달려가는 길에서 무엇을 만나든, 심지어 십자가와 수치까지도 참으실 수 있었습니다. 이제 그분은 하나님의 오른편 영광의 자리에 앉아 계십니다. 여러분의 믿음이 시들해지거든, 그분 이야기를 하나하나 되새기고, 그분이 참아 내신 적대 행위의 긴 목록을 살펴보십시오. 그러면 여러분의 영혼에 새로운 힘이 힘차게 솟구칠 것입니다!……
그러니 수수방관하며 빈둥거리지 마십시오! 꾸물거리지도 마십시오. 먼 길을 달려갈 수 있게 길을 정비하십시오. 그래야 발을 헛디뎌 넘어지거나 구덩이에 빠져 발목을 삐는 사람이 없을 것입니다. 서로 도우십시오! 그리고 힘을 다해 달려가십시오!

서로 화목하게 지내고 하나님과 화평하게 지내도록 힘쓰십시오. 그러지 않고서는 하나님을 결코 뵙지 못할 것입니다. 아무도 하나님의 자비하신 은혜에서 떨어져 나가는 일이 없게 하십시오. 쓰디쓴 불평이 잡초처럼 자라고 있지는 않은지 예리하게 살피십시오. 엉겅퀴 한두 포기가 뿌리를 내리면, 순식간에 정원 전체를 망칠 수도 있습니다. 에서 증후군을 조심하십시오. 잠깐 동안의 욕구 충족을 위해, 평생 지속되는 하나님의 선물을 팔아넘기는 일은 없어야 합니다. 여러분도 아는 것처럼, 에서는 나중에 자신의 충동적인 행동을 뼈저리게 후회하고 하나님의 복을 간절히 원했습니다. 하지만 때는 이미 너무 늦어서, 아무리 울고불고해도 소용이 없었습니다.……

우리가 무엇을 받았는지 아시겠습니까? 흔들리지 않는 나라입니다! 우리가 얼마나 감사해야 하는지 아시겠습니까? 감사드릴 뿐 아니라, 하나님 앞에서 깊은 경외감이 넘치는 예배를 드려야 합니다. 하나님께서는 냉담한 방관자가 아니십니다. 그분은 적극적으로 정리하시고, 태워 버려야 할 것은 전부 불사르십니다. 모든 것이 깨끗해질 때까지, 그분은 결코 멈추지 않으실 것입니다. 하나님, 그분은 불이십니다!

(히 12:1-3, 12-17, 28-29, 『메시지』)

예수께서 피로 사신 이 새 언약 안에서 우리는 만유의 참된 실체 안으로 들어갈 수 있게 되었다. 그리스도를 통해 우리는 그 실체를 누릴 수 있고, 그리하여 우리 삶과 닿아 있는 모든 영역―일, 사

하나님의 모략, 이후

역, 가정, 사회, 문화, 정부, 기관, 예술, 놀이, 연구, 종교—에서 이 목자의 선하심과 공급하심을 알 수 있다. 그분은 완전히 충족하시고, 부족함을 없애시며, 두려움을 뿌리 뽑으시고, 평화를 사랑하신다.

이전에 『하나님의 모략』에 풀어쓴 기도로 이번 장을 마치려 한다. 어쩌면 이제 우리는 이 말로 기도할 때 우리가 부르는 분이 누구시며 누구의 이름과 명예와 성품을 상대하는지를 더 온전히 이해하게 되었다. 그분의 나라가 하늘에 이루어진 것같이 땅에도 임하기를 구할 때 우리가 구하는 것이 무엇인지도 더 정확히 알게 되었다. 우리 자신과 세상을 위해 우리의 소망과 요청과 필요를 오직 그분께만 가져가는 것은 얼마나 더할 나위 없이 옳고 합당한 일인가. 우리의 도움은 천지를 지으신 분에게서 온다. 그분만이 하나님이시기에 그분만이 공급하신다(시 121:1-2).

언제나 우리 곁에 계시는 사랑하는 아버지,
아버지의 이름이 귀히 여김을 받으며 사랑받기 원합니다.
아버지의 통치가 우리 안에 온전케 되기 원합니다.
아버지의 뜻이 하늘에서 이루어지는 것같이
여기 이 땅에서도 이루어지기 원합니다.
오늘 우리에게 필요한 것을 오늘 우리에게 주옵소서.
어떤 모양으로든 우리에게 잘못하는 모든 이들을
우리가 용서하는 것같이
아버지께 대한 우리의 죄와 잘못을 용서해 주옵소서.
우리가 유혹을 당하지 않게 해주시고

모든 나쁜 일에서 건져 주옵소서.

아버지가 주관자이시며

모든 권세가 아버지께 있으며

모든 영광도 영원히 아버지의 것이기 때문입니다.

그것이 바로 우리가 원하는 바입니다.

야호!

감사의 글

감사하게도 달라스와 함께 일하는 큰 영예를 누렸다. 학문적으로든 개인적으로든 이런 영예를 누릴 자격이 없는 나이기에 이와 같은 기회에 대해 깊은 감사와 겸허한 마음을 품는다. 그가 없이 계속된 작업은 달콤하고도 씁쓸했다. 달콤함이란 순전히 달라스를 잘 알고 사랑했던 사람들로부터 받은 응원과 사랑 때문이다. 남편과 아버지 와 할아버지를 나에게 나누어 준 그의 가족인 제인, 존, 베키, 빌, 라 리사에게 깊은 감사를 드린다. 잰 존슨, 키스와 크리스타 매튜스, 존 과 낸시 오트버그, 게리 문 같은 이들도 있다. 모두 달라스의 빈자리 를 절절히 느낀 사람들이다. 하나님 나라를 향한 그들의 헌신은 감 동과 도전을 주었고, 그들의 격려와 통찰 덕분에 작업을 잘 끝마칠 수 있었다.

내 친구이자 하나님의 모략의 동역자인 마이크 루컨과 켄트 칼

슨에게도 감사한다. 그들은 원고를 여러 번 다듬어 주면서 격려와 미소를 아끼지 않았다. 의학박사 데이비드 애브던-너, 의학박사 배리 해먼, 의학박사 크리스 웨버, 페퍼다인 대학교 법학 교수이자 허버트와 엘리노어 누트바 법률·종교·윤리 연구소 소장인 로버트 F. 코크런 주니어는 해당 전문직의 특정한 측면에 대해 뛰어난 통찰과 지도를 너그러이 베풀어 주었다. 신임이 두터운 나의 동료들이자 지혜와 우정을 보여준 바바라 헤이즈, 채드 보고시언, 그레그 모더, 스캇 대니얼스, 스티브 포터, 스티븐 윌킨스, 돈 소슨과 연구조수로 일해 준 대학원생 크리스 탠지에게도 특별히 감사의 말을 전한다. 토니 배런은 이 책의 각 장마다 흥미로운 토의 주제를 찾아내고 중요한 질문과 통찰을 제공하는 데 탁월한 도움을 주었다. 우리는 이 책의 자극으로 활발한 토의 그룹들이 나오기를 바란다. 그리하여 우리 사회의 다양한 분야와 직위, 직종에서 리더들이 힘써 대중을 더 잘 섬기기를 바란다.

이 기간 중에 나와 가까이 동행해 준 세 사람에게도 감사하고 싶다. 게리 페이롯은 이 일을 위해 열심히 기도해 주었고, 존과 대니스 버딧은 꾸준히 격려를 베풀어 주었다.

컨 패밀리 재단의 그레그 포스터 또한 이 책의 많은 개념을 진지하게 옹호하고 지지하고 후원해 주었다. 저작권 대리인인 스티븐 핸즐먼은 중요한 상담자와 길잡이가 되어 격려해 주었다. 앤 모루는 원고를 솜씨 좋게 편집해 주었다. 하퍼원 출판사의 미키 모들린은 하나님 나라에 대한 달라스의 비전을 온전히 포착했고 지금도 신임이 두터운 친구이자 동역자다. 그의 아량과 인내심과 기품과 전문성에 감사한다. 그는 진정한 전문인이다.

　개인적으로 나의 부모님인 제인과 게리 시니어에게 감사드린다. 두 분은 아들들이 전문인이자 그리스도의 제자로서 가능성을 실현할 수 있음을 끊임없이 믿어 주었다. 샌디와 모건 데이비스는 끝없는 사랑으로 나를 거두어 거룩함을 추구하게 해주었다. 나의 두 딸 테일러와 제이시는 나를 겸손한 자부심으로 충만하게 해준다. 아내 수지는 하나님 나라의 삶에 나보다 훨씬 앞서 있으며 나와 주변 사람들에게 끝없이 아가페 사랑을 베푼다. 그러면서도 전염성 있는 기쁨을 잃지 않는다. 아내와 함께해 온 삶을 생각하면 마냥 경이로울 뿐이다.

　끝으로, 달라스가 평생 기록한 말 중에 가장 깊고 참된 것은 아마 그의 아내를 묘사한 이 말일 것이다. "제인 레이크스 윌라드, 마음씨 고운 여인, 좋은 군사, 신실한 길동무"(『하나님의 음성』 헌사에 쓴 말-옮긴이). 달라스는 이 책을 아내에게 바치기 원했다. 은혜와 평강이 그녀에게 함께하기를 빈다.

2013년 7월
게리 블랙 Jr.

주

서문. 달라스 윌라드를 기리며

1. Gary Black Jr., *The Theology of Dallas Willard: Discovering Protoevangelical Faith*(Eugene, OR: Pickwick, 2013).
2. 이 대화는 2015년에 *Preparing for Heaven: What Dallas Willard Taught Me About Living, Dying, and Eternal Life*(SanFrancisco: HarperOne, 2015)라는 책으로 출간되었다―편집자. (복 있는 사람 근간 예정)
3. Gary Black Jr., *The Theology of Dallas Willard*, ix.
4. Dallas Willard, "The Failure of Evangelical Political Involvement," in Roger N. Overton, ed., *God and Governing: Reflecting on Ethics, Virtue, and Statesmanship*(Eugene, OR: Pickwick, 2009), 74-91.

1. 리더들을 부르시는 하나님

1. Srikant M. Datar, Marc J. Epstein, & Kristi Yuthas, "In Microfinance, Clients Must Come First," *Stanford Social Innovation Review* 6, 1(Winter 2008): 14.
2. Julius J. Scott Jr., "Sadducees," in *Baker's Evangelical Dictionary of Biblical Theology*, ed. Walter A. Elwell(1996).

2. 선한 목자를 따르라

1. Brené Brown, "TED Talks: The Power of Vulnerability," http://www.ted.com/speakers/brene_brown.html.
2. Kenneth L. Barker, vol. 20, *Micah, Nahum, Habakkuk, Zephaniah, The New American Commentary*(Nashville: Broadman & Holman, 1999), 251.

3. 선한 목자를 따르는 리더들

1. Talcott Parsons, "Professions," in David Sills, ed., *International Encyclopedia of the Social Sciences*(New York: Macmillan, 1968), 545.
2. Rajeev Syal, *The Guardian*, "Google Tax Whistleblower Says He Was Motivatied by Christian Beliefs," 2013년 6월 12일. http://www.theguardian.com/technology/2013/jun/12/google-tax-whistleblower-christian-beliefs.

4. 섬기는 리더십

1. 로마서 1:19-20, 사도행전 14:17; 17:23-29, 시편 19:1-4, 고린도후서 4:6, 요한복음 1:18.
2. 다음 구절을 참조하라. 이사야 11:1-9; 65:17-25, 하박국 2:14, 히브리서 8:10-12, 에베소서 2:19-22.
3. Dallas Willard, *Knowing Christ Today: Why We Can Trust Spiritual Knowledge*(San Francisco: HarperOne, 2009). (『그리스도를 아는 지식』 복 있는 사람)
4. 창세기 12:3, 미가 4:1-5, 출애굽기 20:1-17.
5. 히브리어로 '이스라엘'이라는 이름은 야곱이 얍복 강에서 하나님과 씨름한 뒤에 그에게 처음으로 주어졌다(창 32:22-32). 고든 J. 웬함(Gordon J. Wenham)에 따르면 "야곱의 이름이 이스라엘로 바뀐 일도 똑같이 의미심장하다. 이스라엘이 국가의 이름도 되기 때문이다. 야곱의 씨름 상대는 이 개명으로 그 만남의 참 의미를 드러내셨다. '이는 네가 하나님과 및 사람들과 겨루어 이겼음이니라.' 본문에 제시된 '이스라엘'의 어원은 '겨루다, 싸우다'라는 뜻의 동사 '셰르-아이'와 관계가 있다. 따라서 '이스라엘'의 문자적인 의미는 '싸우는 하나님'이 된다. 이는 '네가 하나님과 겨루었다'는 말과 똑같지는 않지만, 여기서 기억해야 할 것이 있다. 성경에 자주 나오는 어원들은 대개 정확한 역사적 어원보다 이름

의 말놀이로 나타난다는 점이다." 다음 책을 참조하라. Wenham, *Genesis 16-50*, vol. 2, Word Biblical Commentary(Dallas, TX: Word, 1998), 296-297. (『창세기 하: WBC 성경주석 2』 솔로몬)

6. '때가 찬' 시점에 대한 두 번째 언급은 에베소서 1:9에 나온다. 그 뒤에 이어지는 종말론적 고찰은 예수께서 지칭하신 '세상 끝날'을 묘사하는 듯 보인다.

7. 미가 6:6-9, 이사야 58:1-59:15, 사도행전 10:34-35, 로마서 2:6-11.

8. 로마서 3:20-31; 10:1-4, 갈라디아서 2:16; 3:28-29, 사도행전 15:5-11, 시편 119:63, 에베소서 4:1-6.

9. Dallas Willard, *The Divine Conspiracy: Rediscovering Our Hidden Life in God*(San Francisco: HarperSanFrancisco, 1997), 2장. (『하나님의 모략』 복 있는 사람)

10. 다음 기사를 참조하라. http://www.dwillard.org/articles/artview.asp?artID=138.

11. Keith Meyer, *Whole Life Transformation: Becoming the Change Your Church Needs*(Downers Grove, IL: Inter-Varsity, 2010), 서문.

12. Plato, *The Republic*, trans. Raymond Larson(Arlington Heights, IL: AHM, 1979), 38. (『국가론』 돋을새김)

13. 같은 책, 38.

14. 본래 고전적인 전문직은 종교, 법조, 의료 세 분야로 규정되었다. 세 전문직을 규정짓는 경계선은 예로부터 공들여 옹호되었다. 우리의 목표는 전문직을 분류하는 기준을 따지거나 어떤 전문직이 자격이 있고 없는지를 논하는 것이 아니다. 하지만 이것은 숙고해 볼 만한 가치가 있는 중요한 문제다.

15. Bruce Wesley, "The Arrogance and Impatience of Church Planters," *Christianity Today*, 2013년 12월 26일. http://www.christianitytoday.com/ct/2013/december-web-only/arrogance-and-impatience-of-church-planters.html.

5. 도덕적 리더십

1. John C. Maxwell, *There's No Such Thing as "Business" Ethics: There's Only One Rule for Making Decisions*(New York: Warner, 2003).

2. 같은 책, 22.

3. Daniel P. Tulley, "Report of the Committee on Compensation Practices," *Securities and Exchange Commission Report*, 1995년 4월 10일.

4. 맥스웰은 여러 가지 흥미롭고 유익한 내용을 제시한다. '당신이 원하는 것'의 6가지 요점 (38-49쪽), 황금률 윤리를 분석하는 5가지 요인(73-87쪽), 황금률 윤리를 실천하는 5가지 경험 법칙(112-120쪽) 등을 참조하라.

5. 텔레비전 연속극인 *Downtown Abbey, The Good Wife, House of Cards* 등이 몇 가지 좋은 예다.

6. Steven T. Dennis, "Obama Signs Partial Repeal of Stock Act," http://www.rollcall. com/news/obama_signs_partial_repeal_of_stock_act-224019-1.html?pos=hln, 2013 년 4월 30일 접속.

7. Audrey Barrick, "Study Compares Christian and Non-Christian Lifestyles," *Christianity Today*, 2007년 2월 7일, http://www.christianitytoday.com/article/ american.study.reveals.indulgent.lifestyle.christians.no.different/9439.htm. 아울러 다음 기사들도 참조하라. George Barna, "Faith Has a Limited Effect on Most People's Behavior," https://www.barna.org/barna-update/article/5-barna-update/188-faith-has-a-limited-effect-on-most-peoeples-behavior#.UtHpFv1CD4g, 2013년 2월 18 일 접속. David Kinnerman, "Christians: More Like Jesus or Pharisees?" https:// www.barna.org/barna-update/faith-spirituality/611-christians-more-like-jesus-or-pharisees#.UtH6pv1CD4g, 2013년 5월 3일 접속. George Barna, "New Marriage and Divorce Statistics Released," https://www.barna.org/barna-update/article/15-familykids/42-new-marriage-and-divorce-statistics-released#.UtH5h_1CD4g, 2013 년 2월 18일 접속. 다소 오래되기는 했지만 다음 책도 참조하라. Ronald J. Sider, *The Scandal of the Evangelical Conscience: Why Are Christians Living Just Like the Rest of the World?*(Grand Rapids, MI: Baker, 2005). (『그리스도인의 양심선언』 IVP)

8. John Maynard Keynes, *Critical Responses*, ed. Charles R. McCann(London: Routledge, 1998), 24.

9. 이 주제를 대략적으로 개괄한 훌륭한 책이 있다. James Kennedy & Jerry Newcombe, *What If Jesus Had Never Been Born?*(Nashville: Nelson, 1994). (『예수가 만약 태어 나지 않았다면』 청우)

10. John Ruskin, *Unto This Last: Four Essays on the First Principles of Political Economy*, ed. Lloyd J. Hubenka(Lincoln: Univ. of Nebraska Press, 1967). 인용된 부분은 에세이 제1편 '명예의 근원'에 나온다. (『나중에 온 이 사람에게도』 아인북스)

11. 같은 책, 148.

12. Jim Collins, "Level 5 Leadership: The Triumph of Humility and Fierce Resolve," *Harvard Business Review*, 2001년 1월. 아울러 다음 책도 참조하라. Jim Collins, *Good to Great: Why Some Companies Make the Leap and Others Don't*(New York: HarperCollins, 2001), (『좋은 기업을 넘어 위대한 기업으로』 김영사). 콜린스 는 비영리 기관들을 위한 단편 논문도 썼다. 다음 책을 참조하라. Jim Collins, *Good to Great and the Social Sectors: A Monograph to Accompany Good to Great*(New York: HarperCollins, 2005).

13. Collins, "Level 5 Leadership," 4.

14. 콜린스가 말한 나머지 핵심 요인은 (1)적합한 사람을 버스에 태우고 부적합한 사람을 버스에서 내리게 함, (2)스톡데일 패러독스(베트남전 포로였던 스톡데일 장군의 이름에서 따온 말로, 희망을 잃지 않되 냉혹한 현실 또한 직시해야 한다는 원리 – 옮긴이), (3)플라이휠과 파멸의 올가미, (4)고슴도치 개념(핵심에 집중하는 단순화의 원리 – 옮긴이), (5)기술 가속페달, (6)규율의 문화 등이다.
15. Collins, "Level 5 Leadership," 5.
16. 같은 기사, 1.

6. 도덕적 지식

1. 여기서 도덕과 윤리를 아주 간단히 구분해 보면 이렇다. 도덕은 주어진 상황 속에서 무엇이 옳고 그르며 무엇이 선이고 악인지에 대한 구체적인 규범(관습)이라고 할 수 있다. 반면에 윤리는 도덕 이론을 가리킨다. 윤리가 도덕적인 논의보다 한 차원 더 추상적이라는 뜻이다. 도덕이 선과 악을 정의한다면 윤리는 그러한 정의의 근거를 따진다.
2. Francis Bacon, "What Is Truth?" in *Essays of Francis Bacon*(Middlesex, UK: Echo Library, 2009), 4-5. (『베이컨 수상록』 범우사)
3. Friedrich Wilhelm Nietzsche, *Political Writings of Friedrich Nietzsche: An Edited Anthology*, ed. Frank Cameron & Don Dombowsky(New York: Palgrave Macmillan, 2008), 268.
4. 이와 같은 사상의 일부는 2000년 4월 텍사스 주 웨이코에서 열린 '자연의 본질'이라는 심포지엄의 한 강연에서 제시되었다. 다음 웹사이트를 참조하라. http://www.dwillard.org/articles/artview.asp?artID=46.
5. '구명보트 윤리'란 생태학자 개럿 하딘(Garrett Hardin)이 제시한 예화에서 따온 명칭이다. 예화에 따르면 구명보트의 마지막 열 자리가 누구의 몫이 될지 결정해야 한다. 본래는 자원 분배에 대한 은유였지만 시간이 가면서 용도가 변하여, 지금은 위기 상황에서 특정 인원 중 소수만 생존할 수 있는 경우 누구를 살릴지를 결정하는 근거와 정당론을 밝히는 데 쓰인다.

7. 공공선

1. 어쩌면 창세기 1-2장에서 그 예를 볼 수 있다. 히브리 작가에 따르면 하나님은 자신의 창조세계가 문자적으로 "토브, 토브", 곧 "좋다, 좋다"고 선언하셨다. 많은 역본에 이것이 "심

히 좋다"로 의역되어 있다. 어떤 의미에서 이런 선한 상태는 창조세계 자체가 이후의 여러 사건과 상황으로 말미암아 오염되거나 더럽혀지지 않았을 때에만 가능하다. 장차 새 창조를 통해서만 만물이 새롭게 되고 '선 자체'를 다시 누릴 수 있는 것도 그래서일 것이다.

2. Thomas Aquinas, *Summa Theologiae*, 2(1).94.2, 강조 추가. (『신학대전』 바오로딸)

3. Henry Sidgwick, *Methods of Ethics, Book III*(New York: Dover, 1966), 382.

4. 다음 책을 참조하라. Dallas Willard, *Renovation of the Heart*(Colorado Springs, CO: NavPress, 2002), 8장. (『마음의 혁신』 복 있는 사람)

5. F. H. Bradley, *Ethical Studies*(New York: Stechert, 1911), 145-192.

6. 도덕적 완성, 도덕적 선을 추구하는 동기, 덕, 도의 등에 대한 칸트의 논의는 다음 두 책에 다루어져 있다. John Waugh Scott, *Kant on the Moral Life: An Exposition of Kant's Grundlegung*(Dearborn, MI: A & C Black, 1924), 1장. Immanuel Kant, *Religion Within the Boundaries of Mere Reason*, trans. and ed. Allen Wood & George Di Giovanni(Cambridge: Cambridge Univ. Press, 1998), 1-2권. (『이성의 한계 안에서의 종교』 아카넷)

7. 이 점에서 자연주의는 도덕적으로 큰 유익을 끼쳤다. 많은 미신과 전통 속에 담긴 무지의 악영향에 대해 우리에게 통찰과 지혜를 주었기 때문이다. 그런 미신과 전통은 여러 문화에서 진리와 지혜의 추구를 방해했다. 자연주의가 서구 세계에 미친 역사적인 영향을 고찰할 때 이와 같은 현실을 고려해야 한다. 그렇지 않고는 자연주의가 내놓는 진실을 바로 인식할 수 없다. 다음 기사를 참조하라. Dallas Willard, "Knowledge and Naturalism," in *Naturalism: A Critical Analysis*, ed. William L. Craig & J. P. Moreland(New York: Routledge, 2000).

8. 선한 삶을 조명하다

1. 더 구체적으로 우리는 이렇게 주장한다. 성경은 하나님과 인간의 동참과 협력을 통해 만들어졌다. 인간 쪽에 관해서라면, 성경을 기록하고 보존한 사람들은 매우 유능했고 현대 사회에 현존하는 누구 못지않게 지성적이고 신앙심이 두터웠다. 성경이 만들어진 과정을 보면 그렇지 않다고 볼 만한 단서는 전혀 없다. 성경의 저자들은 자신의 경험과 이해와 증언을 정확히 해석하는 능력과 그것을 당대 공동체의 언어로 정확히 제시하는 능력을 보여준다. 따라서 성경은 하나님이 인류에게 계시하고자 뜻하신 지식과 진리를 신빙성 있고 권위 있게 대변한다고 볼 수 있으며 마땅히 그렇게 보아야 한다. 더 자세한 설명은 다음 두 책을 참조하라. Gary Black Jr., *The Theology of Dallas Willard: Discovering Protoevangelical Faith*(Eugene, OR: Pickwick, 2013), 57-68. Dallas Willard, *The Divine Conspiracy: Rediscovering Our Hidden Life in God*(San Francisco:

HarperSanFrancisco, 1997), 141-142.

9. 지식과 교육

1. George Herbert Palmer, *The Field of Ethics*(Boston: Houghton Mifflin, 1929), 213.
2. 이런 이론들은 공리주의나 칸트주의로 귀결되는 경향이 있다.
3. August Kerber, *Quotable Quotes on Education*(Detroit, MI: Wayne State University Press, 1968), 138.
4. 다음 책을 참조하라. Dallas Willard, *Knowing Christ Today: Why We Can Trust Spiritual Knowledge*(San Francisco: HarperOne, 2009), 3장.
5. Christopher Hitchens, *God Is Not Great: How Religion Poisons Everything*(New York: Twelve, 2007). (『신은 위대하지 않다』 알마)
6. 우리가 보기에 새로운 무신론자들의 운동은 기독교 원리들을 충분히 이해하거나 적용하지 않았고, 기독교를 다른 종교적 또는 비종교적 세계관들과 정당하게 비교하지 않았다. 이제라도 그런 일이 가능하다. 우리가 대화를 청해야 한다.
7. Dietrich Bonhoeffer, *Ethics*, ed. Eberhard Bethge(New York: Simon & Schuster, 1995). (『윤리학』 대한기독교서회)
8. Paul Ricoeur, *The Symbolism of Evil*(New York: Harper & Row, 1967). (『악의 상징』 문학과지성사)

10. 경제와 정치

1. 청지기의 직무가 성경에는 오이코노모스(*oikonomos*)라는 단어로 표현되는데, 이것은 아주 흥미로운 두 단어가 결합된 말이다. 앞부분인 오이코(*oiko*)는 "가정, 집, 거처, 거주"를 뜻하고 뒷부분인 노모스(*nomos*)는 "규율, 법, 관습"으로 번역될 수 있다. 따라서 합성어의 의미는 집을 다스리거나 집의 규율을 정하는 사람이 된다. 요즘 식으로 하면 관리자나 감독이나 지배인에 해당한다. 이 단어에서 파생된 그리스어 오이코노미아(*oikonomia*)와 오이콜로지아(*oikologia*)는 각각 영어 단어 '경제학'(economics)과 '생태학'(ecology)의 어원이 되었다. 여기서 알아야 할 요지는 이것이다. 경제학과 생태학은 인간과 동물과 식물의 규율과 활동과 습성을 각자의 서식지나 환경에 비추어 이해하려는 학문 분야다. 그래서 히브리어 구약성경과 그리스어 신약성경 모두에서 청지기직의 개념이 매우 중요하다. 특히 하나님의 경제(그분의 집, 오이코노미아)의 방식을 생각하고 도덕적인

생활을 위한 그분 백성(청지기)의 통치(규율) 책임을 생각하면 더욱 그렇다. 재차 말하지만 하나님의 경제에서 중요한 동기는 복 또는 번영이다. 그분의 방식(노모스 또는 노미아)을 존중하고 적용하는 개인과 집단은 그것을 누릴 수 있으며, 집단에는 정부도 포함된다.

2. 이 정의에 따르면, 삶에 필수가 아닌 모든 활동은 경제의 일부가 아니다. 예컨대 주택은 경제의 중요한 일부다. 집은 삶의 필수품이기 때문이다. 반면에 연예 산업과 패션 산업의 '소모품'은 삶에 필수인 재화와 서비스가 거의 혹은 전혀 아니다. 아무리 두 산업의 자금 규모가 크고 대중의 이목이 거기로 쏠린다 해도 말이다. 허다한 서구인들의 경우 오락을 즐기고 '유행'에 뒤지지 않으려는 욕심은 정말 끝이 없다. 하지만 이런 것들이 부족하거나 요원하다고 해서 그들이 당장 죽는 것은 아니다.

3. 리처드 호프스태터(Richard Hofstadter)도 이런 실태를 다루었다. 그는 이전의 시기를 넷으로 구분했는데, 그것들이 어우러져 빚어낸 사회적·정치적 기류가 듀이의 관점에 영향을 미쳤다. (1)남북전쟁에서 1890년까지: 괄목할 만한 산업 성장과 대륙의 영토 확장에 정치적 보수주의가 동반된 시기다. (2)1890-1900년: 농지 개혁이 이루어졌고 포퓰리즘이 발흥했다. (3)1900-1914년: 제1차 세계대전이 발발했고 진보주의 운동이 시작되었다. (4)1929-1950년: 프랭클린 루스벨트의 뉴딜 정책에 이어 연방정부가 국내의 중요한 재정 정책과 입법에 전격 개입했다. *The Age of Reform: From Bryan to F.D.R.*(New York: Knopf, 1955).

4. 같은 책.

5. Thomas Hill Green, *The Works of Thomas Hill Green*, ed. R. L. Nettleship(New York: Longmans, Green, 1906), 371.

6. Franklin D. Roosevelt, "FDR's 1944 State of the Union Address," in *Bringing Human Rights Home*, ed. Cynthia Soohoo, Catherine Albisa & Martin Davis(Westport, CT: Praeger, 2008), 167.

7. 여기서 '참정권'이란 예속이나 속박 없이 자유로운 상태로 정의된다. 즉, 주권자나 정부가 부여하는 권리나 특권으로서 개인이나 단체에 귀속된다.

8. Thomas Hobbes, *Leviathan: Or the Matter, Forme and Power of a Commonwealth, Ecclesiastical and Civil*(Washington, DC: Regnery, 2009), 11장. (『리바이어던』 동서문화사)

9. 같은 책, 11장.

10. John Dewey, *The Public and Its Problems*(New York: Holt, 1927), 27. (『공공성과 그 문제들』 한국문화사)

11. 같은 책, 27.

12. 같은 책, 114-115, 126.

13. T. S. Eliot, "Choruses From 'the Rock' VI," in *Collected Poems, 1909-1962*(London, UK: Faber and Faber, 1963), 177.

14. Augustine, *The Rule of St. Augustine*, trans. Raymond Canning(Garden City, NY:

Image, 1984), 70.

15. 다음 두 웹사이트를 참조하라. http://greatergood.berkeley.edu; http://greatergood.berkeley.edu/expandinggratitude.

16. C. S. Lewis, *The Weight of Glory*(San Francisco: HarperSanFrancisco, 1980), 39. (『영광의 무게』 홍성사)

17. Henry David Thoreau, *Civil Disobedience and Other Essays*(New York: Dover, 1993). (『시민 불복종』 다락원)

18. '종말'에 대한 이론과 가정과 추론은 다양하며, 그중 다수는 성경의 묵시 부분에 대한 갖가지 해석에서 비롯되었다. 여기서 그것을 다룰 생각은 없다. 다만 분명히 인정할 사실이 있다. 종말론에 집중된 관심과 천년왕국에 대한 여러 입장의 배후 개념은 이 책에 다루어진 복지와 하나님 나라의 삶을 둘러싼 많은 이슈들에 엄청난 영향을 미쳤고 지금도 마찬가지다. 안타깝게도 이런 수많은 신학적 입장과 거기에 바쳐진 엄청난 양의 시간과 돈은 예수께서 하나님 나라 안의 규범적인 경험으로 설명하고 예시하신 유형과 질의 삶을 여태 능히 유발하거나 퍼뜨리지 못한 것 같다. 어쩌면 '종말'에 너무 집중하는 사람일수록 하나님이 이미 시작하셨고 영원토록 지속하실 일에 동참하지 않는 경향이 있는지도 모른다.

19. Matthew T. Lee, Margaret M. Paloma & Stephen G. Post, *The Heart of Religion: Spiritual Empowerment, Benevolence, and the Experience of God's Love*(New York: Oxford Univ. Press, 2013).

11. 기업

1. 이 모든 특성을 두루 완비한 듯 보이는 다음의 자동차 대리점을 참조하라. http://www.infinitiofnaperville.com/dealership/staff.htm.

2. Manuel G. Velasquez, *Business Ethics: Concepts and Cases*(Upper Saddle River, NJ: Pearson, 2012), 119-123. (『기업 윤리』 매일경제신문사) 아울러 다음 기사도 참조하라. Rebecca Leung, "The Mensch of Malden Mills," 2003년 7월 3일, http://www.cbsnews.com/stories/2003/07/03/60minutes/main561656.shtml.

3. Leung, "The Mensch of Malden Mills."

4. Stacy Perman, "In-N-Out Burger: Professionalizing Fast Food," *BusinessWeek*, 2009년 4월 8일, 68-69. Sophie Quinton, "Why the Trader Joe's Model Benefits Workers and the Bottom Line," *National Journal*, 2013년 3월 19일. Joe Brancatelli, "Southwest Airlines' Seven Secrets of Success," *Wired*, 2008년 7월 8일. Karen Weise, "Company News: UBS, Southwest, General Motors," *BusinessWeek*, 2012년 12월 20일. Brad

Stone, "Costco CEO Craig Jelinek Leads the Cheapest, Happiest Company in the World," *BusinessWeek*, 2013년 6월 6일. Cameron McWhirter, "Chick-fil-A's Long Christian Heritage," *Wall Street Journal*, 2012년 7월 27일.

5. Kristy Hart, *HR Strategies for Employee Engagement*(Upper Saddle River, NJ: Pearson Education, 2011).

6. John Ruskin, *Unto This Last: Four Essays on the First Principles of Political Economy*, ed. Lloyd J. Hubenka(Lincoln: Univ. of Nebraska Press, 1967). 이 질문들은 에세이 제1편 '명예의 근원'에 나온다.

7. 같은 책.

8. 같은 책.

9. Louis Brandeis, *Business: A Profession*(Boston: Small, Maynard, 1914), 4.

10. 19세기 후반과 20세기 초반의 진보주의 운동은 다분히 러스킨, 토머스 힐 그린, 브랜다이스가 표방한 일종의 이상주의—물론 다소 유화되기는 했지만—를 미국의 정치사회적 삶에 이행하려던 시도였다. 그 운동은 결국 어떻게 되었는가? 어떻게 사건의 추이 속에서 변질되었고, 어떻게 실행 가능한 도덕적 내용이 없는 사조들의 흐름 속에서 본래의 정신을 잃었는가? 이는 현재 미국의 사회적·개인적 상황을 힘써 이해하려는 사람들에게 매우 교훈적인 연구가 될 것이다. 다음 두 책이 좋은 출발점이 될 수 있다. Glenda Gilmore, ed., *Who Were the Progressives?*(Boston: St. Martin's, 2002). Michael McGerr, *A Fierce Discontent: The Rise and Fall of the Progressive Movement in America, 1870-1920*(New York: Oxford Univ. Press, 2003).

11. Thomas Hill Green & David Owen Brink, *Prolegomena to Ethics*(New York: Oxford Univ. Press, 2003), 208. (『윤리학 서설』 한길사)

12. 절대로 빼놓을 수 없는 다음 책을 참조하라. Os Guinness, *The Call*(Nashville: Word, 1998), (『소명』 IVP). 아울러 영적인 삶에 대한 필립스 브룩스(Phillips Brooks)의 많은 논고도 참조하라.

13. William Rawson Stevenson, *The Baptist Hymnal: A Collection of Hymns and Spiritual Songs*(London: Marlborough, 1885), 889. (새찬송가 213장, 통일찬송가 348장)

12. 전문직

1. Everett C. Hughes, "Professions," in Joan C. Callahan, ed., *Ethical Issues in Professional Life*(New York: Oxford Univ. Press, 1988), 31.

2. 같은 책.

3. Nathan O. Hatch, ed., *The Professions in American History*(Notre Dame, IN: Univ. of Notre Dame Press, 1988), 1-14.

4. 다음 책을 참조하라. Samuel Haber, *The Quest for Authority and Honor in the American Professions 1750-1900*(Chicago: Univ. of Chicago Press, 1991), x-xi. 저자는 "처음부터……미국의 전문직은 신분 상승으로 '삶을 격상시키는 기술'과 맞물려 있었다"(6쪽)고 역설한다. 아울러 전사 계급과의 역사적 연관성과 그것이 기독교적인 이상의 영향으로 어떻게 수정되었는지도 살펴보라(9-14쪽).

5. 정체의 속성은 존재의 독립성과 독특한 신원이다. 전문직이 사회적 정체라는 말은 각 직종이 사회 구조 내에서 독특하게 식별되며, 어떤 면에서 사회 구조의 일정한 측면들로부터 독립되어 있다는 뜻이다.

6. 다음 책을 참조하라. Haber, *The Quest for Authority and Honor*, x. 아울러 다음 두 책도 참조하라. Hatch, *Professions in American History*, 3. William Sullivan, *Work and Integrity: The Crisis and Promise of Professionalism in America*(New York: HarperCollins, 1995), 2.

7. Corinne Lathrop Gilb, *Hidden Hierarchies: The Professions and Government*(New York: Harper & Row, 1966). 다음 글에 인용되어 있다. Maxwell H. Bloomfield, "Law: The Development of a Profession," in Hatch, ed., *Professions in American History*, 33.

8. 금융업계에 대한 클린턴 전 대통령의 규제 완화를 예로 들 수 있다. 이 조치에는 당시 재무부 장관이던 로버트 루빈(Robert Rubin)의 조언이 일부 작용했는데, 마침 그는 전에 다국적 투자은행 골드만삭스(Goldman Sachs)의 동업자이자 공동의장이었다. 2008년의 구제금융 이후, 또 다른 비슷한 위기를 막는 유일한 대책으로 규제와 감독의 강화가 촉구되었다. 정당들과 경제 이론가들 사이에 늘 오가는 이런 공방은 최근 들어 대중에게 유익하고 안정된 결과로 끝나는 경우가 거의 없는 것 같다. 클린턴 내각의 각료를 지냈고 현재 캘리포니아 대학교 버클리 캠퍼스의 교수인 로버트 라이시(Robert Reich)의 논평을 다음 블로그에서 참조하라. http://blogs.berkeley.edu/2012/07/27/the-man-who-invented-too-big-to-fail-banks-finally-recants-will-obama-or-romney-follow/.

9. 다음 웹사이트를 참조하라. http://www.gallup.com/poll/1654/honesty-ethics-professions.aspx.

10. Solange De Santis, "Americans' View of Clergy's Ethics Hit 3-Decade Low," *USA Today*, 2009년 12월 10일.

11. Aristotle, *Rhetoric*, ed. Paul Negri & Jenny Bak(Mineola, NY: Dover, 2004), 7. (『수사학』 리젬)

12. Marcus Luttrell, *Lone Survivor: The Eyewitness Account of Operation Redwing and the Lost Heroes of Seal Team 10*(New York: Little, Brown, 2007).

13. 러트렐의 책이 영화화되었을 때 CNN 기자 제이크 트래퍼는 러트렐과 배우 마크 월버

하나님의 모략, 이후

그를 인터뷰하면서 러트렐 동지들의 죽음이 어리석은 죽음이라는 식으로 말했다. 다음 웹사이트를 참조하라. http://www.youtube.com/watch?v=BsLk9SOHOOQ.

14. 다음 책을 참조하라. Callahan, ed., *Ethical Issues in Professional Life*, 부록 1, 439.

15. 다음 웹사이트를 참조하라. http://www.aicpa.org/Research/Standards/CodeofConduct/DownloadableDocuments/2012June1CodeOfProfessionalConduct.pdf.

13. 의사, 변호사, 성직자

1. Roger J. Bulger, *In Search of the Modern Hippocrates*(Iowa City: Univ. of Iowa Press, 1987), 9-10.

2. Steven H. Miles, *The Hippocratic Oath and the Ethics of Medicine*(New York: Oxford Univ. Press, 2004), 13.

3. 같은 책, 19.

4. Ronald L. Numbers, "The Fall and Rise of the American Medical Profession," in Nathan O. Hatch, ed., *The Professions in American History*(Notre Dame, IN: Univ. of Notre Dame Press, 1988), 51-72.

5. 다양한 출처에서 뽑은 통찰들이 여기서 우리의 대화의 근간을 이루겠지만 그중 주된 것은 다음 네 가지다. Numbers, "The Fall and Rise of the American Medical Profession." Samuel Haber, *The Quest for Authority and Honor in the American Professions 1750-1900*(Chicago: Univ. of Chicago Press, 1991), 45-66. 아울러 다음 책에 실린 몇몇 기사다. Joan C. Callahan, ed., *Ethical Issues in Professional Life*(New York: Oxford Univ. Press, 1988).

6. 이러한 변화의 또 다른 중요한 측면은 플렉스너 보고서에서 비롯된 것으로 보인다. 카네기 재단의 후원으로 에이브러햄 플렉스너(Abraham Flexner)가 작성한 이 보고서는 1910년에 간행되었다. 플렉스너는 당시의 의료 교육을 비판하면서 의학대학의 입학 및 졸업 기준이 더 높아져야 한다고 역설했다. 다음 기사를 참조하라. Mark Haitt & Christopher Stockton, "The Impact of the Flexner Report on the Fate of Medical Schools in North America After 1909," *Journal of American Physicians and Surgeons*, vol. 8, no. 2(2003). 이 통찰을 들려준 찰스 웨버(Charles Weber) 박사에게 감사를 표한다.

7. William Sullivan, *Work and Integrity: The Crisis and Promise of Professionalism in America*(New York: HarperCollins, 1995), 56-57.

8. Paul Starr, *The Social Transformation of American Medicare*(New York: Basic Books, 1982). Kenneth M. Ludmerer, *Time to Heal: American Medical Education from*

the Turn of the Century to the Era of Managed Care(Oxford: Oxford Univ. Press, 1999).

9. Kelly Kennedy, "Report: More Doctors Accepting Medicare Patients," *USA Today*, 2013년 8월 22일.

10. 다음 웹사이트를 참조하라. http://www.azbar.org/membership/admissions/oathofadmission.

11. 다음 웹사이트를 참조하라. http://www.supremecourt.gov/bar/barapplication.pdf.

12. 같은 웹사이트.

13. Frank Lambert, *The Founding Fathers and the Place of Religion in America*(Princeton, NJ: Princeton Univ. Press, 2003), 211.

14. 다음 두 자료를 참조하라. Robert A. Goldwin & Art Kaufman, *Slavery and Its Consequences: The Constitution, Equality, and Race*(Washington, DC: American Enterprise Institute for Public Policy Research, 1988). John J. Patrick, Richard M. Pious & Donald A. Ritchie, "Equality Under the Constitution," in *The Oxford Guide to the United States Government*(New York: Oxford Univ. Press, 2001), 212-216.

15. 다음 두 기사를 참조하라. Henry J. Kasier Foundation, "Kaiser Health Tracking Poll: March 2013," http://kff.org/health-reform/poll-finding/march-2013-tracking-poll/; Jeffrey M. Jones, "In U.S., Majority Now Against Gov't Healthcare Guarantee," http://www.gallup.com/poll/158966/majority-against-gov-healthcare-guarantee.aspx.

16. Hatch, ed., *The Professions in American History*, 145-146.

17. 마틴 마티(Martin Marty)가 다음 책에서 설명한 성직 발전의 3단계를 참조하라. Hatch, ed., *The Professions in American History*, 75-90.

18. 아가페에 대한 더 자세한 설명은 다음 책을 참조하라. Dallas Willard, *Getting Love Right*(Kindle Edition, 2012). (복 있는 사람 근간 예정)

19. 사고 생활과 영의 삶을 더 자세히 이해하려면 다음 책을 참조하라. Dallas Willard, *Renovation of the Heart: Putting on the Character of Christ*(Colorado Springs: NavPress, 2002), 6-8장.

20. Jeffrey Jones & Lydia Saad, *Gallup Poll Social Series*(Princeton, NJ: Gallup News Service, 2011). 이 수치와는 별도로 최근 들어 자신의 종교가 없다고 말하는 사람들이 증가했다. '무교'(nones)로 통칭되는 이 범주는 지난 수십 년 새에 큰 증가세를 보였다. 그렇지만 '무교'는 미국 성인 인구의 약 18퍼센트에 그친다. 다음 기사를 참조하라. Ruth Moon, "Is Concern Over the Rise of the 'Nones' Overblown?" *Christianity Today*, 2013년 4월. 종교가 없는 부류를 본격적인 무신론자나 불가지론자와 딱히 구분한 자료는 아직까지 나와 있지 않다.

21. 기독교 33.39%(순위별로 천주교 16.85%, 개신교 6.15%, 정교회 3.96%, 성공회 1.26% 등), 이슬람교 22.74%, 힌두교 13.8%, 불교 6.77%, 시크교 0.35%, 유대교 0.22%, 바하이교 0.11%, 기타 종교 10.95%, 무교 9.66%, 무신론자 2.01% 등이다 (2010년 추산). 다음 웹사이트를 참조하라. http://www.cia.gov/library/publications/the-world-factbook/fields/2122.html#xx. 아울러 다음 책도 참조하라. Phil Zuckerman, "Atheism: Contemporary Numbers and Patterns," in Michael Martin, ed., *The Cambridge Companion to Atheism*(Cambridge: Univ. of Cambridge Press, 2007).

22. Adam Clark, "Definition of God," in John McClintock & James Strong, ed., *Cyclopedia of Biblical, Theological, and Ecclesiastical Literature*(New York: Harper, 1984), 2:903-4.

14. 우리 하나님의 나라

1. "국제 코칭 재단의 조사 결과, 전 세계의 전문 코치는 5년 전에 불과 3만 명이었으나 올해에는 4만7천5백 명으로 늘었다." Katherine Reynolds Lewis, "Career Coaches: When Are They Worth Their Salt?" *Fortune*, 2012년 11월 6일.

2. Diane Coutu & Carol Kauffman, "What Can Coaches Do for You?" *Harvard Business Review*, 2009년 1월.

3. 같은 기사.

4. 같은 기사.

5. 다음 웹사이트를 참조하라. http://www.apn.edu/announcements/21597.

6. Viktor E. Frankl, *Man's Search for Meaning: An Introduction to Logotherapy*(Boston: Beacon, 1963), 133-134. (『죽음의 수용소에서』 청아출판사)

7. Dorothy Day, *By Little and By Little: Selected Writings of Dorothy Day*, ed. Robert Ellsberg(New York: Knopf, 1983), 286.

이 스터디 가이드의 토의 질문은 개인의 묵상과 그룹의 대화를 촉진하기 위한
것이다. 이와 같은 질문들의 묵상을 통해 독자들이 해당 장의 통찰과 개념을 더
잘 풀어내고 통합할 수 있기를 바란다.

1-3장. 하나님 나라와 선한 목자의 부르심

이 책의 도입부인 1-3장에서 저자인 윌라드와 블랙의 요지는 이것이다. 예수
그리스도를 따르는 모든 사람은 자신의 영향권 내에서 '하나님의 모략'의 실체
를 가르치고 선포하고 솔선하고 실천할 책임이 있다. 인간은 결국 자신의 '생각
대로' 살게 되어 있다. 다음 질문들은 하나님 나라, 이 세상 나라들, 당신의 직업
등에 대한 생각을 우리의 삶을 향한 하나님의 부르심의 관점에서 검토하는 데
도움이 될 것이다.

1. 당신은 삶의 어떠한 경험들을 통해 현재의 직업에 이르게 되었는가? 다른
   사람에게 영향을 미치는 존재인 리더로서 당신은 자신에게 영향을 미쳤던
   이들을 종종 생각할 것이다. 현재 당신의 역할이 있기까지 당신을 빚어 준
   역할 모델은 누구인가? 그들은 당신의 비전, 사명, 가치관, 행실, 성품, 의사
   소통 등에 어떤 영향을 미쳤는가?

2. 당신이 '하나님 나라'에 대한 가르침을 처음 들었던 때는 언제인가? 그 가르침에는 지금 그 나라에 들어가서 그것을 누릴 수 있다는 개념이 들어 있었는가? 아니면 당신은 하나님 나라를 미래의 실체로만 배웠는가? 하나님 나라에 대한 이런 상이한 가르침이 우리의 사고와 행동, 직업적 본분에 어떤 영향을 미치는지 서로 나누어 보라. 당신이 믿기로 이 세상을 향한 하나님의 궁극적인 사명과 목표는 무엇인지 토의하라.

3. 윌라드와 블랙에 따르면, 그동안 많은 교회와 기독교 고등교육 기관의 중대한 문제들(예컨대 복음의 목적이나 종말에 대한 잘못된 관점)이 우리를 막아 왕이신 아들 예수를 통한 하나님의 통치를 경험하지 못하게 했다. 당신은 저자들의 관점에 동의하는가? 예수 그리스도의 '기쁜 소식'이란 무엇인가? 그밖에 기독교 교리와 신조에 본의 아니게 생겨난 다른 문제들, 곧 개인과 기관을 공히 막아 하나님 나라의 실체 안에서 좀 더 온전히 살아가지 못하게 하는 요소들은 무엇인가? 당신의 견해를 뒷받침할 예를 들어 보라.

4. 저자들에 따르면 현대의 정황에서 하나님 나라를 더 잘 이해하기 위한 최고의 출발점 중 하나는 시편 23편에 묘사된 샬롬(평안)의 개념이다. 당신은 시편 23편의 삶이 바람직하거나 심지어 가능하다고 믿는가? 만일 그렇다면 그것이 어떻게 가능한가?

5. 두려움은 샬롬이 부재한 상태다. 잠언 29:25에 보면 "사람을 두려워하면 올무에 걸리게 되거니와 여호와를 의지하는 자는 안전하리라"고 했다. 두려움은 어떻게 하나님의 평안을 앗아 가는가? 두려움은 어떻게 우리를 사람들과 갈라놓는가? 두려움은 어떻게 자신을 남들과 비교하거나 남을 지배하려 들게 만드는가? 두려움은 어떻게 진실을 왜곡시키는가? 예를 들어 보라.

6. **연습**: 시편 23편을 외워 보라. 앞으로 한 달 동안 날마다 시편 23편을 천천히 읽으면서 그 안에 담긴 여러 이미지와 개념에 집중해 보라.

4장. 섬기는 리더십

현대 문화에 '섬기는 리더십'이라는 용어를 처음 지어낸 사람은 로버트 그린리프(Robert Greenleaf)다. 우리의 신학과 실제에 이 용어의 두 단어가 모두 중요하다. '섬기는'은 '리더십'과 동일한 무게가 있으며, 그린리프가 제시한 독창적인 묘사에 잘 어울린다. "섬기는 지도자는 우선 섬기는 종이다.……이는 먼저 섬기고 싶다는 자연스러운 감정에서 시작된다. 이끌고 싶은 열망은 그 다음의 의식적인 선택이다"(Robert K. Greenleaf, *The Power of Servant-leadership*, ed. Larry C. Spears[San Francisco: Berrett-Koehler, 1998], 4). 이러한 관점은 예수의 말씀과도 조화를 이룬다. "너희 중에는 그렇지 않을지니 너희 중에 누구든지 크고자 하는 자는 너희를 섬기는 자가 되고 너희 중에 누구든지 으뜸이 되고자 하는 자는 모든 사람의 종이 되어야 하리라. 인자가 온 것은 섬김을 받으려 함이 아니라 도리어 섬기려 하고 자기 목숨을 많은 사람의 대속물로 주려 함이니라"(막 10:43-45).

1. 사람들을 이끌면서 동시에 그들을 가장 잘 섬길 길을 모색할 때, 당신이 부딪치는 몇 가지 도전은 무엇인가? 99-100쪽에 저자들의 여러 가지 질문이 나온다. 그중 가장 흥미가 끌리는 질문들은 무엇인가? 왜 그런가?

2. 당신의 직업이나 소속 기관에서 당신이 경험한 지위상의 권력 남용은 어떤 것들인가? 구체적인 행동은 무엇이었으며, 그것이 당신과 주변 사람들에게 어떤 영향을 미쳤는가?

3. 섬기는 리더십은 늘 자신에 대한 리더십으로부터 출발한다. 즉, 자신의 생각과 말과 행동을 다스리고 통제할 줄 알아야 한다. 저자들에 따르면 리더는 반드시 하나님 나라의 삶을 모범으로 보여야 한다. 그것이 리더의 역할이자 책임이다. 당신의 삶에서 자기 통제와 관련하여 주의가 필요한 부분은 주로 무엇인가?

4. 윌라드와 블랙이 믿기로 예수를 따르는 모든 사람에게는 우리 세상의 사회적·경제적·정치적 이슈들을 적절히 거론할 수 있는 기회와 책임이 함께 있다. 당신은 이 말에 동의하는가? 사회의 특정한 이슈 가운데 당신이 보기에 더 주의가 필요하거나 또는 개인적으로 당신에게 부담이 되는 것은 무엇인가? 이런 문제를 거론하기 위해 그동안 당신이 취한 능동적인 조치는 무엇인가?

5. 저자들에 따르면 예수 그리스도는 온 세상 사람들의 사고와 행동과 발달에 어느 누구보다도 큰 영향을 미치셨다. 당신은 이러한 관점에 동의하는가? 대다수 지도자들이 예수를 변화의 역할 모델로 보지 않는 이유는 무엇이라고 보는가?

6. **연습**: 사람들을 선하고 평화롭고 정의로운 삶으로 이끌어 주는 일은 섬기는 리더의 표지다. 권력이나 혜택이나 역량이 당신보다 못한 주변 사람들을 떠올려 보라. 그들의 삶을 정서적·신체적·영적으로 더 나아지게 하기 위해 당신이 할 수 있는 두세 가지 구체적인 섬김의 행위는 무엇인가?

5장. 도덕적 리더십

1. 현재 당신의 삶 속에 있는 '신용 관계'는 어떤 것들인가? 그중 국가나 교회가 공식으로 규정한 관계가 있는가? 당신의 윤리적·도덕적 행동과 관련하여 '신용 관계'를 어떻게 이해하고 있는가?

2. 당신은 어떤 직무이든 선한 사람이 악한 사람보다 리더십의 본문을 더 잘 수행하리라고 믿는가? 성품이 선한 사람은 더 유능하기도 한가, 아니면 도덕성과 효율성은 별로 상관이 없는가? 당신의 답변을 뒷받침할 예를 들어 보라.

3. 섬기는 리더십의 윤리적인 차원에 따라 지도자는 공동의 번영을 추구할 때

기꺼이 자신을 희생해야 한다. 이기적 리더십은 과거에 당신의 소속 기관에 어떤 해를 끼쳤는가? 반대로 지도자의 자기희생은 어떻게 당신의 공동체를 발전시켜 더 큰 선을 이루게 했는가? 당신의 직업 분야에서 도덕적 용기의 결핍 때문에 당신이 치른 대가는 무엇인가? 어떤 상황이었는가?

4. 거의 모든 사회 분야에서 우리는 도덕성이 부족한 지도자들이 아주 능숙하며 보상도 잘 받는 것을 보곤 한다. 부도덕한 리더십에 보상은 물론 칭송까지 따르는 상황에서 우리는 어떻게 사람들을 가르치고 훈련하고 이끌고 있는가?

5. 윌라드와 블랙에 따르면, "모든 자유사회의 복지와 공공선과 번영은 도덕적인 지도자들의 손과 머리와 마음에 달려 있다." 윤리 교육으로는 일터에서 불가능했던 일을 황금률은 이루어 낼 능력이 있는가? 만일 그렇다면 어떻게 그런가?

6. 도덕적인 섬기는 지도자의 핵심 과제에는 미래의 지도자들을 도제로 삼아 준비시키는 멘토링도 포함된다. 당신의 영향권 내에서 당신이 멘토로서 영향을 미치려 애쓰고 있는 대상은 누구인가? 당신의 경험으로 볼 때, 효과적인 멘토링 관계를 맺지 못하게 막는 가장 큰 장애물은 무엇인가?

7. 도덕적인 지도자는 멘토링, 세상 풍조에 대한 지속적인 지혜, 영웅의 삶과 행동으로 나타나는 도덕적 용기를 즐거워하고 본받는 일 등 세 가지 의무를 다해야 한다. 그중 당신의 주의가 더 많이 필요한 부분은 무엇인가?

8. **연습**: 당신 삶의 중요하고 종종 민감한 부분을 솔직하고 투명하게 나눌 수 있는 믿을 만한 친구나 또래나 동료가 있는가? 만일 없다면 대상자 명단을 만들어 보라. 신뢰할 수 있는 사람, 기밀을 유지하는 능력이 검증된 사람, 도덕성과 선택과 리더십에 대해 사랑으로 진실을 말해 줄 의향과 능력이 있는 사람이라야 한다. 그중 한 사람을 골라 이번 주에 관계를 시작할 계획을 세워 보라.

하나님의 모략, 이후

6-8장. 도덕적 지식, 공공선, 선한 삶

지난 몇 장에 걸쳐 도덕적 지식, 공공선, 선한 삶과 관련된 질문들이 제시되었다. 세상이 상대주의로 갈수록 이러한 질문은 더욱 중요해진다. 저자들이 던지는 중요한 질문은 다음과 같다. "권력과 지식을 맡길 만한 지도자들을 어디서 찾을 것인가? 그런 사람들은 어떻게 길러지며 어디서 배출되는가? 우리의 지도자들은 무엇이 선하고 옳은지에 대한 비전을 어디서 개발하는가?"

1. 각 질문을 더 잘 생각하기 위해, 종이나 칠판에 세로로 세 칸을 그린 뒤에 각 칸의 맨 위에 질문을 하나씩 적으라. 각 질문 밑에 잠재적인 답을 쭉 적어 나가라. 겹치는 답이 있는지 보라.

2. 우리가 살고 있는 세상은 진실과 '가짜' 진실을 잘 구분하지 못할 때가 많다. 우리 시대를 '탈(脫)진실의 시대'로 표현하는 사람들도 있다. 용어의 재정의, 언어의 조작, 캐릭터와 상품과 서비스에 대한 마케팅 전략 등은 우리에게 환상이 사실보다 중요하다는 생각을 주입한다. 우리는 의심하는 법을 학습했다. 권력을 쥔 모든 인간과 시스템은 엉큼한 속셈이 있어 보이기 때문이다. 이런 상황에서 진리에 대한 혼란이 있을 때, 신뢰는 어떤 영향을 미치는가? 이런 실태는 더 큰 공동체의 일원으로서 당신과 당신 기관의 태도와 행동과 신념과 참여에 어떤 영향을 줄 수 있겠는가?

3. 윌라드와 블랙이 믿기에 "진리는 하나님이 창조세계 속에 불어넣어 주신 선물이다. 덕분에 우리는 현실에 제대로 대응할 수 있다." 다음과 같은 말이 우리의 사고에 그토록 해로운 이유는 무엇인가? "너한테는 사실이 아닐지 모르지만 나한테는 사실이다." 예를 들어 보라.

4. 모든 리더의 가장 기본적인 의무 가운데 하나는 현실을 정확히 평가하는 것이다. 개인으로서나 팀 상황에서나 현실을 정확히 평가하려면 무엇이 필요

한가? 당면한 현실을 정확히 평가하지 못할 때 우리의 기관은 어떻게 문제를 자초하는가?

5. 저자들에 따르면 성경이 주장하는 내용은 이렇다. "선한 사람은 다른 사람들의 행복에 적절한 관심을 품고 헌신한 사람이다." 반면에 "악한 사람은 의도적으로 다른 사람들의 행복을 해치거나 거기에 냉담한 사람이다." 뉴스에 나오는 사건들과 사람들을 생각해 보라. 위의 두 정의에 들어맞을 만한 사람을 두세 명 꼽을 수 있겠는가? 그들은 어떻게 선한 사람 또는 악한 사람이 되었는가? 우리는 그 답을 알고 있는가? 각 사건에서 진리와 도덕성, 기만과 부도덕은 각각 어떻게 서로 연관이 있거나 또는 없는가?

6. 세상의 도덕성은 '관용'이라는 단어의 정의를 고쳤다. 윌라드와 블랙에 따르면 관용적인 사람은 진리에 대한 진정한 관심이 있고, 자기와 의견이 다른 사람들과도 진정한 대화를 나누는 도덕적 성품이 있다. 이 기준으로 볼 때 우리 사회는 점점 더 관용이 많아지고 있는가 아니면 적어지고 있는가? 세상에서 도덕적으로 민감한 사안을 상대할 때, 우리의 지역교회들과 그리스도인 지도자들은 어떻게 관용을 품는 방도를 모색할 수 있겠는가?

7. 저자들에 따르면 개인의 삶과 사회 구조를 변화시키는 능력은 선하신 하나님을 통해서만 오며, 그분은 부활하신 아들의 영으로 말미암아 자신의 백성 안에서 그리고 그들을 통해서 활동하신다. 당신은 이 말에 동의하는가? 당신은 기독교가 이러한 변화에 힘쓸 준비가 되어 있지 않거나 그럴 의향이 없다고 믿는가? 만일 그렇다면 당신이 보기에 개인의 삶과 사회 구조 둘 다를 변화시킬 수 있는 과거나 현재의 사상은 무엇인가? 그동안 개인과 사회 구조를 변화시키려던 기독교의 시도 중 실패한 것은 무엇인가? 왜 실패했다고 보는가? 변화를 이루려는 기독교의 시도 중 성공한 것은 무엇인가? 무엇이 그런 차이를 낳았는가?

8. 매주의 예배에 포함되는 활동 외에, 당신이나 당신 교회의 교인들이 성경적

인 도덕 교육을 받고 있는 다른 방식은 무엇인가? 당신이 보기에 지난 5년 사이에 당신의 교회는 하나님의 말씀에 대한 지식이 더 늘었는가 아니면 줄었는가? 그러한 변화를 가져온 요인이 무엇이라고 보는가?

9. **연습**: 갈라디아서 5:19-26을 묵상하고 암송하라. 그리고 자신에게 이렇게 물어 보라. 하나님은 왜 굳이 나를 지으셨는가? 내가 품을 수 있는 소망은 무엇인가? 내가 권력을 더 얻으려고 애쓰는 이유는 무엇인가? 또는 이미 있는 권력을 지키고 싶은 까닭은 무엇인가? 내가 만일 성령으로 살고 성령의 열매를 맺는다면 내 삶과 인간관계는 어떻게 달라지겠는가?

9장. 지식과 교육

1. 각자의 교육 경험이나 학문 경험을 서로 나누라. 당신은 공립이든 사립이든 일반 학교에 다녔는가, 아니면 종교 교육 기관에서 배웠는가? 당신이 만일 다른 종류의 교육을 받는다면, 전공 분야나 기타 과목에서 지식의 전수가 조금이라도 다를 것 같은가? 그렇게 답하는 이유를 말해 보라.

2. 당신이 받은 교육의 지향점은 장래의 취업에 필요한 기술을 길러 주는 쪽이었는가, 아니면 삶의 현실 앞에서 지혜롭게 "세상을 헤쳐 나가는 능력"을 길러 주는 쪽이었는가? 주로 직업에 주안점을 둔 교육이었다면, 세상을 지혜롭게 헤쳐 나가는 부분에서는 누구의 도움을 받았는가? 세상을 헤쳐 나가도록 당신을 도와 준 교사들은 누구이며 그들의 가장 훌륭한 자질은 무엇인가?

3. 윌라드와 블랙에 따르면 도덕적 지식과 사실적 지식은 떼려야 뗄 수 없는 관계다. 당신은 이 말에 동의하는가? 그렇거나 그렇지 않은 이유를 말해 보라. 무엇이 선이고 무엇이 선이 아닌지를 사람들이 결정하려 할 때, 우리 사회의 현 이슈 가운데 긴장을 야기하는 것은 무엇인가? 지금까지 그것은 당신의 기관이나 교회에 어떤 영향을 미쳤는가?

4. 저자들의 말대로 그동안 기독교 교회 전반은 잘못된 전통과 교의들에 고집스레 집착하다가 권위를 많이 잃었고, 그래서 일반 사회 내에서 지식의 확실한 출처로 인정받지 못하고 있다. 권위의 이런 변화는 일반 교육 기관과 기독교 교육 기관에 각각 어떤 영향을 미쳤는가? 당신은 고유의 기독교적 지식 체계가 존재한다는 개념에 동의하는가?

5. 기독교 고등교육에는 학생들이 모든 전공 분야에 대한 기독교적인 관점과 이해를 받아들여야 한다는 의미가 내포되어 있다. 흔히 이것을 학계의 '신앙 통합'이라고 한다. 당신은 미술, 공학, 수학, 마케팅 같은 분야의 커리큘럼에 기독교 신앙을 통합하여 가르치거나 전달하는 일이 가능하다고 보는가? 왜 그렇거나 그렇지 않은가?

6. "내가 알아야 할 모든 것은 성경 속에 있다." 이 주장에 잘못된 것이 있다면 무엇인가?

7. **연습**: 사도신경을 읽으라.

전능하사 천지를 만드신 하나님 아버지를 내가 믿사오며,
그 외아들 우리 주 예수 그리스도를 믿사오니, 이는 성령으로 잉태하사 동정녀 마리아에게 나시고, 본디오 빌라도에게 고난을 받으사 십자가에 못 박혀 죽으시고, 장사한 지 사흘 만에 죽은 자 가운데서 다시 살아나시며, 하늘에 오르사 전능하신 하나님 우편에 앉아 계시다가, 저리로서 산자와 죽은 자를 심판하러 오시리라.
성령을 믿사오며 거룩한 공회와 성도가 서로 교통하는 것과 죄를 사하여 주시는 것과 몸이 다시 사는 것과 영원히 사는 것을 믿사옵나이다. 아멘.

당신은 이 진술을 믿는가, 아니면 그렇게 믿는다고 '고백'하는가? 그 둘은 어떻게 다른가? 이 진술 속에 당신이 믿지 않는 부분이 있는가? 있다면 그 이유가 무엇인가? 당신과 당신의 신앙 공동체와 세상을 위해 이 속에 들어

있는 지식과 진리는 무엇인가? 그 지식과 진리의 주장은 자연계와 인간과 내세에 대해 각각 어떻게 말하는가?

10장. 경제와 정치

1. 노벨 경제학상 수상자이며 미국 여러 대통령들의 자문위원을 지낸 밀턴 프리드먼(Milton Friedman)은 기업의 유일한 목적이 수익성을 극대화하는 것이라는 말을 자주 했다. 당신은 이 말에 동의하는가? 윌라드와 블랙이 말하는 '선'의 개념에 비추어 볼 때 이런 관점의 위험성은 무엇인가? 예를 들어보라.

2. 전 세계의 많은 도시들은 노숙자, 빈곤, 문맹, 의료보험, 노인 복지, 입양, 범죄, 실직 등의 문제에 늘 부딪쳐 있다. 교회는 지역사회가 이런 보편적인 문제들에 더 잘 대처할 수 있도록 도와야 하는가? 왜 그렇거나 그렇지 않은가? 지역교회들과 교회 지도자들은 현지 기업체, 비영리 기관, 지방정부 부서 등 다른 기관들과 협력할 길을 모색하여 중요한 관심사들에 대응해야 하는가? 만일 그렇지 않다면 그 이유는 무엇인가? 만일 그렇다면 지역사회의 문제를 해결하기 위해 당신이 취하고 있거나 취할 계획인 조치는 무엇인가?

3. 윌라드와 블랙이 말하는 샬롬의 특징은 두려움이나 부족함이 없는 삶이다. 역사 속의 수많은 예에서 보듯이 그동안 일반의 복지와 공동의 번영을 실현하기 위한 정치적·경제적 시스템이 다양한 문명에서 개발되었다. 그중 실패한 예들과 성공한 예들은 각각 무엇인가? 현대 사회가 어떻게 하면 두려움이나 부족함에 지배당하는 환경을 만들지 않으면서도 더 높은 수준의 번영을 추구할 수 있겠는가?

4. 어떤 식으로 교회는 결핍의 신학 속에 살아가고 있는가? 결핍의 신학은 하나님 나라의 풍요의 신학에 대비된다. 사람들이 빈곤감 속에서 살아갈 때 내리

는 선택과 풍성함을 누릴 때 내리는 선택은 각각 무엇인가? 우리가 어떻게 성경을 더 잘 가르치고 예시해야, 사람들에게 공동체의 가치에 기여하는 행동을 장려하고 능히 하나님의 풍요 속에서 살아가게 해줄 수 있겠는가?

5. 저자들에 따르면 "그리스도인 지도자들의 급선무는 정치적·경제적·사회적 혁명을 일으키는 것이 아니라, 세상에서 부딪치는 이슈들과 우리의 삶 속에 이해와 진리를 가져다주는 것이다." 당신은 이 말에 동의하는가? 그렇게 답한 이유를 말해 보라. 테레사 수녀나 윌리엄 윌버포스나 데스몬드 투투나 마틴 루터 킹 주니어는 혁명을 일으켰는가, 아니면 더 깊은 이해와 진리를 가져다주었는가? 당신의 입장에 대한 이유를 밝혀 보라.

6. **연습**: 당신이 공직에 출마한다면 정강은 무엇이 되겠는가? 당신은 집권 여당이나 최대 야당 내에서 출마하겠는가? 만일 그렇다면 어느 정당에 속하겠는가? 만일 그렇지 않다면 그 이유가 무엇인가? 선출된다면 당신이 다룰 중대한 이슈들은 무엇인가? 대중의 신임이라든지 국회 내의 뻔한 당파심과 관련하여 '성품'의 문제에 어떤 자세를 취하겠는가? '산 위에 있는 동네'의 지도자로서 어떻게 당신 자신을 차별화하겠는가?

11장. 기업

1. 어떤 사람들은 하나님 나라가 완전히 실현되면 영리 기업이 존재할 이유가 없다고 믿는다. 다시 말해서 기업 세계가 없어진다는 것이다. 하지만 만일 영리 기업이 영원히 존재한다면 어떨까? 그것은 어떤 모습이 될까? 리더들은 각자의 자리에서 어떻게 섬길까? 우리의 현 시스템과는 어떻게 다를까? 어떻게 고객과 소유주와 직원 모두에게 '선'이 될까?

2. 인터넷을 검색해 보라. 「포춘」지 선정 100대 기업 중 두세 곳을 골라 그들의 사명 선언문이나 비전 선언문을 찾아보라. 기관이 자체 확장을 위해서만 존

하나님의 모략, 이후

재하는지 또는 타인의 선을 위해 존재하는지 그 속에 나와 있는가? 사명 선언문에 밝혀진 가치와 윤리는 무엇인가? 어떤 식으로 그 기관들은 공공선의 추구를 의도적으로 공표하고 있는가? 공기업과 사기업의 사명 선언문에 서로 차이가 있는가?

3. 저자들은 사우스웨스트 항공, 칙필에이 등 연성 관리 또는 혁신 관리를 실행하는 몇몇 유명 회사를 언급했다. 이 회사들의 사명 선언문이나 비전 선언문이 위에서 검색해 본 「포춘」지 선정 기업의 그것과 다른 점이 있다면 무엇인가?

4. 앞서 언급했듯이 밀턴 프리드먼은 기업의 유일한 목적이 수익성을 극대화하는 것이라고 확신했다. 하지만 하나님의 가장 중요한 관심사는 무엇인가? 인류에게 복과 형통을 주신다는 하나님의 목적을 반영하려면 앞서 살펴본 사명 선언문 가운데 일부를 어떻게 고칠 수 있겠는가? 영리 기업의 비전과 가치관을 성령의 열매에 담긴 포괄적인 목표 쪽으로 수정한다면, 그들이 섬기는 지역사회에 어떤 영향을 미칠 수 있겠는가? 이런 변화는 가능한가? 왜 그렇거나 그렇지 않은가?

5. 그리스도를 닮은 관점은 수익성이라는 동기, 소비자 신뢰, 규제, 감량 경영, 예산, 인사 등의 이슈를 보는 눈에 어떤 영향을 미칠 수 있는가? 그리스도인들은 이런 문제들에 대해 비그리스도인이나 종교가 없는 기업인의 관점과 다른 독특한 관점을 견지해야 하는가? 만일 그렇다면 어떤 식으로 해야 하는가? 만일 그렇지 않다면 그 이유가 무엇인가?

6. **연습**: 그리스도의 제자들은 어디에 가서 무엇을 하든 누구나 복음의 사역자로 부름받았다. 기업인이 교회의 부탁을 받고 그들의 사역지인 해당 업계의 도전과 승리를 나눈 것이 마지막으로 언제인가? 지역의 기업인을 위임하거나 기도해 줄 목적으로 특별히 소집된 교회 모임을 당신이 마지막으로 본 것이 언제인가? 교회 지도자들은 모임에 전체 회중을 재통합하는 방법을 어

떻게 다시 생각할 수 있겠는가? 당신의 지역교회의 상황 속에서 지역사회의
각종 전문 분야, 기업, 일터의 사역자들을 격려하고 지원할 수 있는 방법을
모색해 보라.

12-13장. 의사, 변호사, 성직자 등의 전문직

네이턴 해치의 정의에 따르면, 전문직이 대중을 섬겨 대중이 구하는 선을 이루
려면 다음 세 가지를 유지해야 한다. (1)훈련을 통해 특수한 지식 체계 내의 전
문성을 보유한다. (2)대중의 더 큰 선을 지원하고 수호할 도덕적 의무가 있다.
(3)대중의 신임에 수반되는 권력과 자율성과 특권을 본인과 동료들의 규제를
통해 감독한다. 역사적으로 의료, 법조, 목회가 전형적인 전문직으로 통한다.

1. 갤럽 여론조사를 보면 변호사와 성직자를 비롯해 많은 전문직에 대한 대중
   의 신뢰도가 크게 떨어졌다. 조사 대상이 된 22개 직종 중 성직자는 8위에
   머물렀다. 사역자를 기꺼이 신뢰하겠다고 응답한 사람은 미국인의 절반을
   약간 웃도는 정도다. 이렇게 등급이 낮은 이유가 무엇이라고 보는가? 해치
   는 전문직의 세 가지 표지를 통해 매우 엄격한 기준을 내세웠는데, 이런 낮
   은 등급은 그 기준의 위반이나 미달과 관계가 있는가?

2. 당신의 전문직 분야에서 당신을 감시해 주는 사람은 누구인가? 대부분의 전
   문직은 해마다 평생교육을 요구하여 소속 전문인들의 기술과 지식이 정비되
   게 한다. 당신이 속한 전문직의 기준은 무엇인가? 당신이 자신의 지식과 전
   문성을 발전시키기 위해 지난 12개월 동안 수강한 강좌나 세미나나 워크숍
   은 무엇인가?

3. 전문인으로서 당신이 하는 가장 중요한 일 하나는 무엇인가? 하루 일과 중
   에 가장 집중하는 일은 무엇인가? 당신의 직무 설명서를 생각해 보라. 그것
   을 고쳐도 된다면 당신의 분야에서 '의의 도구'가 된다는 목적을 어떻게 더

잘 기술할 수 있겠는가?

4. 당신이 전문 의료인이라면 그동안 정부와 보험회사의 개입은 당신의 업무 수행에 어떤 영향을 미쳤는가? 환자를 가장 잘 돌보고 지도하는 사람은 누구이며 왜 그런가? 인상되는 의료수가는 당신의 전문 능력에 어떤 영향을 미쳤는가? 의료업계가 공동의 번영이라는 목표에 더 잘 부응하려면, 당신이 하고 싶은 조언은 무엇인가?

5. 여러 조사를 보면 법조인과 공직자(선출직 관리의 높은 비율이 법을 공부했다)에 대한 대중의 평가는 대체로 낮다. 이런 평가는 정당한가? 왜 그렇거나 그렇지 않은가? 법조계가 대중의 신임을 높일 수 있는 방법은 무엇인가? 대중의 신임과 신뢰도를 높이는 부분에서 목사나 신부가 법조인들에게 줄 수 있는 도움이 있다면 무엇인가?

6. 기독교 교단에 소속된 목사의 숫자는 신학교 재학생의 숫자와 함께 감소하고 있다. 교회를 이끄는 목사 중 신학 교육을 덜 받은 사람들이 이전 어느 때보다도 많아졌다. 회계사, 의사, 변호사, 상담자, 교사에게 학력의 요건과 업계의 자격증이 요구된다면 목사에게도 표준 자격 기준이 필요하지 않은가? 무자격 목사가 증가하는 것은 사목직 전반의 가치에 대한 인식이 낮아졌기 때문인가? 성품과 실력은 효과적이고 믿을 만한 복음 사역자가 되는 것과 어떤 관계가 있는가?

7. **연습**: 자신을 점검해 보고 이렇게 자문해 보라. 나는 진정한 전문인인가? 고객이나 의뢰인과의 신용 관계를 신성하게 여기는가? 내 분야를 숙달하기 위해 내가 할 수 있고 해야 하는 일을 다 했는가? 나의 동료들은 누구이며, 나는 어떻게 능동적으로 그들의 감독과 감시를 받고 있는가? 이 직종에서 지적·실무적·영적 자격을 연마하기 위해 앞으로 6개월 동안 내가 수강할 수 있는 연수나 세미나나 강좌는 무엇인가?

14장. 우리 하나님의 나라

1. 하나님의 '모략'은 이 세상의 인간 나라들을 사랑과 정의와 진리로 정복하는 것이다(계 11:15). 그 일이 실현될 수 있는 방법에 대해 이 책에 몇 가지 개념을 제시했다. 그중 당신에게 가장 감화를 끼친 것은 무엇인가? 어떻게 우리는 최대한 일찍 이 실체에 가장 잘 동참할 수 있겠는가?

2. 저자들에 따르면 지도자, 대변인, 사역자, 교사들의 주된 책임은 하나님의 속성과 방식을 충실하고 정확하게 대변하고 가르치고 나타내 보이는 것이다. 그 말이 맞는다면 당신의 삶에서 당장 주의가 필요한 부분은 어디인가? 당신은 영성 스승을 '코치'로 삼아 이 여정에 도움을 받을 생각을 해본 적이 있는가? 이미 영성 스승이 있다면 그 사람은 그동안 당신이 하나님과 동행하는 데 어떤 도움을 주었는가?

3. 당신이 평신도 지도자나 전문인이라면, 당신과 당신의 직업적 소명에 대해 당신 교회의 목사나 교역자가 알고 이해했으면 하고 바라는 것 한 가지는 무엇인가? 반대로 당신이 전문 사역자라면, 당신의 직업적 소명에 대해 당신 교회의 평신도 지도자들과 전문인들이 알고 이해했으면 하고 바라는 것 한 가지는 무엇인가? 성직자들과 평신도 지도자들이 서로를 이해하지 못하는 부분은 무엇인가? 가장 중요하게 서로를 인정하고 이해해야 할 부분은 무엇인가?

4. 이 책에서 읽은 내용을 바탕으로 당신은 어떻게 이전과는 다른 리더가 되겠는가? 어떻게 이전과는 다르게 예수를 따르겠는가? 당신의 직업에서 그리스도를 더 잘 따르기 위해 당신 교회의 사역자에게 연락하여 코칭과 격려를 청할 마음이 있는가? 왜 그렇거나 그렇지 않은가?

5. 주변 사람들의 삶에 긍정적인 변화를 일으킬 만한 행동으로 지금 당신이 하고 싶은 일은 무엇인가? 하나님이 당신의 마음과 사고에 무엇이라고 말씀하

고 계시는가?

6. **연습:** 요한복음 17:3을 암송하라. "영생은 곧 유일하신 참 하나님과 그가 보내신 자 예수 그리스도를 아는 것이니이다." 그동안 하나님을 아는 지식은 어떻게 당신의 삶을 풍성하게 해주었는가? 하나님을 아는 지식이 부족했다면 어떻게 그것이 고생이나 상실이나 혼란을 안겨 주었는가? 이런 내용으로 앞으로 한 달 동안 최소한 일주일에 한 번씩 일기를 쓰거나, 믿을 만한 친구와 매주 꾸준히 대화를 나누라.

7. **연습:** 하나님에 대해서나 우리의 삶을 향한 하나님의 목적에 대해서나 정확한 비전이 필요하다. 본인이 어떤 유산을 남기고 싶은지 기도하면서 잘 생각해 보면 대개 자기 인생을 향한 하나님의 계획을 더 분명히 분별할 수 있다. 사람들이 당신을 어떤 사람으로 알았으면 좋겠는가? 당신의 삶으로 행하고 싶은 선은 무엇인가? 당신의 가정과 공동체에 어떤 변화를 이루고 싶은가? 주변 세상에 어떤 영향을 남기고 싶은가? 시간을 내서 300단어 이하로 자신의 부고 기사를 써 보라. 인생의 비전과 목적이 더 또렷해질 것이다.

찾아보기